新思历史
Book

探索世界 | 发现自己

THE RISE AND FALL OF BRITISH NAVAL MASTERY

英国海上霸权的兴衰

PAUL KENNEDY
[英]保罗·肯尼迪 著
刘萌 译

中信出版集团｜北京

图书在版编目（CIP）数据

英国海上霸权的兴衰 /（英）保罗·肯尼迪著；刘萌译. -- 北京：中信出版社，2025.5. -- ISBN 978-7-5217-7248-7

Ⅰ . E561.9

中国国家版本馆 CIP 数据核字第 2025PC4076 号

Copyright © Paul Kennedy 1976, 2017
Simplified Chinese translation copyright © 2025 by CITIC Press Corporation
ALL RIGHTS RESERVED
本书仅限中国大陆地区发行销售
本书插附地图系原书插附地图

英国海上霸权的兴衰

著者： [英]保罗·肯尼迪
译者： 刘萌
出版发行：中信出版集团股份有限公司
（北京市朝阳区东三环北路 27 号嘉铭中心 邮编 100020）
承印者： 河北鹏润印刷有限公司

开本：880mm×1230mm 1/32 印张：15.5
插页：8 字数：438 千字
版次：2025 年 5 月第 1 版 印次：2025 年 5 月第 1 次印刷
京权图字：01-2024-4880 书号：ISBN 978-7-5217-7248-7
审图号：GS（2025）0962 号 定价：98.00 元

版权所有·侵权必究
如有印刷、装订问题，本公司负责调换。
服务热线：400-600-8099
投稿邮箱：author@citicpub.com

目 录

前言　*i*

引言　　海权的构成要素　*vii*

第一部分
崛　起

第一章　英国海权的初期岁月
　　　　（1603 年之前）　*3*

第二章　斯图亚特王朝时代的海军及与荷兰的战争
　　　　（1603—1688 年）　*32*

第三章　与法国和西班牙之间的战争
　　　　（1689—1756 年）　*72*

第二部分
顶　点

第四章　胜利与局限
　　　　（1756—1793 年）　*109*

第五章　与法国再次交锋
　　　　（1793—1815 年）　*144*

	第六章	英国治下的和平	
		（1815—1859 年）	*178*
	第七章	马汉 VS 麦金德	
		（1859—1897 年）	*212*

第三部分
衰　落

	第八章	"英国治下的和平"的终结	
		（1897—1914 年）	*247*
	第九章	陷入僵局与极度紧张	
		（1914—1918 年）	*290*
	第十章	衰败岁月（1919—1939 年）	*326*
	第十一章	虚幻的胜利（1939—1945 年）	*368*
	第十二章	道路的尽头：	
		战后世界的英国海权	*399*

后记　*429*

注释　*433*

前　言

自 A. T. 马汉的经典著作《海权对历史的影响》（早在 1890 年就出版了，对此后的整个海军史研究都具有开创性意义）问世以来，本书首次尝试对英国海权的整个历史进行一次全面探索。本书的重点是从都铎王朝至当前时代*这段时期内，作为一个主要海洋国家的英国，其海上霸权的崛起和衰落。与其他流行书籍不同的是，本书并没有描述英国皇家海军将领和海上战役，至于战术、船舶设计、炮术、海上航行和海军内部的社交生活方面，则篇幅更少。本书的主要目的和重点并不是将皇家海军本身置于显微镜下，而是将其置于更广泛的国内与国际的经济、政治和战略的大框架中进行考量，没有这些考量，我们就无法正确理解"海权"（sea power）和"海上霸权"（naval mastery）这两个术语的真正含义。在实现这一雄心勃勃的目标的过程中，我一直意识到自己知识面的狭窄，以及以如此简明扼要的方式提出相关论点所面临的困难。不

---

* 本书写于 20 世纪 70 年代。——译者注

过，关于本书与我宣称的目标之间的距离究竟有多大的问题，还是留给读者去评判吧。

在下文中提出的许多论点和结论中，有三点是最重要的：

第一，英国皇家海军的兴衰与其经济的兴衰密切相关，如果不仔细研究后者，就不可能理解前者。

第二，海权对世界事务产生最大影响的时期是从16世纪初到19世纪后期，也就是说，是从发明远洋帆船到大陆主要国家实现工业化之间的这段时间。

第三，即使在所谓的"哥伦布时代"（大航海时代），海权所发挥的影响力也有一定的自然局限性，不论在和平时期还是在战时，英国政府都需要考虑到这一点。英国崛起为世界头号强国，并非仅仅依靠海上力量，而是明智地将海上力量和陆地力量结合起来。

第一个论点按理说没有什么争议，事实上，海军实力取决于经济实力这一说法，可以作为一条政治准则。皇家海军在17世纪和18世纪的崛起显然与英国当时的商业革命和海外贸易的扩张有关；当时，工业革命成了"英国治下的和平"（Pax Britannica）的基础；而作为世界强国和海军强国的英国在20世纪的衰败，同样明显地与其经济的相对衰退存在关联。但奇怪的是，在英国作为主要海洋国家的整个历史进程中，从未有人真正探索过这一真理。

第二个结论也并不新鲜，但20世纪的许多英国海军将领和作家似乎都忽略了它；早在19世纪后期，约翰·西利爵士（Sir John Seeley）和之后的哈尔福德·麦金德爵士（Sir Halford Mackinder）就已经指出，随着俄国和美国等横跨大陆的国家开始工业化并修筑铁路干线，陆权将重新确立对海权的优势。在大约3个世纪之前，当远洋帆船彻底改变世界政治局势时，陆权曾失去对海权的优势。然而，对于古典海权时代，以及海权兴衰的原因，我们仍然缺乏详细的研究。那个历史时期与英国崛起成为世界强国并逐渐衰落的时期相吻合，而且海权和陆权的此消彼长也是其中一个基本诱因，因此，本书对这两点进行一次深入探讨也就不足为奇了。

第三个观点，究其本质，虽然可能不像前两个论点那样普遍，但或许更有争议性，因为它再次引发了几个世纪以来被称为"海权派"和"陆权派"的两个战略学派之间的争论：一方主张英国应把精力集中在海军、殖民地和海外贸易上，在和平时期应远离欧陆国家，在战时，只在外围对敌人展开攻击并向盟国提供援助；另一方则认为，在某些情况下，对欧陆国家的军事承诺是必不可少的，因为英国的国家安全与欧洲力量的平衡紧密相连、不可分割，而且，从长远来看，孤立主义政策也会危及英国自身。关于陆权和海权之间，欧洲和世界之间，陆军和海军之间应该达到何种平衡的争论，一直难以平息，因为它受到个人经历、情感和国内政治方面的影响，这些因素使其超出了纯粹的战略讨论范畴。毫无疑问，我自己的立场也受到本世纪（20世纪）发生的事件的影响，我支持伊丽莎白一世、威廉三世、马尔伯勒（Marlborough）、查塔姆（Chatham）、格雷（Grey）等人的观点。他们认为，英国人需要在对"海洋"生活和战略的天然向往与对欧洲的警惕关注之间达到一种平衡，并决心确保欧陆国家的发展不会对英国的国家利益造成有害影响。

我对这段英国海上霸权史的态度与西利在其著作《英格兰的

扩张》(The Expansion of England)中宣称的有点类似,当时他表示自己不是以传记作家、诗人或道德家的身份撰写这本书的:"我总是只关心一个问题,那就是因果关系……这样我们就可以发现世界各国兴衰的规律了。"当然,这并没有把西利的著作变成"客观的"历史,就像本书或任何其他历史书都不能宣称自己是客观的一样;因为历史学家无论如何努力,也永远无法完全摆脱他那个时代的偏见、经验、利益和局限。事实上,也许只有在当代,也就是1945年后的世界里,我才有可能写出这样一本书。我将把重点放在经济因素上,质疑英国对于海外和海洋世界的"天然"偏见,并尝试以较为合理的超然态度来分析英国作为一个海军、殖民和经济大国的"衰落"历程,这些都是在过去的英国海军史研究中很少采用的方法。然而,也正是由于英国国际环境的转变,我们需要重新评估旧的史学,也需要修改旧的假设条件。如果本书对这一工作做出了哪怕些许的贡献,那么我就感到心满意足了。

*

来自伦敦公共档案局(Public Record Office)和印度事务部图书馆(India Office Library)、弗赖堡联邦军事档案馆(Bundesarchiv-Militärarchiv)和维也纳国家档案馆(Staatsarchiv)(我曾为了完全不同的目的造访过这些机构)的某些档案材料为本书提供了有用的证据和引用资料,在这里,我必须再次对这些机构的工作人员的帮助表示感谢。不过,细读一下注释就会发现,我欠其他研究者的债要重得多——要想写一本对所有相关论点进行总结的书,这是不可避免的。我要承认，我通过阅读他们的著作而收获颇丰，本书前半部分的主要参考资料包括 C. M. 奇波拉（C. M. Cipolla）、J. S. 科贝特（J. S. Corbett）、R. 戴维斯（R. Davis）、J. R. 琼斯（J. R. Jones）、G. J. 马库斯（G. J. Marcus）、R. 帕雷斯（R. Pares）、J. H. 帕里（J. H. Parry）、R. B. 沃纳姆（R. B. Wernham）、J. A. 威廉森（J. A. Williamson）及 C. 威尔逊（C. Wilson）的著作；本书后半部分的参考资料包括 C. J. 巴特利特（C. J. Bartlett）、R. 海厄姆（R. Higham）、E. J. 霍布斯鲍姆（E. J. Hobsbawm）、M. 霍华德（M. Howard）、A. J. 马德（A. J. Marder）和 S. W. 罗斯基尔（S. W. Roskill）的著作；另有 C. 巴尼特（C. Barnett）、L. 德希奥（L. Dehio）、G. S. 格雷厄姆（G. S. Graham）、H. J. 麦金德、E. B. 波特（E. B. Potter）、C. W. 尼米兹（C. W. Nimitz）、H. R. 里士满（H. R. Richmond）的相关著作。当然还有最重要的 A. T. 马汉，他是这本书的源泉，在我创作本书的过程中，他的著作为我不断提供思想方面的启迪。

我还想借此机会感谢我的稿件经纪人布鲁斯·亨特（Bruce Hunter）和我的出版商艾伦·莱恩（Allen Lane），感谢他们对我接下来的工作给予的鼓励和帮助；还有三位朋友——科雷利·巴尼特（Correlli Barnett）、J. R. 琼斯教授和 J. M. 泰勒（J. M. Taylor）夫人，他们通读了整部手稿。通过他们的评论，我极大地改进了这本书，消除了书内的诸多错误和"风格上的缺陷"。但如果本书仍然存在这些方面的问题，这当然只能由我本人负责。

我也非常感谢缪丽尔·厄廷（Muriel Utting）夫人，她负责文稿的打字工作。

最后，我要感谢我的妻子，她在无数方面给予我巨大帮助，包括对文章进行评论，纠正拼写和文体错误，整理参考书目，提供有关英国经济史方面的信息。谨以此书献给她，也献给我们的两个儿子。

保罗·肯尼迪
1974年10月写于诺里奇

引　言

海权的构成要素

> 这里结束了对影响各国发展海权的主要因素（包括正面和负面因素）的一般性讨论。这些考虑和原则……属于事物不变或固定的规律，从古至今，它们的因果关系都保持不变。可以说，它们属于自然法则，而在我们的时代，人们经常听说自然法则是稳定的；战术则以人类制造的武器作为工具，经历了人类一代又一代的变化和进步。战术的上层建筑有时需要改变，有时需要全部拆除；但是，战略的旧基础至今仍然存在，仿佛是建立在一块岩石上。
>
> ——A. T. 马汉：《海权论》[A. T. Mahan, *The Influence of Sea Power upon History 1660–1783* (London, 1965 edn), p. 88]

想要探索这样一个主题，最好先探讨一下书中经常使用的一些关键术语，尤其是"海权"这个难以捉摸、充满感情色彩的术语，但本书也不能对这些术语下一个最终定义，在日后，它们很可能会被继续更正。自从 19 世纪末马汉上校撰写其开创性著作以来，"海权"在海军官兵、政治家、战略家和历史学家当中已经成为一个司空见惯的词语。然而，想用几句话精确地定义它仍然很困难，有很多作者曾尝试解决这一难题，但他们通常在对"海权"进行定义后，还要在后面加上很多限定条件或者进一步的讨论，这表明了这一问题的复杂性。值得注意的是，马汉本人在研究之初也并没有试图定义什么是海权，而是倾向于通过历史实例和评论来展示海权的本质，以防止"海权"一词陷入"模糊而没有实质内容"的怪圈。[1]

不过，在马汉发表著作的若干年后，英国历史学家赫伯特·里士满爵士尝试描述"海权"的内涵。这一描述可以充当"海权"的第一个比较全面的定义：

> 海权是国家力量的一种形式，拥有这种力量的国家能保证自己的部队穿过近海和大洋，抵达海外领地、盟国领土抑或在战时需要抵达的土地，以满足军事和商业活动的需要；并阻止其敌人做同样的事情。[2]

历史系学生很容易理解上述定义的**军事**内涵：从罗马与迦太基争霸过程中对于地中海水域的统治，到1939年至1945年的第二次世界大战中盟军所拥有的海上优势（这种优势使其得以在诺曼底和冲绳这两个相距甚远的地域成功发起两场两栖作战），人们可以发现很多这样的例子：一个国家或国家集团从这种向海外投射军事力量的能力中获得了巨大收益。很明显，那些拥有海权的国家免受敌人跨海入侵的威胁，拥有到达敌人海岸的机动性和能力，以及自由旅行和贸易的有利地位，海军战略家称之为"制海权"（command of the sea）。[3]

  制海权从来都不意味着完全占有某处海洋水域：这在物理上是不可能的，在战略上也是不必要的。因为海洋不像陆地，它本身对人类没有多大用处。人类无法单单依靠海洋生活，也无法耕种、开发和买卖它。相反，海洋只是人类从一个地方到另一个地方的媒介。在马汉的经典描述中，海洋类似于"一个广阔的公共场所，人们可以沿各个方向从中经过，但其中有一些频繁使用的航线，这表明，有些支配性的因素迫使人们选择了某些特定航线而不是其他航线"[4]。如果一个国家能够大致保证自己在这些"频繁使用"的航线上自由通行，并且不让敌人享有这一特权，那么它就拥有了制海权：它的贸易就会繁荣，它同海外的联系就会得以维系，它的军队也可以自由前往任何想去的地方。

  人类一旦认识到海洋适合作为派遣军队或交换货物的媒介，就把注意力转向制造一种武器，以使其能够获得并维持制海权，这种武器就是战舰。有了一批装备精良、灵活机动的战舰，就可以把敌人赶走，从而拥有实现这一目标的手段。参战者会努力通过摧毁敌人的舰队来确保海上优势，或者至少迫使它们留在港口，于是，从人类文明之初起，就留下了各种海战的记录。[5]因此，海军至上主义正统学说的基本原则之一就是，海上力量的核心在于战斗舰队——后来被称为主力舰队。另一方面，小规模的突袭行动或偶尔对贸易船只的攻击，只能提供暂时和局部的优势，一旦敌人战斗舰队到来，这种优势就会荡然无存。正如马汉指出的那样，海上破交战（guerre de course）不可能会动摇——

    那种占据绝对优势的海上力量对于海洋的控制，这种海上力量可以将任何悬挂敌人旗帜的船只从海上驱逐出去,或迫使它们成为逃犯;控制这个广阔的公用空间,实际上就封闭了那些敌人进出海岸的商业通道。[6]

这句话很可能是马汉本人的著作中与海权定义最为接近的文字,它的重点在于从强调一个国家跨海派遣军队的能力,转而以相同甚至更大的力度强调对于商业贸易和航线的控制。这种差异可以用海权发展的不同阶段来粗略地解释。海权发展本身必然反映出技术、经济和政治等领域更加普遍的发展进步。在第一阶段,通过水路航行任意距离仍然是一种新鲜现象,用船只将部队从一个战区转移到另一个战区是海权的基本目标和定义:里士满、波特和尼米兹[7]在20世纪中叶还能使用这种定义,这表明海权从未失去这一意义。然而,到17世纪左右,西方文明的发展催生了海权更为复杂的定义和目标:当时,海上贸易已经变得非常广泛和发达,人们已经认识到促进和保护这种贸易对于国家利益至关重要;造船、驾驶、导航和制炮方面的技术进步催生了了列列战舰的出现,这也是现代战列舰(battleship)的前身;伴随着海外探险以及列强在美洲和亚洲各地纷纷建立贸易站和殖民地,欧洲各国开始将财富越来越多地集中于海洋;因此,所有这些国家都建立并维持了常备海军。

这种从短期或战术性的小目标(从海上运输军队)到长期或战略性的大目标(建立永久性的国家海上力量,即常规商船队和常备舰队)的重点转移,正好解释了为什么读者们会在同题材的论著中遇到各式各样的海权定义。事实上,19世纪后期所谓"蓝水"学派(即极端海军至上主义者)的某些海军史作者极其强调利用主力舰队来确立制海权，对敌人的商业活动和战争潜力造成重大打击，以至于他们认为向海外战区输送陆军反倒没有那么重要。他们坚信，持续不断的封锁逐渐施加的沉重压力，通常足以使敌人屈服。与这种观点联系在一起的是对于大陆战争的厌恶，传统上英国人认为大陆战争对本国人生命和金钱的消耗更大，而且对行动自由的限制也更大，因而从某种程度上说是"不自然的"。或许博林布鲁克（Bolingbroke）在他的《爱国国王的理想》（Idea of a Patriot King，1749年）一书中最好地表达了这种孤立主义的态度，他写道："像其他两栖动物一样，我们有时必须上岸，但水更适合我们，在水中……我们找到了最大的安全感，我们也会发挥出最大的力量。"

在下文中我们可以看到，上述论证实际上采取了一种夸张的姿态，它忽视了人类利用陆权和海权之间复杂关系的许多基本方面；不过，这至少说明了一点：单纯以向海外投送军事力量的能力来定义海权的尝试已经遭遇了挫折。尤利乌斯·恺撒或诺曼人可能是那样理解海权的，但在文艺复兴后的世界，海权一直被视为一种更复杂、更深远的力量，不仅涉及战时入侵行动成功与否，还涉及贸易、殖民地、经济政策和国家财富。哈利法克斯在1694年写道："看看你的'护城河'在哪里吧。英国人政治信条的第一条必定是'他信仰海洋'。"他的意思是，海上力量已经成为国家哲学的重要组成部分。因此，毫不奇怪，所有研究过这一现象的人都犹豫不决，难以赋予海权一个在各方面都令人满意的简短而明了的定义。

此外，如果说几个世纪以来，通过一支强大的战斗舰队控制海上交通被视作海上力量的有形象征和终极目标，那么人们也认识到，这支舰队的存在和效能本身就依赖于海权的许多其他"因素"。正如E. B. 波特所说的那样：

海权的要素绝不仅限于战舰、武器和训练有素的人员，还包括海岸设施、地理位置优越的基地、商业航运和有利于自身的国际联盟。一个国家行使海权的能力还取决于其人口的性质和数量、政府的性质、经济的健全性、工业效率、国内交通运输的发展、港口的质量和数量、海岸线的长度、本土的地理区位，以及其港口和殖民地相对于海上交通线的位置。[8]

这是一个冗长的列表，在这里不可能对所有这些元素进行全面分析；但值得注意的是，这一描述，以及人们在有关海权的书籍中所遇到的几乎所有其他类似的描述，在很大程度上都是基于马汉在《海权论》一书中得出的结论。严格说来，马汉的研究称不上新颖，但这项研究却让他享誉世界。因为马汉以一种杰出的方式，将当时那些毫不相关的概念综合成一套连贯的哲学思想，并试图证明，尽管海军战术和历史环境发生了变化，但潜在的战略考量因素和原则"……属于事物不变或固定的规律"[9]。因此，如果一个国家吸取了这些教训，并具备了基本要素，那么它将在成功部署其海上力量方面处于有利地位。在这里，马汉对海权所做的深入研究是想效仿克劳塞维茨和约米尼曾经对陆权所做的研究，他的作品反映了19世纪对于发现某种社会"规律"的热衷，而这些规律后来大都被不那么实证主义的时代所摒弃。然而，在这里，我们还是有必要对马汉的思想进行简要总结。

马汉列举了影响海权的六项主要因素，包括：第一，地理位置；第二，地形构造；第三，领土范围；第四，人口数量；第五，民族特征；第六，政府的特性和政策。[10]

前三个要素基本上都是地理方面的，可以放在一起进行分析。

通过对历史的解读，马汉认为，一个无须保卫自己的陆上边界，并且无须在陆地上进行扩张的国家，比一个被迫时刻准备抗击其陆上邻国侵略的国家更具优势，因为前者可以集中精力发展其海上力量；同样，如果某国地理位置优越，毗邻重要的海洋航道，其港口和海岸线不会给该国国防造成太大负担，并且分布也不像法国那样零散，那么这可以提供更大、更关键的优势；另外，贫瘠的土壤和恶劣的气候往往是发展海外贸易的诱因，因为一个资源丰富的国家的居民是不太愿意走这条路的。

其他三个因素也可以联系在一起，因为就马汉的思想而言，其中一项因素肯定与另一项因素存在内在联系。他所说的人口数量，不是指总人口，而是指"出海"人口所占的比例，既指从事海上贸易的人口，也指海军可以征召的人口。与此类似，所谓"民族特征"就是指某个民族利用海洋提供的所有成果——包括利润丰厚的贸易、稳定的职业、海外殖民地等等——的倾向和程度。鉴于此，马汉提出，成功发展海上力量的秘诀是：创建一个由富有进取精神的商人和店主所组成的国家，准备对海上力量进行充足、长期的投资并且有能力这样做，以保护该国的海上以及海外利益。马汉还指出，在促进海权发展方面，政府也可以发挥至关重要的作用：通过在和平时期培养国家的海上力量和商业潜力，以及通过在战争时期巧妙地利用海上力量，该国就能够确保自己在通往胜利的康庄大道上一片坦途，并借此提高自己的国际地位。

尽管在马汉的分析中夹杂着一些可疑的决定论——其中最明显的是关于"国民性"的准种族主义描述——但他的作品中有很多东西是可以让人毫无保留地接受的；事实上，他对于"海权要素"的大量论述似乎都是老生常谈，然而，直到人们读过他的经典著作之后，一些从前在海军战略中司空见惯的东西才变得清晰起来。然而，尽管马汉本人认为他提出的基本原则是**普遍**适用的，尽管他之所以出名是因为他的读者也认为他从过去吸取的教训对现在和未来都是有效的，在本书的开篇，我们却仍需要对马汉的整个哲学体系做一个基本评价：它在很大程度上是**归纳性的**，也就是说，它是从对一个特定历史时期和一系列特定情况的考察中得出的，然后他假设这些情况对现在和未来都是适用的。除了少量参考了古典时期的海战外，马汉的研究范围主要集中在1660年至1815年间四五个西欧国家之间爆发的一系列战役上，并从这些战役中得出了基本结论。此外，像任何其他历史学家一样，马汉既不能从当时盛行的偏见中解脱出来，也不能从他作为现役海军军官的背景中解脱出来：他赞美和强调历史上英国海军政策的睿智，并不断鼓励美国效仿这些成功——这些动机在他的脑海中挥之不去。

换句话说，在马汉的著作中有一些关于海权和海军作用的潜在假设，他和他的学派认为这是理所当然的，但我们**不**需要这么认为。即使我们同意就马汉所研究的历史时期而言，他的分析是基本正确的，在现今这个技术、政治和人口都日新月异的世界上也不一定会发生同样的情况。

马汉和海军主义者首先认为，海洋在世界事务中的"影响力"要高于陆权，这是不言自明的。值得赞扬的是，马汉从来没有像他那些更极端的追随者那样走得太远；例如，他确实承认忽视海军以外的因素是错误的。马汉坚持认为，他从事这项研究只是因为他觉得海上力量的重要性"即使没有被完全忽视，也是被大大低估了"[11]。但是，有了下面这样的陈述，马汉的作品产生另一个效果也就不足为奇了，那就是在很大程度上导致一整个战略思想学派不加批判地接受了海洋在文明进步过程中起主导作用的观点：

> 尽管海上有各种常见的和不常见的危险，但水路旅行和交通总是比陆路更容易、更便宜。
>
> ……谁能否认，在土地狭窄、资源贫乏的情况下，[在七年战争时期，英国]政府的权力直接来自海洋？
>
> 对海洋的合理利用和控制只是让财富得以积累的交换链条中的一个环节；但它是中心环节，谁拥有海权，谁就能强迫其他国家为自己的利益而服务，而且，历史似乎已经证明，大多数掌握了海权的国家都能够借此而积累财富。[12]

然而，如果对历史进行回顾的话，我们很难理解马汉著作中提到的海权优越性如何能在更广的历史范围中得到证实。仅举几个最明显的例子：埃及人、希腊人、祖鲁人、匈人、阿兹特克人、罗马帝国、古代中国、奥斯曼帝国或神圣罗马帝国，基本上都不是从海洋中汲取力量的，对于这些民族和国家而言，忽视海洋并不会令他们感到惊奇。由于陆地和海洋这两个要素的物理性质不同，到目前为止，人类的大部分活动都集中在前者：大多数人都是站在干燥的地面上，而不是站在船舶起伏的甲板上，这个简单的事实意味着，在文明的发展过程中，陆地总是比海洋更重要。

马汉选择考察的只是一段特定的历史时期（从16世纪到19世纪早期之间），以及一组特定的国家（西班牙、荷兰、法国，特别是英国），这些国家正是在相应的历史时期内发展出殖民帝国和海上帝国的。这一现象发生在这样的时间和这样的地区是由一系列客观条件所造成的，这需要进一步研究。我们将把这个问题留到本书中适当的部分进行讨论。在本书开篇，先不考虑海权是否曾经像马汉和他的追随者们所主张的那样，在各场战争中均发挥了决定作用，更重要的是，要记住一个基本事实，即在马汉所考察的时代，海上商业和海上冲突在世界事务中占据了不成比例的重要地位。因此，谨慎的做法是在一开始就注意到这种状况在历史和地理方面的**特殊性**，从而对马汉诸多假设的普遍适用性提出疑问，特别是海军主义战略学派经常贬低陆权作用的假设。

一些类似的保留意见针对的是马汉一再强调的商业、殖民地和航运的重要性，下文摘录的就是马汉相关论述中一个典型的例子：

> 这三个因素——生产（以及交换产品的必要性）、航运（使交换得以进行的最佳手段），以及殖民地（通过增加安全据点促进和扩大航运业务）——是了解许多历史与了解沿海国家的政策的关键。[13]

在这里，一般原则似乎是从特定情况中得出的，但适用于1550年至1815年间某些欧洲国家的原则，并不一定适用于其他地方或其他时期。例如，殖民地贸易并不总是有利可图和十分重要的。人口和领土范围——马汉的两个基本要素——也不应该仅仅以或主要以可用的水手的数量或海岸线的长度来衡量。以苏联为例，在地缘政治方面，人口和领土对于苏联国家力量的构建起到的作用远不止于此。此外，虽然马汉确实提到了"生产"，但他并没有真正注意到这一核心经济要素，而是把注意力集中在贸易和商人，尤其是航运上面，以至于他认为只有这些因素是海上力量的有效基础。有些国家拥有强大的海军而没有庞大的商船队，而另一些国家拥有后者而没有前者，这些都被他忽略了。如果我们在经济领域寻找海权的普遍要素，那么来自一位现代评论家的另一种视野更开阔的解释似乎更合适一些：

> 相较于某种单一运输方式的无常命运，可能有某种更为坚实的经济基础支撑着海权，即国民经济生活的活力。如果我们更仔细地考察海洋国家的兴衰，一个教训就会清晰地显现出来：海上主导权不属于拥有最大商船队的国家，而属于以均衡的经济增长来支撑其海上繁荣事业的国家。[14]

以上所有的观察都表明，读者不应该不加批判地把马汉对海权运作的阐述当作"福音"来接受。正如雷诺兹教授提醒我们的那样，"马汉是一个重要的、有影响力的历史人物，我们也应该这样去看待他，但他的思想同样有着各种人类活动所固有的局限性"[15]。然而，"任何对英国海军史的回顾都应该以马汉作为开端"这一看法却是非常正确的，因为他对于这一主题的贡献是独一无二的，他的影响是无与伦比的。本书将在许多方面对他的结论提出疑问，这一事实不应被视为一种贬低，而应当被视为对于马汉思想重要性的一种肯定。马汉是任何一本关于"海权"的著作的参照物和出发点，未来也将永远是如此。

在简要探讨了"海权"这个关键概念，并在一定程度上提出了对于这一概念的修正意见后，现在我们需要解释本书标题中的"海上霸权"一词。"海权"或者"海上霸权"实际上似乎缺乏量化标准，几乎任何国家都可以声称拥有或曾经拥有某种程度的海权。"海权"也几乎可以在任何层面都存在：一个古典时期的地中海强国，一个中国海盗首领，或一个拉美国家，都有可能曾在某段时期内享有周边水域的制海权。然而，"海上霸权"一词在本书中意味着某种更强大、更独特、影响范围更广的局面：某国致力于发展它的海上力量，实力超越了任何对手，使其得以在远离本土水域的地方行使霸权，导致如果没有这个国家的默许，其他那些实力较弱的国家就很难进行海上行动，或从事海上贸易。这**不**一定意味着该国的海军力量比所有其他国家加起来都要更强大，也不意味着这个国家不会暂时失去对于某处海域的控制权，但这必定意味着该国拥有一支在总体上占据优势的海上力量，意味着该国在海外遭受挫折的时候，只要它派遣一支强大的舰队（足以轻易消除敌人的威胁），局势很快就会扭转。一般来说，能够实现这一目标的国家也会拥有众多舰队基地、一支规模较大的商船队、十分可观的国家财富等等，这表明，该国在全球层面而不是单纯的地区层面上具有影响力。所有这些定义所暗示的海上霸权的衡量标准，只有少数几个国家曾经达到过，从而与那些较弱的竞争对手区分开来。英国在1815年，以及在这个重要时间节点前后的一段时间内，曾拥有过这样的优势；但这一时期很短暂，事实上，英国朝向这一霸权时代迈进的"成长阶段"，以及随后从巅峰时代跌落的"衰落阶段"在历史中占据了更大的比重。即使在今天，尽管已经将海上霸主地位拱手让人，英国仍然掌握着一定的海权。因此，有必要将本书的考察范围上溯大约400年。除了将目光聚焦在英国如何迈入海上霸主的巅峰时代之外，我们还要对其崛起和衰落的本质原因进行研究和探讨。

第一部分

崛　起

因此海权在……它的经典时代是一个非常复杂的因素，既有防御作用，也有进攻作用；既有经济上的意义（或者更具体地说，是财政方面的意义），也有军事意义；要想在海权方面取得最大的成效，与其说是要依靠其自身的内在力量，不如说是要巧妙地利用对手的弱点。在海权帮助下崛起的国家，首先是葡萄牙，然后是荷兰，最后是英国，它们能够施加与其国家规模、资源和人力不匹配的巨大影响力。受益于其得天独厚的地理区位，英国不仅能够控制海外财富的流动，而且能够操纵六个欧陆大国的平衡，而这些大国在其他方面都要比英国更加优越。

——H. 罗辛斯基：《海权在未来全球战争中的作用》
[H. Rosinski, 'The Role of Sea Power in Global Warfare of the Future', *Brassey's Naval Annual* (1947), p. 105]

第一章

英国海权的初期岁月（1603 年之前）

> 那是在伊丽莎白时代……英国作为一个现代国家的特征首次浮现出来，这意味着……它开始把自己的精力投向海洋和新大陆。我们可以在这一刻看出英国扩张的开端，而这也是大不列颠崛起的第一个征兆。
>
> ——J. R. 西利：《英格兰的扩张》
> [J. R. Seeley, *The Expansion of England* (London, 1884), pp. 107–8]

在追溯英国最初的海权发展阶段之前，我们有必要了解是什么样的历史条件和地理环境使英国海权得以崛起的。自古典时代以来，人类一直在海上进行各种各样的战斗，海上货物交换也已经司空见惯；可以说，维京人和诺曼人的历史已经为利用海上优势向海外投射力量提供了很好的例子。然而，也有很好的理由将对 15 世纪和 16 世纪西欧状况的研究作为本书的真正起点。在中世纪结束时，该地区能够在世界事务中发挥主导作用的前景并不明朗。它拥有某种连贯的文化、稳固的政府形式和贸易网络，以及发达的思想体系；但全球许多其他地区也是如此。而且，当时西欧国家经济上几乎没有增长，瘟疫肆虐，内乱频仍，科学技术普遍落后。无论是在东欧还是在地中海，欧洲国家在政治和军事上都受到来自奥斯曼帝国的压力，当时，奥斯曼土耳其人的陆地和海上力量正沿着北非海岸迅速扩张，并威胁到伊比利亚和亚平宁半岛。

与此相对的是，欧洲也出现了一些更新和更有希望的进步。欧洲人口在增长，其贸易额也随之增长；在意大利，艺术、思想和科学开始以惊人的方式蓬勃发展；世俗的国家君主制开始出现。[1] 更重要的是，欧洲国家至少在海军造船、导航和海军武器等方面都取得了相当关键的进步，这促进了其海上力量的发展，欧洲在世界上的影响力也随之增强了。

我们了解到，15世纪"是欧洲海船设计迅速变化和发展的时期"，没有这一阶段的技术进步，后来的远洋航行将是不可想象的[2]：在这个时候，船体、桅杆、索具、方向舵和操舵装置的结构和设计都发生了重要变化，随着船只尺寸的增加，它们的可靠性和复杂性也在增强。同样重要的是，伴随着航海技术的进步，李约瑟教授所说的"数学航海"时代到来了。[3] 四分仪、星盘、直角器、新的天文计算图表，以及磁罗盘、领航员手册和海图，不仅使水手们能够在近海航行时更准确地掌舵，而且——这是向前迈出的一大步——为长途航海提供了导航手段，使他们至少可以知道陆地的相对位置。随着相关知识的不断积累，世界地图在数学方面的精确度也在不断提高。[4]

然而，这些技术上的突破只能解释早期欧洲探险家——主要来自葡萄牙和西班牙——是如何环游世界并返回家园的，而并没有解释为什么会出现这种趋势,也没有解释在地球上的所有文明中,欧洲人是如何成功地在海外建立帝国,并在此过程中击败强大对手的。中国人更早地发展出了上述诸多造船和航海技术(事实上,中国人的船只通常要大得多);他们经常前往马六甲和东印度群岛进行贸易,然后进入并跨过印度洋,抵达非洲和阿拉伯地区;就在"航海家"恩里克派遣一艘又一艘船只沿着非洲海岸线航行的一二十年之前,皇宫太监郑和就已经代表中国皇帝指挥了一系列的海外远航行动。[5]在地中海,奥斯曼帝国也建立了一支强大的帆船舰队,并统治着这片海域,而阿拉伯世界在数学、天文学和制图学方面的研究传统比中世纪的欧洲先进得多。因此,回想起来,那些不时从伊比利亚半岛出发的小型航海探险队,并不是必然会成为一场改变世界政治格局的运动的先锋队。另外两个因素起着至关重要的作用:第一,西欧的王公贵族和商人有扩张的意愿;第二,他们已经发展出一种可以压倒任何反对者的优越手段。这些因素从根本上打破了平衡。

欧洲扩张的动机不难寻找:它们是政治、经济和宗教热情的混合因素。[6]1453年,随着君士坦丁堡的陷落,欧洲列强与土耳其人之间激烈而断断续续的争端达到了顶峰,他们急于削弱这个不断发出挑战的敌人。葡萄牙和卡斯蒂利亚分别在休达和格拉纳达反击土耳其人的行动中发挥了主导作用,两国在海军扩张方面也走在前列,这并非仅仅是一个简单的巧合。经过一条连接非洲和亚洲的海上通道,从侧面包抄土耳其人,可以在政治和战略上取得胜利,这正是基督教世界迫切需要的。与此同时,它将打破土耳其人(及其威尼斯中间商)对亚洲香料和丝绸贸易的垄断,从而为支持这些海洋事业的君主、贵族和商人带来丰厚的利润。事实上,如果没有这些人的支持，很难想象海上扩张将如何继续下去。这些人很快就打消了最初的怀疑态度，并意识到这种发展将带来经济利益；因此，海军实力和商业实力已经紧密相连。最后，欧洲天主教徒讨伐异教徒土耳其人的所谓"十字军热情"，加上反宗教改革的热情，为发动一场旨在打击政治和商业对手的运动提供了宗教和意识形态上的理由。因此，欧洲人发动这场运动的决心是毫不动摇的，他们的手段也是极为凶残的。不过，无论是试图粉碎奥斯曼帝国在印度洋的影响力和海军力量的葡萄牙人和荷兰人，还是努力开拓新世界的西班牙人，都懒得区别对待穆斯林和其他宗教信徒。中国人在海外似乎愿意从事和平贸易，尊重当地宗教，而西欧人则不同，他们是来传教、掠夺和征服的。[7]

然而，欧洲咄咄逼人的扩张主义的成功依赖于第二个因素：优越的海军军备。在这一领域，直到15世纪，欧洲人、土耳其人和中国人一直保持着大致相同的水平。例如，三者在陆地上都使用原始的铸铁炮，后来把它们安装在船上；三者都认为海战是陆战的一种延伸。所以，普遍的战术是接近或撞击敌人的船只，然后越过敌舰的船舷，并力图夺占整个"城堡"。因此，桨帆船（galley）受到了欢迎（尤其是在封闭海域内），葡萄牙和西班牙则建造了带有高大船楼的卡拉克大帆船（carrack）——实际上就是漂浮的堡垒。真正的转变发生在欧洲发展出由合金铸成的火炮——如炮铜（gun-metal）火炮或黄铜火炮——之后，这些火炮的威力与巨型铁制攻城炮相当，但更可靠，体积更小。这种武器装在船上，可以使敌船瘫痪，甚至将其击沉，从而使攻击者不必再登上敌船。换句话说，这种炮是"船杀手"而不是"人杀手"，而且射程更远。然而，由于它们需要比上述"城堡"更大的空间和更强的稳定性，它们逐渐被安置在船只的中部,通过在船舷凿出的炮眼射击。

这些变化的最终结果——上面的描述是对一种漫长而不平衡的发展过程的一个非常粗略的总结——是欧洲人决定建造专门用于战斗的帆船,因为大型火炮、弹药和船员的位置占据了货物储存空间。[8] 盖伦大帆船(galleon)就这样诞生了,这是一种与纳尔逊时代的战列舰本质上相同的战舰:不仅有强大的武器装备,而且有着善于利用风的流线型线条和风帆,极具机动能力,能够与敌人舰队保持一定的距离,直到敌舰被舷炮火力的反复攻击所摧毁为止。面对这样的战舰,速度缓慢、高负荷的卡拉克大帆船和划桨推进、干舷较低的桨帆船都显得不堪一击,两者的火力和速度都无法与前者匹敌。因此,1501年,达·伽马只用了几艘这样的主力舰就轻松地击退了马拉巴尔海岸(Malabar coast)附近大批阿拉伯独桅三角帆船,这可能是第一次海上"对峙战"。[9] 此外,正如这个例子所揭示的那样,新型帆船具有在所有水域作业的动力、耐力、适应性和适航性,而不像桨帆船那样受其作业范围的限制。

后一个事实对欧洲在世界上的地位产生了巨大的影响,因为这种可以压倒土耳其人的海军技术优势也可以用来击败全球其他任何一支作战舰队。欧洲拥有这种先进的海上力量,使得所有沿海国家对它的扩张主义几乎束手无策。随着16世纪的发展,欧洲列强之间的政治、经济和宗教竞争日益激烈,并引发了第一次海军军备竞赛,从而使得欧洲与世界其他地区之间的技术差距进一步扩大。正如一位学者简洁地指出的那样,"上帝、大炮和帆船成了西方文明的三大支柱"[10]。

与此同时,这些国家之间的竞争,加上日益专业化的舰艇建造方式,导致了常备海军的创建。在和平时期,许多这样的战舰当然

第一章 英国海权的初期岁月(1603年之前)

是闲置的，但建立这样的舰队暗示着一种认识，即海上力量具有持久的重要性。同样，海洋作为交通要道的重要性也随着成功的海外探险给舰队的赞助人带来巨大的财富和声望而大大增强了。而且，在更普遍的层面上，海外贸易和殖民的发展对欧洲的经济和政治重心从地中海向大西洋海岸线"转移"做出了重大贡献。[11]正是这种对航海活动所带来的多方面利益的认识，导致了海权学说的发展，这种学说将海军力量和商业优势不可分割地联系在一起。

上述情况可以概括如下：在15世纪和16世纪，欧洲在造船和航海领域取得了某些惊人的"突破"，使其水手能够进行远洋航行；与此同时，火炮技术的进步和专业战舰的进一步发展提供了压倒其他种族对手的手段；而政治、声望、宗教和经济动机合在一起（尤其是经济动机），刺激了这种海外扩张。一旦伊比利亚舰队展示了征服其他舰队是多么容易和由此获得的经济利益，竞赛就开始了。荷兰、法国和英国的冒险家加入了这场争夺战利品、贸易路线和政治优势的战争，这反过来又需要建造更先进的战舰和建立正规的海军部队，并导致人们对海权带来的收益高度重视。通过技术创新、经济收益和让国家获得海上权力的努力之间这种自发的相互作用，欧洲主导世界的时代来临了。

对于所有研究过这一趋势的人来说，欧洲崛起到今天的地位显然主要是基于海上力量。地缘政治学者哈尔福德·麦金德爵士这样描述道：

> 由哥伦布一代伟大的航海家发起的革命，赋予了基督教世界前所未有的机动性，仅次于拥有飞行能力……其主要的政治效应是扭转了欧洲和亚洲的关系。中世纪时，欧洲被封闭在南

面不可穿越的沙漠、西面漫无边际的大洋，以及北面、东北面冰雪覆盖或森林密布的荒原之间，而东面和东南面又经常有骑马民族和骑骆驼民族的威胁，这些民族有很强的机动性。而现在，欧洲在世界上崛起了，它能到达的海域和沿海陆地增加了三十倍以上，它还从四面八方向此前威胁着它生存的欧亚大陆势力施加影响。[12]

亚洲历史学家 K. M. 潘尼迦与麦金德的唯一区别是，他把麦金德所谓的"哥伦布时代"改称为"瓦斯科·达·伽马时代"，但两人本质上都认为，这些始自伊比利亚半岛的早期海洋冒险活动标志着世界事务的转型，标志着长达四个世纪的"以控制海洋为基础的权威"的时代开始了。[13] H. A. L. 费舍尔指出，君士坦丁堡的陷落可能关闭了欧洲通往东方的大门，但葡萄牙人的扩张弥补了这一损失，"这一扩张将欧洲人的统治地位扩展到了全球，改变了世界经济的比重和平衡"[14]。

但是，即使哥伦布时代的到来所带来的变化是巨大的，我们还是应该小心，不要夸大这种发展变化的速度。在整个 16 世纪，西欧与威尼斯、黎凡特和亚洲之间的贸易持续繁荣，对葡萄牙人构成了激烈的竞争；直到 17 世纪，与东方的贸易才真正被超越。[15] 除了航海大发现和殖民活动之外，还有其他原因可以解释为什么在意大利城邦衰落时，西欧国家经济却蒸蒸日上。[16] 当时，桨帆船仍然是许多大国的主要战舰，特别是那些内陆水域周边的国家。勒班陀之战主要是两支桨帆船舰队之间的战斗，这无疑解释了为什么它在海军发展方面不如印度洋上的葡萄牙-阿拉伯战争那样重要，但也证实了直到 16 世纪下半叶，盖伦大帆船的优势才得以确立。

最重要的是，历史学家如果忘记欧洲的相对优势仅仅在于海上，那将是不明智的。在陆地上，正如土耳其军队在"侦察时代"（age of reconnaissance）对东欧的持续入侵所揭示的那样，胜利的天平仍然倾向于土耳其人。对大多数欧洲政治家来说，失去匈牙利比在东方建立工厂要重要得多，土耳其人对维也纳的威胁也比欧洲人在亚丁、果阿和马六甲所面临的挑战更重要；只有位于大西洋边缘的国家才可能像之后的历史学家那样忽略这个事实。即使当西方列强开始认为它们对其他民族的控制是理所当然的，它们也认识到，这种统治通常仅限于战舰的火炮射程内：在发明移动式野战火炮甚至机枪之前，它们对外国土地的控制远不如对海域的控制那么牢靠，西班牙在拉丁美洲的领地是例外，而不是通例。通常情况下，亚洲、非洲和美洲的人民只需离大海几千米，就可以免受西方的影响。

尽管有这些不足，但西方海权的时代已经开启，海外贸易和殖民经济迅速增长，欧洲既有的竞争关系被"出口"到热带地区，越来越多的国家开始认识到建立和维持更强大的常备海军的必要性。其中一个国家是英格兰，尽管它比许多对手小得多，人口也少得多，起初在经济和海洋事业上也落后于许多对手，但最终它却在世界事务中收获了"哥伦布革命"的全部成果。

上面提到的阻碍英格兰海军发展的不利因素被一长串更有利的因素所抵消：事实上，很明显，当马汉考察对海权有利的"一般要素"时，他想到的就是英格兰。在地理上，它与更强大的欧洲竞争对手隔海相望，这使它受益匪浅。这不仅意味着它不需要投入大量的资源和人力来维持一支庞大的常备陆军，而且还确保了英格兰政府在国际紧张时期的第一反应是至少让海军足够强大，可以抵御入侵。这种得天独厚的地位——许多英格兰人把它归因于上帝对他们种族的偏爱——是其他欧洲大国所没有的。哈布斯堡王朝的庞大帝国极其分散,面临着诸多来自大陆的挑战(包括土耳其人的挑战),以至于海权一直被视为次要的。同样,法国在三个方向上受到哈布斯堡王朝的威胁,无法在不危害国家安全的情况下投入海上活动。即使是在16世纪后期的海外贸易和殖民方面优于英格兰人的荷兰人,也知道如果他们在南方与西班牙精锐军队交手时在陆战中失败,他们将失去一切。在这方面,英格兰唯一担心的是来自凯尔特边缘地区的挑战,这可能会将它的注意力和资源转移到北部和西部,这很好地解释了伊丽莎白时期英格兰对于苏格兰和爱尔兰极度关注,以及法国和西班牙两国均努力在那些地方获得影响力的原因。然而,如果英格兰在海上保持强大,这些威胁只能是间歇性的,而在英格兰征服爱尔兰以及与苏格兰实现联合之后,这些威胁的可能性便进一步降低了。[17]

其他自然优势包括众多良港,尤其是英格兰南部海岸的港口;繁荣的沿海贸易和丰饶的近海渔场,普遍促进了航海技术的发展;威尔德地区蕴含大量的铁矿资源,为都铎王朝提供了稳定的优质枪炮供应;[18]拥有建造船体的木材——但英格兰国内不产用于制造船壳外板的木材、用于制作桅杆和帆索的圆材和大麻,这导致在整个风帆舰时代英格兰都依赖波罗的海和海外其他地区出产的原材料。[19]最后,地处大陆西北海岸的位置为它提供了一个独特的有利机会,使它可以利用15世纪至17世纪欧洲商业和政治平衡的转变。因为,与东方的贸易并不是一夜之间就从途经黎凡特的路线转移至好望角航线的,但在新大陆发现贵金属也促进了大西洋沿岸商业的发展。金条、香料和异国商品源源不断地流入伊比利亚半岛,并从那里转移到安特卫普，从而刺激了所有大西洋国家的经济，并激起了政府和私人冒险家的兴趣。

然而，如果说英格兰由于岛国地位，条件最适合把注意力集中在外面的世界上，那么它在拦截和挫败其他国家的挑战行动方面也同样处于有利位置，无论是来自汉萨和荷兰商人的商业挑战，还是西班牙人的军事挑战——西班牙与低地国家的联系极其依赖海上通道。在这一时期，除了当时使英格兰人臭名昭著的海盗行为之外，谨慎的都铎王朝的君主们并没有采取任何措施来垄断日益增长的大西洋贸易——这远远超出了他们的资源范围，而且风险太大；但从长远来看，英格兰确实处于非常有利的地位，能够从正在改变欧洲的经济变革中获益。

然而，如果英格兰人不愿意利用这些天然优势，那么所有这些优势都将一文不值。事实上，甚至在中世纪，人们就已经对海洋在国家生活中的作用有了正确的认识。海洋不仅可以成为入侵者来犯的途径——这种令人担忧的前景迫使英格兰采取了多项防御措施，如"五港同盟"（Cinque Ports）建立起了海军力量，并最终交由国王掌控——同时，它也是将英格兰王室与其法国属地联系起来的手段。此外，到了中世纪后期，海外贸易，特别是羊毛、布匹和葡萄酒贸易，使英格兰成为更广泛经济体系的一部分，并使得布里斯托尔和伦敦等港口飞速发展，造船业和航运业日益兴盛，英格兰与低地国家、法国、伊比利亚半岛和波罗的海等地区的商业联系也日渐紧密。冰岛渔业贸易的增长是另一个刺激因素，在提供远洋航行经验方面也起到了尤为重要的作用。但毫无疑问，在1500年，英格兰人所做的这一切与汉萨同盟对波罗的海和北海的主宰，以及威尼斯对地中海的控制相比都显得微不足道，甚至在一个世纪后，它还被荷兰人的成绩所掩盖；但就绝对数字而言，英格兰海外贸易的增长令人印象深刻。在此期间，英格兰人口迅速增长——从 1475 年的约 225 万增长到 1640 年的约 500 万——但很明显，用马汉的话说，"追随海洋"的人数增长得更快。[20]

更重要的是，伴随这一增长，英格兰的政治态度也发生了转变。民族主义与经济优势通常是相辅相成的，英格兰也不例外。甚至早在 14 世纪，商人们就在向王室呼吁制定一些有利于本地行业而不利于外人的政策，他们的呼吁取得了成效。英格兰议会（商业利益已经开始对其发挥影响力）通过了形式多样且条款日益严密的《航海条例》，而英法百年战争则大大加剧了英格兰商人的沙文主义，他们反对那些商业地位更加稳固的外人，希望取而代之；伊丽莎白将汉萨同盟驱逐出伦敦钢院商站（London Steelyard）既不是第一次采取此类措施，也不是最后一次。英格兰的商业政策——

> 带着好战的色彩，这是它几个世纪以来的特征，直至 19 世纪自由贸易理论的温和理性逐渐渗透进来才发生改变。国际贸易被视作一片战场，在这个战场上，各国为争夺贵金属的所有权和为本国商人争取有利可图的从业机会而相互竞争。[21]

因此，了解到英格兰海外扩张背后的大部分动力是由经济欲望所引发的，就不足为奇了。都铎王朝早期的远洋冒险由于缺乏伦敦商人的支持（伦敦商人仍然主要从事布匹贸易，因此是亲西班牙的）而非常散乱，但随着 1551 年的布匹价格暴跌，情况发生了变化。一年后，贵族和商人成立了一家公司，开辟了一条北部至东部的海上通道。事实上，传统的贸易（与低地国家的贸易在其中占主导地位）发生了变化，这在很大程度上与英格兰意识到通过东方香料、美洲金条和非洲奴隶的贸易可以获得更大利润有关。结果是土耳其公司、威尼斯公司、黎凡特公司等一大批特许公司成立了，还有重新成立的东地公司、莫斯科公司、中国公司（Cathay Company）和东印度公司，它们共同对早先成立的商人冒险家公司形成了补充；与此同时，还有各种各样的私人探险活动，比如约翰·霍金斯（John Hawkins）在西非的探险，所有这些探险活动将英格兰的贸易重心从跨英吉利海峡航线转移开来。[22] 这些公司的发展反过来又增强了英格兰的海上力量，不仅通过加强经济，而且以更实际的方式；例如，黎凡特公司为了击败地中海海盗而建造了大量快速且装备精良的大型船只，在与"无敌舰队"作战时，该公司的舰队成了名副其实的"皇家海军后备力量"。[23]

更重要的或许是，这些商业冒险活动吸引了贵族和王室的关注，就后者而言，亨利七世预先就索取了约翰·卡伯特（John Cabot）利润的五分之一，伊丽莎白女王也经常对航海活动进行投资，包括提供船只或购买股份等等。看起来，马克思和恩格斯以下的著名论断有必要进行一些修改了：

> 美洲和环绕非洲的航路的发现，给新兴的资产阶级开辟了新的活动场所。东印度和中国的市场，美洲的殖民化，对殖民地的贸易，交换资料和一般商品的增加，给予了商业、航海业和工业空前未有的刺激，因而也就促进了崩溃着的封建社会内部所产生的革命因素的迅速发展。[24]

事实上，更准确地说，至少在都铎王朝时期，英格兰国王和老一辈精英们开始与中产阶级联手追求海外利益，这满足了商人对利润的渴望和政府对黄金的渴望。各种社会群体欲望的融合，很可能形成了一个所谓"复仇商人和贪婪绅士的好战联盟"[25]，但它确实提供了一种国家认同感，在动荡的时代很有用；或者，正如拉布教授所说的那样，绅士们"参与商业活动显示了英格兰上层社会结构的凝聚力和灵活性，这对英格兰的历史产生了深远的影响"，并有助于"英格兰崛起，成为欧洲国家在海外的主导力量"[26]。这种"联盟"的载体是股份公司，地主和贵族们可以把钱投进去，而不需要亲自管理它。

同样明显的是，这些冒险吸引了大量的下议院议员，尤其是那些第一次来到威斯敏斯特的议员；因此，即使是"地方"利益的代表们也被吸引到伦敦，支持国家的海外扩张运动。事实上，下议院对反映国家战略以及经济和宗教目标的外交和殖民政策的兴趣稳步增长，这表明英格兰人已经在很大程度上真的认为扩张主义对国家很重要。虽然毫无疑问，这种内部共识在斯图亚特王朝早期被打破了，但在此之前，这种共识已经存在了很长一段时间。在17世纪末，这种共识再次得到了极大加强，贵族和商人、国家利益和私人经济利益相结合，反映了都铎王朝成功建立的模式。这种相互关联的利益瓜葛确保了海军的地位，至少在理论上是如此（在实践中往往也是如此），英国海军比大多数大陆国家的海军都更受到政府、下议院和纳税人的重视。

除了经济动机之外，还有宗教动机，这在反宗教改革时期是一种"易燃的燃料"，使人不可能将伊丽莎白时代咄咄逼人的行事方法完全归于商业原因。例如，弗朗西斯·德雷克出航时随身携带的不仅有导航设备，还有福克斯（Foxe）的《殉道史》（*Book of*

Martyrs)。哈克卢特（Hakluyt）在他的《重要的航海》（全名：《英格兰民族重要的航海、航行和发现》）中敦促塞西尔提出建议，让伊丽莎白可以（借助海上冒险活动）"扩大她的统治，丰富她的金库，并将许多异教徒变成忠实的基督徒"。这种宗教动机和世俗动机混合在一起，在同时代人看来并没有什么不协调的地方。[27]因此，夺取一艘西班牙运宝船不仅是一夜暴富的机会，也是对雷利口中马德里的"野心勃勃和血腥伪装"的一次打击，因为马德里试图"吞噬所有国家"，并使它们屈服于天主教。[28]此外，正如安德鲁斯博士所指出的那样，扩张主义"是那几十年来不断增长的人口压力的一个宣泄口，很可能是这种人口增长与失业和贫困相结合，造成了海上暴力活动浪潮的高涨，这种浪潮在该世纪动荡的中期开始上涨，并在经济和社会压力最重的最后十年达到顶峰"[29]。把民众不满的力量引向外国人，曾经是政府在压力下的一种有用的操纵手段；但结果是，伊丽莎白时代的"海狗"*给外国人留下的第一印象并不好，他们很快就因残暴、贪婪和肆意抢劫任何人而声名狼藉。

最后，尽管历史学家很难写出像民族"性格"或"情绪"这样模糊的东西，但在当时的英格兰社会中，有一种无法定义的因素，这种因素在处于发展时期的国家中很常见：对未来充满信心和热情，各行各业忙个不停，并且都怀有国家命运必定光辉灿烂和自己必定站在历史正确一边的信念。[30]在伊丽莎白统治下，英格兰文学的繁荣在某些方面反映了这种情绪，但它有更多的实际表现。例如，在殖民技巧方面，至少在他们早期的尝试宣告失败之后，英格兰定居者似乎拥有了主动性、耐力和意志力，并可以将它们正确搭

---

* 这是指老水手。——译者注

配。奇波拉教授认为，英格兰人在纺织业、服装业、军械制造业和造船业的发展上——

> 没有表现出太多的独创性，却有一种特殊的能力，可以吸收有益的想法，对他人的创新进行完善，使自己的工具和技能适应新的情况。在所有领域，他们都表现出一种务实态度，这种态度体现为产品方便使用，生产成本更低。他们的态度和成功让我们联想到现今这个时代日本人的态度和成功。[31]

由于并不缺乏海外扩张的动机，而且这个民族特别善于接受新思想，并有足够的灵活性来适应欧洲发展过程中的新力量，因此在大部分时间内，英格兰都铎王朝的政府都比较关注海上力量的增长。早在15世纪早期，那首著名的诗《对英格兰政策的诽谤》（The Libel of English Policy）就已经揭示了人们对海洋重要性的深刻认识，诗中建议说"英格兰政策的真谛是这样的……珍惜货物，守住海军部，让我们成为狭海（Narrow Sea）的主人"[32]。亨利七世鼓励商业和探险，在朴次茅斯和格林尼治建设皇家造船厂，建造一流的战舰，显然表明了他对这些"万能药方"的普遍支持，但真正开启"皇家"海军历史的是他的儿子亨利八世，后者对欧洲强权政治的关注度要高得多。1547年亨利八世去世时，皇家海军已经拥有53艘战舰，甚至国王本人对舰型的发展也发挥了重要作用，比如重建的"大哈利号"风帆战舰，它的干舷更低，武器集中在船的中部。与此同时，亨利八世建立了一个海军委员会（Navy Board），负责管理船只和造船厂，从而使海军在制度上永久化。罗斯基尔称他为"战斗舰队的创始人"[33]，这是有道理的。虽然在爱德华六世和玛丽一世统治下，舰队暂时陷入衰落，但这都被霍金斯的积极影响所抵消。霍金斯继承了亨利的造船事业，他把旧战舰按照最新型的盖伦大帆船的设计进行改造，并建造了当时一流的新"复仇"（Revenge）级风帆战舰。这个国家有充分的理由感谢他消除了行政效率低下和腐败的现象，水手们也完全有理由感谢这些几乎永不沉没的战舰，以及感谢他对战斗舰队本身的发展所做的贡献：

> 女王海军的大部分力量从一支短程、在狭海活动、几乎只能完成岸防工作的部队转变为一支能够作为远洋力量远距离作战的公海舰队。[34]

英格兰海军的转型恰逢其时，它正好赶上了欧洲政治发生深刻变化，以及来自西班牙的威胁日益增长的年代。它为几乎公认的英格兰海军事业的黄金时代奠定了基础，其中的高潮是由一系列事件所组成的，包括德雷克、霍金斯、雷利、埃塞克斯等人指挥的一系列伟大的海上战役和远征，令人难忘的击败西班牙"无敌舰队"的行动，格伦维尔抵御占据压倒性优势的敌人的英勇斗争，多次探索全球各大洋的探险旅程，在新世界建立殖民地的尝试，以及理查德·哈克卢特的航海巨著编撰工作。这些至今仍是英格兰及所有英联邦国家学校都铎王朝历史课的主要内容，因此我们无须在此重述细节。[35]

然而，正是出于这个原因，就有必要对传统的看法进行一些纠正，并提醒我们自己，此时英格兰海上力量的发展仍然很有限。因为事实是，海洋问题对于广大英格兰人来说仍然是无关紧要的，甚至对于英格兰政府也是如此，政府总是不得不考虑更为重要的与欧洲大陆联系的问题。亨利七世没有预料到英格兰的地位会因为卡伯特的航行或他自己鼓励对外贸易而发生革命性的变化；这两者都是他稳定、巩固经济的政策的一部分，在任何情况下，他都不希望扰乱英格兰与其他欧洲大国的关系。的确，他的儿子建立了第一支皇家海军，但这是对于法国威胁的回应，在他那个时代还没有成形的战略来运用海上力量。1525年后，亨利八世和沃尔西（Wolsey）认识到有必要在强大得多的法国和西班牙之间保持平衡，这一点至少是同样重要的。正如皮雷恩赞同地指出的那样：

> 从那时起，英格兰的大陆政策就固定了，那就是倡导和平与调停，倾向于达成一种平衡，以防止任何大国在大陆上取得霸权或控制英吉利海峡沿岸地区。英格兰海军的安全与欧洲的均势，是亨利八世统治时期出现的两大政治原则，在他坚定不移的追求下，造就了英格兰的伟大。[36]

这段节选可能被人们认为预示了一项国家战略（尽管后来才真正将其执行），但它至少揭示了英格兰的大陆政策和海军政策之间的基本联系，而且它确实承认了都铎王朝早期的海上政策集中于维护英吉利海峡的霸权，而不是攻击外国船队或挑战伊比利亚列强的殖民主张。[37]

伊丽莎白时代也是如此，但正是因为德雷克和其他人的功绩，英格兰人在当时和后来才将大量注意力投向了海外世界，女王所面临的欧洲地缘政治的严峻现实则被掩盖了：在我们的国家史著中占据突出位置的是环球航行，或者加的斯突袭（Cadiz raid），而不是伊丽莎白的大陆外交或荷兰战役。尽管如此,伊丽莎白的海军将领们(以及19世纪和20世纪的历史学家,他们没有意识到这场战争本质上是防御性的,而不是进攻性的)不断地批评女王没有充分利用海上力量为她提供的机会。雷利抱怨说,如果女王陛下听从了海军顾问的建议,而不是"事事半途而废,只发动小规模进攻",从而教会了西班牙如何自卫,他们本来能"把这个庞大的帝国打得四分五裂"。[38]霍金斯还对她的优柔寡断、对荷兰战役的焦虑以及她不愿意为自己切断通往西班牙本土的大西洋运宝航线的战略提供充分持久的支持而感到烦恼。霍金斯写道:"如果我们能一举击败他们,我们就不仅能实现和平,还能获得荣耀、安全和利益。"[39]在他看来,随着海外贸易(尤其是黄金贸易)的增长,通过海军封锁施加经济压力首次具有了实际的意义。伊丽莎白还在其他方面饱受批评,包括1589年德雷克远征行动的失败;不占领海外基地,尤其是亚速尔群岛;以及无视这样一个事实——如果想要取得制海权,首要目标是敌人的舰队;当然,还有她对于陆战的痴迷。里士满尖刻地评论道:

> 她选择敌人最强大的地方——陆地——作为主攻方向。从1585年到1603年,她在没有任何进攻收益的陆地战役上花费了450万英镑,而在能够切断西班牙生命线的海上力量上只花费了大约100万英镑。[40]

这些海军将领的抱怨,反映了"海军主义者"或者说"蓝水"学派的战略思想,这种思想在英格兰人中间并不鲜见,早在1511年,亨利八世的顾问们就曾敦促过他:

让我们以上帝的名义停止对陆地的攻击。岛屿的自然环境似乎令我们不适合进行这种征服。英格兰本身就是一个名副其实的帝国。或者，当我们想扩大自己的时候，就让我们以力所能及的方法去实现，似乎永恒的上帝已经指定了我们的方法，那就是通过海洋进行扩张。[41]

回想起来，令人惊讶的是，在经历了玫瑰战争的干扰之后，英格兰人很快就开始重视取得海上霸权、进行海外扩张以及孤立于欧洲的海军主义准则；事实上，早在付诸实施之前，这些理念的根基就已经存在了。然而，这一学派对伊丽莎白的批评是不公平的。值得赞扬的是，最近的学者，如沃纳姆教授和马丁利教授，提醒我们女王所面临的问题从未像她的海军将领们所想象的那样简单，从而恢复了她的声誉。[42]

首先，伊丽莎白无意将西班牙帝国"打得四分五裂"，因为这会令英格兰的传统对手——法国占据上风，后者刚刚在1558年占领加来，令英格兰蒙羞。这场灾难并没有像后来的历史学家想象的那样，意味着英格兰脱离了欧洲大陆，并相应地转向外部世界；这仅仅意味着法国人现在离得很近，令英格兰人感到不安。只有在法国内战及英西之间气氛日益紧张之后，英格兰才被迫对威胁进行重新评估。其次，在整个英国战略史上具有重要意义的一点是，霍金斯和他的同僚们可能看不出欧洲大陆的因素和海洋帝国的因素之间的真正关系，而女王能看到这一点：如果他们抛弃了欧洲的盟友，背弃了西欧，让它被一个敌对势力统治，那么英格兰人的这个小岛将无法建造并配备足够的舰队，以在未来抵御这样一个敌人积累起来的力量。出于这个原因，她坚定地支持荷兰人，尽管遇到许多考验，耗费成本并冒着风险；她挫败了腓力二世的企图，因此赢得了欧洲新教国家的赞扬；与此同时，她将沃尔西早先的思想付诸实践，维护了欧洲的平衡。[43]

因此，对于像培根这样的人，伊丽莎白总是会做出回应。培根认为："谁能控制大海，谁就有很大的行动自由，可以随心所欲地夺取自己想要的东西。"女王回复道："如果西班牙人征服这些［低地］国家……我们自己也将处于危险当中，他们会很快征服我们。"[44]英格兰甚至也不得不以同样的态度对待法国，用它来制衡西班牙："法国的末日也将是英格兰毁灭的前夜。"[45]英格兰可以在两个利维坦的世界里生存，但不能在一个利维坦的世界里生存。与伊丽莎白时代的英格兰相比，法国和西班牙无论从土地、财政还是人力的角度来看，都堪称利维坦。[46]由于没有大型银矿，而且只能从多疑的下议院断断续续地哄骗到额外资金，女王始终无法同时负担荷兰和法国的战争费用以及爱尔兰殖民计划和大规模海战的开支。她的犹豫不决和反复无常主要是由于她需要在所有这些目标之间取得平衡，每当有海军将领抱怨缺乏王室的支持时，都有人同样抱怨她对荷兰军队的资助过于吝啬。此外，英格兰的海外探险活动也经常由于领导者没有坚持下去而最终失败，1589年的里斯本冒险和1596年的加的斯突袭就是很好的例子。[47]的确，女王有时候对于切断西班牙黄金航线的尝试似乎过于小心谨慎了；但她也深深意识到，每当皇家海军在遥远的海域巡航时，英格兰本土是多么容易受到入侵。

与德雷克1587年对加的斯的进攻和第二年彻底击败"无敌舰队"相比，英西战争的后期就令人失望、沮丧，虎头蛇尾了；但原因似乎不在于里士满所说的伊丽莎白"不了解国家海上力量的能力和运用",而在于英格兰在海战领域还太弱小,不成熟,缺乏经验。沃纳姆教授是这样说的:"也许正是这些海战把英格兰决定性地推向了海洋,让它走上了通往帝国的道路。大橡树都是从小橡子长出来的。但是,我们不应该忘记,这颗橡子相对来说还很小。"[48] 这一点可以通过考察当时英格兰海上力量发展的三个重要方面得到证实:英格兰海军力量与西班牙海军力量的对比,它在获取海外商业和殖民地方面的相对成功,以及当时的战略战术思想和实践。

首先,值得回顾的是,由于霍金斯的苦心管理、君主的支持,以及专门为战斗和远程袭击而设计的战舰的优势,皇家海军在战争初期占据上风。16世纪80年代初,英格兰已经拥有了世界上最强大的海军力量,而腓力二世却只有各种船只的大杂烩:不适合在大西洋航行的地中海桨帆船,面对新式盖伦大帆船时几乎毫无招架之力的高船楼卡拉克大帆船,以及临时雇的武装商船。仅这一点就解释了伊丽莎白时代的冒险家在早期取得成功的原因。然而,1580年,腓力二世接管了葡萄牙,这使他不仅在欧洲和海外获得了更大的领土,而且还拥有了地理位置绝佳的大西洋港口和十多艘葡萄牙的盖伦大帆船。西班牙此番实力的增长引起了欧洲北部国家的恐惧,就像1940年丘吉尔担心希特勒可能会夺取法国舰队一样。此外,腓力二世察觉到西班牙战舰在设计上存在弱点后,制定了一项稳定的造船政策,在欧洲和新大陆开发材料和资源,远远超过伊丽莎白所能控制的范围。正如马丁利所指出的那样:"英格兰在大西洋的海上力量通常强于卡斯蒂利亚和葡萄牙的综合力量,而且一直如此,但在1588年之后,这种优势缩小了。"[49]

到"无敌舰队"时期,尽管德雷克于1587年进行了预防性打击，腓力二世仍然可以派出由20艘盖伦大帆船和8艘其他大型船只组成的一线战斗舰队，由40艘武装商船组成的第二线支援舰队，大大小小的船只总数几乎达到130艘。尽管英格兰对自己船只搭载的重型武器自吹自擂，但西班牙因天气而受到的损失要远远大于敌人炮火造成的损失。甚至连"无敌舰队"覆灭这场巨大的灾难也没能阻止腓力二世继续发动挑战。到第二年，他派出了一支由40艘大船和20艘小船组成的舰队，以对一年一度回到本土的珍宝船队进行保护，与此同时，仅在比斯开的港口，就有20艘新型盖伦大帆船正在建造当中。1596年，是风暴打败了腓力二世的第二支舰队，因为英格兰舰队在加的斯远征后状态不佳；而西班牙的第三次入侵企图，使用了由136艘船只组成的强大舰队，同样也在12个月之后被风暴驱散。如果其中任何一支西班牙舰队躲过风暴，无论是在海上还是在陆地上，英格兰人都很难抵挡住他们。

西班牙对于拉丁美洲殖民地和运送黄金的船队的保护也是如此。一旦伊丽莎白时代的冒险家们让腓力二世的帝国在新世界的弱点暴露出来，并表露出他们想要切断大西洋运宝航线的愿望，西班牙人就准备了对抗措施。1591年，格伦维尔坐镇旗舰"复仇号"在弗洛雷斯海战中进行了一场光荣而无望的战斗，其真正值得关注之处在于，西班牙已经有能力集结一支规模大得多的军队——20艘军舰，而霍华德只有6艘——使英格兰的劫掠舰队无法进入亚速尔群岛水域。如果有必要，腓力二世随时可以让珍宝船队晚一年起航。然而，从物质上和后勤上看，英格兰皇家海军即使拥有数量上的优势，也不可能在夏季的6个月里一直维持对西班牙港口的封锁。事实上，1588年至1603年间，西班牙从美洲运来的宝藏比历史上任何时期都要多。在1595年至1596年的最后一次航行中，德雷克和霍金斯沮丧地发现，掠夺西印度群岛地区也变得越来越困难了；轻松采摘胜利果实的日子一去不复返了，而英格兰的海军将领们直至他们的女王驾崩前不久才开始认识到这一点。而詹姆士一世即位之后，他们也基本上没有机会再采取集中而务实的新战略了。

在海外贸易和殖民方面，把英格兰的崛起时间提前也是错误的。在吞并纽芬兰之后，吉尔伯特 1583 年的远征行动以灾难告终；雷利在弗吉尼亚创建的第一个殖民地在第二年就被放弃了；他的第二次尝试因"无敌舰队"入侵和殖民者的失踪而宣告失败。[50]探险者渴望找到银矿和快速致富，而不是组织起来建立一个稳定的农业和贸易社区，伊丽莎白统治时期的殖民冒险往往因此受挫。此外，与西班牙的长期战争一方面阻止了殖民者和投资者跨过大西洋开辟新定居点的尝试，因为这些定居点随时可能会被展开突袭的敌人攻陷，另一方面，又提供了其他获利机会，例如掠夺贸易站和运金船。在海上贸易方面，人们过于强调新的跨洋贸易，而忽略了更成熟的与欧洲大陆的传统贸易。尽管经历了 16 世纪 50 年代的危机，欧洲大陆仍然是到当时为止英格兰最大的贸易市场和货物来源。"向南和向西进行的商业活动……对英格兰的航运业和商业资本的贡献微乎其微，在英格兰的贸易总量中也只占很小的一部分。"[51]纽卡斯尔至伦敦煤炭运输的繁荣可能与殖民地贸易的增长一样迅速，但在历史学家看来却没有那么浪漫。这个国家仍然惊人地依赖于一种商品的出口，即羊毛和羊毛制品。[52]无论如何，到 1600 年，所有人都很明白，是荷兰人而不是英格兰人，成了汉萨同盟、威尼斯人和葡萄牙人的商业帝国的真正继承者。阿姆斯特丹取代安特卫普成为全欧洲货物的集散地，这座港口拥有伦敦所具备的所有自然优势，以及广阔的大陆腹地。荷兰人对富饶的鲱鱼渔场的控制为海上扩张提供了"起飞"的刺激，而他们的小福禄特帆船（fluyt）作为一种货船而非战船，也有设计上的优势。此外，他们的整个贸易方式似乎更加专一和发达；有经济历史学家写道，荷兰人"更积极地寻找市场和供应来源，容忍较低的利润率，摆脱了公司组织对于贸易的控制和垄断倾向，从政府获得了更有力的军事和外交支持"[53]。

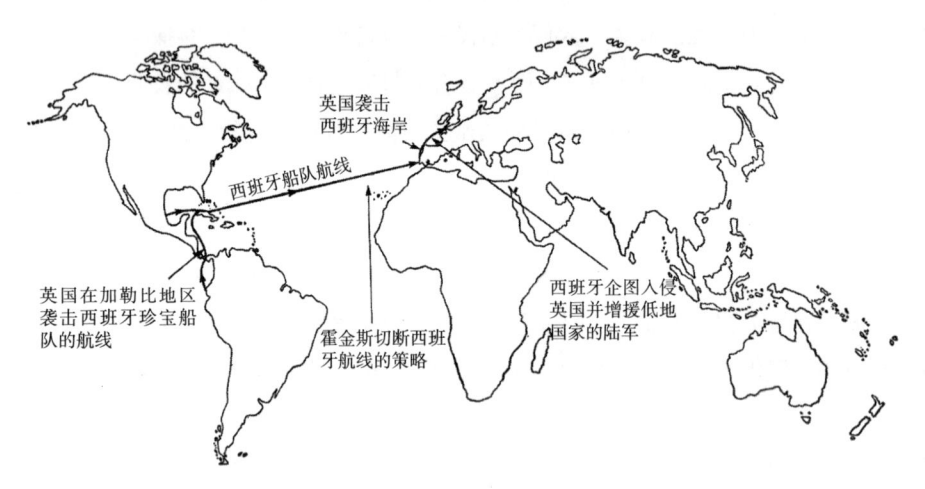

地图1　1585年至1603年英西战争的战略局势

因此，在北海和波罗的海地区，荷兰人在从东海岸港口出口布料和从斯堪的纳维亚进口海军物资方面都凭借更低的价格压制了英国人，而进口海军物资对一个海洋强国来说是不可或缺的，这种依赖非常令人担忧；在俄国，英格兰人开设的莫斯科公司发现其早期的商业领先地位从16世纪80年代开始被荷兰商人赶超；黎凡特公司在地中海东部也面临着类似的压力；在发展与亚洲的直接贸易和挑战葡萄牙在亚洲的垄断地位的斗争中,英格兰人再次退居次席,他们在1600年成立了东印度公司,而1602年,荷兰人成立了强大的荷属东印度公司。在很长一段时间里,这种日益激烈的竞争被联合起来对抗西班牙威胁的迫切需要所掩盖,但莱斯特(Leicester)在战争的第一年就对荷兰人与他们共同的敌人进行自由贸易的习惯感到愤怒。[54] 当西班牙的力量被长期的陆海战争所削弱时,将英格兰和荷兰联系在一起的战略纽带和宗教纽带就不可避免地松弛下来,取而代之的是一种敌意,这种敌意在当时的重商主义商业态度下只会加剧。然而,如果真的爆发公开的贸易战,荷兰人无疑处于领先地位。如果认为在西班牙战争结束时,世界已经属于英格兰人,那么这就是忘记了还有其他竞争者在与其较量。

在海军战略和战术方面,英格兰人也存在着一定程度的不成熟。以下原因可以部分解释这一点:如前文所述,在大陆政策和海洋政策哪个相对更重要这个问题上,英格兰人存在意见分歧;英格兰缺乏足够的资源来满足伊丽莎白时代对海员的需求;而且英格兰的造船和军备仍处于过渡阶段。但英格兰人在这些方面没有持续努力并取得成功,还有其他原因。像德雷克、雷利和埃塞克斯这样的领导人既表现出了那个时代精英的优势,也表现出了典型的弱点:反复无常,经常头脑发热,性格不稳定,很容易改变精心制订的计划,以支持鲁莽的行动,而且太容易被掠夺和赢得荣誉的前景所诱惑,而忘记了国家战略——德雷克突然放弃追击"无敌舰队",转而去夺取"罗萨里奥号"的战利品就是一个很好的例子。同样,在1589年的葡萄牙远征中,英格兰人忽视了消灭"无敌舰队"的剩余船只乃至整个西班牙海上力量的机会,转而对里斯本进行了一次轻率的攻击;1596年的加的斯突袭也是因为粗心大意而忽视了塔霍河的西班牙舰队的主力。事实上，英国人这种远征的整个组织和军队的部署都有很多不足之处：后勤支援往往是不存在的，这就导致了英格兰海军被迫掠夺敌人市镇，偏离了战略目标，并不可避免地患上疾病，这些可能是远征失败的主要原因。出其不意的机会常常被英国人不必要地抛弃；而且部队往往规模太小，无法永久占据一个地方，但又过于笨重，无法迅速移动。

另一方面，只要海军本身还不是正式的国家工具，英格兰没有基于深思熟虑的海权战略和持续的国家海洋政策就不足为奇。安德鲁斯指出：

> 在职能和人员上，皇家海军还没有与整个国家的其他海上力量区别开来，在海洋贸易和掠夺的历练过程中成长起来的人负责管理和指挥女王的船只，他们仍然是私掠战争的推动者和领导者。正是这些得到伦敦资本以及绅士探险家的热情行动支持的利益集团过于强大的力量，在王室资源极其有限的情况下，延缓了一支强大的国家海军的成长。[55]

换句话说，如果没有足够的资源采取另一种政策，那么里士满和其他人批评后"无敌舰队"时代的战略是错误的"破交战"的观点就不像乍看起来那样令人信服了。用安德鲁斯的话来说，劫掠是"伊丽莎白时代海战的典型形式"，因此我们很难指望当时的英格兰按照马汉的原则来运用海军力量。此外，这些冒险活动的利润似乎占到英格兰进口收益的10%~15%，这增加了资本供应，导致航运业迅猛发展，大大弥补了与伊比利亚进行贸易的逆差；而私掠行为也在很大程度上加速了葡萄牙和西班牙商船队的衰落，最终给英格兰人带来了好处。[56]

但伊丽莎白时代的人从中吸取了教训,至少在世纪之交,埃塞克斯已经认识到需要一支组织更完善的远征军。更重要的是,他们终于认识到,要确保对海上的有效控制,就必须击败敌人或至少使敌人的主力部队保持中立,并永久切断敌人的海上贸易。因此,1603年英格兰人的战略是利用强大的舰队几乎全年封锁西班牙-葡萄牙海岸,迫使西班牙要么开战,要么放弃黄金的供应(西班牙人对于这些黄金的依赖就像瘾君子对毒品的依赖一样)。为了进一步钳制西班牙,英格兰人派遣另一支舰队去切断来自波罗的海的海军物资供应,这本身就加强了伊丽莎白政府早些时候采取的既定策略,即打击敌人与中立国之间的贸易。中立国政府经常受到英格兰的警告,它们的抗议被置若罔闻,其民船也被扣押;1589年,德雷克在塔霍河附近截获并扣押了60艘汉萨同盟的船只。英格兰人已经开始拒绝"海上航行自由"的观念,转而支持有利于己方海军力量的封锁战略。而且,为了维持自己的航运,英格兰开始在英吉利海峡保护自己的船只,以免其受到海盗和敌国私掠船的袭击,同时鼓励己方渔船船队和商船船队的发展,这两者不仅因其经济价值而得到英格兰官方的认可,而且在战争时期也是船只和海员的现成来源。因此,都铎王朝对《航海条例》进行了补充,海外股份公司将受到鼓励。此外,议会还制定法案以保护木材和渔场,并鼓励民间种植亚麻和大麻(用于制作帆布和绳索)。1562年,伊丽莎白甚至在每个星期都增加了第三个"吃鱼日",此举的明确动机是复兴"英格兰海军"。正是当局对海权作用的这种普遍认识决定了英格兰海上力量未来的发展前景。

因此,都铎王朝时代不能被看作英格兰突然成为世界强国的时代：在1588年击败"无敌舰队"和1805年赢得特拉法尔加海战之间，并没有一条直接的、必然的线索。英格兰人早期的殖民尝试都失败了。荷兰人在商业上的成功也令英格兰人相形见绌。就海军而言，正如马丁利教授所观察到的，在英西战争中，"没有任何国家掌控海洋"[57]。当时的英格兰相对落后，治理不力，不成熟，贫穷，人口稀少。亚洲人已经知道了阿拉伯人、葡萄牙人、西班牙人，（在世纪之交）还认识了荷兰人，但他们对英格兰人几乎一无所知。从这个角度来看，"德雷克时代"的功绩开始显得更符合实际情况，而不再那么夸大。

在都铎王朝的统治下，英格兰成为海上强国的潜力正在逐渐显现。欧洲的力量平衡发生了根本的变化，大西洋沿岸国家和低地国家取代了地中海和伦巴第平原，成为经济和政治的中心；因此，英格兰处于这一改变的中心位置，而不是边缘。英格兰还开始利用其自然地理优势和适合的民族性格，积极参加海外探险和海外贸易。它从许多方面发展了海上力量，从建造专门用于战斗的船只到开发"陆海合作战略"（strategy of land-sea cooperation）；而且，尽管遭遇挫折，它还是获得了很多战术经验。英格兰政府在"海军主义者"的敦促下，制定了各项措施，保护和鼓励英格兰的航海技术、航运和海外贸易，无论在和平时期还是战时，都意识到削弱敌人的重要性。政府和下议院正在积极支持重金主义和保护主义的经济政策。[58]海权学说的核心原则，特别是对有必要通过优势战斗舰队来确保海上贸易路线控制权的认识，也正在缓慢地形成并得到普遍理解。

事实上，也许危险在于，这种对于海军力量、海外贸易和殖民扩张的所谓"蓝水"方案的热情，会让英格兰人忘记他们的国家仍然是一个欧洲国家,而且是一个狭小而不安全的国家。伊丽莎白在海洋政策和大陆政策之间保持了正确的平衡,这是她永远的功绩,她这样做有助于创造一个有利于英格兰未来安全和发展的局面:因为西班牙在海上和陆上力量的枯竭维持了权力平衡,这对西欧新兴民族国家的独立是必不可少的。然而,英格兰政府一直能认识到,与西班牙的战争与其说是一场胜利,不如说是避免了失败;如果可能的话,要避免独自对抗一个利维坦,这对英格兰的未来至关重要。"要避免这种负担和紧张,最可靠的办法就是时刻对大陆列强保持警惕,确保天平不会过于偏向一方或另一方,最重要的是防止布雷斯特和埃姆登之间的海岸落入同一个统治者之手。"[59] 在四五个国家能够互相遏制对方野心的世界里,英格兰就不用那么担心自己的安全了,而且它作为一个岛国的天然优势也会显露出来。如果说英格兰要称霸世界还有很长的路要走的话,那么它至少已经试探性地迈出了最初的几步。

第二章

斯图亚特王朝时代的海军及与荷兰的战争（1603—1688 年）

在 17 世纪二三十年代，英国无力采取任何行动，而欧洲的命运正在三十年战争中尘埃落定……英国商人被赶出东印度群岛和西印度群岛。英国无法阻止荷兰和西班牙舰队在其水域作战。北非海盗甚至会在英吉利海峡把英国海员劫为奴隶……

仅仅 15 年后就发生了惊人的变化……英国在革命后的战略是有意识地在世界范围内运用海权，即使这种观念本身并不新颖，实现它的手段也是非常新颖的……布莱克在地中海，佩恩在加勒比海，古德森在波罗的海，在当时都是前所未有的现象，却预示着英国的未来。英国商人现在在地中海和波罗的海都得到了保护，这在斯图亚特王朝早期的政府执政时是完全不可能的……

—— C. 希尔（C. Hill）：《上帝的英国人：奥利弗·克伦威尔与英国革命》[C. Hill, *God's Englishman. Oliver Cromwell and the English Revolution* (London, 1970), pp. 166–8]

1603年之后的英国皇家海军被描述为"虎头蛇尾、每况愈下",这一点不足为奇。如果如马汉强调的那样,海权的历史在很大程度上是"一部军事史",那么,就像拳击手在每个回合之间的休息时间一样,和平时期只是一段"喘息的时间"。而作为"拳击赛观众"的海军史研究者们,很少会像对待冲突本身那样关注这样的时期。英国已经战胜西班牙,赢得了国际声望,现在国家期望通过大幅裁军来减轻战争的负担。那个令人狐疑而又睿智高效的女王伊丽莎白也已经逝去,现在英国的统治者是一位鲜为人知的苏格兰人。伊丽莎白时代杰出的舰长们——德雷克、霍金斯、弗罗比舍和格伦维尔也都纷纷过世了。战舰被闲置在港内,逐渐腐朽。英国海军上下都充斥着贪墨之徒。英国商船在从敦刻尔克到北非海岸的漫长航线上,任由柏柏尔海盗肆意劫掠。面对这样的状况,人们自然而然会做出皇家海军业已衰颓的判断。爱德华·柯克爵士那些充满怀旧感伤情绪的牢骚因此备受认同:"英格兰再也不会拥有英西战争时期的荣耀了。"后世一位历史学家也对这一时期进行了概括:"自从海军拥有了现代形态以来,在我国的编年史上,或许没有哪个时期在海上作战方面比这个时期更具灾难性了。"[1] 这一时期并不令人愉悦,最好尽快略过。

不过,对于海权(这里是泛指)的研究者而言,对于詹姆士一世统治时期的兴趣跟对于先前的伊丽莎白女王或其他斯图亚特王朝国王统治时期的兴趣并没有什么不同,而且,通过比对这些时期的异同,我们可以更好地揭示英国海权发展的不同阶段。具体而言,我们从中可以看出17世纪初的英国海上力量还非常脆弱和稚嫩。只要有一位国王对于海军没什么兴趣,或者下议院拒绝让一些人才进入海军部门(当时还十分原始)中任职,那么英国海上力量的衰

第二章 斯图亚特王朝时代的海军及与荷兰的战争(1603—1688年)

落就不可避免了。而且，对民众而言，大舰队存在与否并不重要，何况这还会增加他们的税收负担。在当时，英国海上力量还远远没有到与议会和商业机构互利共存的时候。

毫无疑问，国王始终如一的坚持和鼓励对于海军的繁荣发展是不可或缺的，对于营造一种有利于海外贸易和殖民活动的氛围而言也是至关重要的。玛丽女王和伊丽莎白女王的差距就在这一点上。詹姆士一世的上台则更是一种倒退。由于英国与西班牙已经和解，或许前者没必要继续维持伊丽莎白女王留下的31艘战舰，但鉴于世界各国并不认同詹姆士一世的和平主义理想，英国仍需要维持一支小规模的海上力量，只有这样才能保护国家利益。虽然英国每年都在建造一定数量的战舰，但数量太少、更新速度太慢，根本无法遏制海盗的猖獗活动：当时，敦刻尔克海盗频繁袭扰英国商船，更不用说摩尔人海盗了。这些海盗对纽芬兰渔场、爱尔兰南部沿岸，甚至泰晤士河河口等远距离目标发动袭击，然后轻而易举地逃之夭夭。英国商人们只能依靠自己来保护货物。祸不单行，詹姆士一世又对英国海上贸易发动沉重打击，他开始禁止英国人从事海上私掠活动，并拒绝颁发海上私掠许可证，而当时海上私掠在其他国家仍然是一种惯例。[2] 詹姆士一世无力让各国遵从英格兰的"海峡敬礼"（Channel Salute）主张，对西班牙及其殖民主张普遍采取顺从态度，对荷兰人也怯懦到可悲的地步，任由荷兰人大摇大摆地在英国领海内追捕海盗、无视英国人对于鲱鱼渔场的权利主张。他还只鼓励那些对宫廷有利的贸易。因此，在后来的19世纪的海军主义者看来，詹姆士一世做的每件事都是错误的。

不过，詹姆士一世或许会争辩，之所以出现这种状况，大部分责任在下议院。下议院拒绝提供维持一支庞大海军舰队所需的费用，而指望国王自己负担宫廷开支的同时维持**国家**海军力量，这是不可能实现的。不过，实际情况是英西战争已经结束了，英国纳税人（尤其是他们在下议院的代表）不愿意像伊丽莎白时期一样向国王拨付巨额经费，而这样一笔经费即使在伊丽莎白时期也不敷使用。1610年至1614年间，随着议会被解散，再加上财政困难加剧，形势进一步恶化了。这无疑迫使詹姆士一世更加依赖伦敦的资本家和处于垄断地位的大贸易公司，但他们并不愿意令市场变得更加开放和透明，也不愿意承担保家卫国的义务，他们更想维护自身利益。斯图亚特王朝在初期曾试图摆脱议会的控制，其政府奉行一种模糊的外交政策，国王对于新教"大业"态度不明，他的宫廷铺张浪费，挥霍无度，假公济私，海关和包税人也上梁不正下梁歪，腐败透顶，再加上卖官鬻爵，这种种恶行都使得那些没有从这一体制中获得什么好处的人愤恨不已，其中包括英格兰地方乡绅、伦敦外地的商人以及那些没能进入垄断公司的贸易商（他们要求进行"自由贸易"），这些人拒绝向詹姆士一世（及之后的查理一世）提供建立一支强大舰队和维持其运转所需的资金。因此，尽管这些人呼吁建立一支这样的海上力量，但他们并没有付诸实施。[3]

  同样，虽然詹姆士一世定下了财政松懈、任人唯亲的基调，但海军上下腐败的状况也不应该全都让他背黑锅：事实上，这种状况主要归罪于日渐衰老的诺丁汉和玩忽职守的曼塞尔（Mansell，管理财政）。年复一年，英格兰的战舰逐渐朽坏，它们的桅杆和索具都腐烂不堪，火炮大部分已经被卖掉，剩下的也都锈迹斑斑。水手们的薪水和福利待遇无人过问，导致这些有经验的水手纷纷离开，前往商船队、荷兰人的船只，甚至到海盗船上寻找出路。尽管为了替代被卖掉或拆掉的船只，英格兰也建造了一些战舰，但它们不仅数量稀少，而且速度缓慢、造价高昂、设计不当；更有管理人员及其手下趁机中饱私囊，侵吞、挪用了海军的养老金、各项津贴和"出海补助"，金额巨大，以至于在1618年，海军进行重组时，国家被迫掏出补偿金来让他们退役。这一切都表明，尽管在詹姆士一世统治时期，海军年均军费仅有16世纪90年代的一半，但海军如果仍由霍金斯或者佩皮斯掌管的话，那就仍可以维持一支强大的舰队。

在斯图亚特王朝初期，英国人几次试图干涉国际政治时，就已经饱尝海上力量衰落的苦果了。1620年，曼塞尔率领一支舰队在阿尔及尔海岸附近打击私掠船时，就将这种衰败和无能表现得淋漓尽致，当时，曼塞尔大费周章才集结了6艘战舰，甚至还没有武装商船的数量多（10艘）；另外，这次冒险行动的资金是由伦敦商人提供的——这是国家海军衰败的另一个标志。在行动中，很多船只证明自己根本不适合作战任务；而摩尔人完全无视英国海军的围追堵截。1625年的加的斯远征则更加丢脸，因为向西班牙王室求婚失败，自尊心受伤的查理一世和白金汉脑袋一热提出了这份作战方案。共有100多艘船参加了这次远征，但其中属于国王的战舰只有9艘，其他的都是武装商船和运煤船。船员和士兵也大都营养不良，装备低劣，到达西班牙港口之后立刻走入酒窖，指挥官好说歹说才劝服他们返航。这次远征，查理一世不但没有获得期望中的利润，反而增加了负债，结果船员和士兵们都没有得到报酬。次年，白金汉远征拉罗谢尔的行动再次陷入灾难，并令英国海军进一步蒙羞。佩恩将其描述为"英国编年史中最可悲的灾难性事件之一"。这次远征行动首先在法国雷岛上坚固的防御工事面前受阻，随后，黎塞留率领法军发起了强力反攻，英军陷入溃败，损失了多达5000人。[4]

这些冒险行动最为明显的缺陷包括：指挥较为分散，计划不周详，船只适航性差，缺乏后勤补给，未能发挥自己的长处，也没有预料到两栖作战所面临的困难，等等。但其本质问题还是缺乏优秀海军将领和资金日益匮乏。

尽管此处描述的海军前景似乎一片黑暗，但有其他因素表明，在17世纪头几十年里，英格兰的海上扩张并没有像一些作家想象的那样受到严重打击。[5]詹姆士一世统治时期，苏格兰和英格兰实现了合并，爱尔兰战争宣告结束，不列颠各岛终于在政治和战略上实现了统一，英国领导人不用再为此而分散精力了。与此同时，欧陆列强都忙于自身的争霸行动而无暇关注英格兰，这种趋势随着"三十年战争"的爆发而更加明显了。英王查理一世可以随时干涉欧陆，却不用担心欧陆列强成立一个持久的反英联盟，尽管1627年白金汉曾愚蠢地率领英军暂时卷入过西班牙与法国之间的战争。因此，当英国海军不断衰败而力量微弱时，其面临的危险程度也较低（如果可以忽略海盗船和私掠船的袭扰的话）。另外，由于陷入了财政危机，詹姆士一世被迫于1620年之前就开始奉行不干涉欧陆战争的政策，这在很大程度上让英国从欧洲事务中解脱出来，专注于商业和殖民活动，以及英国国内的政治和宗教纷争问题。[6]詹姆士一世和查理一世也曾派遣少量部队前往欧洲大陆，却发现这点兵力根本无力帮助普法尔茨选帝侯恢复领地，也无法帮助丹麦国王抵御攻击——鉴于当时英国军事力量的衰落和海上力量的局限性，这一结果是可想而知的。上述事实进一步增强了英国的孤立主义倾向。

不过，尽管在欧洲奉行孤立主义，英国却对世界其他一些地方发挥了巨大的影响力。尽管詹姆士一世于1604年对西班牙妥协，但他并没有放弃殖民权。[7]事实上，正是在斯图亚特王朝最初几位国王统治期间，在宗教分歧、农业灾害、反西班牙情绪以及追求经济利益等因素的推动下，大英帝国初现端倪，而其经济收益或是来自通往东方的新贸易路线、贵金属和海军物资供应点，或是直接来自跨洋贸易的普遍增长。1606年，英国弗吉尼亚公司建立了一个以其名字命名的殖民点；1634年，巴尔的摩勋爵进一步扩大了英国在马里兰的定居点。1620年，首批清教徒移民来到美洲；1628—1629年，马萨诸塞湾公司创立，并在整个新英格兰地区拓展了殖民地。自1610年起，英国开始向纽芬兰移民；数年之后，英国移民又开始前往新斯科舍半岛，并继续向南移动。尽管来自英国的新教徒殖民洪都拉斯的举措失败了，他们前往圭亚那地区的多次冒险行动也遭受了同样的命运，但他们于1609年至1610年间占据了百慕大群岛，随后的一二十年间，英国人又相继占领了圣基茨、尼维斯、安提瓜、蒙特塞拉特以及巴巴多斯。只不过在1632年，查理一世被迫把四年前由英国军队占领的魁北克归还法国，这成了英国殖民史上的一个污点。这个时候，英国的殖民扩张以向西为主，但以东印度公司为主导的向东扩张也在进行当中。东印度公司在苏拉特（1612年）、默苏利珀德姆（1611年）、萨拉索尔（1633年）和马德拉斯（1639年）设立了定居点，甚至还进入了波斯湾（1622年）。在17世纪20年代，荷兰人或许能野蛮地将英国人赶出东印度群岛，但英国海上力量已经能战胜一些弱小的敌人，从而为东印度公司提供一个安全的环境。1615年唐顿率领英军舰队在苏拉特附近大败葡萄牙人就表明了这一点。威廉森指出，所有上述活动表现了英国"殖民力量的陡然释放，即使是伊丽莎白时期的成就也无法与此相提并论了"。[8]1603年后英国海外贸易的增长也适用威廉森的评论，尽管其范围更加狭窄。如上文所述，由于西班牙人采取了激烈的反制措施，英国海上私掠活动的收益大大下降，因此，詹姆士一世也就没有什么经济上的理由再延续伊丽莎白时期的私掠战争，停止战争的好处反倒是显而易见的：可以减轻冒险活动给国家财政带来的沉重负担，可以实现特许公司制订的殖民和贸易扩张计划，同时还可以恢复与伊比利亚半岛和地中海的交通。在上述因素的共同作用下，英国在与西班牙的战争结束后出现了一次经济繁荣期。在 17 世纪早期，英国跟南方的贸易是获利最多且发展最迅速的。在西班牙美利奴羊毛的支持下，英国的"新服装业"迅猛发展，而由于对西班牙的巨额贸易顺差，英国的黄金储备也在不断上升。另外，在 17 世纪的前 30 年中，英国东海岸的煤炭贸易也增长了整整两倍。现在，新开拓的纽芬兰渔场每年可以吸引多达 500 艘渔船前来捕鱼；而与美洲和东方的贸易，虽然总量依然不高，但比重也在上升。海上贸易的迅速发展反过来刺激了英国国内造船业的发展。"在我们的时代，和平使得船舶的建造数量增至以前的三倍，"威廉·蒙森爵士曾写道，"水手数量正在大幅增加，财富也在大幅上升。"[9] 不过，1614 年至 1617 年，由于对羊毛制品出口的病态依赖，英国经济再次陷入了不景气的低谷，这在很大程度上是具有强大商业竞争力的荷兰所造成的（荷兰于 1609 年与西班牙停战）。但随着荷兰这个可怕的竞争对手被卷入"三十年战争"，其给英国带来的威胁也有所下降。

上述史实给历史学家们提出了一个难题，即海上力量与商业及殖民扩张之间的关系是什么，这一问题显然比人们最初设想的要复杂得多。在伊丽莎白统治时期，英国海军相对强大，表现也极为活跃，但其贸易在战争中蒙受了巨大损失，并直接导致殖民活动无法正常开展。而反观詹姆士一世统治时期，尽管海军已经大为衰败，但其商业和殖民活动却更加繁荣。毋庸置疑，1604年前后的英国商人们希望能够依赖英国皇家海军来抵御海盗袭击，但事实证明，这些袭击对于英国海外贸易的打击并没有想象中那样大。而且商人们对于遭受劫掠的抱怨越多，其实越说明英国商业扩张的规模正在不断增加！1609年前以及1618年之后，欧陆的列强都被卷入残酷的地面战争中，而英国在这两个时期却都处于和平状态，这才是英国实现经济复苏和重建殖民帝国的真正有利因素，至于海军规模大小，则无关紧要。

针对上述结论，我们可以再提出一个问题，即在17世纪和18世纪，英国在一系列战争中取得的胜利是英国实现其商业扩张企图的原因还是阻力？对此，海军主义者和马克思主义者的回答相似但不相同，不过他们都认为那是原因而非阻力。然而，这一问题的答案不会如此简单，它取决于回答者所处的不同时代，回答者是否属于中立国——在其他国家兵戎相见时中立国可以从中渔利，1604—1609年荷兰与西班牙陷入战争时，英国就是这么做的——也取决于回答者看待经济的视角是纯粹以国际的贸易和经济繁荣（往往会受到战争的不利影响）来衡量，还是按相对于竞争对手的优势（其贸易可能受到更严重的打击）来衡量。不过，有迹象表明，与外国交战即使能让一部分人暴富，也总是让更多人倾家荡产。一部考察英国海权崛起的作品不可偏废，既要考虑和平时期，也要考虑战争时期。在这方面，或许值得指出，马汉在自己的权威著作中重点描述战争时期，对和平时期海权的发展描述较为粗略。尽管马汉宣称自己将从纵览全局的战略角度来审视海权，但他的研究内容是战争中的领导力和战斗，而非贸易、工业和殖民地的稳步发展。[10]

撇开这宏大的辩论不谈，1618年之后，英国海上力量从未像曼塞尔任财政大臣时那样衰弱，虽然17世纪20年代的一系列远征同样遭受了失败，但这在很大程度上也是曼塞尔的遗留问题所造成的。英国成立了新的海军"委员会"（Board of Commissioners），解决了一些明显的腐败问题。通过改装和新建，英国舰队的规模逐渐增大，查塔姆造船厂也得到了改进。查理一世也曾大力发展海军，这主要是考虑到了荷兰和法国海军的强势崛起，但他的举措大都因为缺乏资金而宣告失败。1634年，查理一世最终决定征收船税（Ship-money）来解决这一难题。利用这种办法，他勉强重建了一支规模较大的舰队，包括19艘皇家战舰、26艘武装商船，足以暂时遏制那些在英吉利海峡耀武扬威的外国舰艇了。然而，取得成功之后，受到鼓舞的查理一世在第二年扩大了征收船税的范围，甚至把一些内陆郡也包含了进去。英国各阶层已经普遍对国王的统治感到不满，此举堪称火上浇油，最终导致英国爆发内战和查理一世倒台。但在那之前，查理一世还是自认为找到了一个敛财手段，可以用来扩充海军。

当然，即使是扩充之后，英国这支人员素质低劣、战舰设计不良的舰队，也无法在当时欧洲海上强国的战争中有所作为。这支舰队的价值在于打破敌对联盟之间的力量平衡，尽管荷兰海军统帅特龙普（Tromp）并不在乎这一点，1639年在彭宁顿（Penington）率领的英国小舰队的注视下，在唐斯彻底击败了西班牙的舰队——在一定程度上，这次打击比50年前"无敌舰队"的覆灭更有决定性意义。查理一世的这支海军即使有这样的价值，也不是因为英国本身在此时期多么重要，而更多是由于哈布斯堡王朝需要增强低地国家的力量，荷兰和法国则同样迫切地希望阻止这种情况发生。然而，如果说英国的海军力量较为微弱，那么其陆军力量几乎可以说是微不足道了。每次姐夫（查理一世）下令征收船税时，普法尔茨选帝侯可能都会绝望地抱怨，因为他知道查理这样做是为了加强海军，而不是组建一支大陆远征军。但是，想想装备落后、军饷微薄的英国陆军在面对梯利（Tilly）伯爵、华伦斯坦（Wallenstein）、红衣主教因方特（Cardinal-Infant）或者古斯塔夫·阿道夫（Gustav Adolphus）和昂基安（d'Enghien）公爵的强大军队时，会遭受怎样沉重的打击，他就会感到痛苦。

这样的猜想是多余的，因为就在特龙普在唐斯取得决定性胜利的同一年，苏格兰爆发了革命，并很快升级为内战，使英格兰无法对欧洲事务再施加哪怕最轻微的干预。尽管英国海军在国际层面没有多大用处，但它在内战中证明了自己的价值。考虑到海军官兵的新教信仰，它与反对保王派的商业团体的紧密联系，以及斯图亚特王朝对其的管理不善，舰队的大部分成员都宣布效忠议会毫不奇怪，议会答应不断改善海军条件，扩充其规模。尽管海军在内战中的作用无法与陆军相比，但正如克拉伦登（Clarendon）伯爵所说的那样，对于国王的敌人而言，海军可谓"强援"。事实上，沃里克（Warwick）率领的海军舰队不断从海上对赫尔、普利茅斯和布里斯托尔的清教徒据点进行增援，对伦敦的海外贸易进行保护，以确保议会一方始终有财力支持战争，并且通过强有力的海上封锁政策，切断了欧洲大陆对于查理一世的援助，由此赢得了其新雇主的感激。[11]

此外，尽管议会对舰队的支持仅仅是出于自我保护的动机，但其结果使得英国海上力量重新登上了影响世界事务的历史舞台。沃里克的战舰不仅在英吉利海峡和北海巡逻，以寻找保王派的"偷越封锁线者";欧陆列强还因它们而承认了英格兰在"狭海"的霸主地位。同样,当鲁珀特(Rupert)亲王开始对英国航运进行突袭时,英吉利共和国的反应是在布莱克和佩恩的领导下组建更强大的舰队,除了消除保王派的威胁外,此举还表明,这个弑君后成立的共和政府将像以往任何一位英国国王一样,渴望得到国际尊重:尽管英军舰队封锁了塔霍河,但鲁珀特亲王的舰队还是突破了封锁——这让葡萄牙非常尴尬;不过,英军舰队尾随其后,并在卡塔赫纳击溃了保王派舰队,而西班牙无力进行干预;海峡群岛,以及更重要的大西洋殖民地都被迫承认了英国新政权;英军舰队在地中海为己方船只提供护航,同时对所有疑似帮助保王派的外国船只进行强制搜查。此外,在内战中,海军不停地巡逻和频繁地交战(即使是小规模的和断断续续的),积累了丰富经验,这是自伊丽莎白时代以来英国海军所缺乏的东西,而几位杰出的海军指挥官也从中脱颖而出,尤其是布莱克和蒙克。

更重要的是,内战中议会的胜利确保了英国海军从此将被视为一支"国家力量",由整个国家提供资金——反对船税的人的态度突然出现了180度转变。资金问题一直是英军舰队的"阿喀琉斯之踵",限制了伊丽莎白充分利用海军的所有巧妙努力,也使得查理一世在恢复舰队的实力时心有余而力不足。现在,情况不同了。这绝不意味着英国人突然变得愿意以欧陆列强的标准来支付国防费用了;虽然议会有权征收各种附加税,也确实经常这样做,但英吉利共和国海军的大部分资金仍然来自被没收的保王党土地,就像没收修道院为亨利八世的海军扩张提供了资金一样。从某种程度上说,英国政府是依靠自己的资本供养海军,而不再从其支持者不断增长的财富中揩油,其结果令人印象深刻,国家海军舰队的基本原则已经确立。

海军大幅提高了工资以吸引新人，对生病的水手给予照顾，养老金也变得更加普遍；海军管理部门的腐败被消除，有能力和诚实的军官取代了王室的宠臣；现在，政府进一步增加了造船厂的数量，舰队在海上获得的后勤支持也得到了很大改善。奥本海姆赞许地指出："无论是以前还是以后，海军的作战部队都没有得到过这么好的支持。"[12]舰队本身也以惊人的方式扩张。从1649年至1651年间，41艘新舰艇列装海军，比其原有规模（39艘）增加了一倍多；1649年至1660年间，英国海军总共建造或采购了多达207艘新舰艇。其中许多都是新的快速巡航舰（frigate），建造这种军舰是为了在速度上超越敦刻尔克的私掠船，使其为主力舰队侦察敌情，以及作为私掠船俘获敌人商船。

最后，英国国内的一些势力通过革命获取了权力，他们渴望建设一支强大的海军，并打算借此来获得好处：新教狂热分子渴望效仿德雷克的功绩，挫败反宗教改革运动，但他们有时也将自己视为上帝惩罚新教徒同胞的工具；殖民狂热者认为海上力量与海外殖民之间存在天然联系；还有大量商人，他们不喜欢查理一世对垄断贸易公司的偏袒，抱怨其没有提供足够的保护来应对私掠者和海盗。所有这些人都将海军视为**国家**政策的重要工具，从而揭示了他们的宗教信仰和个人发展正在与一种狭隘的爱国主义意识以及对国家整体福祉的信念相融合，而这种信念自都铎时代以来一直缺失，如果它当时确实存在的话。

这些关于贸易、帝国和外交政策的新观念——被称为"商业革命"[13]的意识形态框架——反映在1651年著名的《航海条例》中，该条例规定所有海外殖民地都要服从议会，并且坚持认为与这些殖民地的贸易应由英国航运独占。在很大程度上,这一措施是出于短期考虑:当时英国正面临着严重的经济危机,玉米的价格达到了那个世纪的最高水平,而且1648年荷兰与西班牙签订和平协议后,英国的航运业重新面临来自荷兰竞争对手的不利影响。因此,英国的航运业、造船业和海外贸易急需通过这一条例获得一剂强心针。另外,我们可以发现,从中受益的商人,比如莫里斯·汤普森(Maurice Thompson),对这一法案的颁布起到了推动作用。然而,国家对此做出回应的方式有着更广泛的影响,这使它成为许多历史学家关注的对象。[14] 首先,它考虑的是"共同福利",因此假定政府的责任是促进国家的普遍繁荣;相比于查理一世时期寄生虫式的贸易和金融举措,其本身就是显著进步,标志着"商业利益"在政治上变得更突出。查理一世曾采取限制性商业立法,支持贸易垄断,并对商业活动进行盘剥;现在,取而代之的是政府和企业之间的普遍联盟,前者确保后者能够蓬勃发展,并从后者获得更多的关税和消费税收入,而企业也能获得议会的拨款(即议会为执行其贸易保护政策而提供的资金)。

此外,尽管《航海条例》有效消除了荷兰竞争的不利因素,无疑会使东印度、黎凡特和东地公司等利益集团受益,但总体趋势是减少垄断贸易:政府将为贸易提供立法和权力政治框架的支持,但个体商人和公司的命运将由其自己决定。出于同样的原因,殖民地不再被视为某些特权人士或特许公司的禁脔,而是向整个国家开放。作为必然结果,政府逐渐垄断了海上力量,海军和商船队在组成和职能上的分化变得更加明显。可以说,《航海条例》打破了国内公司对于海外市场的贸易垄断,使得国家本身垄断了殖民地的航运业和商业,并在世界范围内确立了海上力量、贸易、航运和造船业的自然基础。然而，事实上，英国政府颁布《航海条例》的动机和效果都并不像上文说的那样明确，而且，这种模式在国王复辟后发生了重大变化；但仍有很多理由认为，就商业和殖民政策而言，《航海条例》及其背后的思想标志着英国中世纪的正式结束。外国人，无论是荷兰商人还是敦刻尔克的海盗，也都意识到了伦敦政权的新风格和新抱负，感受到了英国政府为捍卫自身商业利益而部署的力量。

如果我们可以接受两派思想——强调私人商业影响和作用的一派，以及将其主要视为国家方针和战略设计的一派——对《航海条例》起源的看法都正确的话（因为它巧妙地调和了公共利益和私人利益），那么，我们对于1652年至1674年英荷战争中英国动机的认识也是正确的：国家荣誉和"声望"是显而易见的动机。1623年安汶岛大屠杀（Amboyna massacre）在此后的数十年中一直刺痛着爱国者。人们还不信任荷兰人对查理二世的支持，并且怀有更大的愤怒——因为传统上英国人一直声称自己在"狭海"拥有至高无上的地位，却经常被无礼的荷兰人蔑视。英国作为荷兰"殖民地附属国"的地位，正如科凯恩的惨败所见证的那样，也受到了英国人的怨恨。此外，荷兰的"自由贸易，自由船只"政策，曾在伊丽莎白时代与西班牙的战争中激怒英国领导人，此时又与清教徒努力做的事情相冲突，清教徒正在搜寻和俘获那些可能帮助保王派或法国人的船只。1651年，当英荷双方在北海两侧集结各自的海军力量时，许多人都能感觉到，这两个在国际航行和贸易权等方面存在根本分歧的国家，爆发冲突已经不可避免。

当然，与此同时，大量证据表明，英国许多（尽管肯定不是全部）商业团体的成员对荷兰在航运、东方贸易、对波罗的海商业的控制、渔业以及一般信贷和金融领域的优势深感嫉妒,并对1648年后荷兰的迅速复苏感到非常震惊。有些人能通过直接打击这些强大的竞争对手而获益;另一些人则只是对这些外国人在贸易中占据第一的位置而感到不满,希望看到这种地位发生逆转。根据当时在书籍和小册子中宣传的重商主义理论,英国的繁荣只能以牺牲其竞争对手为代价,因为世界的总财富是有限的;当英国或荷兰正在与第三方交战时,另一国的商人往往会生意兴隆,这似乎证实了这个"秘方"。如果荷兰人失去了在波罗的海近乎垄断的地位,或者他们的鲱鱼船队被摧毁,抑或他们传奇的东印度公司破产,那么英国肯定会受益。《航海条例》已经在阿姆斯特丹激起了许多抗议。正如蒙克后来所说,这个问题很简单:"荷兰人所占的贸易份额太大了,英国人决心从他们手中抢走。"[15] 1651年,在两国组成联盟(条件对英国有利)的谈判失败后,很明显,战争就迫在眉睫了。虽然英国商人并没有积极地鼓吹这场战争,但他们也没有在战争爆发的时候进行抗议,而且还希望从中获益。声望、权力和利益的动机在任何时期都很难厘清,但在17世纪,它们之间的联系似乎尤为紧密。

在贸易和海上主导权方面的长期竞争使得英国和荷兰之间爆发了战争,这一根本原因也决定了这场战争的风格:与英国在过去四个世纪里打过的任何其他战争相比,这场战争都带有更浓厚的"贸易战"色彩。双方都没有真正的战略计划或入侵企图(1673年的那场战役除外),如果对领土安全的威胁是评估潜在敌人的主要标准,那么两国都将法国视为一个更大的敌人。英荷两国间的战争,反倒是一场关于谁应该统治海洋并且收获这一特权所带来的商业利益的争端,因此海军和经济方面是主导因素。

战役与发生时间

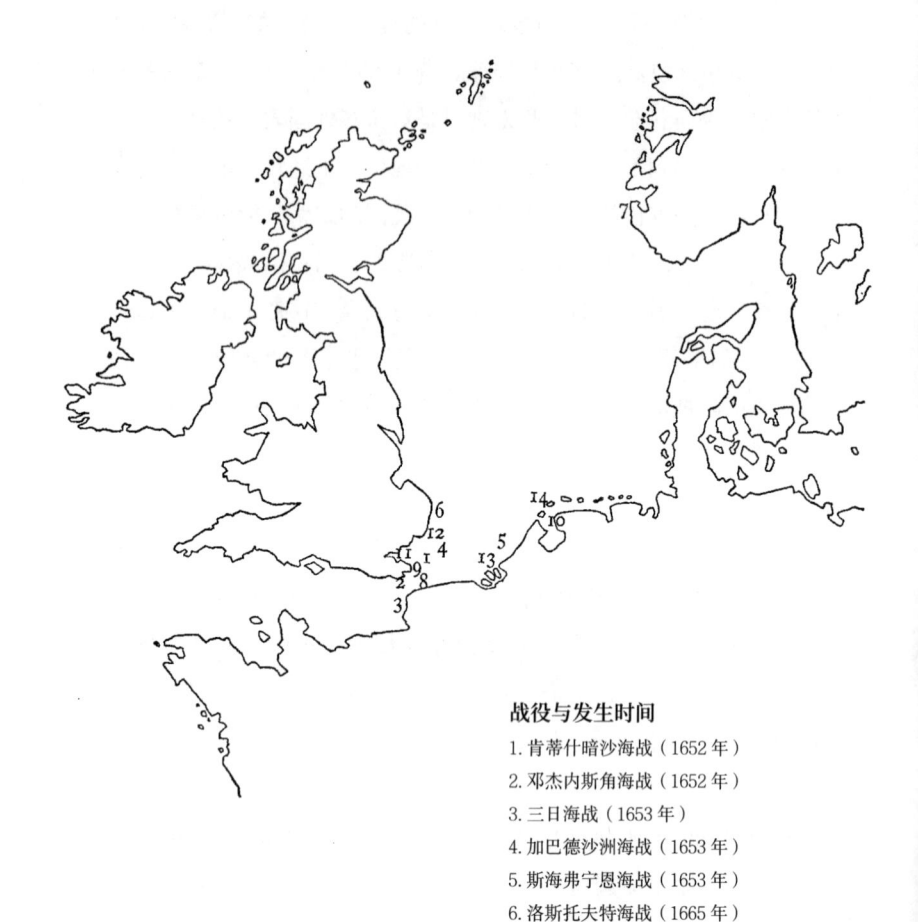

1. 肯蒂什暗沙海战（1652年）
2. 邓杰内斯角海战（1652年）
3. 三日海战（1653年）
4. 加巴德沙洲海战（1653年）
5. 斯海弗宁恩海战（1653年）
6. 洛斯托夫特海战（1665年）
7. 卑尔根海战（1665年）
8. 四日海战（1666年）
9. 北福尔兰角海战（1666年）
10. 霍姆斯在瓦登海的战斗（1666年）
11. 鲁伊特在泰晤士河的战斗（1667年）
12. 索莱湾海战（1672年）
13. 斯库内维尔德海战（1673年）
14. 泰瑟尔海战（1673年）

地图2　英荷海战

虽然三场英荷战争需要分开对待，因为每一场战争的情况和结果都大不相同，但这里必须提到一些贯穿战争始终的基本因素。只要看一眼地图，就会发现荷兰人在地理区位方面的劣势：就像在1914年至1918年和1939年至1945年的两次世界大战中，德国人的劣势一样——他们通往世界主要航运路线的出口都被不列颠群岛所包围。因此，荷兰商人要么穿过英吉利海峡狭窄的水道（由于航行危险，这意味着要靠近英国海岸航行），要么绕行苏格兰，这段路程更长，风浪更大，但商船仍有可能在北海遭到攻击。此外，在"无敌舰队"战役中曾令伊丽莎白时代的海军将领们忧心忡忡的盛行西风，现在对英国有利：在向东进发之前，英国人的舰艇可以很容易地集结在一起，而荷兰人则经常需要花费很大力气来集中四散的兵力，匆忙地出海航行。最后，虽然荷兰人对荷兰海岸的浅滩和沙洲十分熟悉，使他们可以在英国人不敢靠近的浅水域停泊，但地理位置也限制了他们战舰的吨位，舰队中有许多船只再怎么说也只是商船改造来的。其战舰普遍较小，很少搭载超过40门大炮，因为负载过重将会导致其吃水过深，从而影响其航行，而英国舰队中拥有许多更大、战斗力更强的武装舰艇，这在激烈的近距离战斗中是一个明显的优势，而近距离战斗正是英荷海战的主要特点。

英荷战争之所以如此残酷和漫长，恰恰就是因为荷兰人必须在海上打败敌人才能生存——这是他们与20世纪德国人的根本区别。荷兰人作为"世界搬运工"取得了何种程度的成就是众所周知的：

> 凭借非凡的魄力和效率，荷兰人成功垄断了波罗的海谷物运输量的四分之三，木材运输量的一半到四分之三，瑞典金属

运输量的三分之一到一半。从法国和葡萄牙运往波罗的海的盐中，有四分之三是由荷兰船只载运的。波罗的海沿岸地区进口的布料有一半以上是在荷兰制造或完工的。流入欧洲消费市场的殖民地商品在很大程度上也掌握在荷兰人手中。[16]

据估计，荷兰仅商船船队就雇了16.8万名水手。除此之外，还必须加上庞大的捕鱼业中成千上万的渔船。荷兰人的整个经济基础建立在其作为贸易商、运输商、中间人、成品制造商和金融家的角色之上，因此，如果荷兰的航运停止，它在世界上的信用就会崩溃，它就会破产。乔治·唐宁爵士等英国人深知这一点，其率领英国海军为打击荷兰海上贸易和扰乱其渔业所做的努力，揭示了这场战争的商业本质。出于同样的原因，特龙普和德·鲁伊特（De Ruyter）等荷兰海军将领虽然也想要追击敌人，但他们也明白，成败取决于他们对于商船的保护力度。换句话说，有理由提出与马汉相反的观点，即一个国家不可以过于依赖海洋。相比之下，当时的英国基本上还是一个农业国，在经济发展和对海外贸易的依赖程度方面远远落后于对手。只有在波罗的海，双方才互换角色，荷兰人（在丹麦人的帮助下）可以切断英国重要的海军物资供应，垄断地位也不受威胁。

当时，荷兰人正在为他们的经济生命线而战；他们必须主动出击，以保护他们的贸易，并进行战斗，而不顾敌人偶尔拥有的数量优势和通常在地理区位和火力上的优势。然而，由于他们在经济上的主导地位，他们也占有一定的优势可以弥补缺陷。荷兰人积累了大量财富，只要他们的航运没有完全停止，就能经受住长期的战争；反观英国政府，尤其是在1660年之后，在财政方面就远没有那么富裕了。此外，由于荷兰人的航运规模庞大，而且英国海军在后勤和军事上都不可能（尽管付出了很多努力）严密监视整个荷兰海岸线，荷兰的海外贸易虽然经常受到影响，但从未被切断。荷兰的海军将领也是最优秀的，他们不仅与英国人作战，而且多次成功地将庞大的商船队安全护送到目的地。

另一方面，有人认为，荷兰的地理区位还有两个重大缺陷。[17] 作为一个有陆地边界的国家，它无法把全部军事资源都部署在海上：与西班牙的"八十年战争"的惨痛记忆仍然历历在目。然而，这在第一次英荷战争中不算什么，因为当时英吉利共和国是国际社会的"贱民"，法国和丹麦都普遍支持荷兰；在第二次英荷战争中就更不重要了，当时法国公开与荷兰结盟；但在最后一次英荷战争中，这一因素发挥了决定性作用，当时法国军队在荷兰取得了巨大的胜利，荷兰不得不打开水闸来保护自己。如果说这一实例有什么启示的话，那就是，在英格兰和荷兰之间的战争中，海权并不总是起决定性作用，拥有一个强大的陆地盟友也对英国有帮助。荷兰另一个更明显的弱点是其内部不团结，这与英国政府及其海军将领的严格控制形成鲜明对比。内陆省份常常憎恨荷兰政府的统治，当然，当时荷兰政府的对头泽兰（Zeeland）更是如此；在荷兰海军当中，至少有5个司令官负责指挥他们的舰队；奥兰治家族的支持者和反对者之间的矛盾造成了许多有害的结果——有能力的指挥官被免职，甚至特龙普也一度被内部敌人抹黑；在战斗激烈的时候，多艘战舰抛弃舰队司令，私自撤退的情况也屡见不鲜。尽管特龙普和德·鲁伊特常常凭借自己的才能克服了这些障碍，但这也确实意味着，敌人组织严密、纪律严明的舰队在这方面具有明显的优势。正是在英荷战争中，皇家海军形成了"战列线阵形"（line-of-battle formation）和《作战条例》（Fighting Instructions），这些都标志着此后一个多世纪里英国典型战术的特征。

关于英荷战争还有最后一点需要强调，这也是后来的海军历史学家争论不休的地方，那就是与"破交战"相对的"战斗舰队战略"（battlefleet strategy）。马汉在提到第二次英荷战争时，对"夺取个别船只或船队"的行为嗤之以鼻，却大加赞扬——

> 那种占据绝对优势的海上力量对于海洋的控制，这种海上力量可以将任何悬挂敌人旗帜的船只从海上驱逐出去，或迫使它们落荒而逃；控制这片广阔的公共空间，实际上就封闭了那些敌人进出海岸的商业通道。这种控制权只能由强大的海军来行使……[18]

然而，这种观点更多地反映了19世纪晚期的海军理论［将重点放在反对"海军新学派"（Jeune École）上面］，而没有反映17世纪海战的现实。如果敌人的主力舰队已经被摧毁，那么己方海军当然能更好地遏制敌方贸易，但如果存在敌方舰队攻击泰晤士河的危险，那么向地中海派遣一个分舰队或让舰队休整就是错误的战略。这一战略理论假定"切断敌人贸易通道"是可行的，但英国海军在北海追踪荷兰船队时总是遇到很大困难；该理论还进一步假设，一支舰队有可能在敌人的港口停留数月甚至数年，但鉴于恶劣的天气、变幻莫测的水域、有限的后勤和糟糕的适航性，事实上这根本无法做到。[19]最后，该理论暗示了打击敌人商船所造成的影响可以忽略不计；然而，正如曾经发生过的那样，如果一支满载海军物资的小型船队在驶往英国本土的过程中，在波罗的海被敌人俘获,其后果是相当严重的——例如,在第一次和第三次英荷战争中,皇家海军因缺少物资而严重受挫。在第一次英荷战争中,可能是英国私掠船向荷兰施加了最大的压力,以促成停战,它们捕获了1 000多艘荷兰商船,是整个英国商船数量的两倍;也正是英国在随后与西班牙的战争中损失了1 500多艘商船,使得中立的荷兰人重新获得了海上贸易的霸主地位。

与此同时,很明显,尽管存在这些**实际**困难,但政治家和海军将领们第一次开始意识到"制海权"意味着什么——击败敌人主要的海军力量,从而控制海上交通。在英荷战争之后,人们开始认为获取海权是值得的,不仅是为了确保"王国的防御",而且还因为它带来了不受干扰的贸易、获取殖民地和让敌人陷入困难等好处。正如格雷厄姆教授所指出的那样,它因此成为国际平衡中的一个"新因素",使所有拥有海岸线的国家都开始重新评估强大海军和海外领土的重要性。毕竟,即使是对贸易和殖民地本身不感兴趣的政府也会意识到,它们可以提供新的财富来源,为极其昂贵的军费提供财政支持,而权力斗争达到高潮时往往就会爆发战争。或者,如舒瓦瑟尔(Choiseul)在18世纪指出的:

> 我不知道西班牙人是否真的明白,在当时的欧洲,殖民地、贸易,因此还有海权,决定着欧洲大陆上的力量平衡。奥地利王室、俄国、普鲁士王国都只是二等势力,所有这些势力除非得到贸易大国的资助,否则是无法参战的。[20]

对某些国家来说——法国是最好的例子——这种新因素的出现导致其国家战略在未来几个世纪里摇摆不定,因为其领导人从来都不清楚应该如何分配投入海上力量和陆地力量的资源。然而，对于英国来说，这种新因素却指出了一条增加国家财富、声望和在外交事务中的重要性的途径——只要它没有完全忽略同样重要的一点，即欧洲大陆的军事均势也影响着其国家的核心利益。

第一次英荷战争（1652—1654年），表面上由布莱克和特龙普在"海峡敬礼"问题上的冲突所引发，对英国来说是最成功的战争，其原因有以下几个。[21]由于刚刚对鲁珀特发动了打击，英国对战斗有了更好的准备，而荷兰人还没有真正制定出他们的护航战略。起初，荷兰人试图让几百艘缓慢移动的商船所组成的船队通过英吉利海峡，但这样，英国人就可以趁特龙普为船队护航的时候对他们发动持续的攻击。经过远至设得兰群岛和普利茅斯的多次失败的行动和小规模对战之后，布莱克率领的68艘英军战舰于1652年9月28日在肯蒂什暗沙袭击了德·威特率领的57艘荷兰船只，英军取得了这场战斗的胜利。英国人很高兴，于是派遣一支分舰队去解除荷兰人对来航（Leghorn）的英军小舰队的封锁；但特龙普在11月率领一支庞大的舰队穿越英吉利海峡，在邓杰内斯角附近的战斗中重创了相对较弱的布莱克舰队，与此同时，英国人在地中海也被荷兰人击溃。

在这些失败的刺激下，英国决定加强海军。1653年2月，英国"国务委员会"（Council of State）派遣布莱克率领80艘战舰去阻击特龙普，防止他再次率领舰队穿越英吉利海峡。在所谓的"三日海战"中，尽管特龙普出色地运用了"后卫战术"（rearguard tactics），但荷兰船队仍然遭到了严重的破坏；不过，在多次成功护送商船队之后，荷兰政府同意特龙普去搜寻英军舰队的主力，与此同时，荷兰商船队则绕道苏格兰继续前进。6月初，特龙普的

100艘风帆战舰与蒙克和迪恩进行了两天的战斗，后来又与布莱克进行了两天的战斗，但在加巴德沙洲（Gabbard）附近进行的战斗中，英军舰队的兵力和火力优势最终发挥了作用，荷兰损失了20艘战舰。随后，荷兰海岸线被封锁了长达一个月，直到特龙普和德·威特在斯海弗宁恩（Scheveningen）重新发起挑战为止。尽管蒙克的部队也蒙受了巨大损失，但英国人凭借火力优势和严整的战列线再次取得了胜利。对于荷兰人而言，最糟糕的是，特龙普本人也在这次行动中丧生。此后，双方几乎没有再爆发什么值得一提的战斗，因为英国海军也无法给予对手最后一击，一锤定音；而荷兰人，由于贸易遭受重创，也同意和谈，双方于1654年4月5日正式签订了《威斯敏斯特条约》。

第一次英荷战争以及随后双方签订的和平条约对英国是有利的（地中海战场除外）。英国商人在战争中遭受的损失不大，还因为荷兰人的航运被切断而获益，而阿姆斯特丹的贸易商人和荷兰渔民则蒙受了巨大损失。战争对经济造成的影响可以从两国各自关税收入的状况中看出。此外，荷兰还同意赔偿安汶岛大屠杀的损失，并接受"海峡敬礼"，承认《航海条例》。不过，英国贸易商当中的"好战派"对这一结果并不满意，他们批评"护国公"克伦威尔对荷兰人过于仁慈。从他们的态度当中我们可以对这场战争的"经济影响"做一番有趣的揣测，因为，很明显，"护国公"克伦威尔不是任何人的傀儡，甚至对颇有影响力的伦敦商人们来说也是如此。尽管克伦威尔发自内心地想令英国富国强兵，但他的主要动机仍出于朴素的爱国主义和宗教信仰。如果与荷兰人妥协能够让克伦威尔腾出手来对西班牙发动圣战，那么他很愿意这么做，尤其是在1654年荷兰各省禁止奥兰治家族再任荷兰执政之后。不过，英荷战争爆发之前的一段时间内，英国商人正是通过与西班牙人之间的贸易获得高额利润的，如果英西之间爆发战争，荷兰肯定是受益的一方。克伦威尔选择的方向其实与获得更大的经济利益背道而驰。[22] 在英西战争期间，即使英荷双方在英国人是否有权对荷兰商船进行临时登船检查这个棘手问题上发生激烈争端，克伦威尔也一直保持着克制。威尔逊教授评论道，这一点表明："即使经济野心或者中立权的问题使得双方发生了冲突，如果掌握权力的人能够一直保持审慎和克制的话，战争也不一定会爆发。"[23]

在整个英西战争（1655—1660年）期间，这种政治-宗教因素与经济因素一直交替发挥作用。从军事角度看，英国在这次战争中取得了辉煌胜利，占领了新斯科舍半岛；它曾派出一支远征军去占领伊斯帕尼奥拉岛（Hispaniola，也即海地岛），但遭遇了西班牙人的顽强抵抗，更糟的是还暴发了经常导致此类冒险行动失败的热病。不过英国人转而占领了牙买加，未来该岛将成为英国在西印度群岛中一个有价值的基地和财富的源泉。1656年，英军俘获了一支载有价值200万英镑货物的船队；1656—1657年，依托对英友好的港口里斯本，布莱克持续对加的斯港展开封锁，不久后，他得到情报，一队西班牙运宝船将在加那利群岛的圣克鲁斯港靠岸卸货，于是便主动发起进攻，不但打哑了港口西班牙要塞的大炮，还摧毁了运送财宝的船队；1657—1658年，英国陆海军联手包围了西班牙海盗的老巢——敦刻尔克，并迫使这些劫掠者投降，不过，这发生在迪讷（Dunes）会战之后，而且在攻打敦刻尔克的行动中，实际上法军出力最多。[24]

相比之下，更为重要的是，种种迹象表明英国即将迈入列强的行列。克伦威尔在这一时期提出了所谓"国家利益"的观念，这也是后来的英国政治家皮特、坎宁和帕麦斯顿等所一直关注的,因此,凡是能够影响国家利益的事件,克伦威尔都会非常注意,即便这里所说的"国家利益"的内涵有些奇怪。布莱克舰队在地中海的巡航行动可以作为绝佳范例:托斯卡纳大公和教皇曾经支持过保王派,对英国商船展开劫掠,布莱克从他们那里得到了赔偿;为报复突尼斯总督麾下的私掠船对英国船只的袭击,布莱克以牙还牙,烧毁了对方的船只;随后,他还报了先前英国在马耳他、土伦和马赛所遭屈辱的一箭之仇,上述地区的法国人、荷兰人和西班牙人都被震慑住了;布莱克还与得土安(Tétouan)及丹吉尔签订了协议,从此英国得以在两地设立海军基地。通过上述措施,英国保护了自己在地中海的贸易。还有一个例子:1654年,英国与葡萄牙签订了协议,规定由英国海军负责保护葡萄牙政权及其财产的安全,英国得到的回报是可以与巴西、孟加拉、西非当然还有葡萄牙本土展开自由贸易,从而将竞争对手荷兰排除在外。总之,英国海军的行动取得了丰硕的成果:夺取敦刻尔克,从而钳制了西班牙、法国和荷兰;占领牙买加,为从利润丰厚的西印度群岛贸易中分一杯羹奠定了基础;英军还将攻占直布罗陀列入计划;在克伦威尔统治时期,英国甚至开始将遥远的中国当作贸易对象。此外,英国还开始争夺波罗的海的控制权,并在这一区域推行干涉主义,目标是阻止瑞典完全控制挪威——从而垄断海军物资,这一点至关重要。不过,克伦威尔并不希望摧毁瑞典的力量,而是想靠其制衡丹麦人和荷兰人。克拉伦登伯爵曾宣称,"护国公"在海外取得的巨大荣耀,甚至令他的其他成就黯然失色。希尔博士总结道:"17世纪50年代的英国政府,是英国历史上最先具有战略视野的政府。"[25]而且,当时连特兰西瓦尼亚大公、摩洛哥苏丹等遥远地域的君主们都纷纷

第二章 斯图亚特王朝时代的海军及与荷兰的战争(1603—1688年)

请求英国援助或者与其结盟，仅从这一点来看，英国在世界上的重要地位就得到了确立。

然而，战争过后，在商业和金融方面，英国并没有出现欣欣向荣的景象，这一点或许能令人清醒一些。先前那些罚没皇家财产而获得的资金很快就花得见底了。因此，英国政府只能征收重税。据估计，"大空位时期"*，英国政府每年征收的税金超过400万英镑，但还是远远满足不了政府的需求，因为政府现在开销太大，是"查理一世统治时的四倍，而查理一世时期人们就已经无法忍受了"[26]。到17世纪50年代末，英国政府需要负担规模庞大的常备陆军，还要同时进行旷日持久的海上战争，这令英国人怨声载道；仅仅1660年一年，英国海军的欠款就达到了100万英镑，海军水手跟陆军士兵都领不到军饷。另外，在战争中，英国的贸易受到巨大打击，西班牙私掠船沿大西洋和地中海航线不断袭击英国商船，后者的损失估计达到了1500艘。与此同时，荷兰夺走了英国的市场，重新确立了自己的商业主导地位。举一个例子："在英荷战争期间，英国人抢占了西班牙的羊毛生意和布匹交易，现在荷兰人将市场夺了回去，鱼和酒的贸易也得到了进一步发展。"[27] 除此之外，英国造船业同样遭受了不小打击，从外港到伦敦本地的商人对于战争的抱怨与日俱增。1659年，全体伦敦商人联名向英国政府提交了请愿书，要求停战，而在4年之前，只有在马德里和马拉加经商的英国商人才呼吁停战。不过，并没有任何迹象表明克伦威尔注意到了他们的诉求，因此，商人们对于克伦威尔政策的幻想

---

* "大空位时期"（Interregnum），1649年查理一世被处决至1660年查理二世复辟期间。——译者注

也逐渐破灭了，这表明政府的目标并不总是与商人们的私人愿望保持一致。商人们显然也是这么想的，1660年时热烈欢迎君主复辟。

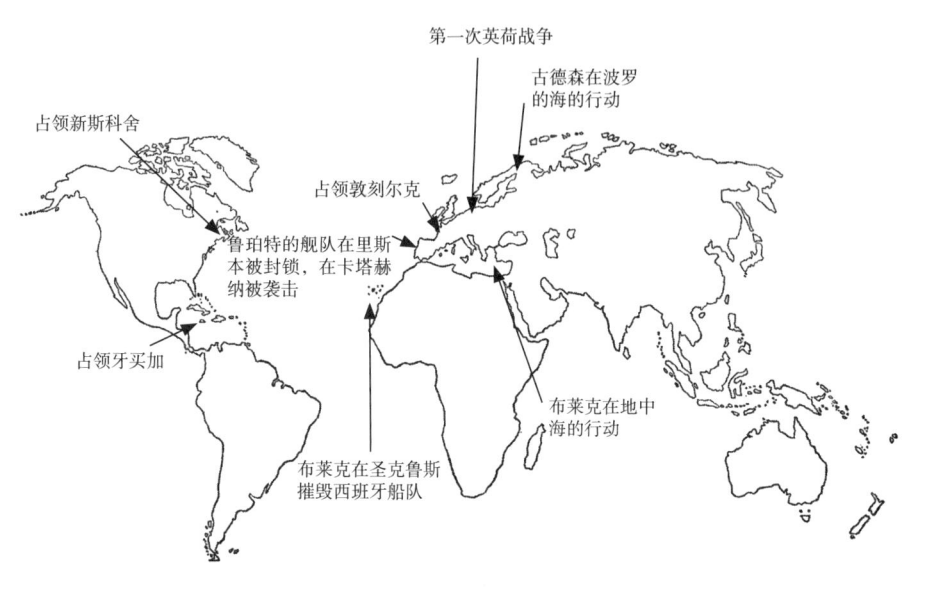

- 第一次英荷战争
- 古德森在波罗的海的行动
- 占领新斯科舍
- 占领敦刻尔克
- 鲁珀特的舰队在里斯本被封锁，在卡塔赫纳被袭击
- 占领牙买加
- 布莱克在圣克鲁斯摧毁西班牙船队
- 布莱克在地中海的行动

地图3 克伦威尔时期英国海军力量的增长

因此，查理二世在复辟之后，发现自己得到了两份遗产。首先，英国国内的商业市场陷入了困顿，政府财政也持续紧张；其次，通过深思熟虑，一系列关于英国世界角色的理念正在形成——包括采取国家行动以巩固英国的经济基础和政治权利，以及建设一支强大的海军。以这两点为基础，查理二世又加上了自己的意愿，即加强君主的特权。于是，在查理二世和他弟弟统治时期，英国的海军、殖民帝国和商业政策都明显受到了这三个因素的影响。尽管能够获得议会的拨款，但国王仍然经常面临财政困难的窘境，查理

二世采取了斯图亚特王朝早期的政策，即授予某些商人垄断权，并"依赖"这些富裕的商人提供贷款，此外，他还尝试从法国寻求补贴，以获得额外的资金，从而减少对下议院拨款的依赖。因此，英国海军在财政上受到限制，还受到普遍放松了诚信和道德标准所导致的腐败和效率低下的困扰（佩皮斯对此有很好的描述）；"绅士舰长"的回归也引起了舰队中职业军官的强烈不满。但另一方面，查理二世和詹姆士二世都非常渴望维持一支强大的海军，以守住克伦威尔看起来为国家赢得的国际地位和尊重。清教徒们的政策——扩大在世界贸易中的份额，并扩充殖民地，以及建设强大的战斗舰队来保护商船，从而增加英格兰的财富——被后来的斯图亚特王朝继承和改进，"展示出了他们抛弃与之相伴的宗教信条时的热情"[28]

因此，查理二世断然拒绝放弃克伦威尔时期征服的牙买加和敦刻尔克，尽管他在1662年将敦刻尔克卖给了法国，并获得了一笔可观的收入——因为他认识到驻军的成本已经超过了保留敦刻尔克的收益，但他拒绝将新斯科舍归还法国；此外，查理二世成功与布拉干萨王朝的凯瑟琳公主联姻，这不仅保证了英国在与葡萄牙的贸易中占有利地位，还为英国带来了孟买和丹吉尔两个重要基地，后者对于保护英国在地中海的贸易十分重要。1660年，他则快速通过了《航海条例》，其条款为强有力的贸易保护主义政策提供了明确依据。

所列的商品，尤其是像葡萄酒和海军物资这样的大宗商品，只能由英国船只或货物所属国的船只进口，1662年还特别禁止从荷兰进口这些商品。大多数殖民地的产品都留给了英国船只,这为糖、烟草和染料等物资转口贸易的急剧增长奠定了基础,1663年通过的一项法案迫使殖民者在英国购买大多数欧洲商品。所有外国建造的船只都要进行注册,1663年以后,任何新获得的其他国家船只都被视为外国船只。而英国船只的水手必须以英国船员为主。[29]

这些措施当然是为了打击荷兰人,因为英国人将荷兰人的商业成功视为本国发生经济危机的根本原因。有数不胜数的证据显示,英国对于荷兰企业的嫉妒心理广泛存在,英国商界和航运界似乎对此毫不掩饰:"与荷兰人开战,与西班牙人维持和平。这样我们就能重新拥有金钱和贸易。"——这是1663年的流行语。查理二世和他的朝廷还有一个额外的动机,那就是打击他们憎恨的共和主义者,而许多海军军官则渴望更积极的任务,并迫使荷兰永久承认英国宣称拥有的海洋霸权。但是,压倒一切的还是商业动机。在像唐宁这样的国王私人顾问身上,再一次显示了战略和经济角度的论证自然而有力的结合,而这样得出的论点已经所向披靡。[30]因此,英荷之间的实质性战争是由两国在西非不断升级的贸易竞争和各自海军部队的相互报复所引发的,这一点毫不奇怪。当查理二世在1665年3月正式向荷兰宣战时,两国在西非海岸早已经爆发了战争,荷兰的士麦那船队遭到袭击,双方放松了对于私掠船的限制,英国人占领了新阿姆斯特丹,将其重新命名为纽约。

然而,如果说商界和国家领导人已经做好了战争的准备,海军却没有;虽然国王承诺将大量资金投入海军,但资金到位的速度很慢,1660年至1664年间相对忽视海军所造成的不利影响也无法在短时间内消除,但这支舰队的实力仍远超斯图亚特王朝早期的任何一支舰队。其实，以17世纪的标准来看，当时英国海军舰队的经验、规模和管理或许都是首屈一指的了。唯一的不利条件是荷兰统帅德·鲁伊特同样建立了一支异常强大、训练有素的战斗舰队，这支舰队还得到了荷兰优越财政资源的支持。因此，尽管1665年6月，奥普丹（Opdam）率领的荷兰舰队在洛斯托夫特（Lowestoft）附近被约克公爵的舰队重创，但皇家海军缺乏力量和补给，无法掌握制海权。这造成的结果是：德·鲁伊特从西印度群岛的巡航中溜回家，许多荷兰船队也都趁机突破了封锁；英军在卑尔根针对荷属东印度公司大商船队的进攻被击退了；荷兰舰队使英国在地中海的贸易瘫痪，并封锁了丹吉尔。在严重的财政压力下，英国海军管理部门在伦敦大瘟疫开始之后便陷入了崩溃。

到1666年初，法国人来解救他们的荷兰盟友，这导致查理二世的政府担心西属尼德兰可能对英国本土发动入侵，因而还将鲁珀特亲王率领的一支分舰队派往英吉利海峡进行防御。在这次分兵之后，蒙克的主力舰队在"四日海战"中被一支占据优势的荷兰舰队击溃，"四日海战"之名本身就表明了这场英荷海战的痛苦和漫长。7周后的7月27日，双方在英国北福尔兰角（North Foreland）附近海域再次交战，这次荷兰人输得最惨，他们损失了20艘战舰，而英国只损失了1艘。在这次胜利的鼓舞下，英国皇家海军封锁了荷兰海岸，罗伯特·霍姆斯爵士率领的一支舰队甚至深入瓦登海（Wadden Zee），摧毁了150多艘荷兰商船。然而，在接下来的一年里，荷兰人还以颜色：当时英国为节省资金而将舰队闲置一旁，和平谈判已经展开，德·鲁伊特对泰晤士河进行了毁灭性的袭击，然后封锁了英国东南和西南沿海港口，直到1667年7月两国签署了《布雷达和约》为止。[31]

鉴于"商人战争"的可耻结局,英国人得到的和平条件其实并不严苛。《航海条例》在对违禁品的定义上做了轻微修改,这一点有利于战胜国荷兰;英国人还放弃了对西印度群岛普拉朗岛(Pula Run)的领土主张,并向荷兰交出了苏里南。此外,英国还将阿卡迪亚归还给法国人。然而,英国人仍然被允许保留海岸角城堡*,此地给他们提供了进入利润丰厚的奴隶贸易市场的入口。此外,英国还保留了特拉华、新泽西和纽约,从而消除了荷兰人的竞争,巩固了英国人对于这一区域的控制权,而这一区域的发展潜力非常大。和约条款这么温和,可能反映了这一时期的英国和荷兰海上力量基本达到了一种平衡状态,同时也体现了另一个事实,即双方都认识到,战争的延长只会给贸易带来进一步的阻碍。但这也被视为一个迹象,表明这两个中等强国已经开始意识到路易十四统治下的法国所带来的危险,因为路易十四针对西属尼德兰的行动是一种战略威胁,增强海上力量的举措在海上带来了威胁,征服背风群岛的行动是一种殖民威胁,而路易十四的(更确切地说是柯尔培尔的)经济政策对这两个国家都是一种商业威胁。1668年,《布雷达和约》签订后不到一年,英格兰、荷兰和瑞典三国之间就缔结了同盟,这毫无疑问证实了上述解读。

这场战争还刺破了17世纪60年代早期盛行的沙文主义和重商主义泡沫。沉重的税收,加上瘟疫的影响和伦敦大火所造成的巨大损失,已经够糟糕的了;但是,由于海盗的掠夺和海上航线的中断,贸易量不断下滑,这导致的后果更加严重,英国海关收入在这些年急剧下降。例如,土耳其商人想从英国购买大量布匹,并用一

---

* 海岸角城堡(Cape Coast Castle),位于非洲加纳。——译者注

支船队将其运回本土,但英国海军部直截了当地告诉他们说,荷兰地中海舰队很可能会逮个正着,俘获这些布匹。自然,波罗的海贸易也受到了战争影响。英国东海岸的煤炭运输航线经常遭到海盗的袭击,并最终被德·鲁伊特的舰队完全切断。西非之战则给垂死挣扎的皇家冒险家公司(Company of Royal Adventurers)施以致命一击。正如佩皮斯在日记中悲伤地指出的那样,事实似乎是"贸易和战争不能同时得到支持"[32]。从此以后,商人们和他们的贵族支持者对战争中的预期收益就不那么乐观了。

正如人们所预料的那样,这条规则也有例外。唐宁和一些反荷兰的人仍然将"联省共和国"视为最大的对手,沙夫茨伯里及贸易理事会的其他成员也抱有同样看法。但推动力来自朝廷本身。查理二世和詹姆士二世渴望与法国结盟,共同对抗荷兰人,这不仅能带来经济利益和声望,还能进一步巩固英国的君主专制主义。正是出于这个原因,反法情绪在全国迅速蔓延,而绝大多数英国人本来就是新教徒,对专制和天主教的路易十四深表怀疑。因此,从17世纪70年代开始,分裂再次扩大了。一方是新教"辉格党",支持议会,支持亲荷兰政策,另一方则支持亲法,至少容忍天主教,大幅增强国王权力并且相应地削减英国议会下议院的权力——双方的争论让人联想起17世纪早期的亲荷兰和亲西班牙之争。经济上互相对立的双方在日后争吵不断,因为柯尔培尔的贸易保护主义政策开始对英国经济产生影响。具有讽刺意味的是,尽管这些政策的主要目标是提高君主地位而不是提升"共同福利",但其形式和效果与1651年后英国制定的政策相似,因此主要针对的是荷兰的经济优势;但较弱的英国在经济战中受到了更严重的打击,特别是在纺织品被征收高额关税后。1667年到1678年间,英国议会和柯尔培尔代表各自的国内纺织品生产商进行了一场"关税战"。同样令英国新教徒和海军主义者感到震惊的是,法国海军出现了令人印象深刻的长足发展,到 1670 年,柯尔培尔每年花费近 100 万英镑建造新的基地、造船厂、海军训练学校、兵工厂,以及一支舰船数量更多、规模更大、装备更重、设计更好的海军舰队。琼斯教授指出,唯一可以与之相提并论的是"提尔皮茨在 1914 年之前的类似扩军工作",而英吉利海峡这一边的反应也如出一辙。[33]

查理二世无视内部和外部的警告信号,开始与路易十四秘密协商,缔结一个反荷联盟,并从议会(政治倾向实际上是反法的)争取到资金,然后在 1672 年以自己遭受的所谓"冤屈"应得到赔偿为由,对荷兰提出各种苛刻的要求,并攻击荷兰商船,挑起与荷兰的战争。法国拥有庞大的海军和陆军力量,但现在是与英国并肩作战,而不是作为英国的敌人,于是,英国国王和他的追随者们对胜利充满信心。但战争的进程令人失望,只有后来的历史学家才对此感到满意——他们认为当时政府的政策本质上是自私的、肆无忌惮的和不明智的。1672 年 5 月 28 日,德·鲁伊特在索莱湾(Sole Bay)附近对英法舰队展开了袭击,对英军舰队造成了严重的破坏,这暴露了盟军海军之间缺乏真正的协调;在法国军队占领了南部省份,迫使荷兰决堤自保并推翻德·威特之后,德·鲁伊特退守凶险的斯库内维尔德湾(Schooneveld)浅滩以保存舰队实力,这一高明的战略阻止了英国人入侵的可能性,同时也确保他永远不会被敌人海军的优势兵力所压垮。在第三次英荷战争的最后一次舰队行动中,德·鲁伊特再次对皇家海军进行了惩罚性的攻击,致使英国永久放弃了从海上入侵荷兰本土的企图,并再次暴露了英法联盟的短板——合作不良。事实上,法国人在泰瑟尔岛战役和其他场合的明显不作为，甚至导致詹姆士二世与路易十四结盟的热情迅速减弱，而英国大部分地方势力则对于战争、政府与天主教之间的合作和专制倾向表现出公开的敌意。由于海军委员会负债超过100万英镑，英国下议院拒绝追加拨款，而是要求国王改变整体政策，查理二世被迫让步。通过1674年2月签订的《威斯敏斯特条约》，他不仅放弃了对荷兰人的战争和与法国之间的联盟，而且还在实际上恢复到战争以前的状态——这再次表明与荷兰之间的战争是多么徒劳。[34]

对于英荷战争在英国海权增长过程中所起的作用，要得出任何一个确切的结论都并不容易。自然，英荷战争提高了公众对于外国经济竞争的认识，并使他们认识到建设一支强大海军的重要性；在战争的压力下，英国海军进行了一系列改革，从战列线战术的改进到后勤补给的完善；此外，在英荷战争中，英国的海外帝国得以扩大，同时也提醒了其他国家注意到英国的重要性——至少是作为一个海军强国的重要性。但是，除了在某些时候可能有必要用武力捍卫《航海条例》之外，这些战争似乎并没有给英国商人带来什么直接好处。事实上，除了第一次英荷战争外，另外两次英荷战争带来的都是损失：战争导致税收增加和商业中断，沉重打击了英国商人群体，海军的强行征用也经常严重影响航运；因此，对航运公司来说，最适合作战的夏季是最糟糕的。只有当战争的结果消除或大大减少荷兰的商业竞争时，英国才能说在经济上是受益的；然而，事实是，即使荷兰的海外贸易受到不利影响（如1652年至1654年和1672年至1678年），它也很快恢复了。我们将在后面看到，在1672年之后的40年里，荷兰与法国之间反复的陆上战争对荷兰力量的削弱，远比英荷战争要严重，这不仅是因为维持一支庞大野战军的成本更高，还因为这迫使荷兰相对忽视了它的海军建设和海外商业利益。然而，即使在 18 世纪早期，荷兰仍然繁荣昌盛。正如一位历史学家所说的那样，如果相信英国在 17 世纪下半叶的扩张是在荷兰帝国的残骸上实现的，那么就"陷入了那个时期常见的重商主义谬论"[35]。更有可能的情况是，英国商人是在开发竞争对手没有开发的市场，随着世界贸易总量的扩大，荷兰人在其中所占的份额相对下降，而英国人所占的份额却在上升。

无论英国与荷兰的商业关系如何，毫无疑问，英国的海外贸易在斯图亚特王朝复辟后的几年间迅速扩大，特别是在第三次英荷战争结束后。[36] 它不仅扩大了，而且开始多样化，既不再过度依赖羊毛作为出口商品，也不再纯粹以欧洲为经营范围。虽然这两种趋势都不应该被夸大，但它们在本书中显得特别重要，因为它们标志着这些年是殖民地、航运、贸易和海军力量之间产生有益互动的"起飞"阶段，在此基础上，一个世界帝国和海军霸主即将诞生。这个多样化的过程极为迅速，到 19 世纪末，美洲和亚洲提供了英国全部进口货物的近三分之一，而对欧洲大陆再出口的这些商品，再加上英国对印度和美洲出口的商品，占英国全部出口量的 40%。这些增加的贸易量大部分来自新商品；烟草的进口量从 1615 年的 5 万磅*猛增到 1700 年的 3 800 万磅；在英国领土扩张到西印度群岛后，糖提供了更大的财富来源；当时繁荣的东印度公司则引进了白棉布。传统生意，如纽芬兰和北海的捕鱼业，布料贸易，以及葡萄酒运输，也显示出良好的迹象。虽然它们的增长不那么引人注目，但令人兴奋的前景是，殖民地贸易的经济**潜力**要比本土大得多，而且，由于《航海条例》和强大的海军，它们可以完全留给英国人

---

* 1 磅约合 0.45 千克。——编者注

第二章　斯图亚特王朝时代的海军及与荷兰的战争（1603—1688 年）

独自开发。坚持开放北美海岸那些之前不受重视的港口，以及在逆境中坚持发展对印度贸易的好处，现在终于开始显现出来。

海外贸易增长的影响是多方面的。英国的关税和消费税收入相应增加，例如，1675年，丹比（Danby）借此偿还了所有拖欠水手的债务。英国的航运业和造船业也经历了一次迅速发展，特别是在建造长途航行或运送波罗的海木材所需要的大型船只方面，因为伦敦大火之后对波罗的海木材的需求大增，同时造船业自身的繁荣也需要耗费大量木材；因此，在1675年至1680年间，英国一共建造了16艘大型东印度商船。此外，尽管在三次英荷战争中俘获了大量荷兰船只，因而英国得到了许多能够运载散装货物的商船，但到17世纪末，国内造船业才终于开始对这种运输需求激增的情况做出反应。最后，英国迅速成为殖民地贸易的枢纽之一，在此过程中积累了巨大的财富，并越来越深切地体会到海上贸易的价值。

可以预见，这种贸易扩张在很大程度上巩固了最初在英吉利共和国时期确立的重商主义态度；1688年的"光荣革命"导致英国国内的老牌垄断贸易公司最终灭亡，这一点并不令人惊讶。商人冒险家公司、皇家非洲公司、莫斯科公司都相继失去了特权，在那些大型特许公司中，只有东印度公司，由于其特殊的责任和重要性，保持完好无损。[37]和之前的东地公司一样，其他公司现在发现大使和领事正在取代其外交角色，海军则顶替了其国防角色，而普通商人正在接管其贸易角色。英国通过《航海条例》和海军力量，在海外特定地区形成了垄断，这些地区对整个商人阶级都是开放的，而接受这种经济思想的当权派也予以支持，他们日益倾向于"根据商业表现来评价国家成就"[38]。因此，英国的政策似乎将荷兰人的商业天赋和关注贸易的特点与法国人对国家力量的重视结合起来——这是一种从各方面看都极其有益的组合。最令英国政治和经济领导人高兴的是，贸易和航运的增长对海军产生了有利的"附带效应"。反过来，海军也能更好地为其提供保护。

出于这个原因，斯图亚特王朝剩余岁月里的皇家海军自身的故事就很容易叙述了。[39]查理二世和詹姆士二世都对海军舰队非常感兴趣，国会通常也愿意为维持舰队提供足够的资金。此外，佩皮斯主管海军事务后，海军还受到了自霍金斯以来最细心、最有远见的管理者的关照。海军的债务稳步减少，军官和水手可以定期得到报酬；现在所有的军官都必须接受一些专业训练；腐败消除了，纪律得以加强；精良的战舰被源源不断地生产出来，造船厂和后勤服务也在佩皮斯的监督下日益规范。只有在1678年至1683年间，辉格党反对所谓"教皇阴谋"的煽动导致詹姆士二世*和佩皮斯暂时退役，才使得海军标准明显下降；但是，这一趋势的中断使人们能够重新带着热情来做好这项工作。到1688年，损失已经得到了很大程度的弥补，英国舰队成了欧洲强权政治中一支令人生畏的力量（拥有173艘舰艇，包括许多一流的战舰）——这个时间刚刚好，因为在那一年，奥兰治亲王威廉策划推翻詹姆士二世的统治并取得成功，最终让英国卷入欧洲大陆的大规模战争中，这场即将爆发的大战是法国企图在欧洲大陆获得霸权所引发的。与一个比荷兰更强大的势力进行几十年的战争，将从各个方面考验英国的力量，并揭示其海军赖以发展的基础是否牢靠。

先不考虑英法两国的一系列战争，在这里我们有必要总结一下伊丽莎白去世后英国海上力量的主要发展进步。很明显，在**物质**

---

* 当时他是海军大臣。——译者注

第二章 斯图亚特王朝时代的海军及与荷兰的战争（1603—1688年）

领域，其进步没有16世纪那么显著。但英国人开发了新型的风帆和索具，并且在不断改进海图和航海技术，造船方法也成了一门更精确的科学。战舰的吨位和火力都增加了，但增幅不是很大；毕竟，第一艘真正的三层甲板战列舰——"海洋君主号"早在1637年就完工了。所有这些都是按部就班的发展，其影响很难与瓦斯科·达·伽马时代帆船的革命性发展相提并论。也许巡航舰（三帆快速战舰）的建造——这种军舰通常负责为舰队进行侦察或袭击商船——比上面提到的任何技术进步都更加重要，因为它使海军变得更加平衡，并在战术和战略方面增添了新维度。

但是，在击败西班牙"无敌舰队"到"光荣革命"之间的一个世纪里，皇家海军真正的巨变发生在它的**功能**和**组成**上。它从一支由君主、某些贵族和商人提供的船只拼凑成的舰队，变成了一支由议会定期投票拨款来支付费用的国家军队；它从一支临时组建的杂牌军，变成了一支常备的、舰艇整齐划一的舰队；它从一支几乎没有任何行政管理和后勤保证的部队，发展为一支拥有造船厂、供给、会计、招募和训练机构的部队，虽然以现代标准来看这些只是最基本的，但这仍是一个明显的进步；它从一支由业余绅士领导的部队——他们自己对海权的理解是有限的，而且他们的私人利益经常与国家利益相冲突——变成了一支由专业水手控制的部队，接受《作战条例》和《战争条令》(Articles of War)的指导，并作为国家政策的工具，直接对政府负责。

在17世纪，英国终于垄断了海上力量，因此，我们也许能发现英国海军扩张与其商业发展和殖民扩张之间的互动日益紧密。商业和殖民活动的增长最初植根于私人垄断企业，尽管手持皇家特许状，但这些企业必须自己想办法保护自身安全；但现在"商业革命"已经发生，下议院同意通过征税来支付常备海军的费用，英国的海外利益将受到这支海军的保护。因此，都铎王朝的海军舰队基本上是一支水上的本土防御舰队，而在斯图亚特王朝后期，海军护送商船队穿越地中海或摧毁遥远的私掠船基地，已经变得习以为常——这只是《航海条例》在军事方面的必然结果。同样，在斯图亚特王朝早期由私人利益驱动的殖民扩张活动，在1655年后开始由国家自己承担，它是通过战争征服，而不是通过和平拓展。

所有这些都为我们提供了作为世界强国的英国未来发展模式的大致轮廓。繁荣的海外贸易促进了经济增长，刺激了航海和造船业的发展，为国家财政提供了资金，并成了殖民地的生命线；而殖民地不仅为英国商品提供销售渠道，而且还提供了许多重要产物，从贵重的糖、烟草和棉布到至关重要的北美海军物资；海军在和平时期确保英国商人得到尊重，保护了他们的贸易，并在战争时期让英国获得了更多的殖民地，从而为国家的政治和经济利益服务。英国正以越来越快的速度从一个落后的近海岛国转变为一个大国和世界贸易中心。但敏锐的英国人已经认识到，这种政策的持久成功与其说取决于遏制欧陆列强，不如说是取决于一种精明的战略，即防止欧洲大陆力量平衡的变化对英国不利。如果说三十年战争、英国内战和英荷战争掩盖了这种特殊的考量，那么1688年后的几年内，它将再次显示出持久的有效性。

第三章

与法国和西班牙之间的战争
（1689—1756年）

　　对18世纪战争的这一概览将向你表明，"扩张是18世纪英国历史的主要特征"这一说法所包含的意义远比乍看起来要深刻。起初，它似乎仅仅意味着，从本质上说，征服加拿大、印度和南非，比马尔伯勒的战争、詹姆士党人叛乱甚至法国大革命等欧洲或国内事件，都更加重要。但实际上，正如你们现在要看到的，它意味着其他这些看似与大不列颠的发展毫无关系的重大事件，其实与大不列颠的发展密切相关，而且只是这一伟大进程中连续的时间节点而已。乍一看，它似乎意味着英国在那个世纪的欧洲政策不如其殖民政策重要。但实际上，英国的欧洲政策与殖民政策不过是国家大发展的不同方面而已。

　　　　　　　　　　—— J. R. 西利：《英格兰的扩张》
　　　　　[J. R. Seeley, *The Expansion of England* (London, 1884), p. 36]

　　随着1689年英法战争的爆发，一系列新的斗争开始了。直到1815年，斗争才终于到达了顶点，这给英国带来了一些新的政治和战略难题，而且它们与之前的英荷战争以及随后的"英国治下的和平"时期的战争截然不同。在考察每场战争的模式或以此为基础出现的各种变化之前，我们也有必要对英国在17世纪晚期至18世纪中叶的政治发展和经济发展进行一下回顾，因为英国日益增强的海上力量正是以这些发展为基础的。

最明显的趋势是，在1710年至1730年，英格兰（甚至可能包括爱尔兰和苏格兰）的主要权力基础实现了"政治稳定"。普拉姆教授很好地描述了这种变化：

> 在17世纪，人们因为政治信仰不同而互相残杀、折磨和处决。他们洗劫城镇，践踏农村。人人都遭受了阴谋诡计和入侵的威胁。这种不稳定的政治世界常态一直持续到1715年，然后开始迅速消失。相比之下，18世纪英国的政治结构具有坚定不移的能量和巨大的惯性。[1]

沿着新教徒和议会确定的路线，英国王位继承问题得到了解决，而斯图亚特王朝打破这一局面的努力也被挫败了；政治权力主要向贵族组成的辉格党内阁倾斜，该内阁放弃了激进主义思想，现在正致力于维持社会和经济稳定。商业利益在各地方议会中得到充分体现，不仅因为成功的商人进入了贵族阶层，大地主也分享了贸易利润，还因为整个国家的政客都认识到，促进繁荣等同于增加国家的权力和威望。最后，随着政府机构数量的增加和管理范围的扩大，行政部门通常能够控制立法机构，并从立法机构处获得斯图亚特王朝君主无法获得的资金。这一切并不是说，1715年以后分歧就消失了，因为托利党和辉格党之间的竞争，甚至辉格党内部的竞争都很激烈；但这些只是为了控制同一个权力机构以及相应的任命权而进行的斗争，主要是一种政治手段而非政治目的。"那些在经济、社会和政治事务中掌握权力的人仍然拥有一种共同的认同感"[2]，所有人都同意有必要维护和加强英国在世界上的地位。像沃尔波尔（Walpole）这样的政治家可能不喜欢激进的政策，并努力维持国家和平，但他的财政和关税措施能让我们更好地了解他对英国发展的总体态度。正如西利所指出的那样，这个国家既可以是商业的，也可以是好战的，而不会影响其基本的扩张模式。

同样重要的是英国经济的持续增长。值得强调的是，这一时期农业技术和生产力出现巨大进步，再加上气候条件的改善，使得英国的大部分财富都来自土地，而布匹出口仍然在其对外贸易中占据主导地位。更值得注意的，也许是金融机构的创立和发展——如英格兰银行和证券交易所，以及国债的发行，这不仅将财政部和金融家更紧密地联系在一起，而且为海外投资和战争昂贵的军费提供了资金，这些战争足以让早先的英国政府破产。无论是"南海泡沫"（South Sea Bubble）带来的惨重损失，还是战争的爆发，尽管都产生了不利影响，但都无法破坏当时英国已经建立起来的极其强大的信用体系。英国工业界同样显示出创新和增长的迹象（特别是在钢铁业、仪器制造、棉业和酿酒方面），哪怕原本可以使其受益的资本正在转向海外市场和殖民活动。此外，通航河流（后来发展为运河系统）和收费公路系统的扩展促进了英国国内贸易的稳步发展。[3]

然而，如果说所有这些因素都间接地促进了英国海上力量的发展，因为它们夯实了英国海上力量赖以建立的政治和经济基础，那么，更直接地促进英国海上力量壮大的是对外贸易和海外扩张。在这两个方面，英国也取得了稳定的进展。1689年至1713年间几乎持续不断的战争状态,加上战后经济繁荣的结束,使得直到18世纪中叶,英国对外贸易的规模都没有真正扩大——但令人惊奇的是,这些事件并没有导致英国经济真正衰退。英国强大的金融实力完全可以承受战争的压力,其航运业可以在被私掠船不断掠夺的情况下继续发展,贸易商可以突破敌人的封锁,找到替代市场,而某些特定工业门类(如铸铁和造船业)则受到武器订单的刺激。1748年后,英国商业再次以更快的速度扩张,而且没有任何放缓的迹象。下列总体统计数据虽然掩盖了短期波动,但对这种增长进行了很好的概括[4]:

	进口	出口	航运量
1700年	600万英镑	650万英镑	32.3万吨(1702年)
1750年	780万英镑	1 270万英镑	42.1万吨(1751年)
1763年	1 120万英镑	1 470万英镑	49.6万吨

更详细的统计数据显示,这种总体格局中正在发生重大变化:英国与欧洲各地的贸易增长缓慢,在某些地区甚至还有所下降,但殖民地商业的持续扩张,特别是在西半球,弥补了这一点。美洲(包括西印度群岛)现在是200万人口的巨大市场,在1700年到1763年间,这些地区的出口额和进口额分别增长了四倍和五倍;英国对印度的贸易额也大幅增长,尽管增长速度没有美洲那么快。这种贸易带来的好处证明了殖民贸易——烟草、糖、丝绸、香料贸易和令人厌恶的奴隶贸易——通常是最有利可图的,其商品绝大部分被重新出口,显著增加了英国的黄金储备,并巩固了其中间商的地位,还顺便(尽管并不是无意的)打击了荷兰人。商业本身受到

《航海条例》的保护，并为英国的工商人士提供了垄断地位；与此同时，它还刺激了航运业、造船业等相关行业的发展，因为长途海上航行需要最强大、最昂贵的船只。像布里斯托尔和利物浦等港口的繁荣就依赖于这种糖和奴隶的新兴贸易。这也不可避免地产生了政治和战略上的后果：英国越是把精力投入殖民贸易，这个国家的精英阶层就越发关注海外领地和强大的海军。

历史学家尚未搞清楚的是，从17世纪末至18世纪，英国频繁卷入的战争在多大程度上迟滞或者加速了工商业领域的这些发展。正如英荷战争的情况所显示的，战争对各行各业的影响并不相同，每次战役本身的影响也各不相同。例如，我们很容易就能找到黎凡特贸易商抱怨的证据；很容易观察到"九年战争"中英国航运业的巨大损失——一共损失了4000艘商船；很容易注意到英国连年征战的巨大消耗——1702年，其发行的国债仅有1280万英镑，到1763年已经增至1.321亿英镑。不过，这些消耗的资金大部分都流入了私人承包商和工业企业家的腰包，从而对这些经济领域产生了刺激。到1714年，由于皇家海军进行了大幅扩充，与建造战舰相关的工业所雇用的工人比其他任何行业都要多，因此，造船企业家、倒卖波罗的海木材的商人、航运业主、造船厂承包商以及很多其他商人团体都从国家提供的资金中获益。[5]毫无疑问，战争对英国国民经济产生了重大影响，在那个军费占政府开支一半以上的时代，战争的到来显然产生了巨大的影响，可以说加速了工业化的进程。在战争中，贸易总是会受到干扰，商船所遭受的损失也十分严重，这一点毋庸置疑。不过，一旦恢复和平，贸易额总是能迅速恢复，而且大部分商船也没有被敌人击沉，它们只是被后者俘获，还可以赎回来。反过来说，英国自己也通过俘获敌人的商船，以及抢夺商船上的物资获得了巨额利润。例如，英国人在1745年抢到了大量白银，以至于需要用票据而非白银本身来偿付。在战争中，英国的经济**实力**淋漓尽致地展现出来。英国不但没有被这些战争拖垮，还比其他欧洲列强更好地适应了战争。其对外贸易尽管在战争中屡次遭到打击，但从未被彻底切断。事实上，英国在1713年的进出口总额与1701年基本相当，相比于第一次世界大战（1914—1918年）和第二次世界大战（1939—1945年）战前和战后的进出口总额差距，这一点着实令人称奇。英国商人们总说，如果西班牙王位继承战争没有爆发，那么贸易额会更高，这一点或许没错。不过，在对贸易额的**绝对**增长进行考量时，我们必须先考虑**相对**发展（这一点或许更加重要）。也就是说，我们在评估1715年或者1763年英国的发展状况时，不应该先假定"如果战争没有爆发会如何如何"，而是要将英国与其主要对手——包括法国、西班牙和荷兰——相比，比较其经济实力、海军实力和海外殖民地开发程度。只有这样，我们才能对英国海上力量在这一阶段的逐步发展有一个清晰的认识。[6]

克伦威尔统治时期以及斯图亚特王朝统治后期这种工商业界、对外贸易、殖民扩张和海上力量等因素共同依存、互为支撑的情况在接下来的几十年中也可见到，最为具体的表现就是通过军事胜利不断开疆拓土。依据1713年各方签订的《乌得勒支和约》，英国赢得了直布罗陀、梅诺卡岛、哈得孙湾、纽芬兰和新斯科舍半岛等领土。尽管1748年的《亚琛和约》只是维持了当时的局面，但是在"七年战争"（我们将在下一章中讨论）之后，英国又获得大丰收，夺取了加拿大、布雷顿角岛、佛罗里达、圣文森特岛、多巴哥岛、多米尼克和格林纳达，并且实际控制了印度的政治。不过，以当时的情势来看，英国扩张的脚步并不会停止。由于在上述战争中取得了胜利，以及占领了更多领土，英国的海军实力相对而言越来越强，海外世界也越发容易被英国影响与控制。威尔逊教授注意到："这一时期英国的经济政策和战略并不乏愚蠢、贪婪、笨拙和鼠目寸光之处，但英国还是取得了一个巨大优势——赢得了海上主导权，从而能够更加有效地控制海洋。"[7]在16世纪，已经有人意识到英国将从哥伦布的海上革命中获得巨大的收益；但直到18世纪，人们才清楚地看到，英国已在充分利用早先的航海大发现时代带来的潜在机遇。

把英国的主要敌人法国的强大实力也纳入考量范围后，英国取得的成就便更加突出了。在三次对荷兰的战争中，除了商业领域有所不及之外，英国人在其他领域均占据优势；但现在，面对法国，英国的优势就几乎荡然无存了。法国自然资源丰富，人口众多——当时其总人口是全英国的三倍多。当时法国政府采取中央集权制度，由法王独裁统治，但建立了精妙的官僚体系，决心利用自己强大的国力和丰富的资源赢得战争，这也是法国的唯一目标。仅从自然地理方面来说，与法国开战就给英国政治家和将军们带来了很多难题。英国无法像对付荷兰那样轻易地切断法国的海外贸易，持续封锁法国海岸线会带来巨大的物质压力和后勤压力。无论在什么情况下，法国人对封锁导致的经济压力的抵抗力都要强得多，因为他们不那么依赖海外贸易。相反，法国的布雷斯特、敦刻尔克、圣马洛以及大西洋和地中海沿岸的其他港口，为成群结队的商业私掠船提供了理想的避风港。因此，英国和法国在"光荣革命"后分别扮演的战略角色，与英荷战争中荷兰和英国分别扮演的角色相似：都是前者不得不保护其庞大的海外贸易，以免受恰好位于其主要航运路线附近的欧洲大国的打击。因此，就像特龙普和德·鲁伊特那样，皇家海军比以往任何时候都更加需要主动寻找并摧毁敌人的海军力量——然而，一个显而易见的事实仍然是，法国人可以支配海战的进程，因为决定在海上进行多大规模的战斗，以及在哪些海域进行战斗的是巴黎，而不是伦敦。

对英国来说，法国之所以是比荷兰更强大的对手，不仅是因为法国的地理位置和无惧封锁的特性，还因为它的军事实力以及君主和政治家的野心。与荷兰人不同，法国人一旦获得"狭海"的控制权，就会对英国本土构成真正的威胁。此外，法国的政策威胁到了欧洲的权力平衡。法国坚持不懈地努力确保自己在伊比利亚半岛的影响力，这不仅会使战略平衡进一步向不利于皇家海军的方向倾斜，并且在事实上切断了英国的地中海贸易路线，还有可能导致法国接管西班牙甚至葡萄牙的殖民地市场。换句话说，英法战争不仅将在海洋和商业方面产生影响，也将影响欧洲大陆的政治和军事局势。因此，英法战争更像16世纪英国反对西班牙的战争，而非其他战争。

正是由于英法战争与英国反对西班牙腓力二世的战争的相似之处，1689年后，英国国内重新出现了曾使伊丽莎白时代的政局陷入分裂，只是因为英荷战争的特殊性才被暂时掩盖的核心战略争端：英国在欧洲的战争中是应该高度参与大陆上的军事行动以支持盟国，还是应该采取"海上"或者说"蓝水"战略，通过殖民征服、商业压力和海上胜利来应对。到17世纪末期，人们普遍持有后一种观点，尤其是托利党。殖民地贸易和航运业的惊人增长自然而然为他们的论点提供了论据（尽管其拥护者顽固地忽视了英国与欧洲的贸易价值远高于与欧洲以外世界的贸易）。在这一时期的每一场战争中，这种策略都有新的支持者，斯威夫特（Swift）的小册子《盟国的行动方式》(The Conduct of the Allies，1711年)中就包含着这样的论点，后来马萨诸塞的总督实际上也重复了这一论调，1745年他恳求英国政府占领路易斯堡和圣劳伦斯的渔场时说，"所有这些相当于一场对法战争的费用，因此不管在欧洲将会产生怎样的影响，英国都应该立即行动"。[8]反对这种孤立主义传统的不仅有威廉三世——他自然会想方设法保护自己的荷兰领地——还有众多辉格党政治家，他们担心法国统治欧洲大陆的后果。正如纽卡斯尔公爵在1742年所说的那样：

> 当法国人在陆地上无所畏惧时，他们也将在海上胜过我们。我一直认为，我们的海军应该保护我们在大陆上的盟友，这样，通过消耗法国的开支，我们就能保持我们在海上的优势。[9]

在他之前的伊丽莎白，和在他之后的爱德华·格雷爵士，都会认同这种说法。但是，人们往往难以注意到欧洲政策和海军政策之间的相互联系，也难以注意到陆军和海军可以联合作战，而不是分散行动。通常情况下，上述两种观点的支持者都会对对手的论点嗤之以鼻，而这不利于制定和谐、平衡的政策。幸运的是，其他列强也犯了类似的错误，而且它们不像英国一样拥有特殊的地理位置以保护它们免遭其不利影响。

在对抗法国的第一场战争，即奥格斯堡同盟战争（"九年战争"）中，人们不可避免地要把注意力集中在欧洲大陆上。这场战争实际上始于1688年，当时路易十四派兵进入莱茵兰，这引起了欧洲其他大部分国家的反对，并促使威廉三世做出了前往英格兰的决定。"君权神授"思想遭到的打击,以及英荷两大海上强国在威廉三世统治下实现统一的威胁,迫使法国君主支持詹姆士二世在爱尔兰的冒险,从而将英国卷入战争,并迫使其同时投入海军和陆军力量。尽管早期将自己的注意力集中在不列颠群岛的安全上,但威廉三世和辉格党还是很快派出了一支庞大的远征军——1693年时兵力超过17 000人,后来还有更多人——参与了低地国家的战斗,并向丹麦和德意志盟友提供了援助,以弥补荷兰援助的不足。事实上,到战争后期,英国议会每年都要拨款维持一支8万人的陆军部队,英国业已成为反法同盟的中流砥柱。由于将领的平庸,以及作战区域的性质,英军更愿意防御而不是进攻,最终陆上战役陷入僵局,双方都逐渐精疲力竭。但是,在谈到这场战争的海上行动之前,我们也应该记住,正是法国人在欧洲大陆上旷日持久地流血,才迫使路易十四在1697年选择媾和。[10]

海战的总体进程与陆战惊人地相似:战争初期,法国取得决定性胜利的企图被挫败,随后双方都进行了各种尝试来打破战略僵局,但战争的最后阶段没有决定性的结果,可谓虎头蛇尾。1689年,法国之所以能够在海上迅速出击,部分原因在于它已经处于战争状态,因此,它的中央集权管理体制可以比英国海军部更快地运作,后者在十多年的日子里承平已久。另一部分原因则要归于柯尔培尔在建立法国海上力量方面非凡的能力。从战舰数量上看,英荷联合海军舰队是法军舰队的两倍。但实际上,他们受到人员短缺和后勤薄弱的影响,有许多战舰需要修理,并且不可避免地受制于协调双方舰队行动的难题,而法国人则享有较高的初始效率和优越的单一指挥结构。从长远来看,英国和荷兰拥有更多的资源,特别是在波罗的海海军物资补给方面,这可能会使海上的平衡向有利于它们的方向倾斜，但取决于它们能否成功地阻挡法军的进攻。

得益于早期法国海军的优势，詹姆士二世得以在1689年3月登陆爱尔兰，并发动该国群众反对新教国王继承王位，而皇家海军则试图切断詹姆士党人通往法国的补给线，结果却只导致双方在班特里湾（Bantry Bay）爆发了一场势均力敌的海战。此外，不列颠群岛受到的威胁迫使威廉三世将他的军队分派到爱尔兰和荷兰，并在接下来的两年里将大部分时间和精力花在本土防御上，而不是大陆事务上——这是一个有用的例子，可以说明一支有冒险精神的军队如何通过袭击敌人侧翼来转移其对主战场的注意力。然而，对路易十四来说不幸的是，詹姆士二世的军队并没有多少冒险精神。至少，它没有成功地削弱新教徒在伦敦德里（Londonderry）和恩尼斯基林（Enniskillen）等地建立的据点。法国海军也是如此，其部署在英吉利海峡水域的舰队尽管在兵力上仍占有优势，但积极性不足，既没有主动搜寻英军舰队，也未能阻止于1690年到达阿尔斯特的2.7万人的英国陆军，后者彻底平定了詹姆士党人的叛乱。[11]另一方面，图维尔（Tourville）率领的一支由75艘战舰组成的法军舰队在比奇角（Beachy Head）外海附近遭到英军海峡舰队的攻击，这支舰队的规模只有图维尔的一半，由并不怎么情愿参战的托林顿（Torrington）指挥。托林顿本人不想卷入这样一场战斗，但女王和国务委员会催促他主动出击，他只好与法军舰队交战，结果荷兰和英国损失了15艘战舰，对反法同盟海军的希望造成了沉重打击。然而，再一次，法国人未能利用他们的优势。在1690年底至1691年之间，英荷舰队重新在英吉利海峡部署了极为强大的舰队，以至于图维尔认定谨慎行事是更好的选择。

次年，1692年，是海上战争最关键的一年，因为路易十四决定冒险出其不意地入侵英格兰本土，他认为自己的陆军和海军能够早于敌人做好夏季作战的准备，从而决定派遣一支2.4万人的部队入侵英格兰。但他注定要再次失望，因为英荷反法同盟得知他的计划后，派出一支更强大的舰队前去迎战图维尔的舰队。该舰队在巴夫勒尔（Barfleur）和拉乌格（La Hougue）附近海域利用巧妙的战术击败了法军，共摧毁了15艘法军战舰及许多搭载入侵部队的运输船。由于法国在低地国家、莱茵兰和意大利的陆上战役中耗尽了资源，而且法国又没有像海洋国家那样强大的商业和航运实力来维持和扩大现有舰队规模，柯尔培尔缔造的法国海军的效能正在不断下降，在图维尔舰队战败后，法国海军舰队唯一值得注意的行动是1693年对士麦那商船队的成功袭击。对于英国皇家海军来说，战争的第一个阶段——防御阶段已经结束。

此时，英国战略家面临的问题与1914年至1918年的"一战"时期非常相似，即如何给予敌人决定性的打击，迫使其在不进行大规模海战的情况下签订和约。对威廉三世和他的荷兰顾问们来说，答案很明确：加大对法国北部边界的压力。然而，尽管议会继续拨款以支持英国对其欧洲大陆盟友的承诺，低地国家的军事僵局却没有取得突破。许多人抱怨说，现在规模大大增加的皇家海军正在耗尽国家的资源，却没有取得真正的效果。对于"蓝水"海军的倡导者来说，这些事实令人深感不安。海军至上主义者的回答又使人想起1914年至1918年的情形，那就是保持他们的战斗舰队随时待命，以防法国海军布雷斯特分舰队出击，同时设法遏制法国的海外贸易。事实上，在战争一开始，威廉三世就鼓励英国和荷兰海军联合起来攻击法国的商业，这一政策迎合了重商主义人士的情绪，并得到了伦敦的热烈欢迎。为了对法国施加更大的经济压力，英国和荷兰还鼓励中立国放弃与法国的贸易，因为正是法国的野心引发了战争，危及了欧洲的稳定。不消说，中立国（尤其是瑞典和丹麦）不愿意接受这样的邀请，因为这会使其腰包变瘪，还得提交冗长的外交函件。出于上面已经提到的原因，反法同盟的封锁也会陷入失败——实际上，根本无法封锁所有前往法国的海上通道，何况法国对于海外贸易的依赖并不严重。最后，某些英国商人和更多荷兰商人对与敌人进行贸易毫无顾忌。毫无疑问，威廉三世想了一切办法来对路易十四施加压力，但当时的条件不适合从海上发动进攻，陆战和外交手段可能更有效。结果，"反法贸易战"在英国战略中所占的地位就不那么重要了，在随后的1702年至1713年的战争中，英国甚至没有尝试协调反法同盟的海军和私掠船来打击法国海上贸易。[12]

然而，如果说这些针对法国航运的作战都是无效的，我们却不能说"九年战争"时期法国对英荷贸易的打击也是如此。路易十四放弃了战斗舰队的战略，这表明法国人将在打击英荷商业方面投入更大的努力，法国人从战争伊始就沉溺于这种战略，正如上文提到的，他们拥有许多优势：有利的地理位置，目标众多，省力（大部分私掠船都归私人所有或由私人资助，从而为路易十四节省了国库开支），还有一些出类拔萃的水手，尤其是让·巴特（Jean Bart）。通过袭击单个船只，或利用"狼群"战术攻击英荷商船队，甚至（像攻击士麦那商船队那样）派出图维尔的主力舰队，法国人对反法同盟的贸易进行了连续不断且极具破坏性的攻击。[13]

自从马汉以来，大多数海军理论家都认为，商业破交战战略永远不会起决定性作用，实际上是对一个国家海军力量的浪费，这对他们来说是一条基本原则。因此，法国的这次私掠战值得用多些篇

英国海上霸权的兴衰

幅探讨。路易十四决定鼓励这种战术,除了因为他个人明显希望在不危及己方战斗舰队安全的情况下与英荷联盟争夺海上主导权外,当然也绝非源于一个轻率的、考虑不周的动机。双方在整个西欧陷入了一场旷日持久的战斗,谁坚持得最久,谁就会取得胜利。法国可以依靠其丰富的内部资源,而反观英国和荷兰,两国即使不是完全依赖于自己对外贸易的利润,也在很大程度上是如此。如果这种贸易被切断,法国的这两个对手很快就会求和。正如伟大的军事专家沃邦(Vauban)在1695年倡导发动一场对反法同盟而言"既困难而又麻烦"的海战时所指出的那样:

> 布雷斯特港口所处的位置,就好像上帝已经为破坏这两个国家的商业而安排好了一样。最高明的策略,是用一种巧妙而广泛的战争形式[即"破交战"]来动摇反法同盟的根基。[14]

这一论点与1917年德国军方领导人支持无限制潜艇战的论点类似,而且,因为这时不可能有像美国那样强大的第三方介入,所以它就有更大的可行性。但真正的考验在于法国私掠战争的成果。令人震惊的是,总共有超过4 000艘商船被法军捕获或被英荷赎回,主要是在1693年之后。法军对士麦那商船队的袭击给英国黎凡特公司带来了沉重打击,地中海贸易在整个战争期间都受到了影响。到1697年,英国和荷兰商人已经渴望恢复和平。不过,当时路易十四自己也急于妥协,因为法国无力维持昂贵的陆上战争。因此,可以说这场战争证明了英国的经济(以及社会和政治)实力,尽管损失惨重,但它仍能坚持下去;不过与此同时,这场战争也表明,在某些情况下,"以破交战赢得最后胜利"的战略是不容轻视的。

甚至连马汉也承认,"没有任何时期的反商业战争比这一时期规模更大,效果更好。就在法国大舰队消失的时候,其海上行动却是最广泛和最具破坏性的……显然,这种情况与海上作战必须基于强大的舰队或邻近海港的观点相悖"。[15]

如果说英国皇家海军在对法国施加经济压力和保护英国航运方面徒劳无功,那么皇家海军在其他海上作战领域也几乎没有取得什么建树,因此无法弥补这些失败。当时,许多作者撰写小册子强调有必要大力进攻法国的海外领土,这不仅是对于海权的正确使用,而且还会带来可观的经济利益。然而,这场战争中为数不多的几次在殖民地展开的作战行动,其结果是令人失望的,主要原因是英国在北美和西印度群岛几乎完全缺乏战争准备和有效组织,这些地区的战事恶化为一位学者所称的"中世纪的跨境侵略过程"。[16]除非更仔细地为此类远征行动做好安排,否则英国人也难以从中获得经济上或战略上的收益。在后来被人们称为"联合作战"的领域,英军和荷军共同进行的为数不多的几次冒险行动也是如此。1691—1692年,由于敌人成功入侵科克(Cork)和金塞尔(Kinsale),反法同盟试图夺取布雷斯特,但法国入侵英格兰的计划被曝光后,他们就放弃了这一计划。1694年,两国打算将这一计划重新付诸实施,但保密不够、力量不足,而且在卡马雷湾(Camaret Bay)登陆的部队也被法军轻而易举地击溃。这也创造了一个令人沮丧的先例,使得反法同盟在这个方向上没有做进一步的努力,此后,当陆军集中精力展开陆上战役时,反法同盟海军则选择维持对法国私掠船港口的控制,但收效甚微。事实上,只有在地中海,反法同盟海上力量的策略才取得了成功。1694年,皇家海军指挥官拉塞尔(Russell)率领分舰队抵达地中海,实现了保护黎凡特贸易，隔绝法国布雷斯特和土伦分舰队，还有防止法国进攻巴塞罗那这三大目标。这次行动十分成功，以至于威廉三世干脆命令舰队在加的斯过冬，以维持对这片海域的控制。但在1696年，随着法国人再次企图入侵英国本土的谣言四起，上述舰队被召回英吉利海峡，英国在地中海的部队逐渐消失了。1697年9月，各方签订《里斯威克和约》（Treaty of Ryswick），战争宣告结束，实际上就是恢复了战前的状态，因为陆上与海上战事同样陷入了僵局。

由于1697年的和约并没有给英格兰带来全面的收益，因此英国国内百姓很容易就对托利党的批评意见表示赞同，认为这场战争是劳民伤财和令人失望的。然而，从战略角度上看，这场战争也带来了许多好处。1688年"光荣革命"的成果得到了保持。爱尔兰已经安全了。路易十四在欧洲大陆的野心被遏制了，法国陷入了疲惫不堪的境地。为了适应现代战争的需要，英国陆军已经重建并重新装备。最后，尽管皇家海军没有达到预期目标，但1692年后，它重新获得了海上战略控制权，扩大了规模，获得了许多有用的海战经验，这是自英荷战争以来皇家海军所欠缺的。到1697年，皇家海军舰队的规模已经扩展到323艘战舰，总吨位超过16万吨，这是英国生产力的一大体现。显然，法国私掠战略的成功使护航系统的重要性变得更加明显了，保护商船的优先级得到提升。有人认为，对敌人主要舰队基地进行持续封锁的策略正是在这场战争中形成的。[17] 英国人已经意识到在地中海建立一支强大的海军力量以对抗法国的必要性。当下一场英法战争爆发时，这一切都证明了自己的巨大价值。[18]

如果说1697年至1702年的和平时期给了英国商人一个良机，让他们恢复到更正常的贸易状态，那么它也给了法国休养生息的时间，而且，1700年，随着无嗣的西班牙国王去世，路易十四也有了机会扩大他在欧洲和海外的影响力，他想方设法让孙子来继承西班牙这笔庞大的遗产。没有什么比路易十四在18世纪最初两年采取的一系列行动更能团结英国政坛中的各个派别了——辉格党和托利党、"大陆主义者"和"孤立主义者"——英国政府自己团结各派别的努力所产生的效果与前者相比可以说微不足道。当时英国正处于经济"繁荣"时期，武装力量被削减到极低水平，而威廉三世在英国人眼中仍不受欢迎，如果法王不怎么挑衅的话，威廉三世要说服下议院参战是很困难的。但路易十四仍然顽固地坚持认为"君权神授"允许法国和西班牙在未来合并，并承认詹姆士三世为英格兰国王，这让所有希望由新教徒继承英格兰王位的人感到震惊。法国军队进入西属尼德兰的行动不仅吓坏了荷兰人，也吓坏了许多英国人。西欧和地中海大部分地区都将受到凡尔赛宫掌控的前景，意味着大陆的平衡已经被打破，英格兰自身的安全也受到了威胁。波旁王朝对西西里岛、那不勒斯和大部分拉丁美洲地区（尤其是西印度群岛）的控制，严重威胁了英国的海外贸易通道，这刺痛了英国人的另一根神经。[19]这种经济挑战引发了对权力平衡政治不感兴趣的商业团体的关注，笛福（Defoe）等宣传家的论点加剧了他们的担忧：

> 没有贸易的英国算什么？没有殖民地种植园贸易，没有与土耳其和西班牙的贸易，当法国人驻军在古巴，当法国舰队把哈瓦那生产的金银器具带回家时，我们又将置身何地？当法国人拥有从魁北克一直延伸至墨西哥的自由贸易路线时，弗吉尼亚殖民地还值多少钱？在战争时期，当奥斯坦德和纽波特港就

像敦刻尔克和圣马洛一样到处都是海盗,我们与北方的贸易又有什么价值呢?[20]

的确,如果路易十四得逞,英国会发生什么呢?这足以令最爱好和平的英国商人都渴望强行摧毁法国国王的宏伟计划。

接下来的西班牙王位继承战争在许多方面与"九年战争"相似,只不过这次战争持续的时间足够长,使法国耗尽了力量,并使得大不列颠——1707年,英格兰和苏格兰通过《合并法》(Act of Union)成了"大不列颠王国"——在与路易十四将近25年的斗争中最终获益。一开始,双方的焦点还是放在陆地战役上,只是与威廉三世统治时期大不相同的是,现在反法同盟军队终于拥有了像马尔伯勒和欧根亲王这样的卓越将领。另外,就在战争爆发前夕,威廉三世已由安妮女王接替。因此,布伦海姆(Blenheim)、拉米伊(Ramillies)、奥德纳德(Oudenarde)等战役的胜利[马尔普拉凯(Malplaquet)战役则不在此列],不仅表明英国拥有一支算是当时欧洲最好的军队和最顶尖的战略指挥官,而且还表明它已经准备好利用这种军事力量来阻止法国称霸。另一方面,虽然法国在战争结束时已经破产,而且要不是反法同盟提出的和平条件过于苛刻,路易十四可能早在几年前就已经跟盟国讲和了,但他的国家并没有遭受践踏。1710年之后,托利党在英国议会选举中的胜利,以及波旁王朝在西班牙赢得的军事胜利为法国赢得了喘息之机。换句话说,签订《乌得勒支和约》后的法国在某些方面与1918年的德国类似,但绝不像1945年时的德国。这意味着欧洲的平衡并没有向反法同盟一方过度倾斜。[21]当然,对英国政府而言,这一切都是好事,因为它确保了欧洲大陆的平衡,同时,它又像1918年一样,为英国在欧洲以外的世界赢得了广泛收益。事实上，托利党政府与法国的和解，违背了辉格党对于欧洲大陆盟友的承诺，成了"英国背信弃义"的第一个先例。但英国新政府一直认为，英国在战争中承担了太多的责任，因此"背信弃义的阿尔比恩"（perfidious Albion）在其眼里很难算是有力的反驳。

如果说在打败法国的过程中，海上战争比陆上战争次要的话——每年给陆军的巨额拨款以及向欧陆盟国提供的援助，让我们很难怀疑这种观点——那么法国战斗舰队在实战中的缺席就加剧了这种趋势。私掠船可能是再次活跃起来了，但海上的整体战略控制权牢牢地掌握在英国人手中：英国人正在收获"九年战争"的胜利果实，即在削弱对手海军的同时促进了皇家海军的发展。然而，这种海上优势，类似于1694年之后发生的情况，又引出了一个老问题，即英国的海上力量如何在击败一个不寻求海军霸权也不依赖海外贸易的敌人的过程中发挥决定性作用。上次海上战争的主要特点——联合作战、争夺殖民地、保护盟国的商业以及在地中海部署海军力量等——毫不奇怪地再次出现，而且只在最后一点上有明显的进步。

当陆军在欧洲大陆赢得辉煌胜利时，伦敦当然不太可能认真考虑对法国实施陆海军联合作战，而且英国陆海两军都缺乏相应的装备和专长来对敌人的海岸线进行战略上的侧翼攻击。只有托利党的诺丁汉主张以这种形式作战，但英国人实施的屈指可数的几次行动——1708年在英吉利海峡，不久之后在夏朗德河河口——对法国的经济和军事部署都没有产生任何影响。我们很快就会看到，在地中海，情况就不同了。在地中海，建立海上封锁来切断法国的海外交通线的尝试同样是无效的，这不仅是由于已经概述的原因，而且还因为要想做到这一点需要监视整条西班牙海岸线。此外，荷兰人还是像往常一样坚持与敌人进行贸易，因为他们（正确地）怀疑英国想要扼杀法国对外贸易的一个原因是它自己的商人没有在其中分一杯羹。

但是，如果说切断法国航运的努力在总体上说是徒劳的，那么在敌人某些脆弱的特定地区进行决定性的打击可能会取得更大的效果？很快就出现了这样的机会。1709年，法国经历了一个可怕的严冬，饥荒随之而来，这促使英国政府下令扣押所有开往法国港口的粮食运输船，以"尽可能地折磨敌人"。这引发了皇家海军到此时为止最密集的封锁行动，但法国仍然坚持到了第二年，并迎来了好收成。英国对于切断西班牙海上航线的计划更为乐观，当时西班牙船队正从拉丁美洲运送大量金条，以支撑波旁王朝的战争努力，从1701年开始，法国海军一直负责护送西班牙运金船队抵达加的斯。就像之前的德雷克和霍金斯一样，安妮女王领导下的海权派认为，这种制度化的掠夺行动将更有利可图，不那么费力，而且比在低地国家采取的军事行动更有效。事实上，英军的私掠战略有两次取得了重大成功。1702年，鲁克（Rooke）率领的英国皇家海军远征舰队，虽然在攻占加的斯的战斗中铩羽而归，但在返航途中突入维戈港（Vigo Harbour），并取得了胜利。在维戈港，英国人摧毁了西班牙船队，并击沉了15艘法国战舰。1708年，由英国皇家海军准将韦杰（Commodore Wager）率领的一支小舰队在西印度群岛袭击了一支西班牙运金船队，击沉或掠夺了价值1 400万或1 500万英镑的财宝。然而，尽管桑德兰（Sunderland）希望这"将被证明是对法国人的致命打击，因为我相信这是他们赖以维持战争的最后一笔资金"，这些行动却并没有动摇路易十四的决心。[22]一个月后，另一支西班牙珍宝船队安全地穿越了大西洋，而且，法国本来就没有像斯威夫特及托利党的宣传者们想象的那样严重依赖这些财源：相比于法国国内金额更大的类似租税和盐税的财政收入来说，美洲黄金只能算是一笔小钱。英国人认为他们找到了一个简单易行的方法，足以令法国这样强大的对手屈膝投降，然而，事实证明，这种伎俩只能略微分散法国对于主要战场的注意力。

殖民战争同样可以被归类为"余兴表演"。尽管殖民战争的支持者声称，如果将用于支持马尔伯勒大陆军的资源的四分之一分配到美洲尤其是西印度群岛的战斗中，战况就会截然不同，但这种说法非常值得怀疑。事实上，除了纯粹的海战、相互的商业破交战和护航战之外，唯一值得注意的事件是1710年英军占领新斯科舍的皇家港（Port Royal）——殖民地军队在其中发挥了主要作用。但与此相反的是第二年，英军攻占魁北克的尝试失败了。在西印度群岛，岛屿之间袭击不断，但纯粹是地方性的，对战争没有什么真正的意义。直到随后的英法战争中，英国殖民地的重要性才慢慢显现了出来。

与以往一样，保护己方船只不受破交战的威胁仍然是英国皇家海军最艰巨的任务。战争刚一爆发，法国的私掠船就显示出丝毫未减的进取心和侵略性。此外，由于无意与英军进行全面的舰队决战，法国国王的大批战舰也可以用于攻击反法同盟的商船。这些快船往往以4艘到6艘为一组，足以逃避英军舰队的侦察，但又强大到足以胜过为每支商船队提供护航的少数舰艇。而一旦英国护航舰艇卷入战斗，法国总会有足够多的私掠船趁机进攻商船。在杜圭（Du Guay）、福宾（Forbin）和圣-波尔（Saint-Pol）这样勇敢无畏而又成熟老练的指挥官的率领下,法军取得了一场又一场辉煌胜利。敦刻尔克的私掠船一马当先,将俘获的959艘敌方商船带进了港口,到1708年,英国海军部甚至考虑通过部署堵塞船(blockships)的方式来彻底封闭这个港口,直到认识到这一计划的不切实际后方才作罢。

随着法军的破交战大显身手,伦敦商人对缺乏海军有效护航的现状予以强烈谴责,迫使议会于1707年组织了一次调查,并在次年通过了《巡洋舰和护航法案》(Cruisers and Convoys Act),分配了一定数量的军舰来保护贸易。英国商船队得到了更好的保护,皇家海军在英国主要港口附近和西部通道(Western Approaches)附近都驻扎了巡洋舰,以掩护更重要的航运路线。情况逐渐好转:1710年,共有3 550艘商船驶离英国港口;1712年,4 267艘;1713年,即缔结和约的同一年,达到了5 807艘。然而,不列颠群岛周围更严格的防御措施促使法国私掠船把目光投向更远的地方,在战争后期,英国殖民地的航运不断受到骚扰。此外,可以预见的是,在英法停战(1712年秋)之后,即使护航体系没有经过任何改进,贸易额也必然会增加,因此,英国海军历史学家可能高估了护航体系的影响。战争中,英国总共损失了3 250艘商船(其中约三分之一来自伦敦)。这一数字很可能相当准确,法国人再次显示了这种形式的攻击所能造成的巨大破坏。[23]这场战争还表明,在英国航运业如此扩张的情况下,皇家海军所面临的保护贸易的问题是多么艰巨。显然,皇家海军永远不会有足够多的巡洋舰为所有商船护航,甚至在20世纪(至少直到1930年)的限制军备谈判中,英国也坚决拒绝接受任何关于巡洋舰的限制条款。一个庞大的海洋帝国既带来了好处,也带来了问题。

在西班牙王位继承战争期间，英国最成功的海上力量运用是在地中海。[24]这也是对威廉三世战略的重复，但在马尔伯勒手中，它被赋予了更高的优先级。因为，尽管在安妮女王统治下，欧洲大陆上的斗争仍然是英国利益的中心，但马尔伯勒比托利党的诸多"海洋"派成员都更清楚地认识到了英国统治这片海域将带来的好处。统治地中海可以保护黎凡特的贸易，向萨伏依提供援助，使得后者可以在西班牙采取军事行动，届时，法国军队将不得不从北方分兵以保护南部海岸线。简而言之，地中海舰队是马尔伯勒用来对付法国的战略"铁钳"的另一侧钳头。

在很大程度上，这一策略是成功的。1702年，皇家海军在维戈港摧毁西班牙船队的行动只是部分弥补了突袭加的斯远征行动的失败，不过，两年后，英国人占领了直布罗陀。当时，直布罗陀作为一个港口还远不发达，但防御能力要强得多，因为任何针对该港的两栖攻击都会遭受海岸线上的守军从陆地方向发动的反击。在这两个事件之间，1703年，英国与葡萄牙签订了著名的《梅休因条约》（Methuen Treaty），该条约为反法大同盟（Grand Alliance）在伊比利亚半岛提供了一个立足点，为英国货物提供了一个有价值的市场，一个黄金的来源（源自巴西），而里斯本不但可以为皇家海军提供一个过冬基地，对于直布罗陀的补给也至关重要。在法国和西班牙试图从陆地和海上重新夺回直布罗陀的努力失败后，这块新领土的安全终于得到了保证，并为皇家海军提供了一个重要的战略武器，可以在未来挫败法国海军北部舰队和地中海舰队会师的企图。然而，即使在这个地区，海权的影响力也有其天然的局限性。在1705年，一支强大的皇家海军舰队掩护盟军在加泰罗尼亚登陆，并在次年挫败法国在沿海组织的反攻。1708年，凭借马翁港的优越锚地，皇家海军可以确保自己同时攻占撒丁岛和梅诺卡岛，从而压制法军土伦舰队，鼓励英国的地中海盟友，并保护黎凡特的贸易。但它对西班牙中部的长期战事影响不大。尽管英军不断炮轰土伦，并迫使法国人凿沉了自己的战舰，但这并不能确保英军攻占这个重要基地。这两次行动都需要动用大规模陆军部队并得到有效的后勤支持。但这两者英国无一具备。然而，尽管经历了这些失败，英国在战争后期却显然已经成为地中海地区的一流强国，因此在一定程度上弥补了它在与法国的历次冲突中所面临的地理劣势。

《乌得勒支和约》的条款，虽然是由急于结束战争的托利党内阁谈判达成的，但仍充分表明了英国才是西班牙王位继承战争的真正赢家。[25] 研究大英帝国的历史学家倾向于强调该条约在海洋方面和欧洲以外方面的条款：英国获得哈得孙湾、新斯科舍半岛和纽芬兰周围的领土；批准了英国向西属美洲输送奴隶的"贩奴合约"（Asiento），这是一项可怕但利润丰厚的贸易；另外，依据该和约，英国通过征服直布罗陀和梅诺卡岛，成功将势力扩展到地中海。但对当时的英国政治家来说，欧洲大陆的问题同样重要。法国和西班牙承诺，永远不会在同一君主统治下进行统一，这确保了法国不会统治西欧。将西属尼德兰、那不勒斯和撒丁岛分配给非海上强国奥地利，是英国"分而治之"（Divide et impera）战略的典型例子，因为这将神圣罗马帝国皇帝与保卫这些战略要地的责任捆绑在了一起，而伦敦无论如何都不希望这些要地落入波旁王朝之手。此外，英国还凭借和约与卫星国葡萄牙和萨伏依保持了友好关系，后者获得了西西里岛，荷兰则获得了一些（不是全部）关隘和要塞，从而完善了这一制衡体系。私掠船港口敦刻尔克的毁灭，以及路易十四对于新教徒取得英国王位继承权的承认，起到了锦上添花的作用。

马汉声称，英国在和约中的要求表明，英国已成为"最纯粹意义上的海上强国，不仅在事实上是如此，在它自己的意识中也是如此"[26]，但这一点不应使我们忽视保持欧洲大陆政治平衡的重要性。

更有争议的是马汉对于海上战争重要性的描述，他认为那是英国在1697年和1713年的战争中取得胜利的根本原因。但事实上，除非从极为有限的程度来说，否则马汉关于海上力量"默默施加的稳定压力"和法国对于"外部活动和资源"的重大依赖的描述就是不准确的。[27]正如琼斯教授指出的：

> 当然，如果要防止入侵和继续维持贸易，对狭海的掌控是必不可少的，但九年战争和西班牙王位继承战争都证明：仅仅依靠海权不但无法击败法国，甚至无法迫使其签订一个令我们满意的和约。法国的力量从本质上说源于陆地。[28]

法国消耗殆尽的真正原因并不是海上封锁，而是军事行动的消耗。而反法同盟最终取得胜利的原因（在这方面马汉讲得更有道理）是英国强大的经济实力，它为战争提供了大量资金。[29]正如一位学者所言："如果没有足够的财富来支持军队，那么威廉三世的坚韧和马尔伯勒的天才都将毫无用处，正是这些财富让法国元帅们落败的。"[30]这并不是要贬低海权的影响，因为如果英国自己放弃制海权，它的财富显然就会消失。但我们应该更小心，不要高估这种优势地位的直接影响（而非间接影响），不要高估其对进攻所产生的影响（而非其对防御所产生的影响）。

然而，这场战争的总体结果是无可争辩的。"威廉三世即位时，英国只是三大海上强国之一；而乔治一世即位时，英国已经成了海上霸主,没有对手,甚至没有伙伴。"[31]因为陆战削弱了法国的实力,也使它忽视了柯尔培尔的伟大计划,而反法同盟的私掠船对已经衰落的法国商船队造成了进一步的破坏。到1713年,无论是法国的海上贸易,还是法国海军,都无法再挑战英国。荷兰海军也是如此(尽管其商船队的实力仍然很强),原因也完全相同:其国家资源中有太大的部分不得不用于陆战。在这段时期内,荷兰维持了一支大约10万人的庞大陆军部队,而且战后荷兰政府仍然不得不维持规模庞大的常备陆军,这对荷兰海上力量的打击比其他因素都要大。[32]英国的岛国地位和社会政治制度,尽管在集中资源能力方面无法与人口多得多的法国相匹敌,但能够在海洋和大陆利益之间保持良好的平衡,而这正是其崛起为海军强国的先决条件。通过精心维护自己的商业和海军力量,**以及**保持欧洲的均势,英国找到了长期作为世界头号强国的秘诀。

这种海洋和大陆政策相结合的战略考量也为我们理解1713年之后数十年间英国的政策提供了启迪,这虽然是一个相对和平的时期,但也不应掩盖伦敦对于通过"武装外交"增进国家利益的关注。[33]尽管这些年来英国政治家竭力避免战争,但他们的政策在很多情况下与17世纪50年代克伦威尔的政策相似:警惕所有可能对英国战略或商业产生重大影响的事态发展。有时,这需要与另一个明显的大国法国密切合作,有时又需要与它作对,这一整个世纪的历史印证了首相帕麦斯顿后来的说法,即英国没有永远的盟友,只有永远的利益。但是在一个联盟不断变化和所谓"内阁战争"(Kabinettskriege)频发的时代,其他大国也几乎没有理由抱怨英国不可靠。

地中海和波罗的海所发生的事件为英国的这一政策提供了最好

的例证。在红衣主教阿尔贝罗尼（Cardinal Alberoni）的领导下，西班牙重新恢复了力量，随后强行夺取了撒丁岛和西西里岛。他还与瑞典和俄国密谋，打算重新将詹姆士三世扶上英国王位。1719年西班牙还对西部高地（Western Highlands）发动了一次滑稽的入侵行动。英国从两个层面遏制了西班牙的行动。1717年7月，宾（Byng）率领地中海舰队在帕萨罗角（Cape Passaro）击溃了一支西班牙舰队。与此同时，英国与法国和奥地利结盟，这两个国家都有理由反对西班牙的行动。当英军匆忙被派去收复西西里岛时，法国军队实际上在1719年入侵了西班牙本土，并迫使其政府投降——这是英国海军历史著作中很少提到的行动。然而，在这些事件发生后的几年里，英国政府与它的前盟友奥地利断绝了关系，因为后者支持奥斯坦德公司（Ostend Company），并为其进入西班牙海外帝国提供保护。这一举措原本可能导致安特卫普港重新开放，却惊动了活跃的英国商业游说团体；未来在英吉利海峡对岸建立一个新海上帝国的前景令英国海军至上主义者倍感忧虑；而神圣罗马帝国皇帝的总体态度引发了英国人的进一步担心，他们怀疑一个反新教的奥地利-西班牙联盟正在酝酿之中。与这一时期的许多其他情况一样，我们很难将英国外交的商业因素与政治因素区分开来；或许我们也完全没有必要这样做，真正的问题是，在斯坦诺普（Stanhope）、沃尔波尔和查塔姆等政治家的统治下，政治与商业、商业与政治之间是如此密不可分，以至于把两者分开的努力都是徒劳的。英国与西班牙和奥地利的关系因为各种各样的争议点而变得十分紧张，以至于在1725年到1727年之间存在着一种未宣布的事实上的战争状态，在此期间，西班牙军队围攻直布罗陀，而皇家海军则试图阻止西班牙舰队起航。然而，到了1727年夏天，奥地利放弃了联合西班牙的计划，英国和奥地利两国之间的敌意逐渐减退，但伦敦与马德里之间的关系直到 1729 年才完全恢复。

在波罗的海，英国人也采用了外交和海军力量相结合的方式来确保自己的利益，这主要涉及木材贸易和保持北方国家之间的力量平衡。从 1715 年到 1718 年，英国将一支强大的舰队派遣到该海域以遏制瑞典，因为瑞典扰乱了海上贸易，威胁到了挪威并支持詹姆士党人，这激怒了英国政府。不过，在 1719 年至 1721 年，以及 1725 年至 1727 年间，皇家海军舰队又在波罗的海巡弋，目的是支持瑞典人，尤其是帮助其对抗在彼得大帝统治下崛起的俄国，后者的野心已经在伦敦引起了越来越大的恐慌。如果说有什么不同的话，那就是在这一时期，英国政府体会到的更多是海权的有限性而非其影响力，因为英军舰队统帅诺里斯（Norris）的盖伦大帆船无法阻止俄军利用平底大船对瑞典海岸频繁发动袭击，同样，英国人也无法阻止沙皇在陆地上开疆拓土，除非英国找到另一个大国充当它的"大陆之剑"——但是奥地利、普鲁士和法国都不想充当这个尴尬的角色。最后，英国政府只能听任瑞典实力不断削弱和俄国实力稳步上升。英国开始鼓励从美洲殖民地运送海军物资，以作为失去波罗的海相关物资供应的保险措施，这反映了英国人对未来的悲观情绪。

1713 年之后的相对和平时期不仅要归功于沃尔波尔和弗勒里（Fleury）等政治家的影响，还要归功于英国与其劲敌法国之间没有严重分歧这一事实。然而，到了 18 世纪 30 年代，有迹象表明这种状况不太可能持续太久：法国在北美大陆、西印度群岛和印度的殖民贸易迅速增长。法国和西班牙走得更近了，这两个大国和英国之间的政治和商业分歧激起了公众的嫉恨情绪，而致力于和解的政治家们发现很难消弭这种嫉恨。1739年，西班牙和英国之间再次爆发战争。在英国，连每个学童都知道，这是由西班牙海岸警卫队员的卑劣行径所引发的，他们切下了詹金斯（Jenkins）船长的一部分耳朵。这一事件只是《乌得勒支和约》之后，英西两国之间发生在加勒比地区的一系列冲突当中的一起而已，其根本原因是英国商人想要从拉丁美洲利润丰厚的贸易中分一杯羹，而西班牙当局则决心保持其对拉丁美洲的控制和近乎垄断的地位。1718年至1727年间短暂的英西战争已经暴露了两国之间的敌意，也为这场冲突的战斗方式设定了先例。然而，大多数历史学家都承认，"这些争端都没有严重到必然导致战争的地步。战争之所以没有避免，是因为英国'国内贸易商'的好战和叫嚣，特别是南海公司毫不妥协"[34]，后者一直坚持索要极高的赔偿，而这是西班牙政府难以接受的。反对派利用这些商业摩擦煽动公众呼吁发动战争，1739年10月，沃尔波尔的内阁在这场风暴面前让步了。[35]

但是，如果说这场战争一开始只是一场殖民和商业冲突，那么到了第二年，当神圣罗马帝国皇帝查理六世去世，玛丽亚·特蕾莎（Maria Theresa）继承哈布斯堡家族领地，普鲁士、萨克森、巴伐利亚和西班牙在法国的鼓励下，试图肢解奥地利时，战争的性质就发生了改变。这一阴谋影响了英国的利益，不仅是因为乔治二世的态度——要说英国王室与汉诺威之间的特殊关系起到什么作用的话，这作用也只是在这些年里阻碍了英国政府的大陆政策而已——更重要的是因为它对于欧洲平衡的影响。在英国人看来，奥地利是制衡法国霸权的传统力量，此外，奥地利在低地国家和意大利的属地未来的归属问题也一直在英国政治家们感兴趣的范围内。结果，英国决定向奥地利提供资金援助，此外，英国政府还告知奥地利：英国在1732年做出的派遣一支12 000人的部队以捍卫《国事诏书》（Pragmatic Sanction）的承诺依然有效。到1742年，沃尔波尔被赶下台之后，英国承担了更多的军事义务，1744年法国公开干涉甚至企图占领低地国家的行动加速了这一趋势。安妮女王的战争再次打响了，尽管这次法国得到了比以前更多的盟友支持。[36]

在原本的英西冲突中加入欧洲因素所出现的不可避免的后果是，英国国内关于战略方向的辩论重新抬头。[37]由于对法国图谋欧洲霸权的极度恐惧胜过了对于殖民利益的渴望，大陆主义者这次占据了上风。尽管具有讽刺意味的是，法国也不愿意挑战英国的海上霸权，这更有助于将战争的重点放在陆战方面。英国针对佛兰德斯的干预是取得了成功，还是像批评者所说的那样，这笔钱本可以更好地分配到其他地方，今天的我们很难进行评估。但一个事实是，英国、汉诺威和奥地利联军在代廷根（Dettingen）所取得的胜利，被他们在丰特努瓦（Fontenoy）的失败、法军在佛兰德斯的进取，特别是1745年詹姆士党人的叛乱所抵消了。然而，尽管詹姆士党人的叛乱表明，法国国王很容易就能在英国的凯尔特边缘地区（Celtic fringes）制造麻烦，并导致英国政府惊慌失措地做出从低地国家召回坎伯兰（Cumberland）的部队等措施，它却也为继续作战增添了一个新理由——捍卫新教的继承权。尽管萨克森元帅（Marshal Saxe）于1746—1747年在佛兰德斯取得了进一步的胜利，但意识到英国有意愿也有能力继续战斗之后，路易十五开始与英国进行和平谈判，并于1748年签订了《亚琛和约》。到那个时候，两个主要参战国都准备妥协了，不过法国在经济上更加窘迫，并且觉得如果冲突继续下去，它会失去更多，尤其是它的殖民地。

与法军在陆地上赢得胜利相对的是，英军可以在海上作战领域取得胜利。在西印度群岛，双方都没有取得什么实质性进展。弗农（Vernon）将军对贝略港（Porto Bello）的突袭，以及安森（Anson）史诗般的环球航行，都被联合袭击卡塔赫纳的灾难性后果、英法西印度群岛之间断断续续的战斗，以及英国皇家海军在战争初期切断法西之间联系的失败所抵消了。在印度，英法之间断断续续的对决进入了另一个阶段，尽管英国最终在附近水域确立了制海权，但法国人占领了马德拉斯，并依靠驻军牢牢地守住了卡纳蒂克（Carnatic）。只有在北美，利用一支来自新英格兰的殖民地军队与一支海军分舰队联合作战，英军才夺取了法国的重要基地路易斯堡，从而在战略和商业上都取得了重大成功。[38]

然而，在战争结束、缔结和约时，路易斯堡被归还给了法国，作为回报，法国交出了马德拉斯和在佛兰德斯新占的领土。对于新英格兰殖民者和英国国内海战的倡导者来说，将"通往圣劳伦斯河的钥匙"归还给他们的死敌是一个巨大的打击，这是对荷兰和其他大陆盟友的愚蠢承诺所造成的。对于这种批评，有两种反驳意见。首先，有迹象表明，即使奥地利没有出现王位继承问题，法国也会支持西班牙，与英国对抗；而一旦波旁王朝整合了法西两国的力量，不再受大陆上后顾之忧的妨碍，英国就要在欧洲以外的战场上进行一场更加艰难、可能也更难以取胜的战争。在两个战场**都**作战对英国更有利，因为这会导致法国而不是英国自己在战略上更犹豫和资源更加分散。其次，虽然英国的殖民征服是法国放弃其在佛兰德斯收益的主要原因，但正确的政策应该是在海外和大陆**同时**取得胜利，因为这样英国就可以保持力量平衡，从而确保它不必放弃新占据的殖民地以弥补在欧洲的损失。正如皮特在1760年后所认识到的那样，由于英国既是一个世界大国**又**是一个欧洲大国，如果让一场战役的收益被另一场战役的损失所抵消,那就相当于徒劳无功的——但这就要求英国在两个战场全部取胜,而不是放弃其中一个。[39]

在所有其他方面,这场战争证明了英国日益增强的海上控制能力,尽管由于舰队准备不足和一开始缺乏连贯的战略,这一点在战争后期才变得明显。[40]但英军对地中海的统治很早就实现了,因为英国政府清楚地意识到,有必要保护撒丁岛和奥地利在意大利的领土不受法西联军的两栖攻击。1744年,英国海军将领马修在土伦港附近驱散了敌人的联合舰队之后,这片海域实际上成了"英国人的内湖"。然而,由于皇家海军被分配了各种各样的其他任务,因此在大西洋上要想掌握制海权是比较困难的。不过,英国通往欧洲大陆的重要补给通道从未中断,而且在1745年至1746年詹姆士党人的叛乱中,英国为应对可能的入侵行动而进行的防御部署,阻止了来自法国的任何一支援军与詹姆士党人会师。此后,皇家海军已准备好继续进攻。在安森的领导下,皇家海军组建了一支强大的西部舰队,其目的是切断法国的大西洋贸易,并阻止法国向北美尤其是西印度群岛派遣军队,以免影响那里的军事态势。1747年5月,安森率领的一支分舰队重创了由拉约奎尔(La Jonquière)率领的一支护航船队,这支船队正试图增援魁北克。10月,霍克(Hawke)在西印度群岛对一支法军护航船队的战斗中取得了更具决定性的胜利,他通过"全面追击"的战术压倒了法国护航船队,后来,一支事先得到情报的皇家海军分舰队从背风群岛驶出,对众多失去护航的法国商船进行了围猎。[41]

从那以后,皇家海军才能够将近乎全部精力用于保护商船运输。尽管整个航运业不可避免地受到法国和西班牙破交战的不利影响，但它能够经受住这场战争的冲击，而且在战争结束时，英国商船队的规模实际上比战争开始时还要大：英国商船队总共损失了3 238艘船只，敌人一共损失了3 434艘船只，但英国损失商船所占总数的比例要小得多。相比之下，法国海外贸易到1748年已经完全萎缩，其主要原因是它在纽芬兰的渔场被占领，英国军舰和私掠船的袭击，最重要的或许是海上保险费用飞涨。[42]格雷厄姆教授所说的"法国真正的力量和活力在于其仅凭**大陆**就可以自给自足"[43]这一观点无疑是正确的，但看来英国的制海权的确对法国构成了威胁，从而迫使巴黎寻求和解，正如法国陆军的优势及其对惊慌失措的荷兰政府的威胁迫使伦敦接受一个没有实际收益的和约一样。1747年，英国战列舰达到了令人印象深刻的规模——多达136艘（反观敌方，法国仅有31艘战列舰，西班牙仅有22艘战列舰），而在同一年，萨克森军队占领了贝亨奥普佐姆（Bergen-op-Zoom）大要塞，两者在迫使敌方做出妥协方面都发挥了作用。

所有同时代和后来的历史学家都认为《亚琛和约》是妥协的产物。除了普鲁士占领了新领土——西里西亚之外，战争的结果基本上是回到了战前的状态，难怪引发了这样的评论："也许从来没有任何一场战争会像现在这样，在经历了这么多重大事件，付出了这么大的伤亡之后，各参战国几乎回到了与战前完全一样的位置上。"[44]此外，由于普遍的厌战情绪和两个主要参战方都承认很难迫使对方投降，和平才得以实现，这一事实本身就意味着，引起战争的分歧并没有在《亚琛和约》中得到圆满解决。例如，西班牙海岸警卫队在加勒比海的登船搜查权——这场战争最初的导火索——就没有被提及。最重要的是，英国和法国之间的对立一如既往地深刻，无论是在殖民地，还是在欧洲的权力平衡方面都是如此。因此，为了达成妥协，1748年的解决方案也只是一种休战而已。在未来的新一轮冲突中，法国的目标显然是在海外赢得胜利，以对其征服欧洲的计划进行补充，而英国的目标则是确保自己预料之中的海上胜利不会再被欧洲大陆的军事失败所抵消。在下一轮斗争中，双方的目标都是取得决定性胜利，而不只是局部胜利。

第二部分

顶 点

很显然,在这一时期的五次大规模战争中,英国只有一次处于防守态势。这个世纪的战争断断续续,英国取得了前所未有的巨大胜利:全面超越其他欧洲列强,控制了广阔的海外殖民地,并且建立了一支称霸全球的海上力量。

——E. J. 霍布斯鲍姆:《工业与帝国》
〔E. J. Hobsbawm, *Industry and Empire* (Harmondsworth, Middlesex, 1969), pp. 49–50〕

第四章

胜利与局限（1756—1793 年）

可能有人会问，我们的力量即使没有变得更强，也至少跟以前一样强大，为何敌人却依然胜过了我们？答案是，英国此前还没有与完全统一的波旁王朝的军队进行过海上战争，他们的海上力量不但毫发未伤，也没有其他战事或者目标拖累，因此可以集中注意力和资源。我们的情况与之相反，正在北美打仗，这场战争不但将我们的资源消耗殆尽，还大大分散了我们的海陆军兵力；而与此同时，没有一个朋友或者盟国来帮助我们，那些本应该成为我们盟友的国家（除了葡萄牙外），反而联合起来反对我们，或者帮助我们的敌人，为他们的舰队提供武备。

——G. R. 巴恩斯、J. H. 欧文主编：
《桑威奇伯爵约翰的私人文件》（四卷本）
[*The Private Papers of John, Earl of Sandwich*, edited by G. R. Barnes and J. H. Owen, 4 vols. (London, 1932–8; Navy Records Society), iii, p. 170]

七年战争和美国独立战争爆发的时期是历史学家研究英国海军崛起的最佳时期。尽管乍一看，没有什么比1763年缔结的和约（英国在当年赢得了可能是其作为一个民族国家的历史上最具决定性的胜利）与1783年战争的和平解决（这是英国在第二次英荷战争和第一次布尔战争之间所遭受的唯一一次严重失败）之间的区别更大了，但这两场战争各自的结果都证实了关于海权应用和局限的基本原则，对于我们前面讨论过的"海上战争"和"陆地战争"之间的关键关系而言尤其如此。此外，很明显，尽管在美国独立战争中遭受了损失，但英国海上力量的潜在增长并未受到根本影响。1783年后，皇家海军依然强大，对外贸易蓬勃发展，最重要的是，这个国家当时已经进入了第一次工业革命阶段，这将使它超越所有其他对手，并在相当长的一段时间内成为唯一真正的世界强国。

　　1756—1763年的战争和1776—1783年的战争有更多的相似之处。这两场战争都像僵持的奥地利王位继承战争一样，贯穿了整个18世纪英法最终对抗的各个阶段；因此，它们涉及对大陆力量平衡的考量，而且彼此都需要欧洲盟友来转移对手的注意力。巧合的是，这两场战争都源于两国在西半球局部地区的斗争，这些斗争后来转移到了大西洋的另一边，并与那里业已存在的对抗融合在一起。英国能否成功，如前文所述，将取决于它是否能找到足够活跃的大陆盟友，以在陆地战争中牵制法国的资源，这个盟友还得足够强大，以避免在伦敦确保摧毁法国海军和殖民力量时被当作"人质"。在七年战争中，凭借皮特的领导和普鲁士弗里德里希大王的军事才能，这个目标圆满地实现了。相比之下，法国能否胜利将取决于它能否至少使欧洲列强保持中立，并尽可能促使其反对英国；其次取决于海外殖民地的情况是否能允许它削弱或分散英国惯常的海上优势。在美国独立战争中,由于法国的外交成功和美国叛军的军事胜利,这一目标实现了。这两场战争都没有彻底消弭英法之间的对抗,但回顾历史,我们可以看到,英国权力政治的基础在这一时期正变得越来越牢固,而且,由于1776—1783年美国独立战争中的失败提醒了英国的政治家们必须牢记正确的战略原则,因此,在未来,它将在与强大对手的斗争中处于更有利的地位。

虽然先前列强也在欧洲和海外同时作战,但七年战争可谓空前绝后,有充分的资格获得"第一次**世界**战争"这一称号,这不但因为三个大洲都爆发了持续且重大的战争,更因为与此同时,双方也都赋予了殖民地战争极大的重要性。[1]甚至可以说,七年战争中,殖民地的重要性超越了第一次世界大战(1914—1918年)。在英国方面,这种对于海外领土所产生的经济和战略优势的重视并不是什么新鲜事。然而,在法国方面,1739年至1748年的战争,极大地激发了自弗勒里时代起法国人就已经培养起来的对于欧洲以外领土的意识。尽管受到了国家行政管理过于集中的阻碍,但法国的海外贸易仍在增长。在西印度群岛,法国与英国的竞争又恢复了,这一方面是因为那里的"中立"岛屿前途未定,另一方面是因为法属岛屿生产的糖更便宜,这吸引了北美殖民者,进而激怒了伦敦在西印度群岛的"游说团"和所有旧殖民制度的倡导者。[2]在印度,两个大国之间争夺主导权的斗争在1748年之后的年月里变得更加公开和残酷,它们各自的东印度公司一再干预当地事务,希望获得压倒对手的优势。[3]然而,最激烈的斗争发生在北美,在那里,英国移民向西进入了俄亥俄地区,与法国人将加拿大领土与密西西比连成一片的计划发生了冲突。到18世纪50年代中期,两国的边境冲突变得愈演愈烈,以至于双方都在向大西洋对岸派遣增援部队,并令其舰队进入战争状态。[4] 即使没有面临欧洲大陆的复杂局势,英法战争显然也难以避免。而欧洲大陆上普鲁士和奥地利之间的对抗,以及法国、俄国、英国和较小国家各自对这种对抗的不同态度,点燃了英法之间的火药桶,一场旷日持久的战争——不可避免地让欧洲大陆和殖民地的战争交织在一起——实际上已经迫在眉睫了。[5]

在《亚琛和约》签订后,法军舰队和法国海外贸易均恢复了活力,到1756年,法国海军已经拥有了近70艘战列舰。然而,英国也没有忽视皇家海军的建设,在安森的领导下,它已经拥有了100多艘战列舰和同样数量的巡航舰。尽管双方实际能出海作战的军舰的数量都要比纸面数据少得多,但事实是,英国海军在实力上始终大大优于对手,而且随着战争的持续,海权的传统支持因素——规模更大的商船队、更多更好的水手、更多的造船厂、更强大的经济和对海军物资的控制——很可能会进一步使胜利的天平向有利于英国的方向倾斜。这里我们必须指出,英国也有不利的一面,例如必须考虑保护庞大的商船队,以及持续封锁对自身舰艇所造成的损耗,然而这也被法国舰队士气的低落所抵消。在法国海军内部,军官团不合,争吵不休,逃兵率长期居高不下,水手缺乏海上经验,动摇了其赢得海上胜利的基础;而且,除了絮弗伦(Suffren)和某些与其志趣相投的人之外,18世纪的法国舰队的指挥官们都不愿采取主动进攻行动。正如一位专家所说的那样:"一个人越是深入研究法国海军的历史,就越会清楚地发现,法国海军的问题几乎既是物质上的问题,也是心理上的问题。"[6] 这意味着什么是显而易见的:凭借海上优势,英国最终将牢牢地控制住加拿大、西印度群岛和印度,除非错误的战略使英国失去这一巨大优势，或者法国通过征服汉诺威或普鲁士成功地抵消了英国在海外的收益。

战争的第一阶段确实显示出英国在领导能力和战略眼光方面的不足，结果就是英军连吃败仗。由于英军封锁不彻底，法国分舰队成功护送增援部队抵达了加拿大和西印度群岛；早期，英国正规军和殖民地军队针对法国北美据点所发动的陆上进攻也被击退，而法国和印第安联军开始投入反攻；法国人在西印度群岛的商战中也占据了上风；在印度，法国人的土著盟友同样在战争初期占据了优势；在欧洲，法国表面上为跨海峡入侵所做的准备吸引了英国人的注意力，同时法军还攻占了梅诺卡岛（尽管如果宾率领英军进行更有力的防御，那么法军是无法轻易占领该岛的）；法国与奥地利签订的协议更能反映出法国外交所取得的成功以及纽卡斯尔公爵的治国无能，这一协议迫使伦敦与普鲁士缔结了不那么令人满意的联盟，以抗衡法奥同盟；弗里德里希很快就陷入了困境，坎伯兰率领的英国军队根本无法守住汉诺威，被迫在克洛斯特-采文（Kloster-Zeven）投降。[7]

在所有这些失败行动中，英军在欧洲大陆所遭受的失败最为严重，尽管许多英国人并没有意识到这一点。在英国国内，政府受到了严厉批评，而宾则被枪决——部分原因是需要寻找一个替罪羊，部分原因是他确实犯了错误，还有一部分原因，正如伏尔泰所说，是为了杀鸡儆猴。尽管英军在海上和殖民地遭受了上述挫折，但至少安森的首要目标——在英吉利海峡水域取得优势还是成功做到了的，其中蕴含着正确的战略逻辑。因为一旦牢固地确立了这一优势，法国人的入侵威胁也就烟消云散了，那么在诸多海外战场上，胜利的天平也就会向英国倾斜。英国海军部正确地指出，拥有一支强大的西部舰队是"对我们的殖民地和海岸线最好的防御"[8]，因为英国皇家海军在同一次巡逻行动中既可以迫使法军舰队停泊在港口，摧毁法国商船，同时也可以阻止法国增援美洲和亚洲，并使英国的商船队和远征部队能够不受干扰地横跨大洋。当然，英军封锁部队的控制程度始终取决于天气情况和各分舰队指挥官的判断。可能正是因为海军部急于保护海外贸易，所以他们忽视了对在地中海作战的宾进行援助；但1757年之后的几年证明了安森的认识是正确的，即只有在未能阻止法军入侵本土水域的情况下，海上战争才会无可挽回地陷入失败。然而，如果英国在欧洲大陆上的盟友被法国、奥地利、俄国和瑞典组成的强大联盟消灭，那么即使是这种明智的"先守后攻"战略也无济于事。如果弗里德里希大王和不伦瑞克的费迪南德公爵的军队被敌军彻底击败，那么不仅汉诺威会成为法国人的"人质"，英国的敌人也可以将其更多的资源和兵力集中到纯粹的海上战役中，而荷兰、丹麦和西班牙政府一直对英国对于中立贸易的高压态度心怀不满，它们也可能会加入这场战争。

英军在查塔姆的领导下取得了令人震惊的胜利，这不仅仅是因为他的想象力、魄力和一心想要战胜法国的愿望，还因为他能够将战争视为一个战略整体。通过采取有力的海上作战行动，他成功为欧陆战役提供了支持；通过充分重视欧陆战争，他使得英国更容易在海外取得胜利；通过明智地平衡两个战场的需要，他避免了像签订《亚琛和约》那样被迫去谋求妥协的和平，并确保英国在欧洲和海外的重要利益免受敌人的算计。但比战略本身更令人印象深刻的或许是皮特迅速从早先的"孤立主义"观点转变为这一更加开明和成熟的立场。战争爆发前，他曾强烈抨击"均势、欧洲的自由、共同事业"等"字眼和声音"，因为他不想被卷入欧陆事务当中。然而到了1758年，他不仅向欧洲提供资助，还派遣了大量军队到德意志作战。而到战争结束、皮特再次卸任时，他还曾强烈谴责布特（Bute）放弃普鲁士，并恢复到纯粹海洋政策的做法，其严厉程度几乎毫不亚于七年前他在攻击纽卡斯尔（要求英国承担大陆义务）时所使用的措辞。[9]

在海上和殖民地战场，皮特在安森早先确立的战略基础上再接再厉，而安森被召回担任海军大臣。随着越来越多的战列舰和巡航舰被派遣过来，英国皇家海军巩固了对于法国大西洋港口的控制，霍克、博斯科恩（Boscawen）、豪（Howe）和其他出色的海军将领——有这些将领，海军似乎很幸运——实施了"近距离"封锁，而不是相对没那么费力但也不太可靠的"远距离"封锁。与此同时，皮特也有足够的意愿来遏制英国私掠船的过激行为，以防它们针对中立国航运的劫掠活动使这场前途未卜的战争出现新的敌人。此外，英国皇家海军终于强大到可以在地中海部署一支规模足以控制该海域并阻止法国人从土伦发起反攻的舰队了：1758年，奥斯本（Osborne）在卡塔赫纳巧妙地牵制住了由克卢（Clue）率领的法军舰队，并击败了由迪凯纳（Duquesne）指挥的法国援军。第二年，博斯科恩在葡萄牙南部的拉古什摧毁了克卢的舰队，从而超越了奥斯本的战绩。同样，凭借不可挑战的海上优势——虽然纽卡斯尔和英国其他神经紧张的人从未认识到这种优势——1759年，舒瓦瑟尔疯狂地派遣法军入侵部队横渡英吉利海峡的企图被挫败。但不应该因此贬低霍克在同年11月所取得的辉煌战绩，他在大风暴中将孔夫朗（Conflans）率领的法军舰队驱赶到基伯龙湾（Quiberon Bay）的险恶水域内，并倾尽全力在那里击溃了敌人。[10]对此，斯摩莱特（Smollett）写道："这一胜利，不仅挫败了长期以来一直威胁着大不列颠的入侵计划，还给了法国海军力量最后一击。"[11]

然而，在基伯龙湾海战之前，在海外领土上取得重大胜利的消息就已经涌入伦敦。由于皇家海军的大力封锁，敌人已经陷入了瘫痪，这些领土现在就像成熟的果实一样落入英国人的手中。1758年，博斯科恩率领一支由23艘战列舰所组成的庞大舰队对阿默斯特（Amherst）将军所率领的1.1万人部队进行了掩护，并目睹后者攻克路易斯堡，当时安森的封锁行动阻止了法国增援部队横渡大西洋。英国和殖民地军队再次掌握了五大湖的控制权；1759年，陆军的沃尔夫（Wolfe）将军和海军的桑德斯（Saunders）将军的联合部队取得了著名的魁北克战役的胜利，成为陆海军合作的典范。同样在1758年和1759年，英国陆海联军分别出兵攻占了塞内加尔和戈雷岛（Goree）；在1759年的另一次联合行动中，英军攻占了瓜德罗普岛（Guadeloupe），多米尼克岛和马提尼克岛（Martinique）也在随后几年相继落入英国人手中；在印度，虽然英法军队经常互有胜负，但至少到1760年，法国显然无力或不愿在这一战场投入更多的海军和陆军援军，这导致它注定在此地最终失败。毫无疑问，许多英国人认为"上帝之手"发挥了作用，因为他们在1759年这个奇迹之年取得了一个又一个成功。但也有一个更现实的原因。正如科贝特所承认的那样，"从始至终，我们的海上力量都明显优于我们的敌人。从始至终，我们都或多或少地可以直接利用舰队来实现战争的最终目标……"[12] 另一位学者指出："作为一场为争夺帝国名号而进行的战争，'七年战争'呈现出一边倒的局面。"[13]

皮特的大陆战略同样是保持一致的，尽管不可否认的是，如果不是弗里德里希于1757—1758年分别在罗斯巴赫（Rossbach）、洛伊滕（Leuthen）和佐恩多夫（Zorndorf）对法国、奥地利和俄国取

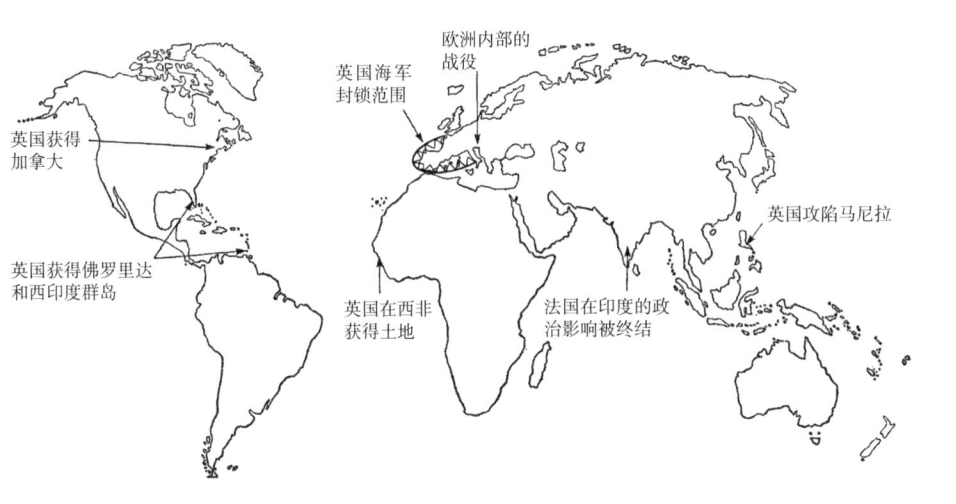

地图 4　全球范围内的七年战争

得了胜利，皮特的大陆战略可能会付诸东流。然而，在弗里德里希展开反击之前，英国的新策略，即对法国海岸发动大规模袭击，就已经让巴黎感到惶恐不安了；即使是对罗什福尔（Rochefort）所发动的微弱袭击，也导致许多精锐的法国军团向西而非向东进军。[14] 英国没有理会《克洛斯特-采文条约》，支持向不伦瑞克的费迪南德公爵指挥下的汉诺威军队提供资金援助，英军派往威悉河和埃姆斯河的舰队则进一步分散了法国将军们的注意力，英军攻占埃姆登的计划也得到了批准。在整个1758年，这一政策的实施力度不断加强。根据当年4月签署的一项条约，英国同意向普鲁士支付66万英镑，在此基础上再增加一支总兵力5万人的"德意志"军队（当年，仅仅这支部队就得到了英国120万英镑的拨款），并继续对法国海岸展开袭击——这一切都是为了缓解普鲁士和汉诺威所承受的沉重压力,并阻止法国将其总兵力达30万的庞大陆军用于入侵英国本土或其海外殖民地。1758年6月,英国内阁甚至决定直接派兵前往德意志作战。

到了第二年,舒瓦瑟尔已经认识到,在来自伦敦的资金和人员的支持下,弗里德里希和他的德意志盟友们可能在未来几年内都会保持机动灵活的军事战略,并最终将法国、奥地利和俄国拖垮,这些国家的财力都不雄厚。毕竟,由英国人资助的不伦瑞克的费迪南德公爵的军队有4万人,现在已经吸引了8万法军的注意力。结果,达尔让松(D'Argenson)"必须在德意志征服美洲"的政策被迫调整。但是,这种战略重点的转变意味着法国将削弱自己在德意志的影响力和对奥地利的承诺,转而准备对英国发动入侵——但正如拉古什和基伯龙湾战役所见证的那样,英国皇家海军利用自己巨大的优势成功地阻止了法军入侵。无论法国转向何种战略,它似乎都已经被压制住了,因此它在对抗弗里德里希的战斗中所做的贡献越来越少,不如俄国和奥地利。看到强大的对手进入军事衰退阶段,英国人感到很满意,但这仍然没有让弗里德里希安心,他不得不继续应对大量令人绝望的战役,直到1762年俄国女沙皇伊丽莎白·彼得罗芙娜去世导致反普鲁士联盟瓦解,并使得欧洲列强开始以维持战前原状为基础进行和平谈判。

随着法国的实力逐渐被削弱,弗里德里希开始专注于中欧而非西欧的战役和领土,英国与普鲁士的关系开始松动。[15]1761年皮特辞职后,这种趋势进一步加剧。摩迪(Mauduit)在其撰写的著名小册子《对当前德意志战争的思考》(*Considerations on the Present German War*, 1760)中提出,大陆战争耗尽了英国的资源,而殖民地战争却增加了英国的财富。这本书受到了孤立主义派、王室和普通民众的好评。尽管如此,这个联盟也已经持续了足够长的时间,削弱了法国的力量,挫败了波旁王朝在未来统治欧洲的企图,同时也保护了汉诺威。因此,对伦敦来说,投资900万至1 000万英镑来补贴大陆盟友[16],并在1761年之前派遣1.8万人的部队远赴德意志境内作战,是非常值得的。正如皮特自己所说的那样,他通过在德意志的行动征服了加拿大以及其他许多地方,因为他认识到了弗里德里希和费迪南德的战斗对于英国政治和战略的重要性。[17]唯一令人遗憾的是,1761—1763年英国处理与普鲁士关系的方式较为笨拙,为两国日后关系的冷淡埋下了伏笔。

此外,英国所选择的战略和战备,已经尽可能减少了战争给本国人民带来的痛苦,尽管1761年政治家们对于战争的代价牢骚满腹。弗里德里希还得沮丧地审视他的国家所遭受的破坏,而英国却几乎毫发未损。实际上,在战争期间英国似乎更加繁荣昌盛了,贸易每年都在增长,航运总量由3.2万吨增加至超过50万吨,约占整个欧洲航运总量的三分之一。[18]而这在很大程度上仅仅归因于海外市场的稳步扩大,以及早期工业化阶段的所谓"起飞"现象(爆发式增长无论如何都会出现的)。英国工业也得益于战争订单的刺激,另外还有一个非常重要的(但或许是负面的)因素,即英国皇家海军对商船的保护。而这反过来又是英国海军在整个战争期间牢牢掌握海上霸权的结果,也是英国巨大贸易量的结果——当时运载货物的商船已有8 000多艘,正如科贝特所指出的那样,如此之大的输送量,导致法国破袭商业的行动"无法让对方的损失达到足够的比例,因此也无法在战争中获得任何优势"。[19]只有在西印度群岛英国人的损失才堪称惨重,直至罗德尼(Rodney)占领马提尼克岛之后才有所改变。当然,正是由于贸易收入的增加和国家财富的增长，英国政府才有能力维持一支由120多艘战列舰所组成的舰队（其中40艘是在战争期间建造的），**以及**总数超过20万的士兵（包括德意志雇佣兵），**并且**资助弗里德里希。正如英国驻普鲁士大使被告知的那样，"我们必须既当商人，又当军人……我们的贸易取决于我们对海上力量的适当运用；贸易和海上力量相互依赖，而且……财富是这个国家真正的资源，而它依赖于商业"。[20]但也许只有皮特自己能知晓如何才能把英国的财政、海军、陆军、殖民地和欧洲政策融合成一个连贯的整体。

1761年时英国对于海洋的支配是如此彻底，即使皮特离任，以及战争中西班牙加入法国一方，英军仍然能继续取胜。英国迅速将封锁范围扩展到西班牙港口。为避免其遭到入侵，英国也为葡萄牙提供了保护。1762年，英军攻占了西班牙在西半球的贸易中心哈瓦那，并且斩获了巨额战利品和大量船只；不久之后，菲律宾的马尼拉也被英军攻陷，两艘珍贵的运宝船被俘获。鉴于英国人已经在海上所向无敌，再加上欧洲反普鲁士联盟的崩溃，布特政府开始进一步倾向于谋求和平。如果英国像皮特所希望的那样，试图延长和扩大战争，那么毫无疑问，波旁王朝可能会面临更加苛刻的议和条件。但是内阁开始对攀升至1.22亿英镑的国债以及现在看起来已经不必要的巨额战争开销感到忧虑。与皮特希望彻底消灭所有敌人的愿望相比，布特想到了另一种可能，即由于英国在海上变得过于嚣张妄为，所有其他国家受其刺激而结成一个反英联盟，或许布特的判断更准确一些，因为他看到了国际局势稳定的前提。

即使在把马提尼克岛、瓜德罗普岛、玛丽-加朗特岛、圣卢西亚、戈雷岛、贝尔岛和一部分圣劳伦斯-纽芬兰渔场交还给法国，把古巴和马尼拉交还给西班牙之后，英国依然在1763年签订的

《巴黎和约》中获得了历史上最大的战利品。随着法国势力被驱逐出加拿大、新斯科舍和布雷顿角岛（法国人还从路易斯安那撤军，把该地交给西班牙），西班牙被排除在西佛罗里达之外，英国几乎完全控制了宝贵的北美大陆。此外，英国还收复了梅诺卡岛，保持了其在地中海的统治地位。占领塞内加尔的举措，提升了英国在西非的地位。英国在西印度群岛获得了格林纳达、多米尼克、圣文森特和多巴哥。法国对印度的政治影响也被根除了。与此同时，欧洲大陆的力量平衡得到了维持——从英国的角度来看，在一段时间内，欧洲的重心转移到了东欧，实际上意味着平衡得以加强——而汉诺威则保持了独立。[21] 这些战利品为19世纪大英帝国的建立奠定了基础，由于其他任何国家都没有从这场战争中获得什么明显战果，英国人的收益就显得更加突出了。即便弗里德里希获得了西里西亚，这也仅仅是国际社会承认了普鲁士的实占领土而已。

马汉曾指出："在七年战争中获胜的国家，就是那个在和平时期利用海洋来增加财富，在战争时期利用强大的海军力量、大量以海洋为生的居民以及数不清的海外作战基地来控制海洋的国家。"[22] 他的论述中的每个词都很准确，但并不全面。德国历史学家路德维希·德希奥的说法更贴切一些，他指出，英国取胜的真正关键在于其特有的类似于"雅努斯"*的地理位置和政策，即"英国有两面，一面朝向欧洲大陆以保持其力量平衡，另一面朝向大海以控制海洋"。[23] 英国之所以能赢得这场大胜，依靠的并不是一种死板的战略，而是意识到了旧世界与新世界互通互联的本质，以及经济实力对于战争的重要性。

---

* 雅努斯（Janus），罗马神话中的双面神，掌管门户出入与万物起源。——译者注

第四章　胜利与局限（1756—1793年）

不过，就在各方签订《巴黎和约》的不到15年之后，英国再次陷入了低谷。情况的变化如此极端，以至于即使从历史学家的事后视角来看，也几乎难以置信。这就是美国独立战争。在这场新战争中，几乎所有在七年战争中曾经对英国人有利的因素如今都成了对其不利的因素，或者至多是中立因素。虽然在七年战争中，英国人在战争初期也遭受过一些惨痛失败，但是，他们的总体战略地位一直是稳固的，一直有迹象表明其终将取得胜利。而现在，英国面临着巨大的困境，甚至只能与1940年至1941年间的悲惨时代相提并论。

很快，我们就能识别出七年战争（1756—1763年）与美国独立战争（1776—1783年）之间的一些特定差异。首先，皮特已经去职了。不过，即使皮特仍然在职，在外部环境业已发生剧烈变化的情况下，他也可能束手无策。皮特于1777年至1778年发表的演说表明，他大大低估了与北美叛军达成和解所面临的困难。事实是，在这一时期，英国的政治领袖和军事领导人的能力出奇地低下。甚至连诺思、谢尔本（Shelburne），以及他们优秀的批评者们都无法改善这种状况。在18世纪的英国政坛，"党派"发挥着最重要的作用。虽然此前英国的几代政治家也都对自身和自身阶层的经济利益极为关切，同时对党内对手的阴招加以防范，并最大限度地利用好赞助制度，但1760年之后，这种政治风气达到了高潮。国王不断干预，各党派则经常胡乱拼凑成政治联盟以获得多数派席位，尔后又突然解散；他们经常为了获得官职而玩弄阴谋诡计，暴力行为屡见不鲜，睚眦必报的政治人物还经常利用媒体和小册子持续论战。在那个工农业都迅速发展的时代背景下，由于政治混乱，任何一个有助于国家团结的政策都无法顺利实施。即便是在安森领导下一直坚定地远离更过分的赞助形式的海军，现在也受到了所谓的"海军部和反对派高级军官之间反复出现的不和"的影响。[24] 凯佩尔（Keppel）等军官反对利用武力来镇压北美殖民地叛乱，针对凯佩尔和帕利泽等人的军法审判则表露出皇家海军已经因为政治路线的不同而陷入了分裂。此时，皇家海军中似乎没有任何一位将领能够表现出类似霍克和博斯科恩那种天生的领导力和大无畏的气概——甚至连肯彭费尔特和罗德尼也不行。当时的英国陆军也没有任何一位将领能够与沃尔夫、不伦瑞克公爵费迪南德和弗里德里希大王的军事素养相媲美。大部分陆军将领都跟海军将领一样，勉强算是称职，才智尚可，但他们不具备在极端艰难困苦的条件下赢得胜利所需的素质。

在美国独立战争期间，由于缺乏卓越的国家政治领导人和军事奇才，英国未能像先前的马尔伯勒或查塔姆那样实施连续且有效的政策。与之相反，英国开始将力量分散使用，因此，也未能在任何一处战场赢得决定性的胜利。最初，英国海军部将注意力聚焦于北美东部的沿海地区，但自1778年法国和西班牙参战后，其战略重心发生了转移：豪将军得到的命令是，"目前，我军的重点目标必须是痛击法国，同时保护国王的属地，使其免受任何敌对势力的侵犯"。[25] 不过，这些任务说起来容易做起来难。那么，英国能否复刻安森曾经采取的策略，把海上力量集中在英吉利海峡，从而逐步对法国的大西洋港口进行严密封锁呢？考虑到冬季海上的风暴可能给他的舰队造成严重损失，肯彭费尔特对于"近距离封锁"持反对意见，但同意将战舰集中在托贝等待命令。在美国独立战争中，皇家海军因恶劣天气损失了15艘舰艇，而相比之下，其被敌人摧毁的舰艇仅有1艘[26]；考虑到这个事实，肯彭费尔特的策略具有合理性，但这也意味着法国舰艇可以自由出入港口。于是，被派去支援华盛顿、对西印度群岛进行干涉或在印度附近水域袭击英国商船的法国舰艇一路畅通无阻。换句话说，为了避免己方战舰出现暂时的损耗，皇家海军将控制海域的问题从近海转移到了远洋。正如马汉曾指出的那样："不管使用多少船只来封锁敌人的港口，都比让敌人逃离港口进而威胁到各地利益时所需的防御船只数量要少得多。"[27]

英军这种分散力量的策略不胜枚举。康沃利斯之所以在约克镇投降，就是因为法国组建的"美洲舰队"（American station）溜出了港口，德·格拉斯（De Grasse）正是利用这支兵力占据优势的舰队封锁了切萨皮克（Chesapeake）。而且，英军即便将舰队集中在海峡，也经常无力阻止法国和西班牙舰队顺利通行；从1690年以来，英国本土还从未遭受过此等入侵威胁。除此之外，英国国王和商人们对于西印度群岛的严重关切，还意味着皇家海军被迫要向此地派遣强大的舰队。乔治三世曾说："我们甘冒风险，即使英格兰本岛遭受入侵也在所不惜。"[28] 在战争中，英国属地直布罗陀也有三次危如累卵，在英国付出巨大努力且派出强大的战列舰舰队施以援手之后，才得以解围。至于印度，由于英国在其他多处更重要的战场遭受巨大压力，它不得不在此区域内保持战略防御姿态（strategical backwater）。

当然，英国人这种失败的战略，会让我们立即想到在大部分历史学家眼中英国没有打赢美国独立战争的首要原因，即英国的海军力量还不够强大。英国皇家海军缺乏力量，因而无法在所有海域都占据优势，与此同时又不敢放弃英吉利海峡、直布罗陀、西印度群岛及北美海岸这四处主要战场中的任何一个，这造成的恶果是英军在任何一处战场都显得较为弱小。格雷厄姆教授曾指出："当时［1781年10月］格雷夫斯海军少将正在北美海岸外海与兵力占据优势的法军舰队相抗衡，而彼得·帕克海军中将正在牙买加附近与一支强大的西班牙舰队遭遇，与此同时，一支力量不足且被严重忽视的英吉利海峡舰队，正全力防御兵力几乎是自己两倍的法西联合舰队。"[29] 海军实力严重不足，并且满不在乎地忽视一条不成文的原则，即皇家海军的实力至少应该与法西联合舰队相当，批评者已正确地将其归咎于乔治三世治下的几届和平时期的政府。早在1762年，皇家海军的预算就超过了700万英镑，然而在1766年，其预算降至280万英镑，而到了1769年，尽管伯克（Burke）和查塔姆都反复发出警示，并且这些年国际环境也不太平，海军预算还是仅剩下150万英镑。[30] 当时，皇家海军中有许多战列舰都是七年战争中使用未经干燥处理的木材所建造的，战争结束后，处于闲置状态的战列舰就开始腐烂。因此，在战争中，这些七年战争的剩余舰艇，包括旗舰"皇家乔治号"都相继沉没，也就没有什么意外的了。当时，凯佩尔曾经抱怨说，在分派给海峡舰队的35艘战列舰当中，只有6艘算是舰况良好。北美人的叛乱令这一问题雪上加霜，因为皇家海军使用的焦油、桅杆和木材，以及成千上万的熟练水手都来自北美殖民地。现在，英军舰队不但没有新桅杆可以补充，还被迫看着那些本来可以作为己方的水手对己方商船展开劫掠。事实上，叛军水手的劫掠活动十分猖獗，到战争结束时，一共俘获了3 000艘英国商船。[31] 更严重的问题是，皇家海军的造船厂本身也老旧不堪，桑威奇曾努力解决这些问题，但收效甚微。[32] 在美国独立战争中，英国皇家海军即使赢得了桑特群岛海战，也没有恢复像安森和皮特时期那样的海军霸主地位，其中的原因就不言自明了。

或许，更引人注目的是1763年之后法国和西班牙海军的转型，这比和平时期英国皇家海军的衰落更令人惊奇。之前，当舒瓦瑟尔就《巴黎和约》进行谈判时，他已经计划有朝一日继续挑战英国的海外殖民地和海上霸主地位。1779年，法国海军已经重新拥有了约80艘战列舰，与英军同类战舰相比，其排水量更大、设计更合理、速度也更快，而且这些战舰能得到一整套的支持，包括造船厂、木材库、定期征兵体制、受过良好教育的海军军官阶层，最后，同样重要的是法国还有一位热爱海军的新君主——路易十六。而西班牙海军拥有大约60艘主力战列舰，不过其战果与庞大的规模不太相称。其结果就是皇家海军的敌人经常占有兵力优势。例如，1779年，为了抵御法西联军入侵本土，肯彭费尔特只能采取所谓"存在舰队"（fleet in being）战略，在本土西部海域来回巡逻，但避免与前者进行决战。对于英国人来说，幸运的是，除絮弗伦之外，法西联合舰队的其他将领并不想发挥舰队的真正威力。正如马汉曾指出的那样："［法西联合舰队］不管是组成强大的战略编队，还是在某处孤立的战场上，都没有这样一个明确的目标，即利用兵力优势逐渐摧毁敌军舰队，从而取得更大的兵力优势，并消灭英国这一海洋帝国的支柱，进而终结这个海洋帝国。"[33]正是由于敌人的懦弱、作战方案的多变，以及其作战目标的不统一，英国才得以避免遭受更大的失败。

不过，法国海军的复兴只是硬币的一面而已。更重要的一面是：在此前的三次战争中很少去尝试挑战英国海上霸权的法国，为什么现在突然建造了一支实力相仿甚至有时还能占据优势的海上力量？只要我们对当时的国际形势进行分析，这一问题的答案就很明显了：美国独立战争是历次战争中，法国第一次能够将全部力量集中在海上，而无须为了国家安全在陆地战场分散精力（而且总是被迫将重心放在陆地战场）。与以往相反，这次波旁王朝可以将全部资源用于海上作战。法国海军预算的变化表明了这一趋势。1760年，法国海军大臣贝里耶（Berryer）曾抱怨说，如果预算拨款只有 3 000 万利弗尔，海军将无力保卫西印度群岛，因为拨款中实际上将有 2 100 万利弗尔用于殖民地，还清欠款，以及其他海军之外的支出；相比之下，英国皇家海军每年的预算拨款高达 1.5 亿利弗尔（100 万英镑等于 1 800 万利弗尔）。而当法国陆军大臣贝尔埃尔（Belleisle）——法国陆军得到的拨款是海军的整整 4 倍——拒绝削减同样已被大大压缩的预算以帮助海军时，法国就不得不改变战略，放弃挑战英国海外殖民地的整个计划。[34] 相比之下，1780 年法国海军预算总额增长到 1.69 亿利弗尔，到了 1782 年增至 2 亿利弗尔，这一增长幅度令人震惊，使海军至少暂时成了"法国第一军种"。[35] 纽卡斯尔的预言——"法国人在陆地上无忧无虑之时，便是他们在海上超越我们之时"——化为现实了。

英国部分（甚至全部）政治家，以及大多数海军将领都意识到，必须采取什么措施将法国人的注意力从海上移走。1756 年法军攻占梅诺卡岛，在回应批评的时候，英国海军部声称："自从'光荣革命'[1688 年]以来，任何一场战争都与现今的战争迥然不同，因为在以往的历次战争中，英国都有强大的欧陆盟国在大陆上与法国作战，借助英国的兵力和财力，盟国有效地遏制了敌人对于我们本土以及我们海外殖民地的危险入侵……"[36] 不过，这句话背后的实际含义是：弗里德里希大王和不伦瑞克的费迪南德公爵将越来越多的法军预备队源源不断地吸引过来，从而间接耗尽了法国海军的资金——在几年之后，贝里耶还在对此抱怨不休。然而，在美国独立战争中，没有了弗里德里希和费迪南德的帮助，英国找不到可以在欧洲大陆牵制法国的盟友，只能自己咽下孤立于欧洲的苦果，而英国有很多小册子作者宣扬孤立主义。1779年，英国海军大臣桑威奇意识到了这一问题，他写道：

> 可能有人会问，我们的力量即使没有变得更强，也至少跟以前一样强大，为何敌人却依然胜过了我们？答案是，英国此前还没有与完全统一的波旁王朝的军队进行过海上战争，他们的海上力量不但毫发未伤，也没有其他战事或者目标拖累，因此可以集中注意力和资源。我们的情况与之相反，正在北美打仗，这场战争不但将我们的资源消耗殆尽，还大大分散了我们的海陆军兵力；而与此同时，没有一个朋友或者盟国来帮助我们，那些本应该成为我们盟友的国家（除了葡萄牙外），反而联合起来反对我们，或者帮助我们的敌人，为他们的舰队提供武备。[37]

在美国独立战争期间，英国失去欧陆盟友的最主要因素是外交，和海上力量关系倒不大。[38] 在这一时期，弗里德里希仍然对1762年英普联盟的不欢而散耿耿于怀，他不愿意成为英国人的"大陆之剑"，更不想被卷入与法国的战争之中，何况普鲁士现在已经取得了稳固的外交地位。奥地利与法国建立了紧密的关系。看起来，只有俄国才是最有希望的盟友（尽管其力量微弱，几乎无法对西欧的战争发挥影响），只不过女沙皇叶卡捷琳娜二世的要价太高，英国政府无法下定决心答应。至于汉诺威（伦敦一向将其视为法国陆军手中的"人质"），它原本可以稍微吸引法国人的视线，但是鉴于当时舒瓦瑟尔提出了所谓"法国不应卷入欧陆战争"的原则，汉诺威也决定保持中立。那些较小的海洋国家，则因为长期反感英国在战时对中立航运的政策，而拒绝施以援手。这种反感基于"船只通航自由，货物自由"的信念，但在一些对此表示怀疑的人看来，一旦它们加入最强的海上力量一方作战，这种信念就会奇迹般地消失得无影无踪。回想一下，在七年战争中，对于荷兰、丹麦、瑞典和西班牙等国提出的抗议，皮特被迫采取了息事宁人的态度，他担心这些国家可能加入法国建立的反英海上联盟。不过，欧陆国家对于英国制定的所谓"七年战争规则"依然愤恨不已，该规则禁止上述国家将货物运到法国海外殖民地，法国殖民地在和平时期对这些国家通常是关闭的。1761年，贝德福德（Bedford）明智地表示，以中立国的立场来看，"对整个欧洲的自由而言，垄断海上力量至少跟路易十四［垄断陆上力量］是同等危险的……"[39] 因此，1778年，英国试图采取七年战争时期的传统策略时，却激起了各中立国的强烈反抗，它们纷纷宣布"武装中立"（1780年），而英国只能做出让步。实际上，英国与荷兰开战没有什么困难，因为此时荷兰海军已经被大大削弱了。不过，这样做会让英国不得不面对北欧国家的80多艘战列舰，而在法西联合舰队已控制英吉利海峡的情况下，后果是不堪设想的。因此，英国不得不对中立国让步，即使这意味着海军物资能够轻而易举地从波罗的海运至波旁王朝的造船厂。到了1783年，甚至连葡萄牙和两西西里王国都与俄国、瑞典、普鲁士、奥地利、丹麦缔结了条约，英国陷入了完全的孤立状态。一位学者的观点是，英国在美国独立战争中失败的"根本原因"就在于此。[40]

法国海军针对英吉利海峡、西印度群岛、直布罗陀和约克镇海岸的袭扰行动，发挥了巨大作用，迫使英军最终从北美撤退。华盛顿曾写信给德·格拉斯并恭维道："在当前的战争中，不管陆上力量付出何种努力，决定战争胜负的始终是海军。"[41] 不过，在这里我们提出一个问题——假如英国当时掌握了海上霸权，它就能成功压制北美殖民地的反叛吗？事实上，英军从未在这种环境下打过仗。此前英国在北美的主要关注点是贸易，因此只设立了部分基地、哨所和殖民点，而且都没有部署大规模的守军；甚至在战争爆发后，英国向具有更高战略和经济价值的西印度群岛派去的守军或占领军，其兵力通常也在1万人以下。本质上，只有海上力量才能保护海外殖民地，也就是说，皇家海军的舰艇可以保护殖民地通往宗主国的海上通道，以使其免受敌人的袭击。英国崛起的一个重要原因是：它的地理位置孤悬在欧洲大陆之外，而且它拥有强大的海上力量，可以让欧洲竞争对手与海外殖民地"隔绝"。直到19世纪末，随着美国和日本海军崛起，英国无法再继续控制海洋，这一政策的影响才开始消退。因此，一般来说，殖民地的早期居民都认为必须保持对英国的忠诚，因为只有英军可以保护他们免受土著人或者外国人的攻击，而且这些居民也严重依赖英国提供的产品和市场。他们的社区规模小、孤立且享有一定特权，实际上是没有能力独立也不愿意独立的。

然而，到了18世纪中期，经历飞速发展的英国北美殖民地已经呈现出完全不同的景象。其人口规模已经突破200万，并且仍然以每年翻一番的速度增长，而且法国人对他们的威胁已经不复存在，其对伦敦的忠诚度也在不断下降。况且，北美殖民地的居民多为政治异见者和宗教难民，或者他们的后代，不像西印度群岛的种植园主或者东印度公司的官员那样，准备在年老退休后再回到英国本土，这是北美殖民地与英国宗主国离心离德的另一个明显原因。最后，虽然北美殖民地居民与英国的商业贸易往来十分频繁，但在食物以及诸多其他产品方面（只有武器还必须依赖进口）已经能够实现自给自足。这些因素，再加上庞大的面积，意味着北美殖民地受到海权的影响也较小（这与其他英国殖民地不同）。当然，皇家海军还可以掌控北美殖民地的东部沿海及河口地带，不过，其对西部叛乱者盘踞的地区就鞭长莫及了。当时的英国政府对上述问题的认识并不全面，直到 1774 年 12 月，英国陆军大臣巴林顿勋爵还写道："只要我们的海军能够围困住一个国家并使其屈服，那么便没有必要发动陆上进攻了。"这一信念对英国政府的政策造成了重大误导，与 1939 年内维尔·张伯伦首相幻想利用海军封锁来迫使纳粹德国屈服如出一辙。[42] 事实上，美国独立战争爆发后，英国自己反而面临着巨大的困难，因为来自北美殖民地的海军物资很快就告罄了，甚至影响到了皇家海军的造舰计划。

皇家海军对北美的叛乱者无计可施，英国陆军对此就更一筹莫展了。攻占一个岛屿和控制一整个大陆的难度完全不可同日而语。北美乡间道路不发达，土地崎岖不平，而且很多地区完全无力负担一支大军的后勤补给。另外，北美人是在自己的家乡作战，而英国人和德意志雇佣兵则远离本土。这不仅对命令和情报的传递产生了不利影响，也给最为基本的后勤补给出了个大难题："英国军队所需的每块饼干、每名士兵、每颗子弹都需要跨越大洋，从 3 000 英里*外转运过来。"[43] 从事后的角度看，我们也不知道究竟派遣多少军队才能镇压北美叛乱，但一个事实是：1778 年，英国一共有超过

---

* 1 英里约合 1.6 千米。——编者注

5万名士兵驻守在北美，但取胜的迹象却寥寥无几。[44] 正如查塔姆早先所说的那样，英国使用同等规模的军队成功征服了加拿大，但这是在得到英属北美殖民地支持的前提下。问题之一在于，对付叛军无法采用传统的战争手段；在欧洲爆发的战争中，只要挺进敌方首都往往就能迫使敌军投降，然而，"殖民地的社会结构异常松散，因此攻占纽约或费城无法取得像攻占柏林或巴黎一样的效果……"[45] 英国占领北美反叛殖民地所面临的难题与日后拿破仑占领俄国所面临的难题出奇地相似。我们事后看来，英军取胜的希望很渺茫，但当时的英国政府要乐观得多，因为北美殖民地也有很多"反对独立者"（loyalist），让英军有机会继续打下去，不至于直接放弃。不过，正如一位军事史专家在近期所总结的那样："当时最可能出现的情况是这样的：英国不管如何完美地运用军事力量，都无法重建其在美国的权威，因为这个问题本身就不是能凭借军事手段彻底解决的。"[46]

最后，即使英国消灭了北美所有反叛力量，它仍然面临着一个难题，即如何在地理环境和后勤支援不利的情况下，继续统治满腔怒火、聪明能干且人口众多的北美居民。或许，英国仅凭少量意志坚定的军队就能征服或威慑印度和秘鲁，但北美绝非如此，而且，如果继续硬着头皮向新大陆投入陆军部队，这将会扰乱英国的传统战略部署，并破坏其陆海军之间的平衡。英国政府面临着两难的抉择——要么继续投入海量资金维持一支庞大的海外驻军，要么满足殖民地人民的独立愿望。此时，年事已高的查塔姆再次交出了一份简明扼要的答卷，他表示："你可以继续蹂躏［北美殖民地］，但你无法征服它；即使你征服了它，又能怎么样呢？你也无法让那里的人重新尊敬你。"[47] 在美国独立战争中，英国不仅遭遇了史无前例的军事难题,也第一次承担自己设立海外殖民地政权所产生的政治和体制上的后果——建立殖民地政权的民众不但与自己同根同源,而且人口众多,他们要求取得与英国本土居民相同的权利和特权。

英国在大洋的另一边打一场大规模陆战所经历的艰难困苦,令人联想到了在1899年至1902年,也就是布尔战争时期英国所面临的同样难题,不过,在布尔战争中,英国皇家海军异常强大,而欧陆国家也没有直接进行干涉。考虑到英国在美国独立战争中的险恶处境,它能在战后保留这么多海外殖民地是不可思议的。到了1782年,英军显然已经在北美陷入失败,很多英国人也开始呼吁停止战争。然而,就在此时,皇家海军却重新恢复了对于西印度群岛的掌控,此外,英国人在印度洋也成功抵御了絮弗伦的攻势,还成功守住了直布罗陀。而英国的敌人也开始对战争感到厌倦,他们愿意通过和平谈判来缔结一个温和的条约。

通过分析这一时期,将英国在七年战争中取胜的战略经验,与在美国独立战争中失败的战略教训放在一起进行比较,我们或许可以找出英国击败法国这一面积更大、人口更多的强邻所需的要素。首先,英国不应该沉溺于争夺一大片领土,不论这块土地位于何方,因为这超出了英国陆军的能力,并会打乱英国的战略部署,但当海外作战能够得到殖民地或者外国军队(譬如普鲁士)的支持时另当别论。其次,除了避免过度使用陆军之外,同样重要的因素是,必须设法分散波旁王朝的注意力,避免其将资源全部投入海上战争当中。马汉曾经指出"战略局势的关键在于欧陆"。[48] 如果掌握海上霸权的英国再实施正确的欧洲外交政策,那么它便可以轻松消灭法国和西班牙的海外力量,成功保护自己的贸易,利用源源不断的资金流去支援它在欧洲大陆的盟友，并通过陆战来耗尽法国的资源。如果有必要，英国自己也可以派遣一支兵力较少的精锐部队前往欧陆作战，以巩固其资金援助的效果。以上就是英国战胜法国的秘诀。伊丽莎白一世、马尔伯勒、查塔姆等明智的英国战略家都认识到了这一点。他们往往对于孤立主义者的主张置若罔闻。这是由于，尽管孤立主义者也有很多理由，但现实雄辩地证明了他们的错误：从1689年到1815年，英国与法国爆发的七场战争中，英国唯一失败的就是美国独立战争，而这恰恰就是在欧陆没有爆发任何战斗的情况下进行的；相反，在这场战争中，英国需要将庞大的部队派遣到3 000英里外的大洋彼岸，去打一场陆地战争。

1782年至1784年，美国独立战争参战各方签订了和平条约，虽然其条款并不算苛刻，但还是令18世纪以来英国看似势不可当的扩张势头戛然而止。英国的海外殖民地被胜利者瓜分：梅诺卡岛（于1782年被法军占领）和佛罗里达被割让给了西班牙；锡兰（现称斯里兰卡）和塞内加尔被送给了荷兰；圣卢西亚和多巴哥被划归法国，作为部分补偿，多米尼克、圣文森特和格林纳达归还英国。但从伦敦的角度看，最关键的问题是承认美国独立，这不但使得"大英帝国"的威望遭受沉重打击，而且看起来还对英国的海外经济造成了毁灭性后果。北美殖民地日益繁荣昌盛，成了英国本土货物的主要倾销地，以及大量食物和原材料的来源地，还建造了英国三分之一的商船。从重商主义者的观点来看，失去这一市场也是一个重大灾难。1777年，查塔姆曾宣称："北美殖民地是我们财富的源泉，力量的根基，还是我们海军舰队的苗圃和基石。"[49]但现在那已经不复存在了。

不过，查塔姆的观点实际上并不正确。这有以下几个原因：首先，尽管作为海外领土的北美蕴含着巨大价值，但直到那时候，很明显，大英帝国的财富、力量和海权的核心都在于英伦三岛及其民众；其人口更为稠密，交通更为便利，政府机构更加有序，陆海军实力更为强大，外交更为娴熟，经济更为发达，大城市中蕴藏着更加丰富的资金，储备了更多的金融专业知识。所有这些在战争中只受到了暂时的影响，因为正如一位历史学家所说的那样，我们不应该过分夸大18世纪的"有限战争"导致英国政府出现的财政损耗，政府征收的赋税实际上在国家财富中所占的比重是非常小的。法国能够屡次恢复实力就是一个明显的例子。"当法国财政枯竭、存款耗尽，无力散发军饷时，它便不得不缔结和约，然而，过不了几年，它就会打破和平，去发动下一场有限但残酷的战争。"[50] 法国是这样，英国更是这样，英国战后的贸易重新恢复了"繁荣昌盛"，并给国库带来了巨额收入。认识到这一点，我们就会发现那种将战争视为英国长期衰落根源的论调是完全错误的。

另外，在18世纪中期的某段时间里，英国经济发生了"快速但逐步累积起来的结构性转变"[51]，即后世历史学家所说的"第一次工业革命"，这将在经济和政治领域赋予英国前所未有的双重优势。此前，人们曾无数次寻找这种"爆发"或者"起飞"发生在英国的原因，在本书中我们对这一问题简要提及一下即可。[52] 当时英国的政治、社会制度，虽然仍然由传统的贵族精英们掌控，却比以往更加灵活，尤其是对经济活动的包容性非常强，只要其可以提高利润率并增强国家力量就可以尽情实施。与此同时，英国在农业技术领域也取得了巨大进步，还有"圈地运动"的展开，不但增加了粮食产量，推进了资本原始积累，还使得土地成了英国经济的新"引擎"，而这台引擎又反过来被工业领域的大发展所"拉动"。

在其他国家，交通不便往往阻碍了经济发展，但英国的道路状况一向较好，随着运河和收费公路的系统性发展，英国国内的交通状况更加得到了改善。英国自然资源丰富，富有煤矿、铁矿和其他重要工业原材料。还有数十年时间内在高利润商业活动中苦心经营所积累起来的巨额资金——当时伦敦已经取代了阿姆斯特丹，成了世界银行业和保险业的中心——随时可以对新型工业进行投资。英国的人口也开始大幅增长，从1741年至1781年间，每年可以保持4%至7%的增长率，之后的130年间，其人口增长率则达到了每十年增加10%。英国新增长的人口大多属于富裕阶层，他们对于副食品、啤酒、纺织、煤炭和工业产品的需求量逐渐增长。最后，英国还出现了一系列令人眼花缭乱的技术进步，出现了一大批能够生产和使用新型机械的工程师和技术工人，这些新型机械极大地提升了生产力，远超传统的人力、风力和水力。

与上述发展紧密相关的是1785年后，英国海外贸易的大幅增长，其增长幅度是前所未有的，甚至令此前英国在贸易领域的稳步扩张都显得微不足道了。当时英格兰和威尔士所留下的部分数据，可以为我们认识这种巨幅增长提供一个大概的印象[53]：

	1780年	1785年	1790年	1795年	1800年
出口额（包括再出口额）	1250万	1510万	1880万	2630万	4080万
进口额	1070万	1490万	1740万	2140万	2830万

单位：英镑

英国出现巨幅贸易增长的时间点究竟为何？是在工业革命之前还是之后？这一点如今已经很难说清。一方面，霍布斯鲍姆的观点是，出口贸易的增长是驱动其他领域进步的"助燃剂"："从1700年至1750年，英国国内的工业产值增长了7%，出口额增长了76%；从1750年至1770年——我们可以将这一阶段视为工业'起飞'的初始阶段——英国工业产值又增长了7%，出口额增长了80%。"英国对外贸易的迅猛增长，是英国政府凭借海上主导权积极支持国内商人垄断世界市场的成果，令工业化"对企业家们而言不仅是提升利润率的可行方式，有时甚至成了必需的"。[54] 尽管18世纪英国人的战争往往不利于其对手，战争也极大促进了其本国钢铁、煤炭、造船以及金属制造业的发展（正如 A. H. 约翰所证明的那样），但我们必须假设，如果不是英国商品物美价廉，它们就不会如此受欢迎，霍布斯鲍姆在这一问题上有点"倒果为因"，因为并没有人强迫北美人和德意志人去购买英国商品。相比之下，芒图（Mantoux）的观点更折中，或许也更贴近事实："有时候，随着工业领域的进步，贸易界不得不寻找新市场，从而使商业界不断扩大、迅猛发展，有时候……市场扩张带来了新的需求，这反过来促进了工业领域的发展。"[55] 在这种相互作用、共同推进下，英国的发展速度远超以往任何时代，在短时间内就成了世界第一强国。

这一时期英国出口商品的目的地和进口商品的来源地则进一步证明了英国商业扩张的全球性。从1781年到1785年间直至1796年到1800年间，英格兰和威尔士与东印度群岛的年均贸易额从290万英镑增至700万英镑；与西印度群岛的年均贸易额从410万英镑增至1 020万英镑；与美国的贸易额从180万英镑增至740万英镑；与德意志各邦的贸易额从170万英镑增至1 150万英镑。[56] 如果说上述国家和地区均为英国的主要贸易伙伴，那么实际上，欧洲内外还有很多国家和地区都具有巨大的商业潜力。大多数情况下，英国只是在已经建立的市场扩大了贸易，比如德意志各邦或者俄国。东印度群岛和西印度群岛的贸易可以说也是如此，而其巨大的价值似乎证明重商主义者劝说英国政府在当地确立政治主导地位是正确的。另一方面，还有一个原因可以说明为什么查塔姆关于失去北美殖民地会严重影响英国贸易的担心纯属杞人忧天。虽然美国为了出售烟草和其他地方商品，与欧洲之间建立了更加直接的商业联系，但是，在1785年之后，美国与英国之间贸易额的增长是其中最迅速的。可以说，美国人对于英国商品的需求已经压倒了他们对于这些"前敌人"的憎恶。尽管谢尔本曾宣称，相比于统治，他更看重贸易（这自然是"靠巧舌如簧来遮掩帝国的惨痛灾难"[57]），但令当时的人万分惊奇的是，失去北美殖民地似乎并没有在经济上造成严重后果。

尽管后面这个事实为批判重商主义的人提供了绝佳论据，但就此得出定论，认为在美国独立战争后，18世纪80年代的英国政府和英国商人们都自觉摒弃了帝国主义的思维方式，并采取了新的思想和举措，也是错误的。商人们对于英国扩张主义的态度仍然十分积极。根据英国贸易委员会的报告，他们对于英国工业领域保持稳步增长信心十足。[58] 在社会结构较为完备的地方，根本没有必要建立统治；而在社会欠发达地区（例如西非），设立沿海贸易点似乎比施行殖民统治消耗更低，且更为明智。不过，当与土著的关系存在问题或者面临外国势力的竞争，导致实施直接的政治控制成为必要手段时，英国也没有手软，与大大小小的各种国家进行谈判，签订商业协议，加大了对印度的干涉力度，此外还认真考虑了在南非设立据点的问题，利用海军舰艇在太平洋执行了诸多探索任务，并且在澳大利亚悉尼建立了刑事罪犯流放营地。所有这些行动都表现出英国政府有意愿进行扩张，或是出于保护商业利益的动机，或是源于战略考量，或是将两者融合在一起。以前的历史学家经常热衷于讨论大英帝国究竟是一个沿着传统路线施行殖民统治的"正统"帝国，还是一个利用商业和偶尔的外交行动实施影响的"非正统"帝国，但现在的历史学家认为，何种手段并不重要，只有更多的英国商人、货物和战舰源源不断地涌入北美大陆、加勒比、西非、印度、东方和太平洋这一事实才是最重要的。

总而言之，英国的影响力在这一阶段（美国独立战争前后）不断扩大，哈洛（Harlow）教授称其为"大英第二帝国的草创期"。或许还可以将其视为英国国内工业革命的外在表现，以及自都铎王朝以来英国扩张的顶点。英国正在靠近其政治和经济霸权的顶点，还有海上霸权的顶点。

显而易见，无须强调，随着经济的增长，英国的海上力量也在不断增强。随着对外贸易更加繁荣，英国的航运业也开始出现爆发性增长：1774年，英国本土各港口的离岸载运量为86.4万吨，1785年为105.5万吨，1800年则达到192.4万吨；1773年，英国商船队的总吨位是1702年（25万吨）的3倍，在随后的20年里，其总吨位再次翻倍。[59]英国国内的新造船厂、铸铁厂和兵工厂如雨后春笋般建立起来，涌入航运业和造船业的人口数量不断攀升，这甚至威胁到了英国皇家海军的征兵工作。此外，为了在新地域扩大自身的影响力，英国开始向全球未涉足过的地区派遣舰艇，它们不断进行探索和商业扩张，并为海军搜寻未来可以建设港口或者贸易站点的地方。利用和平手段，或者通过夺取战利品，英国在已有的直布罗陀、金斯敦、哈利法克斯和孟买等港口的基础上，很快又获得了很多新的良港。

第四章　胜利与局限（1756—1793年）

在工业革命期间，英国国内的码头、造船厂、兵工厂及海员的数量都出现了激增，这给皇家海军提供了最直接的帮助。此外，随着国家财富不断积累，生产力不断提高，皇家海军还得到了很多间接帮助，这一点也很重要。由于战争耗费巨大，在18世纪，英国政府开支的增长极为迅速。例如，从1755年到1761年间，七年战争使得英国政府的年预算从400万英镑飙升到了1800万英镑。不过，英国政府仍然能有效应对。亚当·斯密对此万分惊奇，他评论道："在半个世纪之前，任何国家都无法相信大英帝国能负担如此沉重的财政支出，但现在它似乎对此举重若轻。"[60] 事实上，英国政府通过向各种贸易商品征收新税，以及向规模不断攀升的进出口贸易收取关税来支付部分战争费用，另一部分费用则通过伦敦和阿姆斯特丹的金融机构借贷来支付，英国政府在这两座城市的信用度一向很高，能够确保及时足额收到贷款。在美国独立战争后，英国政府也是借助同样的办法迅速恢复了元气，但这直接导致英国国债飙升至2.31亿英镑。小皮特制定了正确的商业和金融政策，并对国家金融管理机构进行了大幅改革，他严厉打击走私活动，促进贸易，由此增加了关税和消费税收入，此外，他还为政府国债设立了专门的"偿债基金"，从而极大地提升了城市金融业者对于政府的信心。[61] 在随后与法国艰苦卓绝的战争中，英国政府这种增强的信用所蕴含的巨大价值开始显现出来，那时候，英国政府的支出已经远远超出了财政收入，但它通过贷款将这一巨大的资金缺口填平，从而没有像拿破仑及其顾问们预期的那样，发生财政危机。[62]

英国（加速）崛起为世界强国的过程如要完成，就需要这样一个政府：它能够确保将海上力量运用在对国家利益至关重要的地方，并将其作为自己的义务；还要在外交方面有所作为，避免英国陷入孤立（正是这一点在美国独立战争期间对英国造成了负面影响）。此时的政府在这两个方面均有建树。尽管小皮特政府将主要注意力放在稳定金融和实施财政紧缩政策上，但他也不断强调，建设一支强大海军力量以威慑潜在的敌国并阻止其挑起战端非但不奢侈，还是一种明智且经济的战略。有鉴于此，1784年，小皮特将和平时期皇家海军的总兵力由1.5万人提升至1.8万人，1789年又提升至2万人；1783年至1790年之间，在他的倡议下，皇家海军还新建造了33艘战列舰。另外，小皮特本人（与他的父亲相同）对海军怀有浓厚兴趣，尽管由于忙着处理其他国家事务，他无法像查塔姆那样直接控制海军，但他派出了巴勒姆（Barham）这样杰出的人才作为审计官（Comptroller）去管理海军。尽管不可避免地，巴勒姆也遭遇了很多困难，但他还是锐意改革，扩大了造船厂的规模，解决了较为严重的腐败和低效问题，建立了海军物资仓库。他设计了新制度，以确保皇家海军现有舰艇能够得到定期维护和更换，并且对新舰艇建造的全过程进行了监督。与此同时，在1783年后，法国海军却令人惋惜地走向衰败。[63]

在外交领域，与此前的布特或诺思政府相比，小皮特政府所取得的成就同样令人振奋。[64] 实际上，如果能有选择的话，小皮特并不愿意实施积极的外交政策。在18世纪80年代，英国的国内问题层出不穷，即使是一位杰出的首相也会疲于应付，但小皮特愿意与其他国家采取一致行动，以防止欧洲大陆的平衡发生对英国有害的偏移，并借此来遏制任何威胁英国海外利益的企图。由于小皮特在很大程度上依赖皇家海军这一"威慑力量"，他自然在那些受海权影响较大的领域内取得了更多成就。1790年，英国与西班牙因努特卡湾（Nootka Sound）的贸易权问题发生摩擦，最终，英国从总共93艘的战列舰中派遣40艘前往争议海湾，并将更多军力派遣到这一殖民地，从而解决了这一争端：西班牙最终做出了让步，因为它很可能会被英国人赶出加拿大的太平洋沿岸，还可能失去珍贵的殖民地。不过，在1787年危机中，最终迫使法国放弃荷兰国内的亲法党派的关键因素并非英国的海上霸权，而是普鲁士军队对荷兰领土展开的入侵行动。由于在七年战争中，查塔姆和弗里德里希所缔结的英普同盟取得了巨大成功，1788年，两国重新结成的"第二次英普同盟"足以震慑其他欧洲列强了，上文提到的荷兰危机，以及第二年英普两国联合阻止丹麦入侵瑞典领土的行动可以为这一观点提供良好的论据，但英国单独行动时能否得到尊重就是另外一回事了。例如，1791年，柏林和伦敦陷入龃龉，俄国趁机与奥斯曼帝国开战，并向黑海沿岸进行扩张，小皮特对此无能为力。

在1789年法国大革命的影响力跨越边境，把欧洲的大部分国家和地区都卷入一场全面战争（其残酷性和破坏性都超越了此前的所有战争）之前，英国自身看起来强大、安定且富有吸引力。通过不断开拓进取，它已经把自己打造为世界上最大的殖民、商业和贸易帝国，甚至在1776年至1783年的美国独立战争后，即使遭受了屈辱，英国也没有停止扩张的脚步。确定无疑的是，英国国内的政治体制没有跟上其经济发展的步伐，急需改革，但其政体相对灵活这一特点允许其在不进行根本变革的情况下进行一些改良；幸运女神垂青的话，英国可以安然驶过起伏不定的社会和经济浪潮，并避免国内突发动乱。英国的领导阶层非常明智，并且对于国家本身及其与外部世界的互动怀有正确认知。至少与18世纪70年代相比，此时的政府在外交方面有所改善。它拥有一支训练有素、令人敬畏的海上力量，并得到了强大的人力、资金和物资支持。按照当时通行的国际强权政治判断标准，或许，当时的英国比任何一个国家都要更加优越，几乎是无懈可击的。借用航海术语来说，此时的英国就像一艘造型匀称、结构结实、武备强大的战舰。鉴于它即将驶入一场前所未有、狂暴异常、持续良久的风暴之内，这自然令人长舒了一口气。

第五章

与法国再次交锋
(1793—1815 年)

> 放眼整个世界,大英帝国欠下那个恶棍[拿破仑]的人情最多。因为通过他制造的事件,英国才得以变得更加伟大,更繁荣,更富有。英国是海洋的主人,无论是在海上还是在世界贸易领域,它现在都已经无可匹敌。
>
> ——冯·格奈森瑙将军的评论,
> 转引自 G. J. 马库斯:《英格兰海军史》(两卷本)
> [G. J. Marcus, *A Naval History of England*,
> 2 vols. to date (London, 1961–71), ii, p. 501]

英国与大革命时期的法国和拿破仑统治下的法国之间的两场战争是本书作者最感兴趣的地方,因为它们既代表了英国海上霸权崛起以来的顶点,也涵盖了自伊丽莎白时代以来众多激烈战争的全部方面。从 1793 年至 1815 年间,英国建立了一种几乎无可匹敌的海上优势,从狭义上讲,它拥有一支强大的舰队,并以众多造船厂、海军基地和庞大的商船队为后盾;在这一时期,英国巩固了自己对于殖民世界的控制，以及其在对外贸易中的领导地位。这一时期见证了法国颠覆欧洲大陆以及殖民地现状的企图的失败，从而维护了欧洲的力量平衡；这一时期还见证了英国独特的工业化进程再次取得了重大进展。与1763年相比，1815年的胜利更加来之不易，但从帝国主义者狭窄的视角来看（即以拓展新领土为先），1815年的胜利却没有那么令人印象深刻。然而，只要你把法国在拿破仑战争后的几十年里的国际地位与七年战争后的情况进行比较，就会认识到，1815年的胜利产生了更重要、更长期的影响。《巴黎和约》承认了英国的优势地位，但这一地位很快就受到了挑战并被推翻，而维也纳会议承认了英国对海洋的控制权，这是外国列强无论如何努力都无法打破的。一个国际政治的新时代开启了，它与18世纪的世界（列强之间经常转换阵营并且频繁爆发战争）存在根本的不同，其最显著的特征之一是英国在海军、殖民和经济方面的领先地位所带来的"英国治下的和平"。

正是在1793年至1802年以及1803年至1815年的战争中，英国皇家海军舰队与法国海军（后者得到多支盟国舰队的协助）之间为争夺制海权而进行的旷日持久的对决达到了高潮。但就主力舰队的对战而言，这又是一段英国人屡战屡胜的历史。[1]1794年，豪将军在"光荣的六月一日"海战中取得胜利，俘获加摧毁了7艘法国战舰，但它们护送的运输珍贵粮食的法国船队还是躲过了英军舰队的侦察；1797年2月，杰维斯（Jervis）的舰队在圣文森特角（Cape St Vincent）外海与一支实力强大的西班牙舰队交手，并俘获了4艘敌舰，这次战斗令人深刻的一点是纳尔逊打破了传统的战列线阵形；同年10月，由邓肯（Duncan）率领的英军舰队在艰苦的坎珀当（Camperdown）海战中取胜，获得了不少于11艘荷兰战舰作为

第五章　与法国再次交锋（1793—1815年）

战利品；1798年8月，纳尔逊在著名的尼罗河战役中挫败了拿破仑在埃及的冒险行动，在这场战役中，13艘法国战列舰中只有2艘成功逃脱；1805年10月21日的特拉法尔加海战可能是历史上最著名的海战，在这场海战中，英军共计击沉加俘获了18艘法西联合舰队的战舰。这场海战具有决定意义，在这场战争剩余的时间内，英国皇家海军的制海权再未受到过严重挑战。此外，这些大胜还有诸多小胜作为补充：例如英军巡航舰在遥远水域的行动，以及针对哥本哈根（1801年和1807年）和艾克斯锚地（Aix Roads）（1809年）等港口的袭击行动等，鉴于此，纳尔逊时代被视为英国海军历史上的顶点就不足为奇了。

为什么英国皇家海军总能对敌人造成毁灭性打击？原因有很多，但很明显，兵力优势通常不是其中之一。在"光荣的六月一日"战役中，双方战舰数量相等；杰维斯的舰队有15艘战舰，但他在圣文森特角遇到了28艘西班牙战舰；在坎珀当海战中，双方战舰的数量再次持平，不过荷兰战舰的武备略差一些；在尼罗河战役中，双方战舰数量还是相等的；在特拉法尔加海战中，英军舰队共有27艘战列舰，而法西联合舰队共有33艘战列舰。值得一提的是，与法国和西班牙的同类战舰相比，英国战舰通常更小，火炮也更少。而从总体上对各支海军力量进行衡量时，英国也并不具备压倒性的兵力优势。1793年，皇家海军战列舰的总数为115艘，而法国的战列舰总数为76艘，随后由于法国保王党舰队在土伦投降，法国战列舰的数量在短时间内下降了很多；但是随着西班牙和荷兰背叛英国——其名义上分别拥有76艘和49艘战列舰，局面完全改变了。[2] 另外，某个或某些北欧国家因棘手的战时中立国航运权问题而参战的可能性也一直存在。1803年，英国的优势更加明显，它的敌人发现，由于遭受封锁，自己很难获得建造军舰所需的重要海军物资。然而，鉴于皇家海军任务的广泛性，纯粹的兵力计算并不能说明什么问题；它的主力舰和巡航舰需要扼守地中海，对法国和西班牙在大西洋的海军基地始终保持警惕，还需要防范荷兰人，在波罗的海进行巡逻，协助陆军远征殖民地，以及掩护英军和盟军在沿海的作战行动，并为商船队提供护航。这一切不仅使英国皇家海军分散到世界各地，而且使其更容易受到海况和天气的影响，而与此同时，敌人舰队则舒适地驻扎在其港口。在法国革命战争和拿破仑战争中，英国皇家海军因自然因素而遭受的损失远比因敌军打击而遭受的损失多。[3]相比之下，法国和西班牙海军的损失则主要是战斗造成的。

然而，这种经常暴露在大西洋风暴和英吉利海峡浓雾中的经历，对英军战舰上的水手们产生了积极的影响，使得他们的航海技术达到了非常高的水平。尽管英军战舰在一对一的情况下比其对手要慢，但由于其纪律更严明、效率更高、凝聚力更强，英军舰队可以更迅速、更精确地机动；在一场又一场的战斗中，英军指挥官都能够充分利用敌人防线上的"缺口"或其他一些战术失误。具备较高航海技术的另一种表现是英国人可以航行到较浅的或者未绘制海图的水域，并且纯粹依靠技术来避免航行中的危险；例如，在尼罗河和哥本哈根（1801年）海战中，纳尔逊的一些战列舰突入了锚定的敌军战舰**靠近陆地**的一侧，这一出人意料的大胆举动使对手顿时陷入了混乱。

船员们普遍愿意冒险，而且乐意遵从纳尔逊的格言，即"如果船长能把自己的船开到敌人旁边，那么他就不会犯什么大错"，这表明：从英荷战争开始逐渐演变且不断强化的正统战术——战列

英国的封锁打击了法国贸易并保护
英国免遭法国入侵

英国舰队在波罗的
海保护航运

哥本哈根海战（1801年、1807年）

坎珀当海战（1797年）

圣文森特角海战（1797年）

特拉法尔加海战（1805年）

半岛战争中英国的海军支援

尼罗河战役（1798年）

地中海舰队试图遏制拿破仑
并支援英国的盟国

地图5　1793—1815年欧洲海战的战略

英国海上霸权的兴衰　　148

线战术，现在正彻底走向崩溃。[4] 当然，在之前的海战中，舰队之间偶尔也会发生近战（mêlée），这种战斗赢得决定性胜利提供了绝佳机会；但随着《作战条例》的修订和军官队伍中积极进取精神的盛行，近距离的捉对厮杀变得更加普遍。歼灭敌军舰队再次成为海战的主要目标。纳尔逊曾怒批霍瑟姆（Hotham）在 1795 年率领皇家海军与法军土伦舰队交手时过于谨慎的策略："如果我们已俘获了 10 艘敌舰，但让本来可以捉住的第 11 艘敌舰跑了，那我也绝不会说这场仗打得很好。"[5]

这种对战斗的渴望在很大程度上也可以归因于英国人在火炮技术方面的优势。当时皇家海军的火炮当中，有一种火炮表现尤为突出——近距臼炮（carronade），这是一种易于操作的速射火炮，可以在较近距离发射大型炮弹，而且只需要少量炮手操作。[6] 从 1779 年开始，皇家海军舰队装备了越来越多的近距臼炮，在桑特群岛之战中，它们给法国军舰造成了可怕的破坏。这种近程武器的存在给英国舰长们提供了巨大的动力，促使他们接近敌人，在敌人的防线中来回穿插、左奔右突。在法国革命战争和拿破仑战争的所有重大战役中——包括"光荣的六月一日"战役、圣文森特角战役、坎珀当海战、尼罗河战役和特拉法尔加海战——这种近距臼炮都造成了可怕的伤亡，尽管交战对手法国和西班牙军队糟糕的炮术可能导致英国观察家夸大了它们的效果；在与荷兰和美国海军的战斗中，双方伤亡人数分布更为均匀一些。可以肯定的是，如果没有对炮手进行不断训练，没有诸多著名指挥官——布罗克、道格拉斯、特鲁布里奇（Troubridge），当然还有圣文森特和纳尔逊——对这种火炮表现出浓厚兴趣，这种武器也就不会如此有效。

在这一时期，皇家海军指挥官们的专业精神、热情和高效令法国和西班牙高级军官们相形见绌。整个18世纪，法国海军在战斗中都表现得谨小慎微，而非积极进取，大革命导致许多保王党军官被撤职，使得士气进一步低落；思想上的热情和锐气可能会在陆战中创造奇迹，但要组建一支庞大的舰队，就需要有能力的军官、训练有素的水手和丰富的经验。在大多数时候法国人都不具备这些条件。另一方面，必须承认，在战争初期英国一些不称职的军官被迅速淘汰后，现在法国人面对的是一支非凡的人才队伍。如果说纳尔逊以其独特的领导力、魅力、战术天才、智慧和对胜利的渴望而独占鳌头，那么还有许多其他指挥官也值得尊敬：强硬、虑事周全、一丝不苟的圣文森特，邓肯、康沃利斯、基思（Keith）、科林伍德（Collingwood）、豪和胡德（Hood）等出类拔萃的舰队指挥官，特鲁布里奇、达比（Darby）、福利（Foley）、哈代（Hardy）等一大批杰出的舰长，还有布莱克伍德（Blackwood）、里欧（Riou）、科克伦（Cochrane）和其他一些杰出的巡航舰指挥官。站在这些海上指挥官背后的是巴勒姆和后来的圣文森特自己，他们谨慎地制定海军的总体战略，但又总是愿意支持那些更为大胆的海军将领，尤其是在地中海地区，即使这意味着部署到本土水域的力量会有所削弱。此外，正是由于巴勒姆建立的后勤体系和造船厂的支持，在整个战争期间，英国才得以维持一支庞大的舰队。但在管理方面，皇家海军仍然面临着巨大的困难；海军物资的供应一直是一个关键问题，特别是在拿破仑实施大陆封锁政策（Continental System）时期；造船厂改装和修理军舰的速度仍然太慢；而且由于服役条件过于原始和残酷，皇家海军永远无法确保自己招募到足够的水兵，1797年甚至出现了严重的兵变。尽管如此，英国海军部在面对这些问题时仍然取得了显著的成绩。

与英法两国争夺制海权的斗争同时发生的,是它们争夺海外基地和殖民地的斗争,后者甚至更具决定性;这也是一个世纪以来双方殖民竞争的高潮。自从于1815年赢得胜利,英国的国际地位空前提高,甚至几乎成了世界上唯一一个真正的殖民大国。

英法之间的战争本来是一场欧洲战争,却能如此迅速地蔓延到热带地区,这是许多因素共同作用的结果,其中大部分因素都是一目了然的。首先,皮特、邓达斯(Dundas)、卡斯尔雷(Castlereagh)子爵和其他英国大臣在很大程度上都是"海上"战略的倡导者。正如邓达斯在1801年所说的那样:

> 鉴于我们岛国的地理位置,以及有限的人口,不允许我们进行大规模的陆战,再考虑到商业和航运对我们物质生活的重要性,很明显,不管战争的原因是什么,我们关注的首要目标都应该是利用一切手段,更加有效地获取那些可以维系我们海军优势的资源,与此同时,我们要减少或占据敌人可能获取的同类资源,以避免其借此与我们展开竞争……因此,英国那些奉命指挥这场战争的人有责任切断我们敌人的殖民地资源,就像一支强大陆军的将军有责任摧毁或拦截他对手的弹药供应一样。[7]

人们认为,相比于派遣陆军部队前往欧洲大陆,英国只有采取上述做法才能击败法国。这是所谓"不介入战略"的回归,遗忘了18世纪之前所有英法战争的主要教训;在多年的外围和海外作战表明,只有依靠陆战才能真正打败拿破仑之后,英国被迫放弃了"不介入战略"也就不足为奇了。但这种态度的后果是,在整个战争期间，殖民地在英国的决策中都占据了很高的地位。

当然，对英国人来说，还有其他的动机来加强这种倾向。英国海军部急于确保其遍布全球的海军军港的安全，部分目的是在主要贸易路线旁获得有利的位置，但主要目的还是遏制敌人私掠船的活动。第二次占领好望角就是这种战略动机的一个很好的例子。[8]或许，经济因素是更为强大的动机。西印度群岛提供了英国海外投资收入的五分之四，是兰开夏郡棉花制造商、糖料种植商、船运商和金融家们关注的焦点。事实上，英国人极为看重西印度群岛，伦敦毫不犹豫地向这个危机四伏的地区派遣了无数远征部队——用一位历史学家的话来说，"造成了10万人伤亡，却对战争的主要进程毫无贡献"。[9]此外，由于与法国、西班牙和荷兰的战争自然而然地影响了英国与欧洲大陆的贸易，正如邓达斯所说，英国迫切需要"寻找新的有益的市场，以替代那些暂时中断的市场"。随着拿破仑大陆封锁政策的实施，这种寻找新市场的需要变得更加迫切。

一如既往，海权的归属决定了英国与其欧洲对手之间争夺殖民地斗争的最终结果；无论什么时候，英国皇家海军都有能力将敌方舰队限制在欧洲海域内，并在其出港时施以沉重打击，这决定了美洲、非洲、印度洋和东印度群岛的欧洲国家海外属地的命运。1793年，英国占领了多巴哥、圣多明各的一部分、本地治里、圣皮埃尔和密克隆群岛（St Pierre and Miquelon）；1794年，英国占领了至关重要的西印度群岛马提尼克岛、瓜德罗普岛、圣卢西亚岛、桑特群岛、玛丽-加朗特岛和德塞阿达岛（Deseada）；1795年，英国夺取了锡兰、马六甲和好望角等重要属地；1796年，英国夺取了荷兰在东印度群岛和西印度群岛的领地；1797年，英国占领了特立尼达，并摧毁了法国在马达加斯加的殖民地；1798年，英国攻占梅诺卡岛，并挫败了拿破仑针对埃及的进攻；1799年，苏里南落入英国之手；1800年，英国夺取了戈雷岛、库拉索岛（Curaçao）和马耳他岛；1801年，英国侵占了丹麦和瑞典在西印度群岛的海外领地；在印度，韦尔斯利兄弟打败了亲法的当地王公，极大地扩大了英国对南亚次大陆的控制范围。根据1802年各方签署的《亚眠和约》，所有这些领土，除了锡兰、特立尼达和印度的部分地区被保留为英国殖民地，还有马耳他岛被列为"中立"地区，其余领土均被交还给它们先前的主人。当这种不稳定的和平状态在第二年被打破时，在更强大的海军优势的帮助下，英国人轻而易举就恢复了针对上述领土的殖民征服。在特拉法尔加海战爆发之前，英国人就重新占领了圣皮埃尔和密克隆岛、圣卢西亚岛、多巴哥和荷属圭亚那，并在印度进一步拓展领土；1806年，好望角落入英国人手中；1807年，英国重新占领库拉索岛和丹麦在西印度群岛的属地；1808年，占领摩鹿加群岛（Moluccas）；1809年，重新占领塞内加尔和马提尼克岛；1811年，重新占领瓜德罗普岛、毛里求斯岛、安汶岛、班达和爪哇。"没有壮观的胜利场面，也没有戏剧性的军事壮举，但法国和荷兰的海外殖民帝国却无声无息地被消灭并落入英国人的掌控之中。"[10]到1814年，正如拿破仑自己承认的那样，英国人的实力已经足够强大，如果愿意的话，他们足以在缔结和约时保留所有这些战争期间占领的领土。

同样，由于握有海权，英国挫败了敌军舰队的挑战和入侵企图（法国针对爱尔兰的几次零星袭击除外），并创造了迅速占领敌人殖民地的契机，也迫使较弱的敌军舰队转而采取破交战的策略。在这方面，1793年至1802年和1803年至1815年的战斗，见证了自1689年以来英法海军对抗的另一个主要方面，即主战舰队决战和商业破交战作为击败敌人的手段之间的较量。当时，这两个战略之间的竞争也达到了高潮。但对于19世纪后期的海军主义历史学家来说，并不存在这一问题，他们会毫不犹豫地选择前者。马汉写道，法国人曾希望仅靠破交战来使英国破产："但他们得到的结果却是自身海军官兵的士气日益低落，逐渐失去对海洋和本国对外贸易的控制，最后是拿破仑的大陆封锁体系的破产和法兰西帝国的灭亡。"[11] 凭借海上优势，英国可以挫败敌人入侵其本土的企图，并向欧洲大陆派遣远征军，同时保护自己的殖民地，夺取敌人的殖民地，因此，其对战斗舰队行动的偏好是完全合理的；但是，这绝不应导致我们全盘否定组织良好的破交战可能产生的积极影响。事实上，在法国革命战争和拿破仑战争期间，法国私掠船针对英国海上贸易线的袭击是自西班牙王位继承战争以来最为成功的。和之前的战争一样，法国主力舰队和商船的衰落释放了成千上万的水手，他们全都可以投入私掠行动，对法国人而言，这也是当时海上唯一剩下的职业——但这是一个高利润的职业。此外，法国海军也派出一般由4到6艘舰艇所组成的突击舰队去英国的贸易路线上搜寻猎物，在其他国家与法国结盟后，英国的航运受到了欧洲大多数国家海上力量的攻击。这些攻击大多发生在英吉利海峡、比斯开湾、北海、波罗的海和地中海，而且吨位更大、武备更强的私掠船加入了袭击舰队，并开始在全球范围内开展破坏英国商业贸易的行动。法国私掠船经常从马提尼克岛、瓜德罗普岛和毛里求斯这些基地出发，对英国在西印度群岛和东印度群岛的重要贸易线路进行攻击。最后，还有两个因素使这场海上战役比以往任何时候都更加令人生畏。法国虽然缺乏舰队指挥官，但此时却有许多大胆的海盗，如布兰克曼（Blanckmann）、列维尔（Leveille）、勒梅米（Lemême）、叙尔库夫（Surcouf）、迪泰特（Dutertre）、哈梅林（Hamelin）、布韦（Bouvet）等等，他们利用一切机会破坏英国贸易；而现在英国的海外贸易规模十分庞大，导致有大量的目标摆在袭击者面前。伦敦承接了英国全国一半以上的贸易，其记录在案的年均进出港船只的数量为1.3万至1.4万艘之间。[12]很明显，想时时刻刻保护这些商船是不可能的。

如果当时的清单可信的话，从1793年至1815年间，大约有1.1万艘英国商船被敌人俘获；尽管根据马汉的计算，即使这一庞大数字也只占英国所有商船数量和总吨位的2.5%，但这一损失仍然是空前的。当时英国的海洋保险费率急剧攀升，海运和贸易公司纷纷向海军部投诉，新闻界也批评海军应对不力。1810年，拿破仑对英国在波罗的海的贸易发起打击，导致当年英国商船的损失达到有史以来的最高水平——619艘，劳埃德船级社（Committee of Lloyds）因此受到其成员的正式谴责。考虑到大陆封锁政策本身的影响，法国旨在破坏英国海上贸易的行动产生了严重的经济后果，我们不应该忽视这一点。

在激动的商业游说集团的推动下，英国海军部终于认识到充分保护海外贸易的重要性，因此推出了一系列举措，旨在打击敌人的破交战。皇家海军在桑丁斯（Soundings）和下北海（lower North Sea）等重点海域部署了巡逻队，并派遣巡航舰监视敌方港口。"Q船"，即一种伪装成和平商船的武装船只，也沿着英国海岸活动，旨在突袭在这片水域航行的诸多私掠船。此外，英国还派遣远征军去摧毁敌人部署在海外的海军基地，敌人私掠船正是利用这些基地对英国获利丰厚的殖民地贸易发动袭击的。然而，这一战略并没有取得很大的进展，因为直到1810年，英国人才占领了毛里求斯，这是英勇无畏的法国私掠船长的巢穴；随着该岛的陷落和第二年英国对爪哇的占领，法国人在东方海域的破交战逐渐消失了。[13]但是，最有效的措施是建立一个世界范围内的护航体系，这是由英国海军部和劳埃德船级社联合设计的，这两个机构参照1793年、1798年和1803年的《护航法案》(Convoy Acts)，将这一体系强加给了并不情愿的广大船舶所有者。这样做，海军和保险公司为重要的海外贸易路线提供了保护，毫无疑问，这有效降低了航运的损失率。只有东印度公司和哈得孙湾等公司的大型船只和某些其他专业船只才能免除在港口集合并等待护航的义务；然后，当护航舰队到达时，庞大的船队才会起航，并在海军的指挥下驶向目的地。通常有200艘，有时多达500艘商船聚集在英国南部海岸的港口内，比如朴次茅斯，然后再由战列舰和巡航舰护送驶过"危险海域"。针对特殊情况，英国还采取了某些非常措施。例如，1808年，为了保护航行在波罗的海的商船免受丹麦人的袭击，海军部在航线的两端和沿途每隔一段距离都部署了战列舰。[14]通过所有这些措施的结合，英国人得以挫败敌人针对其商业贸易发动的持续袭击，从而维护经济繁荣，继续与法国作战。但也许整个战争中最令人震惊的事实是：关于使用护航船队的极为明确的战略教训被后来的皇家海军所忽视，并在1917年差点给英国带来了毁灭性的后果！

在这场史诗般的、旷日持久的较量中，用马汉的话说，"法国和英国在广阔的竞技场上你争我夺"，古老的海权和陆权之争再次出现，只是形式更高级了。拿破仑毕竟是后一种权力的化身，他征服了许多国家，主宰了欧洲大陆，这是西班牙的腓力二世和法国的路易十四都从未做到的。而在纳尔逊身上，我们则可以看到马汉在其传记中所称的"海权的化身"。[15]英国人又一次面临这样的难题：

如何打败一个不太容易受到海权作用影响,却(至少在拿破仑的天才和魄力下)有可能征服欧洲,并威胁不列颠群岛安全的国家。

的确,此时的英国在外交上已经不像美国独立战争时期那样孤立。但是,拿破仑伟大的军事成就却一次又一次地挫败了英国拼凑反法同盟的努力。[16] 即使是第一次反法同盟——这个几乎囊括了西欧和中欧的所有国家来对抗无组织的法国革命者的联盟,也在1795年开始瓦解。两年后,随着奥地利被击败,除了与葡萄牙还保持联系之外,英国实际上已经被孤立了。拿破仑征服埃及的失败,使英国得以施展外交手段来引诱奥地利和俄国参加第二次反法同盟,然而,随着普鲁士的退出、俄国的撤退和奥地利的战败,这个同盟的脆弱之处再次暴露出来。[17] 英国不仅没有在陆地上找到盟友来遏制法国,相反,法国还迫使荷兰和西班牙政府在海上进行合作,共同对抗皇家海军,并重建了武装中立联盟。到了1801年,甚至连葡萄牙也不再是英国的盟友了。1802年的《亚眠和约》只是印证了英法两国陷入了一种类似于奥地利王位继承战争结束时的战略僵局:英国控制着海洋和殖民地世界,而法国主导着欧洲大陆,谁也不能在对方的领域内占到便宜。当1803年战争再次爆发时,英国仍然是孤军奋战,直到两年后才与奥地利和俄国组成第三次反法同盟;但在1805年至1807年期间,拿破仑先后击败了奥地利、普鲁士和俄国,随着大陆封锁体系的建立,整个欧洲实际上联合起来反对英国,这迫使英国集中精力在西班牙、波罗的海和地中海等外围区域作战。直到1812年拿破仑进攻俄国失败后,英国才有可能建立起一个坚定而团结的联盟,并最终击败法国的军事力量。

正如布伦教授所指出的那样,英国的问题在于,它自己需要与

第五章　与法国再次交锋(1793—1815年)

奥地利、普鲁士和俄国这三个军事强国联合起来，才能打败复兴的法国；然而，出于恐惧或贪婪，这些强国中的任何一个都随时准备放弃反法同盟，而与拿破仑结盟。[18]只有英国一以贯之地反对法国，但如果没有这些欧陆强国作为"大陆之剑"，英国也总是孤掌难鸣。这一方面解释了为什么英国人在费了最大的力气搞外交之后，仍然花了这么多年才击败他们的头号劲敌；另一方面也说明了在争夺整个大陆控制权的斗争中，海权的影响力是极为有限的。毕竟，在后特拉法尔加时代，皇家海军占据了史无前例的巨大优势，但这也是拿破仑在欧洲享有最无可匹敌的统治地位的年代。用波特和尼米兹的话来说，鲸鱼和大象很难相互搏斗[19]；如果说这种战略上的差异帮助英国确保了不列颠群岛、埃及和其他殖民地的安全，它却无助于伦敦实现恢复1789年前欧洲原状的基本战争目标。

由于伦敦在战争初期的拙劣外交，以及英国政府不愿像马尔伯勒或老皮特那样参与欧洲大陆的军事行动——欧洲盟国一直认为只有英国人出兵欧陆才能证明他们是认真的，不会抛弃自己——这项任务进一步复杂化了。正如我们所看到的，英国愿意与法国及其卫星国的舰队交战，把它们从海上赶出去；它愿意在全球范围内进行代价高昂的远征，打击敌人的殖民地，但很难说服奥地利人或普鲁士人相信这样的行动是为了同盟的共同利益；它愿意通过强有力的封锁政策让法国人难以进行海上贸易，因此到1800年，法国与亚洲、非洲和美洲的贸易总额不到35.6万美元[20]；它愿意无视国际法，决心削弱法国在欧洲的影响力，针对丹麦的作战行动就表明了这一点；它愿意在波罗的海和地中海为参与沿海作战的盟军持续提供海上支援；它愿意向盟国提供越来越多的财政援助，到1815年，财政援助总额达到了惊人的6 500万英镑[21]；最后，它愿意派遣自己的士兵对法国统治下的欧洲沿岸地区发动"打了就跑"的袭击行动。

可以认为,这些措施,特别是最后一项措施表明英国人并没有忘记他们必须将法国的军事力量吸引到别处,或令其分散。1795年,英国占领了科西嘉岛并坚守了一年。1799年,一支英国和俄国海陆军联合部队在泰瑟尔岛展开了军事行动,但很快就撤退了。1800年,英国派遣一支远征队在费罗尔(Ferroll)登陆,但这支部队很快又登船返回。同年,在占领梅诺卡岛两年后,英军又攻占了马耳他岛。1807年,在帮助瑞典人的过程中,英军占领了施特拉尔松德(Stralsund),并派出另一支部队在哥本哈根附近登陆,以支持俘获丹麦舰队的作战行动。1809年,英军发起了规模最大的一次突袭,当时其集结了4万名士兵,准备对荷兰发动袭击。然而,尽管英军针对这些广泛分布的外围区域所发动的大量袭击行动表明,掌握制海权能够得到诸多战略好处,这些行动却基本都未能对欧洲大陆的力量平衡产生影响。事实上,这些作战行动大都是为了纯粹的海军目标而执行的。占领科西嘉和梅诺卡岛是为了封锁土伦的法国海军基地,占领马耳他是为了掩护地中海东部,而攻占施特拉尔松德是为了保护海军物资的供应线。然而,在1800年,当英国内阁对于是否执行以8万人的兵力(能够占据相对优势)突袭布雷斯特、加的斯或费罗尔的计划摇摆不定时,他们的奥地利盟友正在马伦戈遭受重创——而这本来是一场势均力敌的战斗,英国的贡献本来是能发挥决定性作用的。[22]同样,对大多数研究拿破仑战争的历史学家来说,英国人在西班牙战役开始的时候,却为注定失败的瓦尔赫伦远征投入了大量人力物力,这似乎是无法解释的;而且,就像这一时期的许多其他"联合"作战行动一样,英军也没有停留足够长的时间来分散敌人的武装力量。1793年至1815年间，许多决定性的陆上战役都发生在远离海洋的地区，因此不易受到英军侧翼袭击的影响；而这些两栖攻击很短暂，使得英国更加无力对战事施加重大影响。

事实证明，英军取得辉煌胜利的半岛战争是上述规则的一个反例，因此，一直被视为"海上力量赋予巨大战略优势的经典范例"。[23] 然而，虽然皇家海军凭借优势地位为英国陆军提供了后勤支持并增强了其机动性，可如果没有威灵顿这位谨慎的军事天才，这场战役是否会取胜还是一个疑问。最关键的事实是：葡萄牙和西班牙民众现在都强烈反对法国；而拿破仑正将注意力集中在欧洲其他地方，尤其是德意志和俄国。无论这些因素的重要性如何，它们汇聚在一起，首次**持续**遏制住了拿破仑的野心，这一事实充分证明了英国政府在1809年之后不顾国内反对继续进行半岛战争的决定是正确的。这场战役吸引了绝大部分法军——一度约有37万法国军队试图压制西班牙人的反抗——并使其最终阵亡了4万人；它打破了大陆封锁体系，不仅促进了英国与西班牙和葡萄牙的贸易，还促进了英国与两国海外殖民地的贸易；它也为欧洲其他地区树立了抵抗法国统治的榜样。

然而，纵观整个战争的战略史，半岛战争的地位可能与1940年至1943年的北非战役相似——消耗敌人的资源，提振盟军的士气，但从军事上讲，那并不是对敌人进行决定性打击的战场。值得指出的是，在两场战争中，对敌人发动决定性攻击的战场都在东欧，在那里，拿破仑和希特勒一样，不自量力，然后不得不自尝苦果。"［1812年］进军俄国的法军及其盟军共有43万，其中仅有5万人找到了归路，10万人被俘虏；有超过10万人死于大规模战役和小规模交战,而死于疾病、寒冷和饥荒的人几乎是这个数字的两倍。"[24]在这场灾难之后,拿破仑所有心怀不满的附庸国——奥地利、普鲁士和瑞典——都摆脱了法国的束缚,加入了反法同盟。虽然这些国家军队的作战行动受到那些优柔寡断、缺乏杰出军事才能的将领的阻碍,但它们的绝对数量已经压倒了拿破仑的军队,后者也受到缺乏大炮、马车以及其他军事**物资**的困扰。1813年,在莱比锡爆发的"民族大会战"中,法军损失了近20万部队,到当年年底,到达莱茵兰的法军部队只剩下筋疲力尽的4万人。正是这几乎两个集团军兵力的损失,使得法国的军事力量大打折扣,即使拿破仑于1815年在滑铁卢战场上进行了最后一次赌博,他也因为力量过于弱小,根本无力征服威灵顿和布吕歇尔的军队。

我们将会看到,在1812年至1814年期间,英国以近乎无限的资金和军火援助的形式对俄国、奥地利和普鲁士进行了支持,为三国赢得东欧战场的胜利发挥了重要作用;而正是由于皇家海军对商业的保护,英国才得以向大陆盟友提供如此大规模的援助。然而,这种说法还是与"正是由于我们几乎彻底控制了海洋,挑战了拿破仑对于欧洲大陆同样彻底的统治,这不仅拯救了我们,而且最终打败了他"[25]的说法相去甚远。事实上,这两个因素往往是相互抵消的。英国在"光荣的六月一日"海战和早期的殖民征服中的胜利被普鲁士、西班牙和荷兰的叛逃,以及皇家海军从地中海的撤退所抵消;圣文森特角海战和坎珀当海战的胜利被法国征服意大利北部以及奥地利投降所抵消;尼罗河战役和第二次反法同盟的形成也被俄军的撤退和奥地利在马伦戈和霍恩林登的进一步惨败所抵消;人们会记得,特拉法尔加海战发生在乌尔姆战役和奥斯特里茨战役之间,海军至上主义者费舍尔将军因而得以在一个世纪后强调:

"特拉法尔加海战并未能阻止奥斯特里茨的惨败！尽管赢得了特拉法尔加海战，皮特还是说'把欧洲的地图卷起来'，然后他心碎而死了！"[26] 英国在意大利的盟友多年来一直得到科林伍德的努力帮助，其命运同样"由中欧战场决定"[27]；而且，虽然英国皇家海军在1808—1809年向瑞典提供了临时援助，但它既不能阻止芬兰的扩张，也不能挫败法俄的联合施压——这种压力迫使瑞典遵从大陆封锁体系。诚然，英国凭借海军优势维护了自己的独立，并在海外获得了新的殖民地；但这仅仅是当时英法两国从陆权到海权全方位斗争的一个方面而已。鉴于英国海军历史学家们总是基于爱国主义偏见来阐述这一问题，在这里我们有必要指出一个不言自明的事实：一场争夺欧洲军事主导权的战争，从逻辑上讲，必须在欧洲内部由陆军进行。为了打败拿破仑，"海上"手段必须辅以"大陆"手段。

在英国与拿破仑的斗争接近尾声时，以往战争的另一个方面表现出来了——北美方面。英法之间的激烈冲突，常常有意无意地把其他欧洲国家拖入其中，也对英国与美国之间的关系产生了影响，而到19世纪初，美国已经成为英国的重要贸易伙伴。像丹麦一样，美国充分利用了国家的中立地位，其航运和海外贸易都实现了大幅扩张，但它们不可避免地受到英国枢密令和法国各种禁令的影响。在这两国施加的压力中，由于皇家海军实施的封锁，来自英国的压力更具威胁；英国在美国船只上抢走水手的政策更加剧了美国人对这种干涉的不满——这既表明伦敦迫切需要为其庞大的海军提供人手，也表明其仍然缺乏令人满意的招募制度。尽管英国政府最终撤销了该法令，但为时已晚，美国已经对其宣战了。[28]

在1756年至1763年的北美战争中，英国人之所以获胜，是因为他们在北美大陆上拥有兵力优势,而法国人因为欧洲战争而分心,无法挑战英国皇家海军对海上交通的控制。而在1776—1783年的新一轮战争中,英国人失败了,因为他们试图在人力和后勤支持不足的情况下征服一个广阔的大陆,也因为法国和西班牙人摆脱了欧洲战事的纠缠,从而能够充分利用伦敦在殖民地方面的困境。在第三轮也是最后一轮战争中,双方在北美打成了平局,因为这些不同的决定性因素混杂在一起,并倾向于相互抵消。[29]法国海军没有能力干涉北美,事实上,巴黎和华盛顿在这场战争中根本没有合作,尽管他们面对的是共同的敌人;由于欧陆战事严峻,拿破仑的全部注意力都集中在与俄国和德意志的殊死搏斗上,而其他欧洲列强也不想让英国难堪——俄国甚至试图在伦敦和华盛顿之间进行调停,以结束两国的对抗。必须承认一点,英国自己的注意力也被欧陆的战事分散了,英国被迫从西班牙撤出部分军队以应对加拿大的战事,与此同时,威灵顿的半岛战争还在继续进行。只不过,与1776年相比,1812年的国际形势对英国更加有利。美国海军尽管表现积极,但实力处于劣势,因此皇家海军迅速控制了美国东部沿海地区,并将陆军远征军输送至战场。在英美战争中,皇家海军的表现并不算成功,不论是在五大湖区所进行的局部战斗中,还是在保护自身贸易免受美国私掠船的袭击时。也许,这是由于皇家海军在战争初期对付那些效率低下、士气低落的法国和西班牙舰队时,轻轻松松就取得了胜利,特别是在特拉法尔加海战之后,皇家海军上下都弥漫着骄傲自满的情绪。不过,皇家海军的主力舰队仍然牢牢地掌握着美国沿岸的"制海权"。

然而,这时候,1776年至1783年战争期间英国所面临的那个基本军事问题依然存在,即在后勤和兵力方面难以支持大规模陆军作战的情况下,英国如何击败像美国这样幅员辽阔的国家?英国的政治家们不太可能意识不到,想要通过战争掌控任何一个大洲都不可避免要动用大规模的陆军部队,这个原则当然也适用于英美战争,因此,他们很难在强调所谓"有限的人口不允许英国进行大规模的陆战"时对此视而不见。[30]的确,对付美国,伦敦可以得到加拿大亲英人士的帮助,但很明显,这是无法与反法战争中奥地利、俄国和普鲁士的帮助相提并论的。

然而,事实上,英国人的举措只是进一步扩大了他们的战略困境,这直接导致其必须防守漫长的美加边境线。对英国来说,或许最佳的解决办法是占领并据守海岸据点,然后有步骤地削弱美国的财力,直至后者屈服,因为在1783年后美国的对外贸易和航运的增长十分迅速,其经济繁荣在很大程度上依赖于此,因而更容易受到战争的影响。另外,美国的众多商人和种植园主并不想与英国全面开战。反过来说,与美国进行持久战虽然是英国采取的战略,但由于长期看不到胜利的前景,也无法取得决定性的战果,英国国内也有一些利益集团厌恶将这场战争继续下去。更何况美国人是英国最好的顾客,而且在文化方面也与英国联系紧密。1814年,美国可谓四面楚歌,海上和陆上作战均陷入了僵局,但鉴于英美都意识到了继续战争也不会尝到什么甜头,于是缔结一份和约就成了双方共同的诉求。值得一提的是,这份和约将双方关于海洋权益的争议搁置在了一旁,因而这仍是一个悬而未决的问题。

如果将英美战争放在拿破仑战争的大背景下进行考察,这似乎更像是一场局部冲突,只是稍微吸引了一些英国的注意力而已。但在描述英国海上力量崛起全过程的宏大叙事中,英美战争的经验教训有着更加重要的意义。1812年战争进一步确认了欧洲和美洲两大战场之间的互动在 18 世纪英国扩张海外殖民地的过程中的重要性。它也再次证明了查塔姆提出的原则，即位于两大洲之间且属于岛国的海洋国家——英国，必须考虑在两大洲之间确立一种军事平衡，这样才能确保自身关键利益的安全。此外，这场战争的结果也证明了：英国在与一个像美国这样强大的洲际大国发生战争的时候，海权的作用是有限的。因此，后来的英国政治家们关注这一事实也就不足为奇了。为了守住加拿大，英国已经做了充分准备，以应对美国的入侵，但英国人实际上已经意识到了这一任务在军事上有多么困难，因此，他们决定更换策略，开始尽一切可能与美国保持友好关系。[31]

最后，法国革命战争和拿破仑战争对英国经济也是一次重大考验，它只有足够强大才能经受住旷日持久、耗费甚巨的陆战和海战所带来的巨大压力而屹立不倒。马蒂亚斯教授的观点非常正确："纵观历史，有一条亘古不变的原理是——军事开支的规模总是在不断上升。"[32] 18 世纪的战争并不例外。不过，与这两场战争相比，之前所有战争的花费都显得微不足道了。1793 年，英国总支出为 1 960 万英镑，其中陆军军费为 480 万英镑，海军军费 240 万英镑；到了 1815 年，总开支急剧攀升，达到了 1.129 亿英镑，其中，陆军军费支出为 4 960 万英镑，海军军费支出为 2 280 万英镑。也就是说军费支出上涨了近 10 倍。[33] 这次战争中英国的总军费竟然高达 16.57 亿英镑。在英国国内，几乎没人认为这样年复一年地高额支出不会严重损害国家经济，拿破仑当然也抱有这样的看法，只不过他过于心急了。

因此，英国要想赢得战争，必须满足三个条件：首先，英国国内的工业、农业、商业必须迅猛、充分地发展，只有这样政府才能

第五章　与法国再次交锋（1793—1815 年）

在不扼杀经济繁荣或者激起国内反对的情况下增加税收,并利用这些不断增长的财富;其次,英国政府必须维持较高的信用,以从金融家手里获得贷款;最后,英国为了在世界范围内保持自己的支付能力,必须维持或扩大对外贸易的规模,在1806年之后,由于拿破仑施行的大陆封锁政策,这一任务尤为困难。此外,英国不但要做到以上几点,还要比由法国主导的、面积更大、人口更多的欧陆列强**集团**做得更好。事实上,英国虽然实现了这三个条件,但用威灵顿描述滑铁卢战役的话来说,"这只是'一次险胜'"。在拿破仑战争中,英国国内的工业和农业界都已经发生了动乱;1797年,英格兰银行出现了债务违约(无法现金支付);签订《亚眠和约》之后,英国国内上下普遍陷入了一种松懈的状态中;拿破仑大陆封锁体系所造成的紧张,再加上来自美国的经济压力——这些实际上已经将英国逼到了濒临崩溃的极限。

然而,即使英国的力量已经延伸到了极限,它也迎难而上了;历史再次证明,尽管战争会带来破坏,但它本身就是经济变革的催化剂和加速器。我们先看上文所说的,英国三个取胜条件中的第一个,即英国必须提升生产力,扩充财富。种种迹象表明,在拿破仑战争中,英国经济尽管曾经在短期内遭受了零星打击,但总的来说实现了大幅增长。英国农业从战争中受益匪浅,因为来自欧洲大陆的谷物供应被切断,英国本土的众多地主得以填补这一空缺。英国工业的增长幅度就更大了。毫无疑问,从1793年至1815年间,英国国内的工业领域爆发了技术革命,生产率空前提高。在诸多新技术进步当中,蒸汽机的广泛运用最为重要。此外,英国还在国内建成了一个完整的运河网络,包括大枢纽运河、贝辛斯托克运河、肯尼特和埃文运河、喀里多尼亚运河,以及连接默西河与亨伯河的运河，从而使得交通状况大大改善。与此同时，英国还修建了新的收费公路和铁路。1788年，英国的生铁产量为6.8万吨，到1796年跃升至12.5万吨，到1806年更是飙升至24.4万吨。在英国国内的工业领域当中，棉花加工业是增长最快的行业，该行业本身就是一个"催化剂"或"力量倍增器"，需要投入大量蒸汽机和其他机器，以及煤炭和劳动力。1793年，英国棉制品的出口总额为165万英镑，1815年增至2 255万英镑，棉制品由此成为当时英国出口额最大的产品。此外，英国的钢铁、机器、军事装备、羊毛制品以及丝绸行业也都在迅速发展，但速度要慢于棉花加工业。尽管民间订购商船的数量有所降低，但英国国内的造船厂为了完成皇家海军的订单，也异常繁忙。当时英国人口的增长速度非常快，食物、布料和家庭用品的需求量大大增加，英格兰中部和北部如雨后春笋般建成的工业城镇也开始改变英国的面貌。如以往一样，银行和保险公司一边不断为这种繁荣添砖加瓦，一边也享受着这种繁荣所带来的红利。

对于领导英国政府的皮特及其继任者而言，情况也是如此。通过财政和税收政策，政府不断促进着国家的繁荣并享受着繁荣所带来的好处。毕竟，只有这样才能负担急剧攀升的战争支出。随着对外贸易规模的扩大，英国政府的关税和消费税收入大大增加，1793年这些收入为1 357万英镑，1815年增至4 489万英镑；相比之下，英国政府土地税收入的增长就没有这么大了，它从1793年的295万英镑增至1815年的950万英镑；还有个人所得税和财产税（从1799年开始征收），在拿破仑战争的最后一年，这两者也为英国政府带来了1 462万英镑的可观收入。[34] 对当时的人来说，英国政府无与伦比的强大征税能力令人震惊不已："从1806年至1816年间，人口不足1 400万的英国，仅征收的个人所得税就接近1.42亿英镑。"[35] 正是依赖国家经济日益繁荣这一坚实的物质基础，英国政府才能在国防支出增长近10倍的情况下继续维持现状。

然而，即使取得了如此大的成就，在拿破仑战争期间，英国依然未能实现收支平衡。例如在决定命运的1813年，英国政府的财政收入只有7 300万英镑，但支出却高达1.11亿英镑。英国只能依靠借贷来填补这一巨大的财政缺口，但在这方面，政府手中还握有另一张王牌。自1783年之后，皮特勉力维持了经济的稳定，英国政府的信用度很高；另一方面，英国国内的金融机构也非常先进和灵活，当时，公共贷款已经成了成熟且有效的应急手段，在战争期间尤为明显。事实上，战争爆发后不久，皮特便采取了利用贷款来渡过困难时期的政策，而且这项政策得到了英国公众的热烈支持。值得一提的是，即便在1797年，英格兰银行发生了"现金支付违约"，民众踊跃借款给政府的意愿也未遭遏制，更何况英国政府很快就解除了这一危机。一位经济史学家曾指出："在现实中，公众对于英格兰银行十分信任，甚至连它发行的没有黄金支撑的货币，也能像那些可以以固定价格兑换黄金的货币一样，被公众所接受……（即使在战争中）伦敦的银行和商业团体，以及各郡都不约而同地宣布，他们打算像以往一样，完全使用这种纸币来做生意。"[36] 从1793年至1815年期间，英国政府被迫通过借贷的方式筹集到超过4.4亿英镑的资金，约占其开支总额的四分之一到三分之一。[37] 其造成的结果是：英国国债从1793年的2.99亿英镑飙升至1815年的8.34亿英镑，然而，英国财政并没有濒临崩溃，借贷者也没有质疑英国政府在未来的还款能力。虽然法国地大物博、人口众多，且拿破仑赢得了辉煌的军事胜利，而且法国政府发行了更加具体的有价证券，但法国的国家信用还是一直无法与英国相媲美。诚然，在18世纪，英国通过明智地缔结联盟获益颇丰。然而，P. G. M. 迪克森评论道："比联盟更为重要的是公共借贷系统……凭借这一系统，在战争中英国可以负担远超国家财税收入的庞大支出，从而能将更多的船只和战士投入抵抗法国及其仆从国的斗争。如果没有这些生力军，英国之前的战争投入也将付诸东流了。"[38]

不过，想要令工业化进程不断加深，并且政府维持较高的信用度，就必须依赖第三个条件，即对外贸易尤其是出口额必须不断增加，只有这样英国才能够在世界范围内维持强大的支付能力。自1776年至1783年美国独立战争开始，英国对外贸易额一直在不断增大，不过，与法国之间的战争可能打断这一进程。毕竟英国出口贸易的绝大部分份额还是在欧陆。事实很快证明，这种担忧纯属杞人忧天。战争刺激了英国的各项贸易，如军工工业，其产品开始风靡欧洲。而且更重要的是，英国海外贸易的绝大部分份额并没有怎么受到欧洲战争的影响。例如，英国与美国之间的贸易额继续迅猛增长，与亚洲和西印度群岛的贸易额也呈现出相同的景象，尽管这在很大程度上是由于英国受到欧洲战事的刺激，迫切需要发掘并利用新的商业市场。而且，英国占领敌人的殖民地之后，其产品自然而然就又有了新市场。与此相反，法国、荷兰和西班牙等国的国内工业却备受打击，这不仅因为其丢掉了殖民地，从而失去了市场，也因为皇家海军对其沿海水域的封锁。凭借强大的海军力量，以及灵活的商业，英国可以随时调整其商品的流动方向：当法国加强对于地中海的控制时，英国与北欧之间的贸易额就突然翻倍了，反之亦然。最终，英国人打算减轻《航海条例》的执行力度，为了保护国内商业和工业，甚至不惜暂时牺牲传统的护航政策。因此，尽管面临着巨大的压力，英国的经济却仍然保持健康。当时一位作家曾在1799年夸张地写道：

> 事实已经雄辩地证明，在新的压力不断涌现，我们仍在参与这些惊心动魄的竞争的情况下，英国的财政、制造业和商业均实现了空前的繁荣。战争压垮了我们对手的工业，摧毁了它们的贸易和航运，却给大英帝国注入了新能量，拓展了空间。[39]

从观察者的角度来说，显而易见，英国在历次战争中都拥有两大经济优势：首先，在工业革命的推动下，英国的工业制成品品质优良、价格低廉、品种繁多，没有其他国家能够媲美；其次，由于拥有广阔的海外殖民地和海军优势，英国近乎完全垄断了殖民地产品的进口。不论拿破仑发布什么法令，欧洲列强都会发现，自己既不能没有英国的工业制造商，也不能没有进口的香烟、茶叶、咖啡、食糖、香料及其他热带产品。尽管如此，1806年，拿破仑建立的大陆封锁体系，确实是史上最坚决且最系统地阻止英国出口和转口的尝试。这也是在特拉法尔加海战中法西联合舰队被摧毁后，法国人所采取的最符合逻辑的策略。拿破仑意识到，要想让英国人跪地求饶，只能先破坏其强大的经济实力。[40]事实上，当拿破仑重创奥地利、普鲁士和俄国，令它们一蹶不振之后，英国的未来似乎也不会好到哪去。随后，拿破仑命令整个欧洲大陆都抵制英国的货物。更糟糕的是，与此同时，英美之间的摩擦也在加剧，从而影响了英国与这个重要市场和客户之间的贸易。这两个事实对英国工业构成了致命的威胁。

但最后灾难为什么没有发生？究其原因，主要是拿破仑实施的大陆封锁政策时间不足、连贯性不够，因而未能完全发挥效果。1808 年，英国面临的经济形势已经十分严峻，但恰在此时，西班牙起义在拿破仑的大陆封锁体系链条上打开了一个缺口，从此，兰开夏郡和英格兰中部的产品源源不断地涌入西班牙半岛。波罗的海国家和瑞典也是拿破仑封锁链条上的缺口，不过，这些国家后来因为遭受法俄的巨大压力而中断了与英国的贸易。于是，英国的工业再次遭受重创，直到俄国背叛拿破仑，以及 1812 年的决战永远粉碎了法国"孤立"英国的企图。此时，英美关系也已经严重恶化，甚至到了战争边缘，因此，英国再次及时得到了一个喘息之机。而且，在 1812 年之前，拿破仑的封锁法令在执行过程中就暴露了很多问题。在欧洲，除了法国人之外，很少有人愿意主动放弃英国本土或其殖民地的产品，因此，他们会想方设法弄到这些"违禁商品"。各国的贸易商均以伪造文件的方式来掩盖进口产品的真正产地。于是走私盛行，在那些政府管理松散的国家更是如此。在法国对某个特定区域的封锁加强后，走私贸易就会转入另一个渠道。例如，运往德意志地区的货物会在阿尔汉格尔斯克或者萨洛尼卡运上岸。而且只要条件允许，英国政府甚至也鼓励这种违反规定的贸易。那些伦敦的附庸或者与伦敦交好的国家或港口，例如瑞典、马耳他岛、直布罗陀、西西里、黑尔戈兰岛等等，都成了英国商人的大型仓库。英国再次放松了《航海条例》的执行力度，以鼓励中立国船只运送这些货物。更重要的是，甚至连法国人自己也反对大陆封锁政策。拿破仑允许法国人及荷兰人在特定条件下与外部世界进行贸易，这就为英国货物逃避封锁提供了大好机会。英国人会用食糖和咖啡换取法国的白兰地和红酒，十分热衷于这种跨越英吉利海峡的"以物易物贸易"。而拿破仑一直非常青睐出口农产品，这本身就与封锁战略发生了冲突。甚至连法国大军团官兵的靴子和军服都是从英格兰订货的！同样，在1812年战争期间，美国新英格兰地区的港口在英国人和加拿大人的帮助下，也继续与英国进行贸易。

最后，由于英国人已经垄断了除欧洲和美国之外的世界其余地区的海上贸易，并握有制海权，因此他们能够将更多的产品出口到海外。在战争爆发之前，英国的对外贸易额就已经很可观了，但随着新市场不断开拓，以及国内棉布、家庭日用品和金属制品产量的不断提升，真正的繁荣出现了。1793年，英国本土与英属西印度群岛的贸易额为690万英镑，1814年，增长至1 470万英镑；英国本土与西印度群岛非英属地区以及拉丁美洲的贸易都是在战争期间才开始进行的，基本上是从零起步的，最后也增至1 050万英镑。[41]对英国来说，亚洲、非洲和英属北美市场正变得日益重要。伦敦船坞系统在1802年至1813年所出现的大幅扩张——相继开放了不伦瑞克、伦敦、西印度群岛、东印度群岛船坞及一些商业码头——则反映了英国海外贸易和转口贸易的转变情况，当英国在传统的贸易领域遭遇危机时，所有上述发展均为其提供了重要的支撑。

尽管如此，英国于1808年以及1811年至1812年间与法国和美国爆发的商业战争，使得前者在整整20年间第一次濒临经济危机。后一次战争对英国经济所造成的打击最大，当时，在英国国内，大量产品被堆在厂房之外，伦敦的港口充斥着殖民地的商品，与此同时，海军物资的储备量却一直在下降。尽管英国官方适时开发了本土的森林资源，但于事无补。英国公司大量破产。失业问题以及面包价格不断上涨在国内引发了一连串骚乱。英国财政日渐入不敷出。拿破仑控制波罗的海后，上百艘英国商船被俘获。巨大的贸易逆差导致英镑不断贬值。大卫·李嘉图等经济学家纷纷主张恢复和平。下表是贸易数据背后的现实状况，它以另一种形式体现了1810年后英国的经济衰退[42]：

英国海外贸易的估算额或申报额

年份	进口	出口	再出口
1796 年	3 960 万	3 010 万	850 万
1800 年	6 230 万	3 770 万	1 470 万
1810 年	8 850 万	4 840 万	1 250 万
1812 年	5 600 万	4 170 万	910 万
1814 年	8 080 万	4 550 万	2 480 万

单位：英镑

很明显，如果拿破仑没有实施大陆封锁政策，英国也没有受到美国"断绝贸易"政策的不利影响的话，对外贸易额在这一时期本来会继续增大的，因为世界各国对英国及其海外殖民地的产品的需求量是非常大的。实际上，即使在情况最糟糕的年份里，仍有相当数量的英国产品流入顾客手中，而拿破仑刚一放松对英国贸易的绞杀，其对外贸易便在短时间内恢复到正常规模。一个例子是：英国对北欧的出口额已经从 1809 年的 1 360 万英镑跌至 1812 年的 540 万英镑，但到 1814 年很快便反弹到了 2 290 万英镑。

从 1813 年至 1814 年，英国再次经受住了考验，在经济斗争和其他领域都是如此。英国为东欧国家提供了大量资金和武器弹药援助，以帮助当地人发动反抗法国霸权的起义。在威灵顿的率领下，英国陆军已经收复了西班牙，并攻入了法国南部。与此同时，英国远征军坚守住了加拿大，还加强了对美国东海岸的封锁。针对英国海上贸易的袭击行动也逐渐消失了，英国还重新占领了敌对国家的海外殖民地。虽然拿破仑夺回欧洲霸权的最后一次豪赌尚待粉碎，而且北美的战局也需要有个最终结果，但胜利就在眼前，英国政治家们可以松一口气了，他们的国家依靠自身的实力安然渡过了到当时为止最为严峻的危机，其在世界上的地位也得到了巩固甚至提高。

在这里，我们或许可以把所有因素放在一起进行综合分析，以解释为什么英国能够在1815年赢得最终胜利了。英国与欧洲大陆隔绝的岛国地理区位，再加上掌握了海上主导权，使得英国能够免遭拿破仑大军的入侵，从而享有最基本的安全——这一点是其他任何欧洲国家都不具备的。英国拥有稳定而相对灵活的政治和社会制度，使得其人民能够承受战争的重压，而不至于爆发严重的国内动乱。英国国内的工业化进程十分迅速，对外贸易规模不断扩大，使得政府能够充分利用新的财政收入来源。英国复杂而可靠的金融体系为商业航运提供了保险，为工业发展提供了资金，也给政府提供了贷款。凭借强大的经济实力和较高的国家信用，英国政府反过来又维持着一支庞大的海军及规模可观的陆军：海军可以挫败敌人争夺制海权的企图，不仅进一步减轻了敌军对于英国本土的威胁，也使得英国能够轻松占领敌人的殖民地，打击敌人的海外贸易，从而保护英国自己的贸易，并扶持其在欧洲大陆的盟友；英国陆军则因皇家海军掌握制海权而受益，能够占领敌国的殖民地和海军基地，或者联合盟友，在欧洲外围区域共同实施军事行动，令敌人闻风丧胆。

上述英国力量之间相互依存的关系给当时的评论家乃至今天的历史学家都留下了深刻印象。然而，英国仅仅依靠自身力量就能够击败拿破仑，并恢复战前欧洲的力量平衡吗？这一点很值得怀疑。在与强大的欧陆大国决战时，皇家海军尽管使出浑身解数发动进攻，却不可避免地成了战争的配角。其最基本的任务仍然是保卫英国，尤其是保卫它的贸易和财富。尽管皇家海军充分消灭了敌人的海外殖民地和贸易，但仅靠这一点是无法击败法国的。甚至英国人最津津乐道的半岛战争，尽管其意义非常重大，但仅就军事角度而言也是无法充分削弱拿破仑的欧洲霸权的——只有法国统治区的民众觉醒，不断发动起义，并将法国陆军从主要作战区域吸引过来，才能做到这一点。而在此之前，英国必须坚持下去，在战略上扮演被动的角色，但始终愿意利用机会并帮助盟友，以期在所有反法力量中树立起抵抗的榜样。

反观拿破仑，他之所以陷入失败，是内因和外因共同作用的结果。他在外部面临着英国的打击，内部则面临着叛乱的威胁。布伦教授认为，"从历史的角度看"，法国的扩张主义"与自中世纪末期以来一直在不断塑造欧洲的主流政治趋势相违背，这个趋势是朝着形成独立主权领土国家的体系发展……［拿破仑］违背了欧洲各民族的感情与愿望"。[43] 从这个意义上讲，法国霸权的垮台或许是不可避免的。当然，也有大量证据表明，他的统治实际上唤醒了各国的民族主义情感，而不是引发对拿破仑王朝治下的统一欧洲的认同。法国大军团在俄国陷入惨败之后，这种靠武力强行实现的暂时统一暴露了其本质，拿破仑·波拿巴的宏伟蓝图也就随之崩塌了。

在上述过程中，英国人也发挥了重要作用：当时，全欧洲都普遍对法国的统治和军事掠夺感到不满，拿破仑的大陆封锁政策则进一步加剧了这种不满，因为该政策扰乱了经济，而且故意阻止欧洲大陆各国获取英国工业制造品及其殖民地产品,而这些产品是欧洲各国极度渴求的。因此,西班牙人和俄国人对拿破仑的反抗在一定程度上是源于对这种经济剥夺的怨恨。在1806年至1812年拿破仑战争的残酷贸易战中,终有一方会先挺不住而陷入崩溃。由于上文所述的原因,英国避免了这一命运。这场战争严重破坏了法国的经济,并激起了欧洲民众的反抗,从而形成了推翻拿破仑的主力军。另外,处于劣势的英国不得不充分利用这些欧陆民众发动的叛乱(例如西班牙人的叛乱),以达到击败法国的目的,在这里,经济实力仍然是关键因素。正如舍威格教授所指出的那样:"以往欧陆列强没有帮助英国打击法国的意愿,但到1813年,列强自己发现了这种重要的需求。而它们现在需要的正好是英国可以负担的,即金钱和武器。双方一拍即合,并把这种对付法国的共同意愿转化为了最终胜利。"[44]1814年,英国为欧陆盟友提供了1000多万英镑的资金援助,作为回报,英国外交大臣卡斯尔雷子爵希望奥地利、普鲁士和俄国都分别在反拿破仑的战场上投入15万军队。唯有付出如此之大的军事努力,才有可能重新恢复欧洲的力量平衡。

综上所述,在英国崛起成为海上霸主的过程中,法国革命战争和拿破仑战争是其到当时为止所遇到过的最大考验。两场战争再次证明,英国要想赢得胜利并取得进一步发展,必须拥有健康的经济、复杂的金融体系、高超的商业技能、卓越的创造力、稳定的政治,以及一支强大的海军。需要强调的是,如果前面的条件都不具备的话,英国似乎也不太可能拥有一支强大的海军。不过,与法国的战争再次表明:海权也有其局限性,密切保持欧洲的力量平衡非常必要,在战争期间必须拥有强大的军事盟友,还有"海洋"战略必须与"陆地"战略相结合。因此,对于英国人而言,上述战争的经验教训在各个方面都有极大价值。如果英国的政治家和公众能够牢记这些经验教训,如果英国取得胜利的基础并没有被削弱,那么在未来很长的一段时间内,英国仍然能维持海上主导权。

第六章

英国治下的和平
(1815—1859年)

英国成为海洋的主人，这绝不是源于任何傲慢、嚣张或自命不凡，而是源于它的历史，它的地理位置，它的经济背景和条件，以及它的帝国地位和扩张力度。它并不是天生就拥有这些条件，而是通过一种正常的、几乎是自然的演化过程，才被赋予了海洋的统治权；而且，只要这些条件还存在，只要它能忠于自己，那么这种统治权就会留在它手中。

——1902年2月3日《泰晤士报》

如果说英国在历史上曾经有某个阶段统治过海洋的话，那就是在拿破仑最终战败后的60多年里了。劳埃德教授指出，这是一个崭新的时代，"英国的海上力量发挥了更广泛的影响，比以往任何一个海洋帝国的影响都要广泛"。[1]这种影响力是如此之大，在当时没有任何一个国家敢于挑战，以至于当时和后来的人们都称之为"英国治下的和平"。纵观整个历史，唯一能与之相提并论的是罗马帝国对于文明世界长达数个世纪的统治。现在轮到西北欧岛国的人民把自己的统治强加给世界了，这就是所谓"英国治下的和平"。这一表述给人一种双重印象，一是在皇家海军有效而坚定的监督下，各国进入了一个长时间的和平稳定期；二是英国成了一个具有压倒性力量的强大国家，所有其他国家都在不同程度上依赖它。

这两种印象都不完全正确，但也都包含了一定的正确成分，因此这样的总体描述被人们普遍接受。一个世纪或更久之后，当人们发现英国作为世界上最强大的国家的地位，无论在时间上还是在彻底程度上都明显比不过古罗马的时候，或许我们才能用更均衡的眼光来审视这一现象。19世纪的诗人、历史学家和政治家们声称，英国主宰地球命运在某种程度上是自然而然和不可避免的，这种观点现在尤其需要受到更为严格的审视。这一切都完成后，我们就会清楚地看到，只是在某种条件下，才会出现所谓的"英国治下的和平"，因为构成一个国家在世界上地位的一些重要因素，包括积极的和消极的因素，在19世纪的前四分之三个世纪结合在一起，互相抵消，最终产生了对于英国非常有利的局面。

这些因素是什么？首先值得研究的是积极因素，以便验证这样一种观点，即英国在世界事务中的统治地位仅仅是当时的一种幻觉，是一个"历史神话"。不过，在本章和下一章前半部分所讨论的年代，可以公正地说，英国是当时世界上唯一真正实现工业化的国家；英国在商业、运输、保险和金融领域都占据着巨大的优势，而且在大部分领域还在不断增强势力；英国拥有有史以来最广阔的殖民帝国，而且这一帝国的规模在这个世纪还将倍增；尽管偶尔出现恐慌，但英国的海军实力和潜力几乎无人可以挑战。更重要的是，它成功地维持了这种统治地位，维持了英国的和平，而国家每年的国防开支仅为每人1英镑甚至更少——相当于国民收入的2%

至3%。以如此低的成本获得世界统治地位，实属罕见。

英国在19世纪的特殊地位源于其工业革命，也源于在1815年其欧洲的主要对手在一系列漫长的战争中被其击溃这一事实。在这些战争中，法国、荷兰和西班牙的经济被削弱，其殖民帝国被蚕食，海军力量被摧毁，而英国——除了1776—1783年的特殊情况之外——却一直由弱变强。"在这个世纪断断续续的战争中，只有英国赢得了其他任何国家都未能得到的巨大胜利：在欧洲列强中，只有英国几乎垄断了海外殖民地，也几乎垄断了全世界的海军力量。"[2]英国崛起成为世界霸主的整个过程为我们提供了一个因果相生的完美范例。英国海军在18世纪取得的决定性胜利使英国商人在海上贸易中占据了绝大部分份额，而海上贸易本身又刺激了工业革命；这反过来又为英国持续的经济增长奠定了基础，使英国成为一个新型国家——当时唯一真正的世界强国。工业化不仅进一步提升了英国在商业、金融和航运领域的支配地位，还大大提升了其经济潜力，从而巩固了其海军霸主地位。

而且，这仅仅是个开始：1815年至1870年期间，英国在工业、商业、金融业和航运领域全面开花。[3]通过工业革命，这一岛国从"店主之国"变成了"世界工厂"。这两种说法尽管都不尽准确，但都概括了不同时代的观察家眼中英国最显著的特征。在19世纪中叶，人们肯定认同"世界工厂"的说法，当时英国生产了世界上约三分之二的煤炭、约一半的铁、七分之五的钢、五分之二的五金制品和约一半的棉布商品。1815年后，尽管英国并未忽视欧陆，但它与热带地区的贸易迅速增长：拉丁美洲、黎凡特、非洲、远东和大洋洲被纳入了以伦敦为中心的世界经济圈内，而至于北美、印度和西印度群岛，伦敦则早已与其建立了联系。在这一国际贸易蓬勃发展的时期,特别是在1840年至1870年间,除了纯粹的工业贸易外,英国还在许多方面从中受益。事实上,在19世纪晚期,伦敦人作为投资商、银行家、保险商和托运人的地位比作为商品生产者的地位更为突出。工业化向欧陆和北美的扩展,以及热带地区新市场和原材料来源的开辟,主要都是由伦敦提供资金的。英国海外投资的回报从1847年的1 050万英镑上升至1887年的8 000万英镑;到1875年,英国的海外投资额超过10亿英镑,所获得的利息被不断注入新的或旧的投资领域。英国在航运方面的领先优势是巨大的,因为它已经完全取代荷兰成为世界首要航运商,获得了另一个重要的收入来源。在19世纪前半叶,通过以蒸汽动力取代风帆动力(这也是英国早期工业化的另一项优势),英国摆脱了美国的挑战,到1890年,英国商船的注册吨位超过了世界其他国家的总和。由于还可以出口煤炭,从而在驶向国外的航程中赚取收入,因此与外国竞争对手相比,英国商船享有明显的优势。这规模庞大的船队全部在伦敦投保,"劳埃德船级社"在那里已取得了独一无二的地位。伦敦已经成为国际金融各方面的中心:私人和政府的贷款在这里申请,货币在这里兑换,保险在这里安排,商品在这里买卖,船舶在这里租用;从瓦尔帕莱索(Valparaiso)到上海,从旧金山到新加坡,处理这些事务的外国分支机构和代理办公室纷纷设立,加强了集中化的趋势。最后,不难想象,英国在某一领域(如保险业)的领先地位维持并加强了其在另一领域(如航运业)的领先优势,而且二者通常是相互促进的。[4]

也许更令人瞩目的是,英国采用了一种革命性的商业交换制度——自由贸易,并成功说服许多其他国家至少在一定程度上效仿这一制度。重商主义理论认为,垄断和国家权力可以创造财富,这

第六章 英国治下的和平(1815—1859年)

正是之前两个世纪里英国扩张背后的意识形态驱动力，而亚当·斯密、李嘉图及其学派的追随者抛弃了这种观点。对某些人来说，英国在恰好有能力以重商主义的方式取得压倒性胜利之际如此逆转政策，似乎是不可思议的。但对自由贸易者来说，这纯粹是一种常识。英国依赖于不断增长的世界贸易，而且是越多越好。此外，由于英国拥有强大的工业优势、庞大的商船队和金融专业知识，它尤其适合从更多的商品交换中获益；而严格的重商主义态度只会迫使其他国家在关税壁垒下更快地建立自己的工业，从而打击国际贸易。既然拿破仑已经战败，这一理念就可以充分发挥作用了。因此，英国降低了关税，废除了《玉米法》和《航海条例》，对殖民地的态度也更加宽松。后来，科布登（Cobden）和布赖特（Bright）认为，自由贸易是包治百病的灵丹妙药：它给所有人带来繁荣，确保国际关系友好，防止战争。然而，其他国家的人并不那么相信这一点，他们怀疑，英国人发现重商主义对自己不再有利时，就会将其抛弃。正如一位德意志经济学家在1840年所说的那样："当一个人到达了伟大的顶峰［即工业化］时，他就会踢开梯子，这是一种非常常见的聪明做法。"[5] 在他们看来，自由贸易不过是英国维护经济主导地位的一种措施。然而，包括法国在内的许多西欧国家都部分地听从了科布登的教导，世界贸易蓬勃发展；仅在19世纪50年代，世界贸易就增长了80%。许多公司、个人和国家都从这一趋势中获益，但其中最大的赢家还是英国。

由于"贸易、殖民地和海军"这一战略和经济三角关系中的一个角已经发生了彻底的变化（至少从外在看起来如此），其他两个角也必然受到影响——事实上也是如此。英国对拥有殖民地的总体态度和皇家海军（一直是国家政策的工具）在海外事务中的总体角色都发生了变化。然而，这又是一次风格上的改变而非实质上的改变：也就是说，1815年后，大英帝国和海军政策的转变（就像自由贸易一样）只是因为它顺应了整个国家的发展。实质上，英国的"永恒利益"——帕麦斯顿首相喜欢这样称呼它——依然如故：繁荣、进步与和平，其中和平必须以光彩的方式赢得。现在所发生的一切都意味着，通过更新的政策可以更有利地实现这些目标。

在帝国领域，英国工业和经济理论革命所造成的必然结果是英国对维持庞大殖民帝国的兴趣减退。然而，历史学家们在1815—1870年所宣称的"反帝国主义"，只能代表公众对**正式**控制海外领土的态度。自由贸易的支持者们认为，在世界市场和原材料向所有人开放的时代，控制大量海外领土没有什么意义；用迪斯累里的话说，管理和防卫海外领土的费用简直就是英国纳税人脖子上挂的"磨盘"。他们运用一系列非常适合功利主义思维的损益计算方法，得以说服其他人相信，如果不刻意增加海外殖民地的面积，而是鼓励其自行管理，那么这对整个国家来说会更有利；毕竟，自1783年以来，英国与美国的贸易额已经翻了好几倍。但像赫斯基森（Huskisson）、韦克菲尔德（Wakefield）和格雷等自由贸易的提倡者，他们并没有主张从世界舞台上让出地位、收缩和退出，而是认为当一个完整的全球市场向他们自己这个得天独厚的国家开放并供其开发时，这会带来极高的利润、影响力和声望。韦克菲尔德一再呼吁："整个世界就在你们面前。"这些人提出此类主张的动机并不是他们认为拥有海外殖民地在道德上是错误的，而是他们认为拥有海外殖民地既会产生巨大消耗又多余。

在这一切的背后，是蓬勃发展的工厂日益增长的需求，尤其是纺织业，其产量远远超过了国内市场和旧帝国的消费能力。因此，英国商人转向开拓和发展"一系列新的、不成熟的、不在大英帝国版图内的地区——东南亚、巴西、阿根廷、非洲西海岸、澳大利亚以及中美洲和南美洲西海岸"。[6]因此，一种被称为"自由贸易的帝国主义"的政策，或者说是一种态度，逐渐兴起。[7]所谓"帝国的正式领土"并不受欢迎——尽管19世纪英国政府撤出殖民地的例子非常少——相反，人们更欢迎商人、金融家、领事、传教士和海军军官所施加的非正式影响。对于西非酋长领地、拉丁美洲新独立的共和国、伊斯兰世界的苏丹国和东方日渐衰落的王国来说，与英国贸易带来的商业利润这根"胡萝卜"，以及皇家海军巡洋舰或炮艇偶尔带来的"大棒"，都是相当大的驱动力。在美国和其他"白人"定居的殖民地，社会风气良好，政府稳定，在这些地方，"大棒"是不必要的，在政治上也是毫无意义的；而在其他地区，英国则必须展示和使用"大棒"，因为英国的繁荣在很大程度上也依赖于对外商业的维持和发展。只看地图上被涂成红色的地区（即英国的海外领地），是一种目光短浅的做法，因为英国近70%的移民（1812—1914年）、60%以上的出口额（1800—1900年）和80%以上的国内资本（1815—1880年）都流向了帝国的正式领土以外的地区。[8]

然而，如果忽视海外领土的重要性，那就大错特错了，因为英国在热带地区的制海权有赖于一系列遍及全球的战略基地，并依赖从这些基地施加的影响力。与19世纪末或20世纪初的大英帝国全盛时期相比，1815年的这些海外领土显得相当渺小和无足轻重，它们包括加拿大部分地区、印度部分地区、新南威尔士以及一系列岛屿和沿海定居点。然而，我们不能轻易忽视最后这种领土。在海外领土如此容易获得、陆地交通如此不便、国际商业发展如此迅猛的时代，地理位置优越的基地对于拥有它们的国家来说具有巨大的价值。仔细观察这一连串的岛屿和定居点，会发现它们包含了世界海路运输线上大多数最重要的战略港口；用费舍尔将军后来的话说，它们是锁住全球的"钥匙"。英国政府在这一问题上的清醒思考反映在其与法国斗争的过程中获得的海外领土上，英国对这些领土的占领在1814—1815年的维也纳会议上得到了确认。其中，黑尔戈兰岛、马耳他岛和爱奥尼亚群岛加强了英国对北海和地中海的控制，同时也为英国提供了更多的基地，使其能够在未来更有效地封锁大陆。更重要的是那些在通往印度和东方的日益重要的航线上获得的领地：在大西洋沿岸，有冈比亚、塞拉利昂和阿森松岛；在南方，有开普敦——这也许是海权时代世界上最重要的战略要地；在印度洋，有毛里求斯、塞舌尔群岛和锡兰；再往东，有马六甲。在西印度群岛，有圣卢西亚和多巴哥，南美洲还有圭亚那。正如格雷厄姆教授评论的那样，"英国现在在世界各大洋都拥有一个便利的基地"[9]，只有太平洋除外。

值得注意的是，英国扩张领土的步伐并未就此停下；甚至在1815年之后的"反帝国主义"年代，英国还选择性地吞并了其他一些地方。正如一位权威人士所说的那样：

> 在19世纪不断困扰英国政府的以商业为目的的领土扩张计划中，英国政府最不反感的是夺取岛屿和转口港的计划，这些计划的目的是在人口众多的广阔地区建立由英国控制的商业中心。而当这些战略要地拥有良好的港湾和可防御的阵地，同时也可作为海军基地时，不愿支付额外开支和承担守土之责的政府的阻力也会相应减少。[10]

第六章　英国治下的和平（1815—1859年）

因此，1819年，英国接管了新加坡，从而控制了从西边进入南海的大门；1833年，占领了荒凉的福克兰群岛（马尔维纳斯群岛），该群岛能俯瞰通往合恩角的航线；1839年，占据了亚丁，从而扼守住了进入红海的南部入口。在19世纪末，英国又相继占领了拉古什、斐济、塞浦路斯、亚历山大港、蒙巴萨、桑给巴尔等基地，尽管这些可能都不如早期获得的基地重要。不过，皇家海军的优势和英国商业的扩张需求使得获取这些战略要地都既容易又合乎需要，而拥有这些战略要地本身又强化了这种优势，并进一步增加了经济增长的机会；贸易、殖民地和海军这相互支持的三角关系再一次为英国带来了好处。

这些基地中的大多数都是经过精心挑选的，绝大多数都是出于海上控制的因素，即使是后来占领的基地也不例外：例如，占领塞浦路斯是为了牵制俄国，而拉古什和桑给巴尔的基地则分别供在西非和东非海岸巡逻的海军分舰队使用。在占领所有这些基地的过程中，几乎没有出现所谓"不情愿的帝国主义"的迹象，也没有任何明显"漫不经心"的情况。因此，在滑铁卢战役后的半个多世纪里，占领这些基地的行动与英国更具"大陆"风格的其他领土扩张形成了鲜明对比，例如占领印度的大片土地、五大湖区以西的加拿大土地、开普敦背后的广袤腹地，以及占领澳大利亚和新西兰的未开发地区的行动。在这些地区，白人定居者对土地的渴求，以及让总是"摇摇欲坠"的边疆稳定下来的军事需要是扩张的主要动力，而贸易增长所提供的动力则小得多，完全不符合海军部的战略要求。就面积、贸易额和人口而言，印度和未来的白人自治领是帝国皇冠上最耀眼、最引人注目的宝石；但就实际的海上力量而言，它们几乎没有什么可提供的，实际上是战略上的负担，因为

（除澳大利亚和新西兰外）仅靠皇家海军是无法保卫它们的。然而，在19世纪初，这在北美以外地区并不是一个尖锐的问题。

"英国治下的和平"的第三个也是最后一个方面是海军本身。皇家海军在与拿破仑的长期战争中得到了长足发展。1815年，皇家海军的阵容十分庞大：拥有214艘战列舰和792艘各类巡洋舰。[11] 然而，当时皇家海军的许多战舰已经失去了作战能力，而且即使是英国也发现自己根本无法同时维持100艘以上的战列舰同时服役。反正法国的挑战已经失败，就没有必要再维持如此庞大的海军了，况且出于经济方面的原因，海军不可避免地面临着来自财政部和整个国家政坛要求其厉行节约的压力，因此海军部建议在和平时期保持大约100艘战列舰和160艘巡洋舰的规模，这支力量足以同时抵御任何其他两个海军强国。虽然舰队的大部分舰只，包括其中的86艘战列舰，在平时都会被闲置一旁，但人们很快就认识到，即使是这一计划也过于乐观了。尽管在1814—1820年，皇家海军报废或出售的军舰超过550艘，但仍有太多老旧无用的船只；同时，窘迫的海军造船厂也无法落实更换计划，以使海军保持满员状态。无须修理即可服役的战列舰从1817年的约80艘减少到1828年的68艘，到1835年进一步减少到58艘。小型船只减少的幅度甚至更大。[12]

尽管海军界滔滔不绝地反对裁汰军舰，但他们的正确论点却并没有产生多大效果。正如最近研究这一历史时期的权威人士所指出的：

> 英国作战舰队正在寻求回到其合适的兵力水平，这不是一个基于假设需求的不切实际的水平，而是一个由竞争对手舰队

的实力所决定的水平。这是很自然的,最重要的一点似乎是海军部在一开始就把目标定得足够高,以抵制走向另一个极端的政治倾向。[13]

事实上,英国皇家海军的对手们在这些年里根本无法构成任何威胁,因为那些国家必须实施更大规模的造船计划并组建常备舰队才有可能形成这样的威胁。西班牙和荷兰海军,这些英国皇家海军的老牌对手,现在已经被打得支离破碎,丹麦和瑞典的情况也好不了多少。俄国海军从纸面上看似乎很强大,但地理位置和管理不善等因素使其40艘战列舰纯属浪得虚名。美国吸取了1812年战争的教训,正计划扩充其舰队,但拟建的战舰总数仍然不大。因此,法国仍然拥有世界第二大海军——约50艘战列舰——但大部分军舰不适合服役,直到19世纪中叶才构成一个潜在威胁。虽然英国人偶尔会担心美国和法国新式舰艇的吨位和设计,但英国皇家海军在数量和总体战略上的优势依然存在。

至此,"英国治下的和平"的三大支柱就都列出来了。一支足够强大甚至可以说具备压倒性实力的世界海军力量,利用一大批基地,保护不断增长的全球贸易;一个不断扩张的正式帝国,不断为海军提供港口设施,从而构成了权力中心,同时还有一个规模大得多的非正式帝国,两者都为英国经济提供了重要的原材料和市场;一场工业革命,将其产品倾销到世界其他地方,将大片海外领土纳入其商业和金融轨道,促进了一支庞大商船队的建立,并为维持一支庞大的海军舰队提供物质力量。这是一个国家权力和世界权力的强大框架,只要它的任何支柱不被过分削弱到让整个大厦倒塌的程度,它就会一直发挥效力。

然而，到目前为止，我们只描述了这幅图景的积极面，我们不妨简要地审视一下它的消极面，尽管其中的许多内容已经通过前面的推论显现了出来。直截了当地说，英国在1815年之后的年月里毫不费力地占据了海军霸主的地位，这不仅是因为其他列强都无法建造和装备同样数量的战舰，在战时没有足够的商船作为后盾，缺乏足够的海外基地，工业实力相比之下也很弱小，而且还因为它们无论是单独还是集体，都没有做出什么努力来对英国的霸主地位发起任何形式的持续挑战。客观环境赋予了英国人多方面的优势，而英国人也不失时机地抓住了这些优势；然而，在某种程度上，英国人在世界范围内的海上优势是得到各国默认的。英国的对手们根本不愿意花费必要的时间和精力来遏制这种优势。

其中一个原因是，英国在后拿破仑时代的活动并没有对其他国家构成巨大威胁。因为，正如艾尔·克劳（Eyre Crowe）在其著名的1907年备忘录中指出的那样，皇家海军可以从海路进入任何一个沿海国家：

> 因此，一个海上霸主国家的权力自然会引起普遍的嫉妒和恐惧，并随时面临被世界各国联合推翻的危险。从长远来看，没有任何一个国家能够抵挡这样的联合攻击，何况是一个小岛国，它的人民没有受过军事训练，陆军实力弱小，它的食物严重依赖于海外贸易。这种危险实际上只有在以下条件下才能避免：……作为一个孤立的岛国和海军国家，英国的政策要与全人类的普遍愿望和共同理想相一致，特别是要与大多数或尽可能多的其他国家的首要和重要利益高度一致。[14]

英国人确实做到了这一点,在这方面,自由贸易可能发挥了最大的作用。科布登不容置喙地宣称,他一贯主张的自由商业政策将使人类的普遍愿望和理想相一致,这一点很难质疑。在1815年后,英国明显希望世界保持和平状态,为此将东印度群岛和西印度群岛的大部分岛屿分别交还给了荷兰和法国,放弃了大英帝国内部的保护主义关税,打击海盗并维持海上治安,所有这些行动都让海军较为弱小的贸易型国家感激不尽。此外,这些国家并不严重依赖海外贸易,它们并不认为皇家海军威胁到了自身的繁荣;在19世纪,随着时间的推移,许多国家在这方面的增长要么发生在英国人慷慨开放的正式帝国内,要么发生在非正式帝国内,而皇家海军经常用炮舰保护非正式帝国的贸易。即使是心怀怨恨且疑虑重重的美国也认识到了与英国进行贸易的巨大利益,以及使得门罗主义从一个乐观的宣言变成了政治现实的皇家海军力量是多么强大。毫无疑问,每个国家都希望自己能够掌握海权;但既然这一点无法实现,那似乎最好是由英国而不是任何其他对手来掌握海权。当然,在废除奴隶贸易的运动中,或者在19世纪20年代的拉丁美洲政策或30年代的地中海政策中,英国偶尔也会炫耀这种优势,并引发一个或多个大国的不满,但英国从未在任何时候对"大多数……其他国家的首要和重要利益"构成威胁。

如果说其他列强没有什么积极的动机来实施大规模、强有力的海军政策以反制英国,那么它们也有许多不采取此类政策的消极理由。特别是在19世纪上半叶,欧洲各国忙于内政,它们的政府基本都是保守主义的,正竭力阻止法国大革命思想传播后出现的社会动荡和政治动荡。大卫·汤姆森对这种情况进行了恰当的总结:

1815年后国际和平的原因之一是内战的流行,它导致了1830年和1848年的大暴动以及其间的一系列中等规模的叛乱。当时的民族凝聚力还不够强大,不足以压倒派别利益和政治原则的冲突:人们的精力更多地用于寻求对国内政治和社会制度的全面变革,而不是追求对外国发动战争的民族主义事业。意识到国内革命威胁的各国政府没有意愿与其他国家交战。和平之所以受到欢迎,不仅是因为各国政府意识到了自身的脆弱性,也不仅是因为疲惫不堪的人民欢迎从战争的间隙中得到的喘息之机,还因为国内的敌人似乎比国外的敌人更直接、更危险。不过,内战激发了国内民众好战尚武的精神,这些精神后来被转移到民族主义事业中,这酝酿着更大规模的战争。[15]

因此,如果说1815年后的国际环境"有利于那个准备利用其海军力量的大国的外交政策"[16],那么,把这仅仅归因于英国的海上优势就大错特错了;欧洲各国自己不愿意发动战争也具有同样重要的意义。

这些国内因素在英国主要的海上对手法国身上表现得尤为突出,直到后来,法国领导人才想到通过对外战争分散注意力来摆脱国内困境;但西班牙、葡萄牙、奥地利和奥斯曼帝国的情况也是如此。沙皇政权也面临着类似的问题,它太清楚自己仍在扩张的国家是落后的,因此没有认真考虑反对英国的海军霸权。意大利人和德意志人刚刚开始摸索国家统一的路径,直到19世纪下半叶,他们都在为国家统一而奋斗。欧洲以外的情况也差不多:日本仍然是一个封建的、内向型的国家,美国则忙于向西扩张,后来还爆发了毁灭性的内战。当然,英国也经历了类似的国内紧张局势,尤其是在1815—1832年；但英国的宪法更加灵活，使政治权力稳步扩展到中产阶级，而且英国日益繁荣富强，到19世纪中叶已经消除了一些较为明显的社会动荡根源，这些因素共同阻止了1848年革命的爆发。在英国国内，建立一支足够强大的舰队的主要障碍无非是政府不断要求裁员，尤其是在经济困难的年份；然而，即使是理查德·科布登和约瑟夫·休谟这样激进的军备批评家也愿意承认，必须维持国家的海军优势，而且维持舰队的花费也是英国经济能够承受的，不会有太大困难。

此外，即使英国以前的对手们在1815年后保留了一些海外领地，这些领地也不再像18世纪那样威胁到英国的商业利益。葡萄牙实际上成了英国的保护国。西班牙在拉丁美洲仍拥有一个名义上的帝国，但如果没有英国政府的支持，它就无法实际控制那里，而英国政府公开对民族主义运动表示同情，西班牙很快被迫承认了拉美各国的独立。荷兰也在维也纳会议上保留了许多海外领土，因为卡斯尔雷坚持要这样，他认为荷兰在欧洲恢复为一个可防御的独立国家十分重要，相比之下，荷兰保留一些对英国利益不构成威胁的殖民地就无关紧要了——这再次表明，此时欧洲大陆的平衡在伦敦外交政策的考量中仍发挥着重要作用。[17]即使是足够强大而无须依赖另一个大国的法国，也由于受到昔日敌人的严密注视，又忙于国内政治事务，而几乎没有时间和精力去开拓殖民地或建设一支庞大的海军；正如里士满曾经说过的，没有海权保护的海外基地，就像没有哨兵的岗楼。

此外，1793年至1815年间的长期战争虽然总体上促进了英国工业发展和国家财富的积累，但对于英国在欧洲的竞争对手们来说却并非如此。[18]税收增加，征召工匠和农场工人服兵役，政治的不确定性和社会动荡加剧，国家和关税壁垒的变化，以及入侵的军队或本国军队的"焦土"战术所造成的破坏，无论如何都会产生严重影响；再加上英国的海上封锁和法国对于欧洲大陆的"自我封锁"共同对国际贸易造成了沉重打击，大多数欧洲国家的经济都受到了严重摧残。波尔多、南特、马赛、阿姆斯特丹、哥本哈根、汉堡、巴塞罗那、的里雅斯特等大港及其周边地区，原本繁荣的对外贸易，在其母国与英国开战后，都陷入了全面停顿，或至少是大幅缩减。随着战争的持续，这些国家每况愈下；商船聚集在港口无所事事，仓库关闭，对糖料、烟草和棉花等殖民地产品进行终端加工的工厂倒闭，人口减少，街道上甚至杂草丛生。拿破仑强制实行大陆封锁政策和发布枢密令，对许多已经衰落的工业行业和它们所在的地区形成了致命一击。1813 年，马赛的工业产值只有 1789 年的四分之一；阿姆斯特丹在 1796 年有 80 家糖厂，到了 1813 年只剩下 3 家；汉堡和南特的印花棉布业几乎全军覆没；法国、低地国家和德意志受影响最严重的地区的亚麻布产业减少了三分之二。欧洲大陆的沿海地区被"持久去工业化或者说田园化"。[19] 诚然，某些行业，如棉纺织业，从大陆封锁政策中获益匪浅，因为它们现在得到了保护，可以免受优质和廉价的英国商品的竞争；但是，原棉的短缺和高价，以及从英国引进新技术和熟练工人的速度放慢，抵消了这一点。在这一时期，上述国家和英国之间的技术差距继续拉大，而英国棉花产量的增长远远超过欧洲大陆。此外，欧洲的毛纺业、丝绸业、化学工业和某些金属工业也在增长，但有证据表明，如果没有战争的影响，这种增长会更快。

对本研究而言，1793—1815 年的战争给欧洲大陆经济带来了两大影响。首先，它们的"大西洋"行业遭受了如此严重的损失，以至于战后海外贸易和市场都没有真正恢复。甚至在法国大革命之前，英国商品就已经渗入了受保护的法国和西班牙殖民地市场，而"战争状况极大地帮助英国占领了海外市场，在恢复和平之后，欧洲大陆的工业无法迅速进行调整以抵御英国的竞争，也无法在战后重新在这些市场站稳脚跟"。[20] 其次，欧洲的工业化进程在18世纪80年代并没有远远落后于英国，但相对而言仍遭受了严重挫折，在某些情况下甚至有所倒退。换句话说，欧陆与英国之间的差距决定性地拉大了。因此，在殖民贸易和工业发展这两个重要领域，战争对英国在世界上的相对地位产生了有利影响，尽管它在英国国内可能会造成局部和短期的困难。与此相对应的是一个在后来几十年才显现出来的不利因素：欧洲国家嫉妒英国的经济霸主地位，渴望模仿英国的工业进步，因此在1815年后的很长一段时间里仍保留着保护主义关税。英国旨在推行"自由化"贸易的外交努力在欧洲大陆上遭到了相当大的反对和冷嘲热讽，尽管科布登大肆鼓吹，但只取得了有限的成功。[21] 事实上，到19世纪40年代，英国商品已经被各国在保护主义"温室"中精心培育的本土工业产品赶出了欧洲；当时，英国商人们很容易退出这些竞争更激烈的市场，转而投向1815年的胜利为他们打开的巨大海外市场。

然而，这可能预示了某种现象，这种现象在19世纪下半叶比上半叶更为明显。在前一时期，与英国相比，欧洲大陆经济发展的滞后是其最明显的特征。此外，即使其他列强开始工业化，这也并不意味着对英国构成直接的政治挑战，因为这迫使欧洲政治家更加关注国内的发展。欧洲人此前相当稳定的生活方式发生的转变，给欧洲的政治秩序和社会结构带来了额外的压力；人口的大量增加、封建主义的终结、土地的流失、中产阶级的壮大、地主贵族统治地位受到的挑战、大规模的城市化，还有无产阶级的"一体化"以及随之而来的阶级意识的觉醒，都带来了严重的问题，导致从梅特涅到俾斯麦以及后来的所有欧洲领导人都为此而忧心忡忡。其结果是，欧洲各国在19世纪70年代工业生产过剩的大危机之前，一直忙于经济"起飞"，对海外领土兴趣不大。无论如何，在工业化的早期，这些国家都严重依赖英国工程师、英国机器、英国专业技术和英国资本，而英国在废除了禁止此类输出的诸多法律之后，所有这些都是自愿提供的；对英国过度敌视或与英国开战可能会使这些领域停滞不前。

关于19世纪初的世界状况，特别是欧洲政治，还有两点值得一提。法国战败后，欧洲大陆的平衡并没有受到明显的威胁，这与当时很少有国家通过武力来扩张领土这一事实是分不开的。以奥地利和普鲁士为中心，法国和俄国为两翼，欧洲直到1866年左右一直处于政治平衡状态。虽然这自然会导致各国政府为争取最有利的地位而进行密集的外交活动，但对于英国政策而言，其带来的主要后果是，伦敦不必再担心任何一个国家集结起强大的力量，从而使它感到有必要采取传统措施，遏制这种趋势。其次，英国自身的势力范围也没有受到任何压倒性的强国联盟的威胁：这不仅是因为英国政府巧妙而无私地发挥了其海军和商业力量的影响，也不仅是因为其他国家政府普遍关注国内问题，还因为几乎所有欧洲大陆的政治家都专注于纯粹的大陆权力政治。他们关注的是邻国的一举一动，而不是一直小心翼翼发挥作用的英国海权。在这种情况下，英国海军部的"两强标准"*在19世纪中叶之前完全是理论性的。简而言之，欧洲并不关心外部世界，英国也不干涉欧洲大陆，除了其外围地区（主要是地中海）。"英国治下的和平"就是在这种权力政治框架下发挥作用的。

因此，英国的世界霸权是同时建立在积极和消极因素的基础之上的；但在这一总体结构中，它是以何种具体方式来行使其海上主导权的呢？简而言之，英国皇家海军扮演的角色反映了1815年之后的长期和平状态、英国海外贸易的增长以及新殖民地的积累；它成了海上贸易的保护者，在看起来缺乏有组织政府的地区捍卫英国的利益，在某种程度上是一名"警察"，但同时也是一名调查员和向导。不过，战争作为政府外交政策的主要工具之一，在任何时候都没有失去其作用。事实上，在帕麦斯顿时期，克劳塞维茨的论断（战争只不过是外交政策以扩展的形式呈现的延伸）在很多场合都得到了明确的体现。

英国在这一时期的贡献之一是鼓励海洋开放的思想——这反映了在整个英国，自由贸易思想的影响力正在增强。政府采取了许多措施，赋予了这一思想实质性的内容，例如1849年，英国废除了《航海条例》。考虑到过去英国商船从这些条例中获得的巨大利益，这是一个革命性的大胆举措。诚然，英国人自己从这一新的政策中获益最多，但预计在全世界范围内推行这一新政策后，也会使国际贸易实现增长，国际联系变得更加紧密，各国之间的关系更加友好。英国政府反重商主义态度的另一个显著例子是在1805年（赢

---

* 卡斯尔雷提出的英国海军建设标准，要求英国海军力量相当于世界上第二和第三海军强国力量的总和。——编者注

得特拉法尔加海战的那一年）声明放弃延续了好几个世纪的"海峡敬礼"原则。

>这明确无误地告诉世人，没有一片海域是我们的海，即使是将莎士比亚陡崖与格里内角分隔开来的那片独特的海域也不是。和其他海域一样，它是"公海"。同样，无论是在当时还是在此后，每当出现领海争端这个棘手的问题时，英国总是主张将领海缩小到最低限度。[22]

1815年后，英国海军部承担了绘制大洋海图的艰巨任务，这更为有效地支持了向所有人开放海洋的理念。一支测量船队缓慢而艰苦地测量着世界各地的海岸线和水深。这项工作持续了几十年，其成果体现在越来越多的精美海图上，这些海图随后以最低的价格出售给所有国家的海员，因为英国人相信这将有助于贸易，意外沉船的事件将会减少——这再次颠覆了早先藏掩所有制图知识的自私政策。当然，当时英国从绘制大洋海图的行动中获益最多，但杰弗里·卡伦德爵士（Sir Geoffrey Callender）认为皇家海军的测量船为他们的辛劳留下了最值得纪念的东西，这无疑是正确的。[23]

然而，除了重商主义时代残留的法律束缚和不良态度之外，自由贸易还面临着其他障碍。为了让所有船只都能安全出海，英国皇家海军还必须在打击海盗方面发挥主导作用。尽管各国曾经努力打击过海盗，但是海盗活动在欧洲以外的地区仍然十分猖獗。随着和平时期的延长和国际商业利益的增加，根除这种古老行当的动力也更大了。使英国政府感到有些意外的是，这场战役很快就正式开始了。1816年，埃克斯茅斯勋爵（Lord Exmouth）率领的舰队（在荷兰战舰的支援下)炮击了柏柏尔海盗的巢穴阿尔及尔。经过五个小时的炮击,当地总督宣布投降并同意了英国提出的条件——对19世纪沿海的专制统治者而言,这一反应十分常见;但无论是这次炮击还是1824年同样猛烈的炮击行动,都没能彻底消灭该地区的海盗,直到法国人于1830年占领阿尔及尔后才做到了这一点。在东地中海和爱琴海,科德林顿(Codrington)将军的巡航舰也在纳瓦里诺海战后转而从事打击海盗的行动;与此同时,加勒比海也终于摆脱了三百年前起源于英国和荷兰的海盗威胁。慢慢地,距离英国本土较近海域的海盗活动有所减少,但在东方,尤其是荷属东印度群岛和中国水域,海盗活动依然猖獗。事实上,英国皇家海军在20世纪时仍在打击海盗,尽管那时海盗的活动更多是一种滋扰,而不是对贸易的严重威胁。与海盗之间的战斗有时候也十分激烈,例如1849年秋,达尔林普尔·海伊(Dalrymple Hay)船长的舰队在中国海域与海盗首领十五仔作战,十五仔的军队被打得落花流水,其损失了58艘中式帆船,还有1 700人丧生,英军则无一伤亡。[24] 由于英国商人及其在议会中的代表迫切要求采取行动以保护他们的船只,讨伐海盗的英国再次成为主要的受益者;然而,没有人能够否认这一事实,即这些行动带来的好处能够惠及所有其他国家。

在英国皇家海军实施的另一项规模更大的行动——打击非洲奴隶贸易的行动中,我们也很难察觉到刻意的虚伪和利己主义迹象。在这一贸易中,英国商船获得了绝大部分利润,布里斯托尔港、利物浦港和格拉斯哥港直接从中受益,兰开夏郡的棉纺织业也间接从中受益;然而,尽管这一贸易具有种种商业吸引力,尽管几乎没有其他国家表现出放弃这一贸易的意愿,威尔伯福斯(Wilberforce)

及其追随者施加的压力最终却还是成功说服英国政府于 1807 年禁止贩卖奴隶,并于 1833 年在英国的大部分领地内废除了奴隶制。[25] 同样是这股狂热的力量,把英国皇家海军推向了它认为最没有回报、最乏味、最冒险、最艰苦的任务,因为尽管卡斯尔雷在维也纳会议上说服列强将奴隶贸易定为非法,但并没有任何国际协议来执行这一决定。于是,主要任务落在了英军舰队的肩上,他们在接下来的五十年里一直在努力消灭奴隶贩子。1829 年,在著名的贝宁湾(在这里"进去四十人只能活着出来一个")暴发的传染病导致整个英军西非舰队超过四分之一的人丧生,但与对其他列强的船只进行检查的难度相比,传染病问题就显得微不足道了。对于西班牙、葡萄牙和巴西,英国通过在外交上威胁施压来确保搜查权;对于法国和美国等更强大的国家,则需要更大的耐心和更灵活的策略。到了 19 世纪中期,面对国际社会的反对、海军部的不情愿以及英国公众日益冷漠的态度,这些消灭奴隶贸易的任务还得以坚持下去,这要归功于帕麦斯顿和拉塞尔等外交大臣。

尽管到 1847 年,西非舰队的战舰总数增加到 32 艘,但海军的努力很难说取得了成功。这本身既体现了英国海权的效果,也表明了他国政府的蓄意阻挠以及奴隶贩子们的狡猾。据估计,每年从非洲贩卖至美洲的奴隶人口从 1800 年的大约 8 万人上升至 1830 年的 13.5 万人。这一罪恶贸易直到 1861 年林肯给海军授权,允许他们对悬挂美国国旗的船只进行登船临检后才开始真正减少。林肯总统的这项措施,再加上不久前帕麦斯顿首相对于巴西贩奴的强硬态度,以及英军攻占拉古什并与当地部落首领签订协议的行动,还有皇家海军新装备的快速蒸汽动力轮船——在这些因素的综合作用下,奴隶贸易终于遭到了致命的打击。然而,针对东方的奴隶贸易，即针对阿拉伯及亚洲地区的奴隶贸易仍然在继续，这吸引了英军派驻好望角和东印度的分舰队的注意力，直到1873年，英军对桑给巴尔采取强制措施，这一区域的奴隶贸易才有所收敛。尽管如此，直到"一战"结束，英军舰队仍需要在波斯湾巡逻，以打击当地的奴隶贸易，而直到20世纪初，澳大利亚分舰队仍在忙于打击太平洋的"黑奴贸易"。在所有这些进行奴隶贸易的区域，英国人认识到，除非与当地政权——不管是美国政府还是桑给巴尔的苏丹——进行合作，或者占领拉古什这样的奴隶贸易中心，否则是难以收到成效的。在整个19世纪，从非洲转运至海外的所有奴隶当中，可能只有十分之一被英国皇家海军船只成功解救，但是，如果没有这些行动，那么打击奴隶贸易的国际条约也将无法落实，而世界各国很可能会欣然忽视这一问题。因此，正如劳埃德所说的那样，英国皇家海军战舰的工作理应得到我们所有人的承认。[26]

　　回过头来看，或许有人会多少吹毛求疵地指出，尽管打击奴隶贸易是"人性的闪光点"，但英国人同样从此类行动中获得了很多好处，例如，不管废奴主义者的本意如何，皇家海军的战舰持续驻扎在非洲及其他海岸附近，都大大增强了英国在这些地区的影响力，为大英帝国又增添了几处重要的海军基地，还强化了欧洲人和当地观察家对于英国"非正式统治"的印象。因此，一些外国人怀疑帕麦斯顿首相如此热衷于扫除奴隶贸易的背后另有动机也就不足为奇了。毕竟，帕麦斯顿打击奴隶贸易所使用的手段正是英国人闻名于世的所谓"炮舰外交"，包括频繁使用海军舰艇来推行伦敦的政策，对地区土著专制者采取强制手段，偶尔还得夺取一些战略要地并欺凌弱小国家。

　　不过，如果有人把"炮舰外交"狭隘地理解为利用浅水炮舰维护主要河道的贸易秩序，或者利用它们来惩戒从事奴隶贸易的达荷美国王，那么这是很容易造成误解的。浅水重炮舰实际上是在克里米亚战争之后才真正出现的，由于建造和维护的成本都很低，它完美地符合了维多利亚女王时代的政治哲学；而且它火力较强、吃水较浅的特点非常适合欧洲列强沿着热带地区的河流网络扩大自身影响力，因此，我们很容易理解为什么以"炮舰外交"这个专有名词来指代英国的这一惯性举措。但是，我们最好还是从更加宽泛的角度来诠释这个词语，即"在和平时期，利用战舰来推行国家外交和政治政策"。[27]事实上，将战斗舰队部署到国际关切的某处海域，比偶尔派出一些炮艇惩罚某个非洲国家以维护英国的利益重要多了。对外交部门来说，后者只是一些小麻烦，应该尽可能保持在最低限度，以免失去控制；而前者则是英国外交的重要支柱，同时也在提醒其他列强，它们有必要对伦敦的意见给予应有的重视。纳尔逊曾巧妙地描述了"炮舰外交"的作用：一支作战舰队往往是最好的谈判者。

19世纪的英国如何利用炮舰来支持国家的外交政策并不属于本书的研究范围。[28]不过，分析英国在各种不同的场合使用这种政策工具的效果还是有必要的。结果并不令人惊讶，它再次指向了海权本身的效用和局限性。

一国的历史书往往最喜欢记录本国在战争和外交层面所取得的成就，这样的书籍可谓汗牛充栋，因此本书只对1815年之后几十年间英国政府和皇家海军所取得的功绩进行简要回顾。其中包括防止欧陆列强干涉拉美独立的著名政策，英国大西洋舰队的日益壮大远比门罗总统于1823年发表的宣言更具警示作用；由科德林顿率领的皇家海军分舰队，在法国和俄国舰队的支持下，重创奥斯曼帝国舰队，从而为随后希腊的独立做出了贡献；1840年，英国继续对埃及统治者穆罕默德·阿里发动战争，当时，帕麦斯顿已经成功利用外交措施使法国陷入了孤立，因此，皇家海军地中海舰队才能够轻松占领贝鲁特和阿卡，并挫败了埃及占领叙利亚的企图，从而没有使事情向更加复杂的方向发展；英国还不断支持葡萄牙国王，以助其抵御内忧外患；1860年，英军则高调护送加里波第通过墨西拿海峡；最后但也很重要的一个事件是10年前臭名昭著的"唐·帕西菲科事件"*，当时，帕麦斯顿对希腊政府进行了威逼恐吓，并在国内进行了煽动性极强的演说，这激怒了维多利亚女王和英国国内的自由派，却令民众欢欣鼓舞。

难道说现实中不存在"英国治下的和平"吗？英国外交大臣在1850年为上述行动所做的辩护表明，他认为大英帝国与以前恺撒的帝国很相似："就像古罗马人可以说'我是个罗马公民'[Civis Romanus sum]来免受侮辱一样，英国公民无论身处何地，都会感到无比自信，因为英国警惕的目光和强有力的臂膀将保护他免受不公正和不法行为的侵害。"[29]帕麦斯顿在其他场合的语气也同样自信。1840年，帕麦斯顿直截了当地告诉法国人，英国已经做好了开战的准备，"穆罕默德·阿里将被扔进尼罗河"[30]；他还警告东非沿岸贩卖奴隶的阿拉伯人，"继续顽抗也是徒劳的，他们早就注定要臣服于更强大的国家"。[31]大多数国家的政府都听取了这一建议，并且都承认英国皇家海军拥有广泛的影响力。玻利瓦尔证实，

---

* "唐·帕西菲科事件"（Don Pacifico case），1847年，由于反犹太人的骚乱，英籍犹太商人唐·帕西菲科在雅典的住宅被焚。帕西菲科向希腊政府提出了赔偿要求，但遭到拒绝，于是转而向英国求助。1850年，帕麦斯顿以这一事件为借口，通过海军力量解决了英希两国之间的一些争端。——译者注

"只有英国，海洋的主人，才能帮助我们抵御欧洲反动势力的联合攻击"；穆罕默德·阿里承认，"有英国人做朋友，我无所不能；没有他们的友谊，我一无所能"；加里波第称自己是"这些海洋领主的宠儿"。[32]

不过，需要强调的是，上述所有行动之间存在着内在联系：很明显，它们都发生在那些便于运用海权的地域。诚然，欧洲人只能通过海洋才能抵达拉丁美洲；英国人只能通过海洋来解放希腊人，抑或欺负他们；英国人可以通过海洋来遏制穆罕默德·阿里，恐吓桑给巴尔苏丹，支持葡萄牙女王——然而，这些年里也发生了一些事件，使得我们不得不重新思考英国海权的支配范围是不是有那么广泛。1815年后，在梅特涅的谏言下，法国国王路易十八开始无视英国，推行自己的政策；1823年，奥地利军队不理会伦敦的抗议，镇压了皮埃蒙特地区的抵抗运动；1825年，法国不顾卡斯尔雷于1820年5月5日发布的著名纲领——"国家文件"（State Paper），派遣军队进入西班牙，废除了自由宪法，恢复了斐迪南国王的权力。坎宁很可能会夸口说，他引进了新世界的力量来平衡旧世界的力量；但这也只是他对于西班牙失败的一种反应罢了。英国政府认识到，除非他们采取大规模的军事行动，否则将无能为力，而这在政治上已变得不可能。而且，皇家海军所施加的压力如果无法阻止法国和奥地利在欧洲大陆的侵略行动，那么对于俄国就更无能为力了。正如1832年至1833年发生的事件所揭示的那样，奥斯曼帝国或许对于海上力量的入侵比较畏惧，但它对来自北方的威胁更加敏感。在1830年，决定波兰自治权命运的是东欧的陆上力量，而不是西欧的海上力量，在大约一个世纪之后也恰好如此。同样，1832年至1833年，为了维持比利时的中立地位，英国皇家海军封锁了荷兰港口，但这一行动并没有收到理想效果，英国政府被迫求助于法国的陆军（即使实力最强的时候也被英国人视为不可靠的），以推行它对低地国家的政策。正如之前英美之间的斗争所反映的那样，单凭皇家海军的行动也无法对美国构成威胁。19 世纪，随着美国日益强大，加拿大的前景并不乐观，很有可能被其南部邻国所占领。即使在海外殖民地这一舞台上，尽管英国具有绝对的海上优势，但也仍然发生了一些与英国意志相悖的事件。例如，1830 年法国人成功攻占了阿尔及尔，尽管他们后来打算对突尼斯故技重施时受到了英国的警告。

现在，一个事实已经清楚了，即在"英国治下的和平"时期，海权依然有许多局限性，尤其是地理原因所造成的局限性。英国政治家们对此可谓心知肚明。他们还意识到，除非在迫切需要的情况

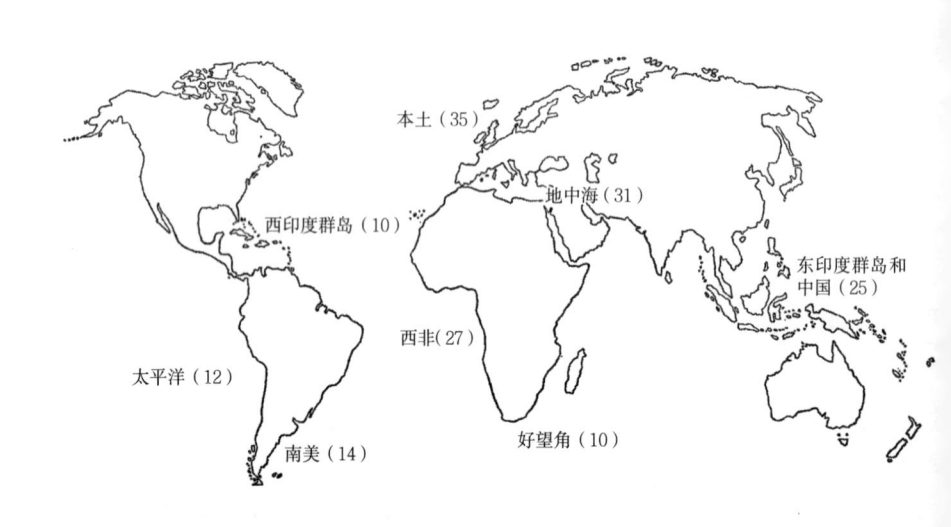

地图 6　1848 年英国在役战舰的部署情况（括号中的数字为战舰数量）

下，否则不能为了施加海上压力而投入强大的军事力量。在这一时期，英国外交政策之所以能取得成功，恰恰是因为其意识到了这些局限性。作为一种天赋，坎宁、帕麦斯顿等英国外交大臣深知什么地方可以充分投入海军舰队，什么地方不可以，从而为国家和自己赢得了声望。但这也在很大程度上掩盖了一个事实，即1815年之后的英国海权并不像人们普遍认为的那样神通广大。英国的政治家们能够娴熟地运用海上力量，这一点没错，但与此同时，他们也十分幸运，"因为这一时期有很多重大问题都能通过施加海上压力来解决，而英国的对手们当时的海上力量十分虚弱，这也帮了他们不少忙"。[33]然而，在未来爆发的新一轮国际危机中，上述两个前提条件绝非一成不变的；事实上，在19世纪40年代，后一项条件就不成立了（英国对手们的海上力量不断增强），尽管只是暂时的。

鉴于英国政府又承担了许多新的责任，1815年之后，皇家海军的日常部署也发生了巨大变化。皇家海军的战列舰舰队不再集中于本土附近海域、波罗的海和地中海，现在其力量和人员均转移至不同的海域，以执行各类任务。下面的表格很好地概括了这种变化[34]：

年份	派驻海外的英国战舰的数量
1792年	54
1817年	63
1836年	104
1848年	129

以1848年为例，当时有31艘战舰部署在地中海，以维护英国

的利益并回应对手的竞争；有 25 艘战舰部署在东印度及远东的基地内，其中每个新开放的港口内部署 1 艘战舰，其他的则用于打击当地的海盗；有 27 艘战舰部署在非洲西海岸，勉力打击奴隶贩子，并由部署在好望角和西印度群岛两个区域内的各 10 艘战舰提供支援；14 艘战舰部署在南美洲东南海岸，负责保护英国的商业利益；另有 12 艘战舰在广阔的太平洋上巡航。与之相比，只有 35 艘战舰活跃在本土海域，其中 12 艘还驻守在爱尔兰以遏制政治动乱。当时，皇家海军正面临财政部和纳税人要求节约开支的巨大压力，因此，在这一背景下，其部署在海外的力量还能实现稳步增长，这乍看起来简直是一个奇迹。

然而，对数据进行仔细分析后，相信读者就能得出不同的结论。实际上，当时皇家海军作为一支有组织作战力量的本质都发生了改变：一方面需要节省经费，另一方面还要在全球范围内不断承担新的责任。英国海军部别无他法，只能不断削弱本土舰队的力量。有人指出，海军预算、船上水手数量以及服役舰艇数量的增长，"可能会严重误导你对海军实际作战能力的判断"。[35] 因为，随着巡航舰和炮艇越来越多，皇家海军所能操控和维持的战列舰的数量就越来越少。皇家海军甚至因此失去了履行责任的能力。1832 年至 1833 年，格雷和帕麦斯顿发现，由于绝大部分大型战舰正在封锁荷兰海岸，或者停泊在塔霍河，因此他们根本无法向地中海部署必要的力量，以支援奥斯曼帝国苏丹应对来自埃及和沙俄的威胁。

直至 1844 年至 1846 年，以及 1852 年至 1853 年，皇家海军作战力量遭到严重削弱的后果才逐渐浮现了出来。当时，法国海军不断增强，在英国国内引发了恐慌（在整个 19 世纪，英国曾多次因遭到入侵的威胁而发生恐慌，这里提到的是前两次）。[36] 此时，将蒸汽动力应用于战舰的技术革新也发挥了影响：当时法国决定建造多艘蒸汽动力战舰，似乎令皇家海军的大部分舰艇一夜之间就过时了。很多人都同意威灵顿的观点，认为蒸汽让英吉利海峡终于搭起了桥梁。由于惊慌失措的公众所施加的压力，英国政府开始投入大量资金以加强地方的防御，例如在各地兴建海岸防御工事，并加强民兵力量。甚至连那些滔滔不绝倡导财政紧缩的人也无法抵御这一恐慌浪潮，英国的新闻界也在不断火上浇油。当时公众的公开讨论和内阁大臣们的私下盘算可以提醒我们，这一时期英国的海上霸权并非无懈可击的。

尽管如此，过分夸大19世纪中叶英国国内所发生的恐慌也是错误的。英国政府的反应也与之前遭遇此类恐慌时相似，但更加坚决果断。针对美国大型一等战列舰所构成的显著威胁，英国海军部于1826年决定建造或改装10艘战列舰；1836年，由于在沙皇尼古拉一世统治下，俄国的海军实力明显增强，英国皇家海军决定新增5 000名水手并得到了下议院的批准；1847年，英国皇家海军预算总额超过了800万英镑，这是自1816年以来的首次；皇家海军服役总人数达到4.5万人，几乎是1817年至1820年间的二倍。不仅如此，随着蒸汽战舰的时代来临，凭借强大的工业体系，英国在短时间内就在这一领域重新占据了优势地位，尽管法国或许在某种单一舰艇的设计方面处于领先地位。在19世纪剩余的时间内，英国仍然垄断了锅炉用煤，拥有巨大的金融资源，并拥有比任何其他国家都更强的造船能力（造船量和造船速度也超过其他国家），英国的海上霸权正是建立在这些坚实基础之上的。另外，皇家海军的水手们经验丰富，具有极佳的职业精神，相比之下，其他列强海军的成员普遍缺乏训练。受到法国的刺激后，英国人已经从骄傲自满的情绪中猛然醒悟，巩固了他们的海上霸权，并再次拉开了与对手们的差距。从这个角度上讲，拿破仑三世所推行的咄咄逼人的政策反而刺激了皇家海军的发展进步。正如这一时期的海军历史学家所总结的那样："1853年至1854年，相比于法国、俄国和美国舰队，英国舰队占据了优势地位，而这种优势之大是自维多利亚女王登基以来前所未有的。"[37]

1859年法国大恐慌的影响不宜过分夸大，但这并不意味着当时英国人普遍的紧张情绪是毫无道理的。在绝大多数英国人看来，拿破仑三世太善变了，使得人们无法全盘接受他的和平宣言。的确，真相与拿破仑三世的宣言背道而驰。法国对意大利的政策不能不引起英国的怀疑；它在瑟堡构筑防御工事则更加令人警惕；而法国的殖民地政策，从地中海、红海到太平洋，从印度支那到拉丁美洲，看起来似乎只有一个不变的主题，即挑战英国。最糟糕的是，在克里米亚战争之后，法军舰队的实力迅速增长，而相比之下，皇家海军的力量却在不断削弱："1859年，英军共有95艘战列舰，而法国是51艘；英国巡航舰的数量是96艘，而法国为97艘；但英军主力战舰多半都已经十分陈旧了。"[38]不仅如此，1858年，法国建造了首艘远洋铁甲舰"光荣号"，似乎已经在舰艇技术方面占据了决定性的优势。这里需要指出的是，上文提到的蒸汽战舰、铁路及电报等技术进步已经在英国国内引发了新的焦虑，人们普遍的结论是，相比于防御方，进攻方占据着绝对优势。"由于信息不足，人们开始怀疑在握有海权的状况下仍然会遭到入侵。陆战和海战的模式已经发生了显著变化，这导致人们对于大英帝国可以免受海外袭击的信念出现了怀疑和动摇。"[39]

这种疑神疑鬼的态度甚至影响到了英国海军部——也不排除它打算利用这种恐慌来渔利的可能性。1859年，英国海军大臣在上议院公开承认，目前皇家海军并没有"处于适合保卫我们海岸的良好状态"。[40] 不过，从海军主义者的角度来看，议会和公众对此的反应以及一些更加悲观的预言并不那么令人满意。政府无视传统的制海权理论，投入巨资建造了一系列沿海防御工事甚至陆地防御工事，以保护主要港口。城市和农村居民以极大的热情踊跃加入大大扩充的民兵组织。很难评估这些措施的真正军事价值有多少，但看起来，它们已经足以令维多利亚时代中期勤俭节约的英国政府将数百万英镑的投资用于修筑堡垒。这种不断完善"砖块与灰浆"的防御举措产生了深远影响。泰勒指出，"大英帝国对于陆军的投入要远大于海军，直到19世纪临近结束"[41]，这是一个奇特的现象。

尽管如此，帕麦斯顿政府并没有忽略皇家海军。针对吃水线以上包裹铁皮装甲的法国铁甲舰"光荣号"，英国建造了"勇士号"铁甲舰。该铁甲舰不但拥有铁制舰体，还包裹了一圈铁制装甲；与此同时，皇家海军还启动了一份大规模建造铁甲舰的造舰计划，这令格莱斯顿十分苦恼。好在1864年之后，在诸多因素的影响下，形势稍有缓解。尽管在数量上少于法国，但英军铁甲舰的战斗力要强于法国；另外，此时拿破仑三世对于建设一支强大的海上力量以挑战英国的地位已经失去了兴趣，他必须全力以赴应对东部日益增大的威胁——普鲁士；在这个技术飞速发展的时代，由于缺乏某些必要的条件——例如像英国那样大量的煤炭供应和遍及各地的煤站，法国的工业实力根本无力赶超英国。满脑子想着怎么节约资金的英国财经大臣终于可以着手削减海军经费了，但尽管来自欧洲挑战者的威胁暂时解除了，皇家海军却还需要在热带地区执行各种任

第六章　英国治下的和平（1815—1859年）

务，仍然需要投入大量资金，这成了节约资金的最大障碍。[42]

如果说来自法国的威胁暂时撼动了英国对于自身海上霸权的绝对自信的话，那么克里米亚战争也产生了类似的效果。当然，英国和法国均在黑海和波罗的海部署了强大的舰队，俄国人不敢发起挑战；但两国的军事行动还是暴露出英国在舰艇设计、武器装备、后勤补给、军官养成、水手的招募和训练，以及舰队的总体管理方面所存在的不足之处，战后，这些问题均得到了改善。在经历了长时间的和平之后，出现这些问题本来无可厚非，但英国公众仍然沉浸在尼罗河和特拉法尔加海战辉煌胜利的回忆中，因此皇家海军在克里米亚战争中的表现令他们感到失望和耻辱。《笨拙》周刊对于这种情绪进行了隐晦的讽刺："波罗的海舰队与黑海舰队之间有什么区别？我们希望波罗的海的舰队包揽一切，但它没有任何作为；我们不期望黑海舰队做些什么，而它却全都做了。"必须指出，这是对当时海权万能论的一种反应，而不是对于皇家海军表现的公正评价。英国在克里米亚战争中未能发挥海上霸主的真实能力，有如下几个因素。首先，由于俄军舰队一直龟缩在港口内，双方无法进行一场大规模海战。其次，对于英法舰队而言，唯一的抵抗来自俄军的岸上要塞，然而，在这方面，英国人受到了炮击阿尔及尔和阿卡的行动所取得的胜利的误导，仍然存在着天真的乐观主义——事实证明，摧毁喀琅施塔得和塞瓦斯托波尔要塞困难得多。最后，传统的封锁战术也出现了问题，克拉伦登及其他一些英军将领觉得，"可能需要花费两三年或者更多的时间，但这一战术总能发挥成效"。[43]不过，封锁俄国是彻头彻尾的空想，因为俄国国内生产的食物和原材料是过剩的；相比于其他列强，俄国最不容易受到海上力量的影响。因此，只有在陆地上采取作战行动才能对俄国发动决定性打击；但这就将战役的指挥权交给了法国，并使得维多利亚中期的英国陆军面临着尚未准备好应对的压力，而海军的作用也被削减，主要是负责保护穿越黑海的陆军补给线的安全。

缔结和约时，英国的海上霸权再次遭到了沉重打击，至少在理论上是如此。根据1856年各方签订的《巴黎宣言》，英国放弃了它在战争时期禁止中立国船只运送走私货物的传统权力。这是一个令人难以置信的姿态，世界上最强大的海上力量突然支持大陆国家的观点，认同中立旗帜可保护除违禁品以外的敌方货物，这直接导致海上封锁这一武器彻底失灵。当然，英国此举是有原因的，但在60年后看来，这些原因都不太令人信服，甚至在不久之后就有人对此表示怀疑。英国政府认为，在这个高度敏感的问题上对抗世界舆论是不明智的，并且希望通过彻底废除私掠战术的协议来获得足够的交换条件。最重要的是，英国接受这些条款象征着曼彻斯特学派的力量和影响力，以及"海上自由"的理念达到了一个顶峰。英国政府已经意识到，消除世界贸易障碍的最大受益者就是英国，如果允许交战国扣押中立船只，英国商船将受到最大影响，而且英国政府认为，英国和其他大多数国家都已经进入了一个普遍和平的时期，因此政府对条约的这一部分没有什么顾虑。然而，人们在恢复对于自由贸易的信心时，（可能是因为这一战略对于俄国失效了）忽略了全面封锁这一武器对以海军为主的大国的重要性，这种武器可以对那些易受此类经济压力影响的对手使用。只有当这种信心和国际上的友好气氛全部消失时，这一旧传统才有可能重新抬头。

第七章

马汉 VS 麦金德
(1859—1897 年)

> 马汉阐述海权对于欧美扩张进程的影响时，正值工业革命的产物开始侵蚀他的学说所依据的原则和理论，这是人类事务的一个有趣注解。
>
> ——G. S. 格雷厄姆：《海军霸权的政治》
> [G. S. Graham, *The Politics of Naval Supremacy* (Cambridge, 1965), p. 124]

以传统方式对 19 世纪的英国海军史进行研究时，1859 年并不适合作为一条分界线，因为当时"英国治下的和平"的权力-政治框架并没有发生任何革命性的变化，因而这一时间点并没有成为通常意义上的历史分水岭。不过，在这里有必要对某些特定的长期发展趋势进行分析，这些发展根源于 19 世纪下半叶，其成果将具有深远的意义。克里米亚战争结束时，维多利亚女王曾检阅在她面前集结的 250 艘战舰，1897 年为庆祝维多利亚女王登基 60 周年，英国又在斯皮特黑德海峡举行了盛大的皇家阅舰式，两次大检阅之间，海权本身的效力，尤其是英国海军的主导地位，正在缓慢但确定无疑地受到削弱。

由于这些趋势直到 20 世纪过了很久才引起一些海军学者的注意，因此当时大多数观察者没有觉察也就不足为奇了。由于摆脱了克里米亚战争的赋税负担，忘记了战争中的窘迫，尽管法国人偶尔会发起挑战，但维多利亚时代中期的英国人对自己的海军实力和世界政治地位重新陷入了一种自满的状态。出于对整体局势的不安，英国于 1867 年又开工建造了 3 艘铁甲舰，而普法战争进一步提升了皇家海军的地位。当时，德国海军还根本不存在；而法国舰队也无力左右战争的结果，之后随着欧洲列强再次将精力集中在陆军军备上，法国舰队更是逐渐衰落。美国仍然忙于内战和战后重建，但其强烈的仇英心理本来就在逐渐消退。因此，出现了英国海军优势上升而舰队开支下降或至少保持稳定的喜人局面。即使是 1877—1878 年"东方危机"中英国爆发的"沙文主义"狂潮也没有产生什么持久的影响，不久之后，英国又回到了以前波澜不惊的状态。

这一"低成本的海上霸权时代"在 1884 年突然终结。在此之前，法国人已经进行了数年的大规模造船计划，而英国公众却对此毫无察觉，他们对己方海军战无不胜仍抱有毫无根据的信心；事实上，两支舰队一等战列舰的数量几乎不相上下。《派尔麦尔公报》(*Pall Mall Gazette*) 的编辑 W. T. 斯特德（W. T. Stead）揭露了海军虚弱不堪的现状，这就像一颗重磅炸弹击中了已经对英国在世界各地的商业和殖民利益受到威胁而感到不安的公众，一时舆论哗然。仅在这一年，饱受舆论抨击的格莱斯顿政府就被迫在造舰计划上额外支出了 310 万英镑，在海军军械和煤站建设上又额外支出了 240 万英镑。骚动暂时得到了平息，但在索尔兹伯里（Salisbury）的保

第七章　马汉 VS 麦金德（1859—1897 年）

守党政府放松了海军建设方面的努力后，1888年，英国国内民众再次骚动起来。遗憾的是，对外局势已经不允许英国恢复到以前那种随心所欲的、对外界漠不关心的状态。自1882年英国政府决定占领埃及以来，法国人一直在全球各地，特别是在非洲发起挑战，而且他们仍然在推行庞大的造舰计划。与此同时，俄国在1885年差点因阿富汗问题与英国开战，现在则又有可能打破巴尔干地区的政治平衡。此外，俄国也在扩充舰队，并越来越愿意与法国结盟。法俄一旦结盟，其联合舰队将在战时钳制兵力不足的英国地中海舰队，切断重要的地中海交通线。这种前景太严峻了，不能用安抚的话语和敷衍的措施来搪塞。1889年3月，英国政府向议会提交了《海防法》(Naval Defence Act)，宣布打算维持"两强标准"——根据该法案，英国将花费2 150万英镑建造新军舰，其中包括10艘战列舰。然而，即使这样也不足以根除大英帝国在地中海的"阿喀琉斯之踵"。4年后，媒体和公众已经完全不能再像以前那样无动于衷了，他们强烈要求采取行动。这场激烈的政治辩论的结果是，第二年春天，政府宣布计划建造7艘战列舰和大量小型舰艇，当时距离格莱斯顿因这一问题而最终下台仅仅过了几天。没有什么比这位一贯反对海军扩充军备的首相的倒台更能象征自维多利亚时代中期以来大环境和态度的变化了。[1]

虽然直到1905年，英国人一直对法俄海军的挑战感到焦虑，但现在看来，他们可能高估了来自这一方向的危险，因为他们只看到了自身的弱点，而忽视了对手的弱点。法国海军虽然在纸面上给人留下了深刻印象，却饱受持续的政治干预和战略争议之苦，在1898年英法之间爆发的"法绍达事件"中，法国海军的低效和虚弱暴露无遗，于是，占据优势的皇家海军为索尔兹伯里提供了最有力的王牌之一。[2] 俄国海军的情况更糟，其舰队中的战舰在吨位和速度上缺乏一致性，其水兵在一年中的大部分时间里都被限制在陆地上，缺乏必要的炮术练习，甚至连基本的航海技术都不具备，根本无法与英军舰队对抗；1904—1905年，俄国海军在对日战争中的可悲表现证明它确实被英国人高估了。即使这两个大国联合对英作战，英国的形势也会比海军协会（Navy League）和英国国内其他煽动者所描绘的前景要光明得多：敌人的舰队几乎没有联合作战的经验；在语言交流和信号联络方面困难重重；在奥地利、意大利特别是德国的态度极为不明确的情况下，双方也都不敢把更多的资源集中在海军上。英国在地中海所面临的战略威胁固然很严峻，但在万不得已的情况下，还可以将舰队撤回直布罗陀，加强亚历山大港的新基地，并让所有商船绕行好望角，从而抵消地中海的威胁。

归根结底，法俄的挑战对英国皇家海军来说可能是件好事，它迫使皇家海军从根本上提高自身的战斗力和作战效率，并加速停止过去几十年来动用大量舰船和人员执行各种杂务的做法。自从克里米亚战争结束后，英国皇家海军的大部分精力都投入了这些活动中。旧的职责依然存在，新的职责不断增加，形成了一份令人印象深刻的职责清单：为打击非洲奴隶贸易而巡逻，为讨债而远征拉丁美洲，打击红海和东印度群岛的海盗活动，强行维持英国对马来亚和缅甸的主权要求，保护全球各地的传教士和商人，不断绘制海岸线和海域的海图。1861年，尽管第二次鸦片战争已经结束，但皇家海军仍在中国和东印度群岛部署了66艘战舰和近8 000名士兵；此外，皇家海军还在地中海部署了40艘战舰，在北美和西印度群岛部署了23艘战舰，在太平洋和西非各部署了15艘战舰，在好望角部署了11艘战舰，在南美东南沿海部署了9艘战舰，在澳大利亚水域也部署了9艘战舰。[3]海军部对商人、传教士、殖民地政府和外交部施加的压力进行了反击，海军大臣抱怨说：

> 从温哥华岛到拉普拉塔河，从西印度群岛到中国，国务大臣们都要求海军部派遣舰队过去……但不可否认的事实是，我们正在做的或正在努力做的事情远远超过了我们力所能及的范围。幸好世界海洋的面积没有变大——因为我们舰队的服务似乎只剩下这一个限制。[4]

顺便提一下，这一时期的英国陆军也是如此，除了长期致力于保卫印度和其他主要殖民地外，英军还参与了一系列被俾斯麦戏称为"绅士战争"的殖民地战争，即与阿散蒂人、祖鲁人、缅甸人、布尔人、埃及人、阿富汗人及伊斯兰教苦修者的战争。[5]因此，英国陆军的兵力也被稀释，并被分成遍布全球的小特遣队，其战斗力被大大削弱。1868—1874年，在格莱斯顿的推动下，卡德威尔（Cardwell）和奇尔德斯（Childers）大幅削减了部署在海外的陆军和海军力量，但这并没有改变基本局面：英国陆海两军仍然主要参与殖民战争。后来领导并革新英国皇家海军的大多数海军军官都是在这些小规模殖民战争中第一次接受战火洗礼，并获得早期战斗经验的：贝雷斯福德（Beresford）参加了1882年对亚历山大港的炮击行动，杰利科（Jellicoe）也参加了亚历山大港战役，贝蒂（Beatty）参加了1896—1897年的尼罗河战役，斯特迪（Sturdee）参加了1899年的萨摩亚内战。令人惊奇的是，他们的思想和习惯并没有被这种有些像演习且难成惯例的海战形式所塑造，因而他们不至于在更加严重的威胁面前惊慌失措。

在许多其他方面，从克里米亚战争之前到战后的几十年里，大英帝国的国际地位似乎并没有什么改变。当欧陆列强全神贯注于意大利和德国统一后的外交和军事斗争时，各国对于英国政府非常重视的世界其他地区就更不感兴趣了；只有法国人一如既往地在热带地区骚扰英国领事和商人，但到了1882年，总是更关心欧洲事务的法国外交部终于制止了这种行为。[6] 更重要的是，在帕麦斯顿去世后，英国历届政府都越来越倾向于对欧洲大陆采取不干涉政策，从而确立了一个在19世纪后期被冠以"光荣孤立"（splendid isolation）之名的传统，这个名称自豪感爆棚却容易引起误解。然而，在19世纪60年代末期，这一政策并不光荣。英国之所以采取这一政策，主要是因为意识到自己的武装力量不够强大，无法成功干预欧洲大陆：1864年，围绕石勒苏益格-荷尔斯泰因归属问题，帕麦斯顿惨败于俾斯麦之手，这是又一次非常必要的提醒：对于欧洲政局而言，单靠海权往往效果有限。

与此同时，大英帝国继续稳步但不可阻挡地向四面八方扩张。前面提到的英国在19世纪50年代和60年代占据的海外领土与这一时期相比可谓相形见绌；在19世纪的最后30年里，英国相继占领了塞浦路斯、埃及、苏丹、索马里兰、肯尼亚、乌干达、罗得西亚、尼亚萨兰、桑给巴尔、贝专纳、德兰士瓦、奥兰治自由邦、今天加纳和尼日利亚的大部分地区、巴布亚、北婆罗洲、上缅甸、马来亚的几个邦、所罗门群岛南部、吉尔伯特群岛、埃利斯群岛、汤加群岛、斐济群岛以及太平洋上的诸多小群岛。尽管后来形势发生了变化，其他国家也开始狂热争夺海外殖民地，但英国人凭借其在热带地区已经确立的地位，似乎是其中的佼佼者："从1871年到1900年，英国又为其帝国增添了425万平方英里的土地和6 600万人口。"[7]此外，尽管经历了1875—1895年的"大萧条"，但在经济生活的诸多方面，英国的主导地位仍然没有动摇。1875年，英国的海外投资为10亿英镑，到1913年已增至40亿英镑，每年带来约2亿英镑的利息，以弥补实物贸易中不断扩大的逆差。航运方面，在世纪之交，英国所拥有的商船数量超过了所有其他国家的总和，它仍然是世界的搬运工，这对维持收支平衡也十分有益。保险业和银行业也巩固了伦敦在全球金融市场上的支配地位。[8]

不仅以上这些方面的情况令人振奋，在19世纪末，英国国内的海军主义者还可以倍感欣慰的是，政治家和公众作为一个整体终于开始重视海军，并充分理解了海军与他们的商业扩张和世界帝国崛起之间的密切联系：正如马德教授所指出的，在1880年之前，"海防这一主题在英国人的思想中几乎是陌生的"。[9]情况之所以变化如此之快，不仅是因为新闻界呼吁重视法俄的威胁，还因为一大批海军战略家和历史学家的宣传活动。[10]其中，迄今为止最著名的是美国海军上校A. T. 马汉，他于1890年出版的《海权对历史的影响》一书赢得了广泛的国际赞誉，"似乎揭示了海军在国际事务中作用的永恒规则，忽视这些规则的国家将面临风险"。[11]这本为敦促美国人建立一支规模更大的舰队而创作的书被广泛阅读且经常被引用，成了各地海军专家的圣经，尤其是在英国，其作者得到了海军主义者的追捧和崇敬。

马汉关于海权在历史上的作用的观点已在本书的开篇部分有了充分论述，在此无须进一步阐述。[12]他认为1660年至1815年间大国竞争的结果主要由海上战役决定，而在本书的这一阶段，是否认可这个观点没有那么重要，更重要的是理解他的著作对**未来**的战略和政治发挥的影响。这些影响或是直接来自马汉的著作，或是他热情但片面的追随者解读出来的。从这些著作中,人们获得了这样的印象:庞大的作战舰队和集中的兵力决定了对海洋的控制,而破交战的战略往往是无效的;封锁是一种非常有效的武器,迟早会让敌人屈服;在岛屿或大陆边缘拥有特定的基地比控制大片陆地更有价值;海外殖民地对一个国家的繁荣至关重要,殖民地贸易是最珍贵的贸易;"水路旅行和交通总是比陆路更方便、更划算";一个岛国依靠其强大的海军力量,可以肆无忌惮地无视陆上列强的挑战,必要时还可以采取孤立主义政策;一个国家如果没有海上力量,崛起为世界强国几乎是不可想象的。它们共同构成了1914年前海军主义哲学的基本信条,其中许多理念即使过了那个特殊的时代依然存在,其核心是:相信在过去海权比陆权更有影响力,将来也会永远如此。最后,马汉虽然敦促美国打造一支强大的舰队,但他完全期待并坚定地希望英国海军的优势地位在未来不会受到挑战。

无论人们对马汉的历史分析持何种保留意见,很显然,他的阐释和观点都对人们理解欧洲历史进程具有重要的启示意义;自马汉时代以来,没有哪位学者在论述大英帝国的崛起时敢于否定海权的作用。然而,过去正确的论述并不意味着在未来也正确。可是在当时,人们把马汉看作"海权的布道者",而不是纯粹的海军史学家;记者、海军将领和政治家们对他的预测津津乐道,并几乎把他的学说当作完整的强权政治学说来接受。但事实上,马汉的思想根植于过去,因此在预言领域并不成功。正如他的一位传记作者所解释的那样:

在活动和倾向上,马汉在很大程度上着眼于过去;他从对过去的研究中总结经验教训,并用过去进行类比。毫无疑问,马汉过于沉迷于过去，以至于他常常无法理解未来海战的发展趋势。他没有充分认识到历史往往不会重演，未来事物的形态也未必总是遵循过去的模式。[13]

具有讽刺意味的是，就在马汉通过历史的幌子向美国人民发出最直白的呼吁——《海权与1812年战争的关系》（1905年）——的一年之前，一份对未来世界政治更具洞察力的预言才刚刚出炉。1904年1月25日，著名地缘政治学家哈尔福德·麦金德在英国皇家地理学会宣读了一篇题为《历史的地理枢纽》（'The Geographical Pivot of History'）的论文。[14]他在论文中提出，哥伦布时代——欧洲列强长达四个世纪的海外探索和征服时代，即将结束，而另一个截然不同的时代即将开始。由于世界上可供征服的地方所剩无几，"社会力量的每一次爆发"都将在一个更加封闭的已知环境中发生，而不会在未知地区慢慢消散；高效和内部发展将取代扩张主义，成为现代国家的首要目标；历史上将首次出现"宏观地理因素和宏观历史发展之间的关联"，也就是说，领地规模和数量将更准确地反映在国际发展领域。在这种情况下，麦金德继续指出，重要的是要考虑到世界上最大的战略"枢纽地区"——俄国中部在未来会发生什么。这片广袤的地区，曾经是几个世纪以来涌入欧洲和近东的许多侵略军的发源地，在哥伦布时代的水手们（他们使得世界上大多数地区都受到了西方文明的影响）的夹击下，其作用已经被抵消，重要性也大大降低了。400年来，世界贸易在海上蓬勃发展，人口大多数居住在海边，政治和军事变化也都受到了海权的影响。现在，随着工业化、铁路、投资、新的农业和采矿技术的发展，中亚有望恢复其以往的重要性：

> 俄罗斯帝国和蒙古的空间是如此广阔，其人口、小麦、棉花、燃料和金属的潜力又是如此之大。不可避免地，一个巨大的经济体将在那里发展起来，基本上与海洋贸易隔绝。[15]

麦金德对于"中心地带"的强调，后来被豪斯霍费尔（Haushofer）和其他纳粹地缘政治学家热情地接受，并因此而有些名誉扫地，而且它或许太简单、太片面、决定论色彩太重，今天的我们很难完全接受，但其论点的大体轮廓却很有先见之明，值得深入研究。当然，麦金德在皇家地理学会的演讲给听众留下了深刻印象。其中一位名叫里奥·艾默里（Leo Amery）的听众大胆地将他的理论更进一步，虽然没有特别强调中亚，但艾默里用更清晰的强权政治术语阐述了麦金德思想的一个方面：

> 如果海权不是建立在强大的工业基础上，如果没有众多人口作为后盾，那么它就太弱了，无法在世界斗争中真正维持自己的地位……海洋和铁路在未来……将由空中运输来作为一种补充手段，到那时……**真正成功的强国将是那些拥有最强大工业基础的国家。不管是位于大陆的中心还是在一个岛屿上，那些拥有工业实力、创新能力和科研力量的国家，将能够打败其他所有国家。**[16]

这些推断人口众多、工业和技术力量雄厚的超级大国会崛起的预测在政治思想界并不新鲜——早在 1835 年，托克维尔就预测美国和俄国将不可阻挡地崛起——但现在这些预测以更加明确的形式表达了出来。例如，在麦金德之前约 20 年，约翰·西利爵士就指出了"蒸汽和电力"给这两个超级大陆国家带来巨大的发展，面对其强大的资源和人力，力量较为分散的大英帝国会发现自己根本无法与其展开竞争，除非自身的结构发生重大改革。"俄国和美国的实力将超越现在的所谓大国，就像16世纪的大国超越佛罗伦萨一样。"[17] 然而，如果说西利仍然寄希望于将大英帝国转变为一个更加有机的整体，那么麦金德可没有这么乐观。他认为，英国将保持其相对于欧洲大陆国家的战略优势和海洋优势，但面对崛起的超级大国，这些优势就显得微不足道了。早在1902年出版的《英国与英国海域》一书中，麦金德就坚持认为：

> 在拥有半个大陆资源的大国面前，英国无法再次成为海洋的主人。许多事情取决于其能否保持在早期条件下赢得的领先地位。如果皇家海军赖以生存的财富和活力枯竭，大英帝国的安全也将不复存在。从英国自身的早期历史可以看出，单纯的岛国地位并不能使其拥有不可侵犯的海洋主权。[18]

然而，尽管过去70年的历史证明他的预言是正确的，这些观点在19世纪末至20世纪初的英国却只得到了有限的支持。人们可能意识到了殖民地世界和工业领域并不总能一帆风顺，但大多数政治家和报纸仍然相信他们的国家有能力驾驭海洋，从而保持其在国际体系中的地位；人们所表达的恐惧更多和眼前的危险有关，而不是来自西利或麦金德的长期担忧。由于"蓝水"学派或者说海军至上主义学派的倡导者们在理论体系上优于"砖块与灰浆"战略的倡导者或者说其陆军对手们，这种骄傲自满的情绪得到了间接强化。前者的胜利不仅导致了19世纪中期利用新招募民兵和修建防御工事来抵御敌人入侵的政策完全逆转，而且还导致了人们对于海权的有效性相信到了近乎迷信的程度。[19]

如果用简单明了的语言表达上述较新的、比较孤立的观点，那么我们可以说，两个密切相关的发展趋势暗示了甚至公开挑明了一个事实，即英国在世界上的相对地位正在下降：一个趋势是英国的海军力量植根于其经济实力，但这一力量不再是至高无上的，因为拥有更多资源和人力的其他国家正在迅速赶超英国，使其不再具备之前在工业上的领先优势；另一个趋势是与陆权相比，海权本身正在衰落。

毫无疑问，第一种趋势是真实的，而英国长期衰落的根源显然就在于此。尽管如上文所述，英国在金融和国际服务领域保持着优势地位，但在19世纪的最后30年里，随着其他国家在现代军事力量依靠的诸多基础工业和技术领域赶超英国，英国作为一流的——实际上是自成一档——**工业强国**的地位迅速下降。起初人们可能会觉得奇怪，"虽然工业衰退了，但其金融业却大获成功，它在世界收支体系中作为航运商、贸易商和中间方的服务变得更加不可或缺"。[20]但事实并非如此。正如我们将要看到的，两者都是相似趋势的一部分，当英国工业界首次感受到竞争压力时，这种趋势就发生了。然而，英国工业界并没有去迎接真正的竞争，而是躲避了竞争；结果，在这些年里，英国失去了其作为世界工厂的地位。

从某种意义上说，上述情况一直是很有可能发生的，因为英国在1815年后对于世界经济的主宰是建立在一系列独特的有利条件之上的。英国不可能永远是唯一的、最强大的工业化国家；当拥有更多人口和资源的其他国家走上同样的道路时，英国的相对衰落是不可避免的。在某些方面，是它自己对这一进程做出了决定性的贡献：它在外国修建了很多铁路，使这些国家的工业特别是农业能够与英国相竞争，它还通过不断注入资金来帮助外国建立和发展工业。此外，这些对手在对进口商品加征保护主义关税时都不会有任何顾虑，尤其是当1875—1896年的经济萧条导致世界贸易和工业生产势头放缓时。英国的政治家们，无论是自由党还是托利党，都把自由贸易作为一种信仰，一种基本理念的表达；但这样做也是有现实依据的。英国对国际贸易的依赖程度实在太高，因此不能损害国际贸易，而美国、俄国、法国和德国的工业制成品的出口比例都不高，对进口食品的依赖程度也不高。结果是不可避免的：英国工业品进入美国面临着高达57%的关税（丁利关税），而美国小麦种植和运输的成本都很低廉，这压垮了英国农业。更令人担忧的是，外国**制造**的其他商品在英国国内市场上所占的比例也越来越高。

后一种情况表明，在这一时期，英国工业的衰落并不能被简单地描述为一个不可避免的自然过程，它也是由自满情绪和低效造成的。[21] 否则，英国的产品在国内市场或中立市场上就不会无法抵抗其主要竞争对手德国和美国的产品。事实上，英国商品在这两个市场上都受到了沉重打击，而这主要是由于英国制造商不愿意保持领先，或者至少不愿意跟上竞争对手的步伐。采用新机器、新技术、将资源合理化运用固然有效，但这些都需要消耗时间、精力和金钱，当人们仍然可以从传统方法中赚取足够的利润时，这些举措并不具有吸引力。与流向外国政府、铁路、矿山和工业的数百万资金相比，英国用于国内工业现代化的投资少之又少。除了一些明显的例外情况，自由放任主义似乎产生了一种随意的态度，而且很少有英国人像德国人和美国人那样，尝试把分散的、通常是小规模的公司组合成大的托拉斯和卡特尔。英国的公立学校教育——被一位评论者描述为"积极地反智、反科学,以游戏主导"[22]——以及被精英主义和古典主义主导的英国大学更擅长培养帝国的执政官,而不是科学家、技术专家、工程师和商业经理。相比之下,德国和美国不仅拥有更多的大学,而且拥有多得多的受过科学教育的毕业生。

如果英国面临的压力真的很大,如果经济大萧条和这些新挑战带来的冲击波更加严重,也许这一切都会改变。不幸的是,事实并非如此,而无论在什么情况下,英国人都能够利用两种极为便利的资产来减轻任何打击所带来的伤害,使生活保持舒适——他们的"正式"和"非正式"帝国,以及从进出口贸易这一无形资产中获得的巨额收益。当其他领域的竞争过于激烈或缺乏吸引力时,前者为英国的产品提供了现成的市场。例如,英国生产的棉制品、铁路设备、钢铁和机械虽然无法进入欧陆和美国市场,但被澳大利亚、印度、巴西和阿根廷接收了。同样,英国对欧陆的资本输出比例从19世纪60年代的52%下降到1914年前几年的25%,但对帝国海外领地的资本输出却从36%上升到了46%,对拉丁美洲的资本输出从10.5%上升到22%。英国"不是通过经济的现代化,而是通过发掘传统地位残存的潜能"成功摆脱了大萧条的不良影响。[23] 由于无形收入的大幅增加,英国经济也没有出现当时常见的国际收支平衡问题。就实物商品交换而言,自19世纪中叶以来,英国的贸易逆差一直在令人担忧地扩大——这既是工业产品缺乏竞争力的表现,也是对进口食品依赖性不断增加的表现——但服务和投资领域的收入总能很好地弥补这一逆差。虽然这在短期内比实际发生收支危机要好,但对于一个面临着国际挑战和危机的世界大国来说,这很难让人满意。

无论如何，新兴工业国家成功的根本在于其机器的生产效率。在一个工业化的世界里，如果在这方面出现悲剧性的失败，那么毫无疑问，国家的灾难也会接踵而至。英国利用对外投资带来的收入缓冲，掩盖了某些工业方面的问题，并通过提高自己的收租地位，掩盖了缺乏新兴出口部门的问题，这是否助长了收租心态的滋生？英国是否正在18世纪成为以前的荷兰，从工业和贸易国家变成金融国家？问题的关键在于，与高效的生产和贸易体系所铸就的坚实本土力量相比，来自金融收入的财富源泉更不安全，更缺乏弹性，更容易受到国外政治不稳定或战争的冲击，甚至会因此而陷入混乱。[24]

提到"战争的冲击"，我们就很容易想到一个最终结论：健康的工业不仅能提供打胜仗所需的武器，而且还能不断创造新财富，但（相当合理的）前提是它们的产品能卖出去；而投资一旦被变现，用于在国外购买国内缺乏的战斗物资，就无法再次获得了，这必然会迅速导致一场收支危机。

当然，这种总体趋势也有许多例外；英国也有不少具有魄力和想象力的企业家和公司。然而，博姿药业（Boots the Chemist）、林顿茶业（Rington's Tea）、梨牌香皂（Pear's Soap）等公司背后的成功人士主要从事的都是家庭定制业务，而且不得不承认，他们并没有"开发出对20世纪主要增长产业具有战略意义的技术"。[25]更重要的是，这些行业并不能为战时帝国的军事和海洋实力做出多大贡献。对于其他更为重要的工业类型来说，情况则更加不妙。在这一时期，英国煤炭生产和出口迅速增长，但这仅仅是因为劳动力大量增加，而不是因为新技术和新机械投入使用。无论如何，到

20世纪第一个十年,德国煤炭的总产量已接近英国,而美国煤炭的总产量则已经超过了两者。当时石油工业仍处于起步阶段,石油主要由俄国和美国生产。英国的生铁产量稳步增长,但这也仅仅是由于劳动力增加和生产能力增强。另一个更加至关重要的行业——钢铁工业的处境更为重要,它突出了英国工业在这一时期的许多问题。虽然"钢铁制造领域的每项重大创新都来自英国或在英国开发"[26],但英国的资本家们根本不愿意投资新的钢铁工厂。到19世纪90年代初,德国和美国的钢铁产量已经超过了英国,并逐渐拉开了差距;"1901年,当安德鲁·卡内基将自己的钢厂卖给 J. P. 摩根的巨型企业——美国钢铁公司时,后者在美国的钢铁产量已经超过了整个英格兰的总和。"[27] 纺织品是英国19世纪最大宗的出口商品,虽然有热带市场的支撑,但也已经开始走下坡路;同样,未能实现现代化,也即未能淘汰老式的走锭纺纱技术(mule-spinning techniques),是主要原因。在英国几十年来一直处于领先地位的机床领域,崩溃的速度甚至更快。那么,20世纪至关重要的新兴产业——电气和化工业又是什么情况呢?在这两个领域,一开始英国先驱者们取得了很大进展;不过,德国和美国在生产和销售方面都更为成功。在汽车工业方面,英国人并不是先驱者,其技术主要掌握在法国人、美国人和德国人手中。光学设备、轻武器、玻璃、鞋、农业机械和许多其他产品也主要由外国生产。经常有这样的情况:一家英国公司在竞争中取得了成功,但仔细一看却发现它要么是一家外国公司的子公司,要么是一家所有者和管理者都是新移民的公司(例如,后来大英帝国化学工业集团的核心布伦纳·蒙德公司)。

综上所述,英国不但未能把握住发展重要新兴产业的机遇,也忽视了对传统产业的重组，而仅仅是依靠向竞争较弱的市场出口布匹、煤炭、铁等常规产品以及无形收入的大幅增长，掩盖了这些疏忽。英国工业生产的活力逐渐减弱，年增长率从1820年至1840年间的约4%，降至1840年至1870年间的约3%。从1875年至1894年间，其年增长率刚刚超过1.5%，远远低于英国的主要对手们。"1870年，英国工业制造品占世界总份额的31.8%，与此相比，德国仅为13.2%，美国仅为23.3%。而从1906年至1910年，英国工业制造品的占有率下降至14.7%，而与此同时德国的占有率升至15.9%，美国更是达到了35.3%。"[28]1840年至1870年，英国出口总额的年均增长率为5%，而1870年至1890年间，其年均增长率下降至2%，在接下来的10年里，其年均增长率仅为1%。[29]再自然不过，这最终造成的结果是：尽管英国海外贸易的绝对额度仍有所增长，但其所占世界贸易总份额的比例减少了[30]：

世界贸易百分比

	1860年	1870年	1880年	1889年	1898年	（1911—1913年）
英国	25.2%	24.9%	23.2%	18.1%	17.1%	（14.1%）
德国	8.8%	9.7%	9.7%	10.4%	11.8%	
法国	11.2%	10.4%	11.2%	9.3%	8.4%	
美国	9.1%	7.5%	10.1%	9.0%	10.3%	

如果说经济基础决定上层建筑——从马克思开始，大部分人都认同这一点——那么，现在"英国治下的和平"赖以存在的基础已经开始动摇了。本书上一章提到的"国家权力和世界权力的强大框架"现在也开始瓦解。英国工业和商业独步天下的领先优势

（皮特、坎宁和帕麦斯顿一直将其作为他们的外交和海军政策的终极支撑）已经消失。但本书没有足够的篇幅也没有必要详细诠释这一事实，或对其表示惋惜。就连上文对英国工业失败的分类描述也可能是没必要的，因为尽管这对于解释英国工业衰退的速度之快肯定具有重要意义，但导致1913年英国的钢铁产量仅为美国的四分之一的这种趋势是必然的；毕竟，正如马蒂亚斯教授提醒我们的那样，"当半个大陆开始发展，它的产量就必然会超过一个小岛"。[31] 现在需要研究的是英国工业衰落的政治后果和战略后果。这本身只能在下一章和以后的章节中进行，但现在也可以适当地提出一些概括性的评论。

不过，在此之前，我们不妨先简单了解一下1880—1914年许多英国政治家认为可能有助于遏制这种衰退（尽管属于相对衰退）的解决方案——建立帝国联邦，即把帝国的不同部分合并成一个有机的海关和军事单位。西利在他的著作《英格兰的扩张》中主张将英国的海外白人自治领地与本土融合成一个新的"大不列颠"，这样英国就能与俄国和美国并驾齐驱了。[32] 从战略角度看，这从一开始就是一个可疑的提议：1900年，大英帝国的白人人口总数仅为5 200万，比德国还少，更不用说俄国和美国了。并且，他们并没有集中在一起，而是分散在全球。此外，不管加拿大和澳大利亚等地的长远前景如何，它们当时的人口和工业规模都太小，在与大国的冲突中只能提供微不足道的帮助。尽管如此，约瑟夫·张伯伦和阿尔弗雷德·米尔纳（Alfred Milner）等著名政治家还是大声疾呼，要建立帝国联邦，并得到了英国许多战略家和政治家的支持。一些人支持建立帝国联邦，是因为他们欢迎自治领的帮助或道义上的支持；另一些人则真正认为这种制度会带来重大变化。奥本海姆在1902年写道："从历史上看，如果没有强大而爱国的殖民地带来的新契机，英国的末日似乎已经注定……"[33]著名军舰设计师威廉·怀特（William White）爵士在1904年访问美国时看到美国造船厂同时建造14艘战列舰和13艘装甲巡洋舰，这给他留下了深刻的印象，他宣称："如果没有殖民地的帮助，我们不可能在与美国的竞争中长久地掌握海洋权杖。"[34]然而，尽管在1887年第一次殖民会议之后的近半个世纪里，人们一直试图实现这一联邦目标，但这却遭到了英国各海外领地，尤其是加拿大和后来的南非（以及再后来的爱尔兰）的坚决反对。由于不久前才从威斯敏斯特获得了宪法和财政上的独立，它们不想重新臣服。尽管各海外领地与英国将在陆军和海军领域实施部分合作，但所谓的"大不列颠帝国"并不存在。大多数英国人也不愿意为了实现帝国更大范围的统一而放弃自由贸易政策，而事实证明，这种抵制是一个更加可怕的绊脚石。

英国相对经济实力的持续衰退，以及未能将帝国联邦的构想转化为实际行动，并没有立即对英国的全球海上力量造成严重后果，事实上，许多专家和大多数民众都认为，相比于前一个世纪，1914年英国皇家海军的地位更加不可撼动，对此我们不应该过于惊讶。我们在这里要分析的是一段较长时间的发展过程，其最初的迹象在19世纪末就已经显现，但总体趋势直到几十年后才被完全认识到；因此，只有少数有先见之明者才能预见到皇家海军在未来也将陷入衰落。第一，正如我们所看到的那样，得益于贸易顺差和无形资产的缓冲，英国潜在的经济危机得以被掩盖和避免。第二，英国造船业本身并没有遭受外国竞争的冲击，这可能是因为当时英国造船业的产品都有独到之处；正如霍布斯鲍姆所说的那样，舰艇的建造"跟营建宫殿差不多，无法实现大规模机械化制造"。[35]在这一阶段，民用船只订单以及英国和其他国家政府对军舰日益增长的需求推动了造船业的发展，因此，当时英国造船业正处于鼎盛时期。第三，英国皇家海军控制着许多海外基地和一流的电缆通信系统，还几乎垄断了优质锅炉用煤炭，并能得到庞大商船队的支持，两者之间互相促进，这自然使皇家海军受益匪浅。从战略角度看，这些都具有巨大的战略价值——英国在海上的对手们也充分认识到了这一点。第四，英国还拥有一个对手们不具备的优势，那就是英国不需要或者至少看起来不需要维持一支耗资甚巨的庞大常备陆军，而如果并非如此，这就必然会占用海军的可用资金。第五，正如我们将在下一章看到的，1900年以后，英国外交部对于其认为不可避免的事态发展做出了迅速而敏锐的反应。通过撤离次要区域，以及与昔日对手结盟或签订协约，英国海军得以再次集中力量控制重要海域，从而遏制首要危险。由于所有这些原因，英国海军地位的下降是难以察觉的；仅从战舰数量来看，1900年和1914年的皇家海军对海洋的控制似乎与1820年和1870年一样有效。

然而，如果帕麦斯顿能够活到世纪之交并重新审视世界格局，他就会立即注意到其中的差异。主要的变化是，随着工业化的普及，英国在海上力量这一领域的霸主地位已经开始动摇，现在其他列强也能够建立自己的海军了；不仅是法国，俄国、奥匈帝国还有更重要的美国、德国和日本现在也都拥有了这种能力。它们不仅**能够**建立海军，而且都**在**积极地建立海军；因为在19世纪的最后十年，不仅仅是英国，每个海洋国家都十分重视马汉关于海权的影响力和重要性的教导。由于列强对于马汉的信条以及运用这些信条来实现自己的目的十分痴迷，兰格（Langer）教授将这一时代描述为"新海军主义"时代。尽管这些国家中没有一个愿意尝试打造一支与皇家海军规模相当的舰队,更没有一个国家拥有这样的能力,但这场"造舰狂欢"所产生的最终效果是一样的:英国无法抵挡所有这些国家加在一起的力量。随之而来的必然是英国要放弃某些次要区域的海上霸权。

另外,鉴于这一时期战舰的装甲、武器和推进技术的快速发展,各国面临着长期的财政压力。出于军事和技术方面的原因,军舰的吨位不断提升,其成本也随之增加,而且增加的速度要快得多。这种现象我们今天已经很清楚,但在维多利亚时代的英国却被认为是无法解释的。在19世纪中叶,一艘90门火炮的军舰如果安装螺旋桨推进器,其造价几乎会上涨50%(10.8万英镑增至15.1万英镑);而到了19世纪末,这种趋势变得更加惊人,尤其是在引入涡轮机和更大口径的火炮之后,下面表格的数据就说明了这一点[36]:

战列舰舰级	列入预算或建造年份	平均造价
"威严"级	1893—1895年	100万英镑
"邓肯"级	1899年	100万英镑
"纳尔逊勋爵"级	1904—1905年	150万英镑
"无畏"级	1905—1906年	179万英镑
"乔治五世国王"级	1910—1911年	195万英镑
"伊丽莎白女王"级	1912—1913年	250万英镑

本书只用了很少的篇幅去回顾19世纪战舰建造的变革——仅仅在半个世纪内,那些纳尔逊甚至布莱克所熟知的风帆战列舰就变成了更加现代化的铁甲舰。这是因为,尽管这一技术飞跃带来了许

1　1588年8月8日，西班牙"无敌舰队"与英国舰队交火（Philip James de Loutherbourg, 1796）

2　1588年，在西班牙"无敌舰队"遭到攻击期间，西班牙方面将领佩德罗·德·巴尔德斯（Pedro de Valdés）向弗朗西斯·德雷克投降（John Seymour Lucas，创作于1923年之前）

3　荷兰独立战争期间，1602 年 10 月，一支英荷联合舰队在多佛尔海峡海战中击败一支西班牙舰队（Hendrick Cornelisz Vroom, 1617）

4　1625 年 10 月，一支英荷联合舰队袭击了西班牙港口加的斯，但遭遇了失败（Francisco de Zurbarán, 1634）

5 1653年,发生于第一次英荷战争期间的斯海弗宁恩海战(Jan Abrahamsz Beerstraaten,创作于1653—1666年)

6 1667年6月,荷兰舰队突袭英国的梅德韦港,取得了第二次英荷战争的决定性胜利(Peter van de Velde,创作于约1667年)

7　1673 年 8 月 21 日，泰瑟尔海战，这是第三次英荷战争的最后一场战役，荷兰舰队战胜英法联合舰队（Willem van de Velde the Younger，创作于约 1675 年）

8　1692 年 5 月，拉乌格海战，英荷联合舰队击败法国舰队（Benjamin West，创作于约 1778 年）

9　1702 年 9 月，维戈海战，英荷联合舰队全歼法国-西班牙联合舰队（佚名，创作于约 1705 年）

10　1717 年 7 月，宾率领英国地中海舰队在帕萨罗角击溃了一支西班牙舰队（Peter Monamy，创作于 18 世纪早期）

11　1759 年 9 月 13 日，英军攻陷新法兰西首府魁北克（Hervey Smyth, 1797）

12　1759 年 11 月 20 日，基伯龙湾海战，英国舰队击溃法国舰队（Richard Paton, 1759）

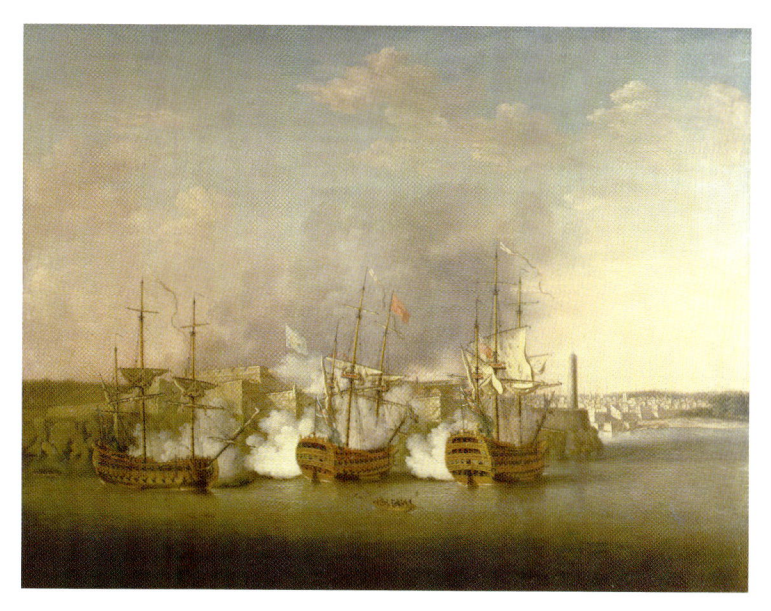

13　1762年7月，英国舰队炮击哈瓦那的莫洛城堡（Richard Paton，创作于18世纪中晚期）

14　1781年9月，切萨皮克湾海战，法国舰队战胜英国舰队，这导致被围困在约克镇的英军向美法联军投降（V. Zveg, 1962）

15　1782 年 9 月，法国和西班牙联军大规模进攻他们已围困了三年多的直布罗陀。图中描绘了法西联军方面一座浮动炮台发生灾难性爆炸的场景。英国守军随后击退了进攻（George Carter, 1782）

16　1798 年 8 月 1 日，英法尼罗河之战（George Arnald，创作于约 1825 年）

17　1805年10月21日，英国舰队和法西联合舰队的特拉法尔加海战（J. M. W. Turner, 1822）

18　纳尔逊之死（Benjamin West, 1808）

19　1816年，埃克斯茅斯勋爵率领的舰队炮击柏柏尔海盗的巢穴阿尔及尔（George Chambers, 1836）

20　1906年时的"无畏号"战列舰

21　1914 年，在福克兰群岛海战开始之际，英国皇家海军的"无敌号"和"可畏号"驶出斯坦利港追击德国舰队（William Lionel Wyllie, 1915）

22　1916 年的日德兰海战中，英国皇家海军的"厌战号"和"勇士号"战舰驶过战列巡洋舰分舰队（William Lionel Wyllie, 1916）

23　1918年，英国皇家海军的"铁公爵号"战列舰率领着英国大舰队的其他几艘无畏舰

24　1936年的英国皇家海军战列舰"皇家橡树号"。1939年10月，它被德国U艇击沉

25　1941年5月,在与德国战列舰"俾斯麦号"的交战中,"胡德号"(后方)被击沉,图中它的前方是"威尔士亲王号"(J. C. Schmitz-Westerholt, 1941)

26　1941年12月，"威尔士亲王号"在马来亚附近海域被日本飞机击沉

27　1942年，一支盟军护航船队正在冰岛附近的大西洋上航行

28　如今仍然停泊在朴次茅斯港的"胜利号"（Jamie Campbell，拍摄于 2007 年）

多战术上的影响，但战略上的影响要小得多：从宏观上讲，最大的影响是英国凭借其先进的工业体系获得了好处，即能够更快地建造军舰，并对设计上的创新做出更快的反应。然而，到了19世纪末，军舰价格的飞速上涨使情况变得严峻了。在近乎危机的1847年，皇家海军开支总计达800万英镑——维多利亚早期和中期的年支出通常低于这一数字。然而，在半个世纪之后，甚至在和平时期海军军费也以前所未有的速度激增：

年份	海军预算
1883年	1 100万英镑
1896年	1 870万英镑
1903年	3 450万英镑
1910年	4 040万英镑

这极大地增加了皇家海军的压力，因为尽管其他不那么富裕的国家也受到了同样情况的困扰，但英国人认为自己在这个问题上绝不能妥协：无论付出多大代价，他们都**必须**在海军方面保持至高无上的地位。然而，这一赤裸裸的论断无论在当时的英国政治家和海军将领看来多自然而然，都面临着两个巨大的障碍，而这两个障碍将在未来导致上述信条在政治上不再是绝对必需的。首先，英国民众逐渐放弃了对政府的自由放任态度，开始要求其改善国内的社会和经济状况，这导致政府意识到，其他部门也正在寻求更多的预算份额；尽管各方面的支出都在飙升，但各方都必须做出妥协。格莱斯顿于1894年辞职，但这并不意味着一场旷日持久的资源争夺战的结束，而仅仅标志着自由帝国主义者的暂时胜利。在随后组

建的统一派（Unionist）内阁中，国防开支也得到了优先考虑，但1905—1914年执政的自由党政府是凭借改革纲领当选的，它已经意识到了英国公众对于社会的期望值正在不断升高，而社会关系正变得日益紧张，它发现解决这样的难题要比想象中更加困难。在英国国内，人们曾就一个民主国家是否应该在和平时期做好军事准备以满足战争需求而发生争论，如今这一问题已经得到了解决。上述信条的第二个问题在于：没有任何一个国家的资源是取之不尽、用之不竭的。军备成本越高，最终被迫放弃军备竞赛的国家就越多，至少在列强范围内是如此。但问题在于，是英国自己能跟上其他国家，还是正如麦金德指出的，"只有那些拥有大量资源的大陆国家才可能做得到"？

这个问题要过很长时间才能有明确的答案，但即使在19世纪、20世纪之交，工业化的发展也很明显在许多方面改变着世界政治的平衡。长期处于休眠状态但因人口和资源众多而具有强大潜力的国家，被"解放了的普罗米修斯"（技术和组织的影响）所唤醒，而这些革命已经产生了重要的战略影响。在西半球，美国占据着越来越重要的地位，其经济活动和政治影响已经渗透到了拉丁美洲尤其是加勒比地区。在远东，日本也开始以同样的方式脱颖而出，并扩大了对于这一区域的控制范围。新统一的德意志帝国以惊人的速度在工商业界进行扩张，正在持续改变欧洲旧有的力量平衡。最后，俄国不仅因工业化而迈出了开发其巨大资源的第一步，其新建的战略铁路体系也使其有了向中国和印度直接施加军事压力的手段。所有这些变化至少意味着英国在有关地区的影响力随之减弱，有些变化还明显限制了英国到此时为止几乎从未受到挑战的主导地位和行动自由。19世纪后期的另一项重大政治变动——

列强的殖民扩张也是如此。对新市场和原材料产地的需求、民族主义的兴起、权力平衡变化、首次面向大众读者的诸多"黄色报刊"(yellow Press)、国内对于政治现状的挑战,以及达尔文主义思想的传播——也许所有这些都是工业革命的后果或与其有关——促使这些国家疯狂地寻找海外领地。在此之前,英国人通常被迫应对来自法国人的零星挑战。现在,更多的国家加入了这场斗争,结果是英国在非洲和亚洲舒适而广阔的"非正式帝国"消失殆尽,要么成为正式帝国的一部分,要么被其他国家吞并。对英国政治家来说,这一经历是极不愉快的。毫无疑问,在这场争夺战中,英国比其他列强获得了更多的殖民地——由于其先发优势,这一点并不奇怪——但其地位却再次相对下降了。此前,英国曾对大部分热带地区实施非正式控制,而此时变成了仅对四分之一热带地区进行正式控制。外国列强在世界航运线路附近也获得了很多重要基地,例如比塞大、达喀尔、迭戈苏亚雷斯(Diego Suarez,今安齐拉纳纳)、马尼拉和夏威夷,这也影响了英国的战略优势。

这些变化使许多英国人感到困惑,虽然他们的真实感受常常被一种充满民族自豪感和虚张声势的外表所掩盖——这在维多利亚时代中期的人看来是既不必要又令人反感的(只有帕麦斯顿总是例外)。如果19世纪80年代和90年代的英国公众知道麦金德论文的第二个主要论断——相对于陆权,海权本身正在减弱——那么他们会更加不安的。但这也是一个非常漫长的趋势,只能用数十年的时间尺度来衡量,事实上,其后果要到20世纪才能完全显现出来。但是,我们还是有必要简要地考察一下它的一般特征。

或许,真正要为此负责的是铁路。具有讽刺意味的是,铁路是英国人的发明,它为英国经济和人民带来了巨大好处。然而,铁路给中欧国家、俄国"中心区域"以及美国中西部等地区带来了更具决定性的变革；尽管近年来一些经济学家提出了不同观点，但这些地区在没有铁路的情况下几乎不可能实现工业化。几个世纪以来，通过水路运输货物既便宜又快捷，而现在通过陆路运输则变得更加容易。20世纪新型机动交通工具的应用会使这一趋势变得更加明显。不仅工业受到了刺激，长期以来困难重重的商业也在新的形势下蓬勃发展起来；例如，塞尼山隧道（Mont Cenis，1871年）和圣哥达隧道（St Gotthard，1882年）的开通大大促进了地中海水果和蔬菜向北的运输。麦金德所说的哥伦布时代，即大多数贸易和人口都靠近海洋的时代，已经随着大陆国家摆脱了这种物理限制而逐渐走向终结。随着陆地交通的改善，一个没有较长的海岸线但人口众多、领土广阔的国家现在可以充分开发其资源了，而荷兰和英国等以海上贸易为主的小国的独特优势正在逐渐丧失。

  人员的陆路运输也比以往快了很多，这一事实不仅影响到航运公司（尤其是那些绕行合恩角的航运公司），而且对军事也有直接影响。最先意识到这一点的似乎是普鲁士总参谋部，其高效的规划人员将铁路时间安排表做成了一件艺术品。1866年，普鲁士总参谋部在很短的时间内就将40万人投入与奥地利交手的战场，而且"它出色地掌握了大规模组织和调动军队的方法，以至于到了1870年，它在仅仅18天内就将118.3万军队从军营派往战场，同时将46.2万军队运往法国边境"。[37]英国对付某一称霸欧陆的列强或联盟的传统战略是向周边地区（无论是低地国家还是葡萄牙或意大利海岸）派遣远征军，如果敌方可以通过铁路将更多的兵力迅速派往受威胁的地点，而不是像往常一样依靠公路交通和急行军，那么这种战略的风险就会大大增加。相反，陆地强国在某些情况下可以摆脱对海洋的依赖，最显著的例子就是俄国通过修建横贯西伯利亚的铁路所获得的优势。1892年，俄国财政大臣维特（Witte）在给沙皇的备忘录中称："西伯利亚铁路不仅会打开西伯利亚的大门，而且会彻底改变世界贸易格局，它将取代苏伊士运河成为通往中国的主要通道，使俄国的纺织品和金属产品充斥中国市场，并确保对中国北方的政治控制。"[38] 这些希望很快就因为俄国与日本的战争而破灭了：战争的结果让各地的海军主义者们感到欣慰；但回过头来看，可以认为俄国的失败与其说是由于海权的作用，不如说是由于缺乏准备和效率低下。至少到1945年，战局已经发生了变化，日本海军不可能为守住中国东北提供什么帮助。即便如此，俄国在世纪之交的陆上扩张还是相当具有冲击力的，麦金德后来在一篇颇具洞察力的文章中进行了对比：

> 1900年，英国能够在远隔重洋的6 000英里外的战争中维持25万人的兵力，这是史无前例的；但1904年，俄国与日本人的战争中，在4 000英里外的战场上，依靠铁路同样部署了超过25万人的军队，这也是了不起的壮举。[39]

更让英国人担忧的是，俄国的铁路建设对他们控制印度构成了实际威胁。几个世纪以来，列强只能通过海路进入印度这一重要的英国殖民地，但到了1900年，奥伦堡—塔什干铁路的逼近似乎给印度带来了致命威胁，而英国人对此毫无办法。只有一支庞大的陆军，而不是皇家海军，才能从西北方向守住印度。1901年的《海陆军记录》（*The Naval and Military Record*）中有一篇重要文章曾经指出，对于一个基本上是海上强国的国家来说，保卫一个在许多地方都容易遭受陆上攻击的帝国，确实是一个令人绝望的难题。在此值得大篇幅引用这篇文章：

> 某些限制必然会阻碍一个海军强国的扩张，这一点从来都毋庸置疑。马汉上校的著作在一定程度上掩盖了这一众所周知的事实，那些自然而然地为自己的海军和不断扩张的帝国感到自豪的英国人很容易误读这些著作。然而，我们可以怀疑，马汉上校是否有意暗示，一个散布在全球各地的庞大帝国，仅靠海上力量就能维持好几个世纪。正如我们最近指出的那样，印度的防务是建立在海上力量的基础上的，但这也涉及维持30万陆军的庞大兵力，这将极大地消耗我们现有的志愿兵役制度所能提供的有限兵员。同样，在与美国开战的情况下，加拿大边境也很难保证安全。我们对于南非的征服可能迫使我们维持一支由5万名士兵组成的永久驻军，而在目前的志愿兵役制度下如何组建这支军队还不是很清楚……例如，新加坡是一个宝贵的海军基地，但仅靠海军是守不住的。该港口也需要大量驻军。因此，当领土扩张不能再完全依靠舰队的火炮和小规模驻军的支持时，海权的局限性就开始显现出来。[40]

此外，19世纪还发生了或仍在发生其他一些新变化，这可能会让人们怀疑马汉对英国以往海战的战略分析在未来是否仍然有意义。其中最为重要的是封锁效果的改变，这种效果即使被海军主义者夸大，通常也是相当可观的。世界新兴强国——美国和德国，以及老对手俄国，由于其国家财富中与海外贸易相关的部分较少，单靠海上封锁就能击败它们的可能性远远低于西班牙、荷兰甚至法国。俘获西班牙的船队或切断荷兰与东印度群岛的贸易，确实是对它们经济的沉重打击；但现在情况不同了，1905 年内殿大律师（Inner Temple barrister）道格拉斯·欧文（Douglas Owen）在皇家联合军种研究所（United Services Institute）所做的一次非常有趣的演讲中就强调了这一点。正如他所解释的那样，第一，17 世纪和 18 世纪英国私掠船所袭击的商船均往来于敌人的港口（如锡兰、毛里求斯、好望角、几内亚、多米尼克、特立尼达、圣文森特、圣卢西亚、代马拉拉、格林纳达及法属加拿大），封锁这些港口足以切断这些国家的贸易线路。但自那时起，这些港口均被英国占领了，敌人失去了这些弱点。第二，殖民地贸易作为一个整体的重要性已经下降。现在，已经没有像拉丁美洲的黄金和白银，东印度群岛的香料，西印度群岛的朗姆酒、烟草和蔗糖这样独一无二、不可替代的产品了——或许只有运往英伦三岛本身的原材料和食品除外。换句话说，现在只有英国人控制的领土上才有以往那些容易遭受敌人打击的绝佳目标。第三，铁路的出现削弱了封锁的效果，也降低了敌方贸易瘫痪的可能性：

> 那时候，铁路早已被引入，并发展到将城市、乡镇和港口连接起来的程度，而欧洲大陆内河航道的开辟和发展达到了大多数英国人都无法想象的程度。即使我们有可能完全封闭对手的港口，对方的贸易也不会中断……今天，法国可以通过比利时获得补给；德国可以通过荷兰和比利时获得补给；荷兰可以通过比利时和德国获得补给；俄国可以通过德国和低地国家获得补给……就欧洲国家而言，通过饥饿迫使敌人投降，或者打击其海上贸易并缴获敌船和物资的举措已经无法实现了。总

之，海岸封锁的岁月已经一去不复返了。[41]

正如引文的最后一句话所表明的那样，这篇论文是在这样的信念下写成的：1856年《巴黎宣言》中关于中立船只不可侵犯的条款在未来的战争中将得到严格遵守；敌方将干脆放弃所有自己的船只，转而依靠中立的运输船。大多数人都认为未来将会是这样，正是这种考虑导致索尔兹伯里在1871年抗议说，该条约使皇家海军舰队除了防止敌人入侵外"几乎毫无价值"。然而，即使英国将在未来抵制这一协议，欧文的分析仍然具有一定合理性：在现代运输条件下，欧洲列强可以比过去更容易地从中立邻国获得补给。而试图利用饥饿迫使俄国或美国就范的想法是可笑的。

更重要的是——在20世纪，我们可以越来越清楚地看到这一点——水雷、鱼雷、潜艇和远程岸防火炮等新发明使封锁行动变得比以前更加困难。依赖于煤炭的现代军舰想要在敌方港口外连续数天保持警戒也并非易事。早在1893年，英国海军大臣斯宾塞就认为"利用蒸汽动力的战舰进行有效封锁即使不是不可能，也是极其困难的"，1895年《泰晤士报》也公开发表了同样的看法。最有趣的是，马汉在1896年发表的一篇著名文章中也对海上封锁表示怀疑。[42]虽然这些技术发展在若干年后才迫使英国正式改变传统的严密封锁政策，但即使在19世纪末，英国人显然也在某些方面开始对这个问题感到不安和存有疑虑。此外，虽然起初新发明似乎只是限制了在敌方沿海作战的战舰的行动自由，但后来人们认识到，水雷和鱼雷也完全可以在公海使用。毫无疑问，为战斗舰队提供护航可以作为一种反制措施；然而，这些造价昂贵的巨型战舰（尽管都有厚重的装甲，但还是很容易受到这类武器的攻击）越是依赖于小型战舰的保护，它们存在的价值就越容易受到质疑。一些有远见的战略家很快得出了自己的结论：革新了皇家海军炮术标准的海军将领珀西·斯科特爵士（Sir Percy Scott）于 1914 年 6 月写给《泰晤士报》的一封信引发了一次不大不小的轰动。他在信中预言潜艇和飞机将使战列舰变得毫无价值，并呼吁制定一项基于庞大空军、强力潜艇舰队和众多巡洋舰（用于保护贸易）的海军政策。[43] 他的批评者们抗议说，这种说法并没有得到证实，因此马汉的原则仍然有效。在英国战列舰仍然强大而高效的时候，看到这种异端理论取得胜利，会让人难以接受；但在这些抗议的背后，人们难道没有感受到更深层次的恐惧，即潜艇、鱼雷艇和飞机在海战中的优势会预示着英国自身海上霸主地位的衰落吗？毕竟，只有少数国家有能力建造战斗舰队，而且需要耗费很多年才能建成，这就给了英国采取反制措施的时间；但任何一个有一点雄心壮志的国家都造得起飞机和潜艇，从而确保自己至少在局部海域占据主导地位。

如果说工业化、运输方式的改变和技术革新使英国传统封锁武器的效果大打折扣，那么，同样的过程也使英国与外部世界的交通线更容易受到敌方海军的打击。从 1750 年至 1913 年间，英国人口增长了六倍，加上国家的工业化，导致对食品和原材料的需求激增；国家日益繁荣的经济加剧了这一趋势；自由贸易体系更是如此，它让英国变成了世界贸易中心，没有任何一个国家像英国这样，将自身经济的繁荣全部寄托在商品的进出口上；而蒸汽轮船和冷藏技术的出现使外国农民得以利用英国关税低的特点，让其产品充斥英国市场。这种转变是巨大的；直到 19 世纪 30 年代，英国 90% 以上的粮食还都是在国内种植的，但到了 1913 年，英国就有 55% 的谷物和 40% 的肉类是进口的了。在原材料方面，对进口的依赖更为明显：到1913年，八分之七的供应来自国外，包括所有棉花、五分之四的羊毛、大部分无磷铁矿石和几乎所有有色金属。[44] 1869年，当这种趋势刚开始发展时，马姆斯伯里（Malmesbury）曾紧张地说："我们无法种植或者说供应我们所需粮食的一半。"[45] 于是，对英国皇家海军来说，在未来任何一场战争中，保护成千上万艘承载着巨量货物的商船都会成为比以往更为艰巨的任务。正如费舍尔将军以其特有的直率方式所说的那样："如果我们的海军被敌人打败，我们所要担心的不是**入侵**，而是**饥饿**。"从经济角度来看，英国比世界上任何其他国家都更容易受到封锁影响。

西方世界的工业化还有另一个后果——各国都开始效仿普鲁士模式，组织和部署大规模军队——这也导致英国的强国地位相对下降。诚然，早在19世纪之前，就有过集结大批士兵参战的情况；但这些军队往往只能在本国境内作战或在短时间内集结，其集结和部署通常需要耗费很长时间，他们的军服杂乱无章，武器装备五花八门，后勤保障也很原始。然而，工业革命伴随着人口的增长，不仅使得大规模征兵成为可能，而且还使得各国政府可以长期提供资金和物资，以满足军人的服装、装备和饮食需要。换句话说，正如伊万·S.布洛克（Ivan S. Bloch）在其《现代武器与现代战争》一书中直观地指出的那样，未来大国之间的战争将是耐力的考验，而防御方将占据上风：

> 战争将不再是通过一系列决战一决雌雄，取而代之的是双方战争资源长期持续消耗。战争将不再是交战双方体力和道德之间的较量，而将形成某种僵局，在这种僵局中，任何一支军

队都无法击败对方，两支军队将保持对峙，相互威胁，但永远无法发动最后的决定性攻击。[46]

尽管现在新修建的铁路令将军们能够以极快的速度在全国范围内调兵遣将，但矛盾的是，工业化很可能使未来战争变成大规模军队之间的持久战。这一切使得英国拥有的小规模职业陆军变得无足轻重。在此之前，英国派遣3万人左右的陆军部队在欧洲某地登陆，本身就能发挥较大的作用，或者至少也可以对盟国有相当大的帮助。现在，英国陆军的规模比瑞士还要小，而且在很大程度上被封锁在海外，英国通过施加军事压力影响欧洲大陆事务的能力变得微乎其微。据说，俾斯麦曾打趣说，如果英国陆军在德国海岸登陆，他会叫来当地的警察部队将其逮捕！

英国军事效率的骤降并没有逃过国内观察家的眼睛。1869年，英国驻柏林武官沃克上校敏锐地观察到：

> 我们恐怕不可能再在欧洲大陆爆发的大规模战争中扮演早年的角色，因为其他国家纪律严明的军队耗资甚巨，规模庞大，并通过征兵制度补充兵员……这令我们无法在兵力上与之相匹敌。[47]

到了世纪之交，莫里斯将军也悲伤地报告说："看来，尽管英国陆军在欧洲大陆上有过光荣的战史，但目前外国军官的普遍印象是，我们实际上根本没有陆军。"

然而，要扭转这种衰落趋势，就意味着要引入欧洲大陆模式的国家征兵制度，而在英国政治家和公众看来，这一制度不仅耗资甚巨和不受欢迎，而且违反了英国的基本政治原则和传统。信仰、政治策略和经济考量相结合，使得英国人在未来与欧陆敌国的任何一场战争中，其战略都趋向于利用海军作战和封锁，夺取殖民地，并对欧洲大陆发动外围攻击，也就是利德尔·哈特（Liddell Hart）后来所称的"英式战争方式"。由于这与欧洲大陆保持力量平衡的历史时期（大约从1879年至1905年）大致吻合，重新考虑这一传统政策的必要性不大。但是，如果某个国家或联盟的崛起打破了这种平衡，而这个国家或联盟除了对英国不友好之外，还企图主宰欧洲，对抗这个国家或联盟的军事力量又过于虚弱，那英国该怎么办呢？殖民行动、封锁、小规模登陆，在此时都是无关紧要的，但袖手旁观可能会让整个欧洲大陆落入一个不友好的大国手中，这对所有了解本国历史和传统的英国政治家来说，都是世界上最危险的事件。尽管在世纪之交，这种偶然情况似乎还不太可能发生，但一些英国作家已经指出，某些事态发展使这种偶然情况变得不那么遥远了。关于英国对欧陆的军事义务、这种义务的大小，以及它对英国整个国防和外交政策的影响等一系列问题的争论，都正在酝酿当中，而英国皇家海军的未来在很大程度上取决于这些争论的结果。

第三部分

衰 落

我们的"传统"战略是否还行得通，十分令人怀疑。过去，我们十分依赖于欧陆均势和地理优势，而从1870年起，欧陆均势已经变得越来越不稳定，现代技术的发展则削弱了我们的地理优势。1890年以后，英国不再是唯一的海军强国，而且海战的整个范围也缩小了。随着风帆战舰被淘汰，海军舰艇的机动性减弱了，在水雷发明后，战舰已经无法进入内海，封锁战略也因替代品的科学发展和农业机械化而失去了部分威力。在现代德国崛起之后，我们几乎不可能不与欧陆国家结盟，而盟友往往坚持的一点是，你必须承担你应尽的战斗责任。当每个参战国都倾尽全国之力进行战争时，资金援助就毫无意义了。

——《乔治·奥威尔散文、新闻和书信集》（四卷本）
[*The Collected Essays, Journalism and Letters of George Orwell*, 4 vols. (Harmondsworth, Middlesex, 1970), ii, p. 284]
中关于利德尔·哈特《英式战争方式》
（*The British Way in Warfare*）的一篇评论

第八章
"英国治下的和平"的终结（1897—1914年）

> 由于北海对岸那支强大而充满威胁的舰队，我们几乎放弃了外洋水域。我们的处境就像蛮族正在大举进攻边境时的罗马帝国一样，不祥的消息已经传来了。我们只能召回军团……
> ——1912年5月29日《旗帜报》

1897年6月26日，世界上有史以来最强大的海军舰队在斯皮特黑德集结，庆祝维多利亚女王登基的"钻石庆典"。超过165艘英国战舰，包括21艘一等战列舰和54艘巡洋舰，展示了皇家海军的巨大规模和强大战斗力。这一切都给外国观察者留下了深刻印象，很少有人会反驳《泰晤士报》无比自豪的夸耀：

> 这支舰队……就其所有的要素和实力而言，无疑是最强大的力量，而且任何其他海上力量联合在一起都无法与之相匹敌。它是世界上有史以来最强大、影响最深远的武器。[1]

读者们也知道，这一武器还得到了世界上最强大的商船队的补充，并反过来为其提供保护，因为英国仍然是世界上最主要的贸易国，其推进皇家海军建设计划所需的大部分国家财富都来自海外贸易和投资。此外，由于拥有庞大的殖民帝国，英国最重要的海军基地遍布全球，因此它还享有战略优势。费舍尔将军沾沾自喜地说："五把战略钥匙锁住了全球！"而且它们（多佛尔、直布罗陀、好望角、亚历山大港及新加坡）都掌握在英国人手中。[2] 此外，英国本土和这些基地正迅速通过帝国错综复杂的电缆通信网络联系在一起，这甚至进一步加强了英国对世界航道的战略控制；1900年，法国政府羡慕地指出，"英国在世界上的影响力也许更多归功于其电缆通信，而不是其海军。它控制着信息，并以令人惊叹的方式使信息服务于它的政策和商业"。[3]

在其他方面，普通英国人也可以对自己的舰队充满信心。以戈申（Goschen）为海军大臣的英国统一派政府对于拨发海军的年度预算一直非常慷慨，因此，尽管处于和平时期，但1897年的皇家海军，其现代化程度和装备水平都是1815年以来最好的。此外，为了应对英国全球利益所面临的各种威胁，皇家海军似乎明智地将力量分配到了各处。其中，地中海舰队占据着最重要的位置，在这一区域内，驻扎在马耳他的10艘（后来增至12艘或14艘）一等战列舰，有效遏制了法俄舰队的活动。此外，在发生危机时，海峡舰队的8艘一等战列舰还可以增援它，这些战列舰平常在直布罗陀和英国南海岸之间活动。此外，海峡舰队还可以向拥有11艘二等战列舰的后备舰队提供援助，后者负责保护英国北海沿岸。在远东，英国认为也有必要部署3艘战列舰和许多其他舰艇，以确保伦敦的声音得到尊重。某些其他基地（好望角、美洲）也很重要，有理由为这些地区的分舰队配属1艘战列舰，还有许多小型舰艇广泛分散在世界其他地方。在未来，英国海军很可能会继续在全世界范围内耀武扬威，因为1898—1899年的海军预算（就在斯皮特黑德阅舰式的几个月前提出）总额接近2 200万英镑，其中包括4艘新战列舰的建造费用。

这种力量绝非只是虚张声势，一遇到真正的实力考验就会像纸牌屋一样轰然倒塌——例如1940年的法国陆军。英国皇家海军在兵力、物资和战略上的优势是一个冷冰冰的事实。1898年底，当英国准备就上尼罗河地区归属问题而开战时，法国沮丧地认清了这一点。看到法国做出了屈辱的外交让步，许多人认为这应该归因于皇家海军的优势，并同意德皇威廉二世敏锐的评论："可怜的法国人……他们没有读过他们的马汉！"[4] 一年后，皇家海军还在与布尔人的战争中确保了本土通往南非交通线的安全，并阻止了欧陆国家的任何干涉企图。正如泰勒先生所言："布尔战争甚至比法绍达事件更能证明'光荣孤立'的作用。"[5]

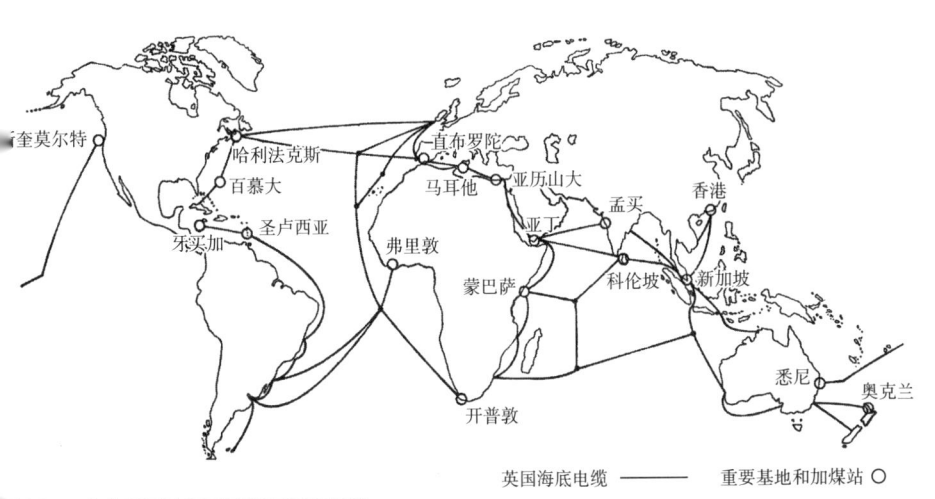

地图7 大英帝国的海军基地和海底电缆

尽管这些表现给同时代的人留下了深刻印象，但鉴于全球几乎所有其他独立国家都在努力建造战舰，长期前景就远没有这么乐观了：皇家海军的确非常强大，但面对如此多的潜在对手，它能在所有海域保持其霸主地位吗？答案是显而易见的。就在不久之后，海军情报局局长概述了自1889年以来英国海军的地位在海外各地区的下降程度：

> 由于美国、阿根廷和智利海军的崛起，英国舰队以前在北美-西印度群岛海域所占有的优势已不复存在，在前一个海域已经被美国舰队"完全超越"，在后一个海域则逊色于上述所有三个国家的海军力量。在美洲东南海岸，英国舰队现在不如阿根廷，也不如巴西。之前在中国地区拥有的霸权已经拱手让给了日本；在1889年，英国舰队曾大大强于法俄联合舰队，但十年后却"几乎不是其对手"。[6]

这是第一个迹象，表明当**欧洲以外**的国家也有能力建设海军时，英国将竞争对手的海上力量限制在欧洲内部的能力开始瓦解，而这种限制对手海上力量的战略早在18世纪英国就已经实现了，直到19世纪中叶都没有受到任何挑战。然而，19世纪90年代中期的"新海军至上主义"只兴起了短短几年就造成了上述后果；当美国、德国和日本等快速发展的大国将更多的国家资源投入舰队中时，后果将更加严重。而英国海军在斯皮特黑德展现出的强大实力实际上刺激而非遏制了外国的野心。到了下一个月的月底（1897年7月），法国海军获得了一笔用于建造新舰的补充拨款。更加不祥的是，与此同时，新任命的德国海军大臣提尔皮茨少将向从谏如流的德皇威廉二世建议说,"针对英国的军事形势,我们应该尽可能建造更多的战列舰",并概述了他为将德国舰队打造成一支不可忽视的海上力量而采取的首个措施。[7]

下表展现了英国皇家海军主导地位相对下降的状况:

	1883 年战列舰数量	1897 年战列舰数量(包括在建的)
英国	38	62
法国	19	36
德国	11	12
俄国	3	18
意大利	7	12
美国	0	11
日本	0	7

换句话说,在 1883 年,英国战列舰的数量几乎等于所有其他列强战列舰数量的总和(38 比 40);到了 1897 年,这一令人满意的比例已经大幅缩水(62 比 96)。此外,我们还有理由相信,实际状况比上表所展示的还要糟糕。[8] 在"光荣孤立"的时代,这并不是一幅诱人的图景。

回过头来看,历史学家们可能会发现,1897 年的"钻石庆典"并不代表英国国力的顶峰,反而更像是一个因为其全球利益遭到与日俱增的威胁而越发感到不满的国家最后挣扎时的绝唱。英国实力的真正顶峰出现在 19 世纪中叶;而到了此时,正如许多政治家和其他一些有洞察力的人所意识到的那样,英国不能再依赖帕麦斯顿认为理所当然的那些优势了,是时候付出艰苦的努力和采取果断的行动来应对下个世纪的挑战了。而摆在英国人面前的各种选择都充满了障碍和危险。极端帝国主义者们呼吁建立的帝国联邦制度在军事上显然是不可行的，更不用说还要考虑到自治领的反对。增加国防预算，直到英国海军和陆军能够满足所有需求，这种过于简单化的补救措施在财政上是不可能的；布尔战争的爆发，以及随后暴露出的陆军准备不足和将领能力欠缺的问题，意味着在军费预算中海军很可能再次退居陆军之后。而英国加入某一欧洲联盟的政策虽然得到了约瑟夫·张伯伦的赞同，却存在严重的弊端，并遭到了包括首相索尔兹伯里在内的许多人的反对。

鉴于上述极端的解决方案都要面临诸多障碍，剩下的就是不那么引人注目的政策了，即对国防和外交政策的所有领域实施合理化改革，加强各部门之间的协调，逐步减少对于全球一些非重要区域的义务。英国将努力从自治领那里获得更多的财政帮助，并在国内寻找新的收入来源；英国还将改善武装部队的状况，因为要想提高军队战斗力，仅仅增加税收是不行的。如果有必要，英国将与列强缔结区域性的友好条约，以便英国能够将精力集中在其他地方；外交官们将努力与某些其他国家友好解决目前紧迫的问题，从而减少潜在敌人的数量。战略上的过度扩张和海军力量的稀释让人想起了克里米亚战争前的时期，但现在风险更大了，因为挑战更多也更持久，法俄联盟的崛起部分改变了这种状况，集中力量的政策将以更快的速度推进下去。然而，那种认为孤立的英国可以在世界各个角落照顾好自己的观念仍难以改变，许多人很难适应1897年至1914年间英国国防和外交政策所发生的巨大变化。因为在这些年里，可以毫不夸张地说，"英国治下的和平"和与之相伴的"光荣孤立"外交政策都以令人难以置信的速度终止了。

不言而喻，海军和战略因素在英国世界角色的转变中发挥了决定性作用。尤其是，贝尔福、塞尔伯恩（Selborne）和兰斯当（Lansdowne）等大臣受到布尔战争冲击的刺激，迫切要求改善当前政策。早在1901年初，海军大臣塞尔伯恩就对传统的"两强标准"政策提出了质疑，他认为，"两强标准"是纯粹的数字游戏，这种计算方式把**所有**其他列强都视为对手，而这并不符合现实，所以按照他的观点，英国未来必然会与某些大国交好：

> 因此，我建议我们只与法俄联合舰队做实力对比，以此为基点来考虑我们的相对位置在哪。从这个角度来看，我认为我们的目标不应单纯追求兵力上的平等，而应该让兵力只成为绝对实力的一部分（另一部分来自优越的组织）。

蒙格（Monger）指出，这一原则是"英国摆脱孤立而迈出的重要一步……它不再完全凭借自身的力量，而是要依赖其他列强的包容"。[9] 现在，根据财政状况来给海军量体裁衣已成为不可避免的事情，但对于那些不再需要全神贯注并付出无限牺牲的地区和利益，英国仍需做出许多痛苦的决定。

当然，在某些地区，撤军似乎是不可避免的，也是可取的。例如，世纪之交，随着美国实力的增长，英国在西半球的地位越来越难以维持。尽管近一个世纪以来，白厅的战略专家们一直在关注加拿大的防务问题，但这个问题始终无法解决。[10] 1899年，英国印度事务部常务副大臣戈德利（Godley）私下里对寇松承认，在这里，维持一支强大的海军部队没有什么价值：

我要向你坦白，有两个国家，而且只有两个国家是我所害怕的，那就是美国和俄国，原因很简单，它们已经或者（就俄国而言）很快就会拥有比我们自己更好的军事通道，以进入我们一些重要的海外领土。令人遗憾的是，加拿大和印度并不是岛屿，但我们必须承认这一事实，并相应地改变我们的外交策略。[11]

除了军事上的原因外，英国从北美撤退还有其他几个原因。首先，英美之间的任何冲突都会给双方带来灾难性的经济损失。其次，在政治和情感方面，这两个盎格鲁-撒克逊大国在种族和文化上的相似性逐渐取代了相互猜疑和对立；许多英国人把美国看作未来困难时期的盟友，而许多美国人则用对大英帝国的理解（诚然是暂时的）取代了之前的恐英症。[12]最后，也有海军实力方面的原因。1898年，美国仅拥有6艘现代化战列舰，但与西班牙的战争激发了美国朝野上下扩充海军的广泛热情；到1905年，美国已拥有12艘现代化战列舰，并正在建造另外12艘。只有当英国能够自由地将其海军的大部分力量派往大西洋彼岸时，它才有理由确信自己能够取得海上胜利，从而遏制美国对加拿大的入侵；然而，由于外交舞台上的其他威胁也非常大，恰恰是这一先决条件无法满足。早在1895年与委内瑞拉对峙期间——当时美国只拥有3艘一等战列舰——事实就证明英国无法增强自己派遣至美洲水域的舰队；欧洲的形势实在太严峻了。而到了世纪之交，情况也没有得到改善，当时英国海军部忧心忡忡地指出：

几个世纪以来，在与欧洲对手们的历次冲突中，英国赢得了胜利，这给英国留下了双重遗产：一个世界性的帝国和一种妒忌心（我们在南非战争中看到了这种妒忌心，令人痛心）。这种妒忌心会使撤出本土水域的作战舰队变得极为危险，因为正是这些舰队保护着我们的本土不被外国入侵。[13]

对英国来说，最合理的选择是优雅地退出，避免一场不可能打赢的战争，（以期）换来一个强国的持久友谊。这正是新任外交大臣兰斯当在是否允许美国人单独于巴拿马地峡开凿运河并设防的棘手问题上所采取的政策，这违反了1850年双方签订的《克莱顿-布尔沃条约》。当英国海军部指出，在这个问题上让步会损害英国海军的利益时，兰斯当巧妙地颠倒了推理的顺序，他利用了皇家海军战略专家们的结论，即海上霸权将最终决定运河的控制权，实际上使得运河的所有权问题变得多余；既然英国不再有能力将足够数量的战列舰派到加勒比海地区与美国竞争，那么最明智的做法就是不要激起美国人的敌意。实际上，海军部并不反对外交部的观点，因为海军部基本上也是亲美的，而且同样认为有必要摆脱这一令人尴尬的战略遗产。正如伯恩博士所指出的："19世纪末对美国采取的绥靖政策是英国为了自身安全而早已采取的政策的自然结果，尽管这一结果来得晚了些。"[14] 但是，英国在这个时候采取这一政策，表明了在新世纪之初，伦敦已经在很大程度上感到自己处在防守态势。

面对美国的扩张，英国在巴拿马运河问题、阿拉斯加边界问题和其他问题上的退缩并没有在英国国内引起反感，至少在索尔兹伯里离开之后是这样；事实上，塞尔伯恩、费舍尔和李等海军领导人对于制订一份与美国进行全面战争的计划望而却步，因为在他们看来，这种战争的前景过于可怕和不可预测。不过，对英国而言，远东地区的问题就无法这么平心静气地对待了，在这一区域内，面对法国、德国，尤其是俄国的威胁，英国政府面临着保护国家商业和政治利益的巨大压力。中国是一个典型的例子，在这个地区，英国数十年的商业地位和"非正式"政治主导地位正在迅速瓦解，伦敦感到自己部署在中国的力量太微弱了，如果没有一个强大盟国的帮助，英国将无法对抗其他列强的进攻。面对俄国人从西伯利亚和法国人从印度支那发动的猛烈陆路进攻，英国人不仅无力维护中国的主权，而且海军力量的对比也令人担忧。塞尔伯恩告诉内阁，到1901年底，英国在中国水域将部署4艘一等战列舰和16艘巡洋舰，而法俄两国的总兵力为7艘一等战列舰和2艘二等战列舰，外加20艘巡洋舰。一旦与法俄同盟爆发战争，英国远东利益面临的后果是显而易见的，即使对那些主张将力量集中于本土水域的人来说也是如此。因此，英国海军部主张与日本结成海军联盟，前者提出的论点值得我们在这里大篇幅地摘录，因为这些论点清楚地概括了英国放弃"光荣孤立"，转而在某种程度上依赖另一个强国支持背后的战略考虑：

诚然，英国在欧洲水域所取得的胜利几乎不会因为在远东的失败——哪怕是严重的灾难——而黯然失色，但是，如果英国在远东的海军力量被击溃，那么其作用即使没有荡然无存，也会被削弱到危险的程度。我们可以忍受损失一定数量的商船，甚至可以忍受一支较弱的战列舰分舰队在一段时间内被封锁在香港；但我们无法承受失去中国的市场，或眼睁睁看着香港和新加坡被夺去，尤其是在我们可能正与俄国在印度边界展开军事斗争的时刻……

在中国水域,俄法9艘战列舰对我们4艘战列舰,力量太过悬殊,我们最终不得不将更多战列舰派往中国。但这样做会有双重后果。它将使我们在英吉利海峡和地中海只剩下与对手们勉强相等的力量,而在帝国的心脏地带与对手的力量只是勉强相等,这是一种巨大的冒险。这还会给我们的海军体系造成巨大压力,并增加我们在海军人员和装备上的开支……但如果我们与日本结盟,情况就会大不相同。

明年,英国和日本将能够以11艘战列舰对付法国和俄国的9艘战列舰,而且我们的巡洋舰数量也占优势。

这样,英国就没有必要向中国增派战列舰了,也终于有可能考虑在本土水域暂时建立起微弱的兵力优势;我们可以减少派往中国的巡洋舰的数量,并在其他有迫切需要的地方增派巡洋舰;我们的远东贸易和属地也将得到保障。[15]

日本人同样对法俄统治远东的前景感到警惕,他们渴望加入这样一个同盟。1902年1月30日,两国正式缔结同盟之后,英国人感到他们在东方可以松一口气了。然而,当时,就连他们自己也低估了这决定性的一步给他们带来的好处。

虽然人们普遍认为英日同盟标志着"光荣孤立"的终结,但必须指出的是,英日同盟的适用范围仅限于远东地区,而且由于英日同盟使得在中国发生危机的时候,英国不再那么迫切需要寻求柏林的支持,因此它实际上强化了英国在欧洲的孤立地位。所以,如果把这次结盟看作英国一种有意制定的长期政策的开端,认为这项政策是让英国更多地参与欧洲事务,向法国提供大规模援助，并只考虑德国的挑战，那这种看法是大错特错的；那些都是后来才发生的事情。事实上，英国海军从西半球撤军，并减少在远东的兵力部署，主要是因为地区因素的作用，另外也是由于皇家海军领导层已经普遍意识到，自己的造舰计划是无法跟上其他所有国家的造舰步伐的。这些举措也没有得到广泛宣传，这与后来重新分配兵力的高调措施形成了鲜明对比。正如新成立的帝国防务委员会（Committee of Imperial Defence）秘书克拉克（Clarke）对贝尔福所指出的那样：

最好不要说出来，我们必须放弃在加勒比海和北大西洋等靠近美国海军基地的区域与之做斗争的想法。这自然会让世界的这块部分产生一些战略层面的改变。在不远的将来，我们也将很难在日本本土水域对抗日本海军。最好的办法是认清事实，但不要总是站在房顶上将这些事情大声昭告天下。[16]

然而，如果说英国削减这些海外义务有其内在逻辑的话，那么毫无疑问，到1903年左右，英国的政策制定者和公众都或多或少开始对德国海军的迅速扩张产生了疑虑，这也使得皇家海军领导层深感有必要进行重新部署。英国无论如何都无法在西半球和远东地区继续维持海上优势地位，此时需要集中力量对付本土附近出现的新挑战者，因此哪怕只是尝试在上述两个区域增兵也是一种错误。毕竟，英国的东方贸易虽然重要，但与其自身的国家安全相比却微不足道。德国海军扩张的根源与美国和日本相同——快速的工业化，以及随之而来的对海外市场、殖民地和国际强权政治的兴趣。令英国人更为震惊的是这一扩张的特殊形式、方向以及与柏林外交政策的联系（自俾斯麦下台后，柏林的外交政策变得更加不安分和咄咄逼人）。德皇威廉二世通过阅读马汉的著作和对英国皇家海军（他是英国皇家海军的名誉舰队司令）的深入了解，产生了巨大的野心，打算建立一支尽可能庞大的海军，以确保德国在下个世纪得到其应有的"有利环境"。尽管德国人的这一政策并非源于反英，但由于基本的政治和地理形势［英国控制着德国通往外部世界的航线，并对德国不稳定的"世界政策"（Weltpolitik）抱有怀疑］，再加上提尔皮茨在1897年后采取的战略，它很快就演变成了反英的。提尔皮茨认为，德国只有在北海建立一支由战列舰组成的主力舰队，才能实现"世界政治自由"：这支部队不仅能够保卫德国海岸，还能威胁到现有最强大海军的整体海上优势；换句话说，这将成为强权政治的"杠杆"，因为英国人在其他地方承担的紧迫义务迫使其无法将众多的战斗舰队集中在本土水域，英国人将由此认识到德国这支"冒险舰队"的威力，并变得更加顺从德国的愿望。因此，对德国人而言，理想的状态是：当德国外交部努力使英德关系在"危险区域"内保持平稳时，德军战斗舰队将悄然变得十分强大，以至于"英国将完全失去攻击我们的意愿，并因此向陛下让出一定程度的海上控制权，使陛下能够执行伟大的海外殖民政策"。1898年，德国的《第一海军法》规定舰队兵力为19艘战列舰；1900年的《第二海军法》将这一数字翻了一番，达到38艘；但提尔皮茨设想的最终兵力甚至超过了这一数字。[17]

尽管过了很多年英国的政治领导人才认定德国确实对他们的安全构成了最严重的威胁，但海军部仔细评估德皇的海军计划已经有一段时间了。早在1897年，英国的有识之士就对德国《第一海军法》将刺激法国和俄国重新展开一轮造舰竞赛而感到不安，但到了世纪之交，这种担忧被更大的恐惧所取代，英国人开始害怕德国将与英国和俄法同盟形成"三足鼎立"之势——这确实是提尔皮茨的目标之一。到了1902年，就连持怀疑态度的塞尔伯恩也不得不对内阁说："我深信，德国正在从与我们开战的角度出发，精心组建庞大的新海军……"[18]这对英国财政的影响是巨大的，因为这意味着海军大臣于1901年所说的话已经失效了，当时海军大臣说皇家海军只需要保持足够应付俄法联合舰队的规模就已经足够了。海军主义媒体要求海军达到"三强标准"，这是一个合乎逻辑的答案，但将使整体预算捉襟见肘。因此，这时皇家海军的形势和英国的政治形势似乎比以往任何时候都更加令人绝望，尽管外交部的某些成员和公众开始认为，唯一的选择是与法国和解，甚至可能与俄国和解。

正是在这种阴郁的气氛中，在对布尔战争中陆军的糟糕表现感到失望、对德国海军的崛起以及法国和俄国的持续挑战感到疑虑、对军费和海军开支的骇人增长感到绝望的情况下，英国对整个国防系统进行了彻底且急需的全面改革。新成立的帝国防务委员会作为首相的咨询机构，负责协调战略事务，其效率和影响力很快就远远超过了较早的"殖民地防务委员会"（Colonial Defence Committee）。陆军也彻底焕然一新，按照海军部的组织模式确定了陆军部（War Office）的组织，建立了参谋部，并进行了一系列改革，以提高战斗部队的效率。此外，英国陆军逐步从西印度群岛、百慕大群岛、克里特岛和加拿大撤出，南非和地中海的驻军数量也有所减少。此时的英国皇家海军得到国家的坚定支持，来自公众的压力也较小，没有像陆军那样强大的改革动力；然而，1904—1907年皇家海军仍然发生了翻天覆地的变化，因为1904年10月，约翰·费舍尔爵士被提拔为第一海务大臣*，这个才华横溢、冷酷无情的"恶魔"强行将皇家海军全面重组，海军指挥层的任何一个部门都未能幸免。[19]

在这里大致说一下费舍尔改革的主要内容就行了，因为这些改革与本书的主题无关：在费舍尔的推动下，皇家海军的船坞状况、人员薪酬、军官入职和培训、服役条件、炮术水平和总体效率都得到了改善，但值得注意的是，一些特定的改革项目在前几年就已经开始实施了。但是费舍尔的独特风格大大加深了人们的印象，从而让人认为海军部实际上正在进行一场革命。

费舍尔的其他一些主要改革措施更值得关注，因为这意味着海军部至少已经完全承认"英国治下的和平"的时代已经过去。正如我们所见，甚至在此之前，皇家海军就将一些海外基地的主导权悄悄地让给了外国列强。而在 1903 年 3 月，政府宣布将在福斯湾（Firth of Forth）建立一个新的海军基地。稍后（1904 年春），本土舰队的规模和效率都得到了提升，相应的措施被公认为是对正在崛起的德国海军的反击。然而，这些措施的力度都无法与费舍尔对整个皇家海军进行战略重组时的一意孤行和冷酷无情相提并论。

费舍尔认为，效率、火力、速度、经济和兵力集中程度是衡量海军战斗力的重要标准。从这一观点出发，没有什么比在全球各地维持大量缓慢、过时的小型巡洋舰和炮舰更荒谬的了，这不仅

---

* 第一海务大臣（First Sea Lord）和海军大臣（First Lord of the Admiralty）是不同职位，前者是英国皇家海军及海军部的最高军事职务，由高级海军将领担任，负责海军的作战指挥、训练和日常运作，相当于海军参谋长；后者是英国海军部的最高政治职务，通常由文职人员担任，属于内阁成员，负责海军部的整体战略规划、预算分配和政策制定。——编者注

浪费金钱，还特别浪费人力。他认为，在战争时期，"敌人的巡洋舰会像犰狳掀开蚂蚁窝一样把它们干掉！"。除了部署在中国和西非的河流中，其他地方的炮艇也没有什么军事价值；它们"只是国家力量的象征，而不是其具体的体现"。更强大的战舰偶尔造访也能达到同样的效果，甚至效果更好。许多较为陈旧的战舰也是如此，传统做法是花费大量开支把它们保留在预备船坞（Dockyard Reserve），以备未来战争之需——但费舍尔将这些战舰称为"守财奴屯积的无用垃圾"。尽管他自己提出的更为激进的舰艇报废方案被一个特别委员会修改得较为温和，但仍有154艘舰艇被从现役名单上除名，将它们赶出皇家海军的费舍尔自豪地声称此举兼具"拿破仑式的大胆和克伦威尔式的彻底"。巡洋舰、轻型巡航舰、炮舰和炮艇，这些在克里米亚战争结束后的几十年里赢得过非洲酋长们的尊重、受到东方君主们的厌恶、被世界各地的海盗和奴隶主所仇恨的舰艇，现在终于抵达了它们漫长的服役生涯的终点。

除了费舍尔对低效率的厌恶之外，这一无情举措背后的驱动因素是急需进一步加强皇家海军在本土水域的实力。"舰队在和平时期的部署也应该是其在战争时期的最佳战略部署"，以及纳尔逊的格言"战场应是操练场"是费舍尔经常挂在嘴边的两句箴言，它们与之前皇家海军所扮演的世界警察角色形成了鲜明对比。因此，在战争时期，著名的澳大利亚、中国和东印度群岛分舰队将合并为以新加坡为基地的东方舰队；而南大西洋、北美洲和西非分舰队则由大幅扩充的好望角舰队所取代；太平洋分舰队则被干脆放弃；以两个新中心为基地的舰艇的总数量也大幅减少。更重要的是，费舍尔从根本上将英国战列舰舰队的重心从海外基地转移到了本土水域；在1904—1905年费舍尔采取重新分配措施的前后各舰队实力的统计数据最能说明这一点：

之前	本土水域	英吉利海峡	地中海	中国
	8	8	12	5
之后	英吉利海峡	大西洋	地中海	中国
	17	8	8	—

鉴于法俄的威胁，地中海舰队不能再缩减规模了，但正如马德教授所指出的，"英国不再像在18世纪的战争中那样，把目光投向南方和西方，现在它开始把目光投向东方和北方"。[20] 一场战略革命正在进行。此外，海峡舰队和大西洋舰队司令部此后将优先使用更现代化的战列舰，同时，这两支舰队之间将定期举行演习。同样值得注意的是，附属于这些主力舰队的巡洋舰分队往往是由那些从解散的海外驻地撤出的舰只所组成的。日本在远东对俄国所取得的胜利使得皇家海军将5艘战列舰调往英吉利海峡舰队，从海军的角度来讲，这是英日同盟（英国随后匆忙修订并延长了盟约）到此时为止带来的最大好处。此外，报废战舰上的船员也被重新部署到现役舰队内，或被分配到著名的"费舍尔核心船员系统"（nucleus-crew system）内，这意味着可以更有效地调动后备舰艇。

体现费舍尔的思路和方式的最典型例子就是他最出名的创新，即全重型火炮战列舰"无畏号"，它的装甲、速度和火力让所有其他战列舰都望尘莫及；还有战列巡洋舰"无敌号"，虽然比"无畏号"少了两门主炮，装甲防护也差得多，但速度更快。所有这些进步的惊人之处在于，海军预算实际上**减少**了，从而证明了费舍尔的观点，即巨额资金投入和数量众多的舰艇并不一定代表强大战斗力。皇家海军的预算在从1900年的2 750万英镑猛增到1904年的3 680万英镑之后，到1905年却减少了350万英镑。然而，应该正确理解改革的这个特定方面，那就是削减不必要的开支。海军费用总体上仍然呈持续上升的趋势，而且由于战舰越来越大且越来越复杂，这个趋势还在加速。费舍尔的根本性改革措施，再加上此时英国一些高明的外交手段，给英国带来了喘息的时间；但英国已经认识到，它再也无力打造一支可以对抗其他所有国家的海军了。

费舍尔的改革，正如他一直预料的那样，在海军内外引起了激烈的争论。其中一些批评意见，例如他令舰队失去了许多战时所需的小型舰艇，有一定道理；另一些批评，如他使得英国战列舰失去了决定性的领先优势，给了提尔皮茨迎头赶上的机会，则是完全错误的，这一点在不久后就得到了证实。[21] 然而，最重要的还是关于"召回军团"的争论——尽管起初这是在官方层面上保密进行的，但公众很快就看出了这个长期的趋势。在第一次摩洛哥危机发生时，英国海军部可能已经认定唯一真正的危险就是德国；但许多其他人认为，为了北海的利益而缩减海外舰队的派遣规模有损于英国在世界上的利益。

这些批评者包括外交和殖民部门。他们在1906年和1907年一再抱怨说，最近海外发生了地震、革命和其他动乱，而海军却没有到场援助；他们还强调需要有足够的"帝国警察……在殖民帝国各地……作为防范内乱的保障"。事实上，外交部的语气变得相当生硬：

> 如果将战舰的数量减少到如此程度，以至于海军无法像过去一样，在未来为我国的外交政策提供外交部觉得应有的支持，那么唯一可能的结论就是，为了应对未来几年内不太可能

发生的攻击，英国采取了防御性的集中部署方案，而这正在牺牲英国当前的和不久的将来的全球政策和利益的迫切需要。[22]

可以想见，海军部的官员们对这些批评私下里表示愤怒。费舍尔则对此嗤之以鼻，他对国王说："如果每个人都如愿以偿，那么海军预算将高达数亿！"同时，针对外交部提出的海军玩忽职守的指控，海军部在一份冗长的备忘录中给予了反驳，内阁也认可了海军部的回应。但在1905年考德尔（Cawdor）的备忘录中，海军部就已经公开向所有相关方（甚至包括德国人）为这一集中力量的政策做了总体辩护：

> 上世纪后半叶，欧洲的长期和平以及国际利益的稳定分配，使我们的各个分舰队都有了不同程度的重要性……这种情况如此普遍，以至于今天的人们倾向于把向特定基地部署一定数量的舰艇看作常态化的派遣任务，而不是一种战略需要。
> 必须彻底摒弃这种想法。战略上，我们需要向某些海域派遣不同兵力的分舰队；但国际关系千变万化的性质，以及海权的变化或新发展，不仅禁止我们以永恒不变的兵力来配置舰队，事实上还要求我们必须定期重新分配各分舰队的兵力，以满足当前的政治需要。[23]

换句话说，海军部的意思是，舰队的任何部署都不应被视为理所当然的：在19世纪60年代，欧洲处于均势，法国海军的威胁只是暂时性的，适用于当时的海军部署方式放在1900年之后就不合适了，因为国际形势发生了根本性的变化。然而，我们可以看到，在费舍尔所采取的新的裁撤和重新分配措施的合理性背后，还隐藏着更深层、更长远的趋势，对此可能连他们自己都没有完全意识到。1900年后的撤军与19世纪中叶法国入侵恐慌时期的撤军并不相似。这一次的重新部署带有一种永久性的意味，而裁撤政策也证实了这一点。正如两位研究这一时期的学者所指出的，"炮艇的减少是英国世界大国地位不断受到挑战的必然结果"。[24]

尽管费舍尔和他的继任者们所实施的改革的必要性显而易见，但他们仍不断受到批评，人们认为他们在执着于应对德国威胁的同时放弃了全球其他地区。抗议往往来自海军**内部**，但都被更加坚决地驳回了。好望角舰队总司令抱怨道，一旦开战，他没有足够的战舰来对付驻扎在这一区域的德军舰艇，但海军情报局局长巴滕贝格（Battenberg）对此进行了公开反驳：

> 如果我们在非洲相对于德国的地位是通过两国各自部署在非洲海域的海军力量来衡量的话，那么我们的舰队应该进一步大幅缩减，因为德国部署在那里的舰队几乎可以忽略不计。事实上，正是由于德国将海上力量集中部署在欧洲水域，我们才被迫采取类似的行动。[25]

然而，更重量级的批评者很快就出现了，那就是自治领，英国试图让它们承担更多的帝国海防费用。张伯伦在1902年的殖民会议上描绘了"疲惫的泰坦巨人背着沉重的命运之球蹒跚前行"的景象，澳大利亚和新西兰的回应是增加了缴款；更重要的是，它们接受了马汉学派"一个海洋、一支舰队"的理念，澳大利亚放弃了原先在澳大利亚海域内调动辅助力量的发言权。不过，在几年之后，由于民族主义的发展和对日本的恐惧日益加剧，各自治领强烈要求建立本地海军，这在1909年的帝国防务会议上达到了高潮。海军部违背自己的意愿，接受了建立一支澳大利亚海军的想法，并承认"在确定帝国海军的发展方针时，也必须考虑到战略以外的其他因素……"[26] 然而，由于德国海军不断发展壮大，尽管堪培拉、惠灵顿和渥太华经常抱怨，海军部还是很快就忽视了这些承诺。这些争论虽然并不激烈，但清楚地表明，自治领认为英国保卫它们的承诺和能力越来越不能令人满意。

这种意见分歧在1911年关于续签英日同盟协定的辩论中再次显现出来。伦敦早先对这一盟约的结果——俄国战败、远东危机结束、战列舰分队撤回——感到欣喜，但后来又对日本未来膨胀的野心感到不安。在俄国战败和1907年英俄和解之后，英国关注的焦点从防御印度转移到了保卫太平洋帝国上。英国的自治领本身对日本的敌意更强，觉得自己暴露在"黄祸"之下。此外，美国人认为新修订的英日同盟条款（只要其中一个签约国遭到某个国家攻击，另一个签约国就要以此为由宣战）对自己构成了明显威胁，但英国人试图说服华盛顿，他们永远不会与美国作战。然而，尽管如此，对于英国政府来说，英日同盟仍然是至关重要的，因为英国政府在关注德国威胁欧洲海军和陆军力量平衡的同时，更加注意保护其在远东地区的地位。正如格雷指出的，"英日同盟与海军战略之间有着密切的关系"。日本拥有11艘战列舰和30艘巡洋舰所组成的舰队，主宰着远东地区，从而保护了盟国的利益；但格雷也认为，如果同盟终止，日本很可能会对英国采取更具侵略性的政策：

> 如果我们要确保远东与欧洲之间以及远东与澳大利亚和

新西兰之间的海上交通，就必须在中国水域部署一支单独的舰队，这支舰队至少要相当于在这些水域活动的两强的标准……为了满足战略利益、削减海军开支和保持稳定，我们必须延长英日同盟。[27]

然而，在远东建立一支"两强舰队"是不可能的，因为这会拱手将北海的海上霸权让给德国，也会导致与日本之间的友谊破裂。英国利用这些理由说服自治领同意于1911年提前延长同盟。但整个辩论揭示了一些不祥的征兆：英国对日本的依赖，同盟关系的不确定性和消极方面，以及皇家海军一种无能为力的处境，即无法在保持欧洲水域的海上控制的同时保护帝国在远东和太平洋的利益。所有这些都预示着二三十年后东方将会发生什么。

从西半球、远东和其他遥远海域撤军的决定，以及随之而来的在这些地区对日本和美国海军的依赖，尽管都是英国不情愿的，但白厅一直认为采取此类措施是明智和必要的；毕竟，这两大强国的崛起是不可避免的，这一点英国政府早已私下承认。然而，地中海的情况却并非如此，几个世纪以来，英国海军力量一直在地中海占据主导地位，那里存在着重要的政治利益（保卫埃及、与意大利的友谊、土耳其的独立），英国的一条主要贸易路线也经过这里。除了这些冷静的考虑之外，还有一种浓厚的感情因素，这源于英国的威望、对纳尔逊的怀念以及对英国崛起为海上霸主的自豪感。正如颇具影响力的伊舍（Esher）子爵所说的："英国是或者不是一个世界大国，这完全取决于它是否取得制海权，尤其是地中海的制海权。"[28] 英国人这一"政治民族"的绝大部分成员都认为，让外国列强掐住地中海这一"帝国的气管"将招致灾难性的后果。

正因为英国如此看重地中海,它才会在 19 世纪八九十年代如此重视法俄的威胁,围绕舰队兵力的争论才会如此激烈。[29] 即使在当时,也有人主张采取所谓"搁置"政策,他们认为战时地中海的航线将变得极不稳定,马耳他的舰只面临着被两支敌国海军夹击的巨大危险,因此,合理的战略是加强英国对埃及和直布罗陀的控制,从而将这片水域变成"死海";但英国政府始终倾向于增加预算和加强马耳他的舰队。不过,到了 19 世纪 90 年代中期,形势变得更加严峻,伦敦已经在私下里承认,它实际上再也无法承担保卫伊斯坦布尔和博斯普鲁斯海峡以使其免受俄国袭击的责任了。与此相反,英国加强了对于埃及的控制。需要指出的是,英国政府默默放弃这种帕麦斯顿和迪斯累里时代的传统政策,是基于这样的观点:自 19 世纪中期开始,英国的海上霸权已经相对衰落,不仅相对其对手来说如此,甚至相对其陆权来说也是如此。1895 年亚美尼亚危机期间,尽管已经得到内阁大部分成员支持,但英国海军部还是一口回绝了将舰队派往伊斯坦布尔的计划,理由是这样做很可能会被法国人切断后路。由此产生了一系列后果:不仅土耳其人与英国之间的友谊就此变得冷淡,前者还显得倾向于加固达达尼尔海峡的防御,却忽视博斯普鲁斯海峡的防御,这令英国人怀疑他们抵抗俄国人的决心,也不利于英国舰队强行夺取这些海峡。事实上,早在 1890 年,皇家海军地中海舰队司令就警告说,强行攻占海峡"将在很大程度上给我们带来一场灾难",因为与从前相比,当时的战列舰已经变得不太适合攻击坚固的要塞,而 1915 年的加里波利战役将证明他的预测是对的。索尔兹伯里对海军部在整个 19 世纪 90 年代都畏首畏尾感到十分震惊。他曾经挖苦称海军的战舰肯定都是陶瓷做的,但同时他也很现实,同意了放弃伊斯坦布尔,转而把力量集中于埃及。

然而，英国外交和国防政策的这种革命性转变还是未能成功解决问题：法国和俄国仍然在继续扩充海军，英国皇家海军也只能继续跟进。进入20世纪之后，皇家海军经常有多达14艘一等战列舰部署在马耳他，然而其兵力仍然少于俄法联合舰队，只要爆发危机，就需要英吉利海峡舰队提供援助。如上文所述，1904年至1905年，费舍尔重组了皇家海军，使其发生了翻天覆地的变化，这在很大程度上是因为英国正面临着德国的严重威胁，不得不采取防御性的姿态。但如果俄国的海陆力量没有在日俄战争中受到重创，如果英法关系没有经历重大转变，并最终就殖民地问题达成了政治和解，那么英国政府也不会采取上述措施。如果俄法两国继续扩充海军并对英国表示出敌意，那么海军部就将陷入更大的困境了。这一时期，高超的外交手腕以及有利的国际环境帮助了英国，在英国解决其战略困境时发挥了关键的作用。

第一次摩洛哥危机之后的几年内，随着英法协约逐渐巩固，以及德国建造更多的战列舰，海军部愈加倾向于从地中海进一步调走主力舰。事实上，1906年底皇家海军就已经再次削减了地中海舰队的规模——战列舰从8艘减至6艘。从1908年至1911年，在海军部起草的各个作战方案中，都有从地中海舰队撤回其余全部主力舰的打算。但由于此举会产生广泛且严重的政治影响，其中包括英国实际上要依赖法国，因此，这一提议总是会遭遇激烈的反对。甚至连费舍尔本人以及外交部中反德的官员都反对这一举措。扭转这一传统政策的有以下几个因素：首先，1911年，丘吉尔被任命为海军大臣；更关键的是，1912年，提尔皮茨又推出了扩充海军法案；最后，还有奥匈帝国和意大利海上力量的发展壮大。[30]

丘吉尔对于海军的贡献主要在于他坚定不移、旗帜鲜明地主张集中全部力量反对最大的敌人——德国。丘吉尔认为："如果我们能在决定性的战场上赢得胜利，那么其他所有问题就都会迎刃而解了。"当时德国海军正在迅猛发展中，即使那些没有被丘吉尔的激情所打动的人也不得不对其进行深入思考。提尔皮茨不仅打算追加建造3艘战列舰，还提议将德国海军舰队中现役主力舰的数量从17艘战列舰和4艘战列巡洋舰增加到25艘战列舰和8艘战列巡洋舰。要跟上德国最新造舰计划的步伐，英国海军部就必须额外增加300万英镑的预算，以用于新增的战舰和人员，但33艘德国主力舰陈兵北海、准备出击却是一个更加难以处理的问题，因为一般来说，皇家海军只能在本土海域维持22艘主力舰的规模（其中还有6艘主力舰部署于直布罗陀）。最后，奥匈帝国海军也正在积极扩充当中，马上就会拥有4艘无畏舰，而意大利已经下水了4艘无畏舰，还有另外2艘正在建造当中；另外，两国还分别拥有9艘和8艘前无畏舰。毫无疑问，英国在马耳他部署的6艘前无畏舰在面对两者时将处于劣势。

对英国政治家和战略家们而言，1912年爆发的所谓"海军危机"可谓最痛苦的战略困境之一，这一危机可能也是英国国家地位下滑的最大明证。与此同时，皇家海军还要面临四个令人不快的选择：

> 第一，减少在北海部署的战列舰（海军顾问们激烈反对这一点，因为这关系到本土安危）；第二，放弃地中海（非常令人感伤）；第三，为地中海打造一支新舰队（将耗费1500万至2000万英镑，要到1916年才能凑齐这些资金）；第四，与法国达成某种协议，由后者在地中海部署足够的战舰，从而获

得真正的优势。[31]

显而易见,削减北海舰队的力量是根本不可能的。丘吉尔曾指出:"为了保护埃及而丢掉英格兰是愚蠢至极的。"后来,他扬言要将这一道理讲给全国每个人听。再新建10艘战列舰也是不可能的。尽管海军部及国内的大部分海军至上主义者都支持这一选项,并认为这是维护英国本土安全并使其能在地中海放开手脚的唯一方案,但过高的预算费用会导致内阁分裂,战列舰也无法在短期内竣工,而且根本找不到足够的人员去操作这些新舰。放弃地中海,相当于英国在该区域的巨大利益从此无人保护,这同样会激起国民的反对浪潮。而且外交部坚决反对这一方案,因为这会将摇摆不定的意大利彻底推向德国-奥匈集团,会影响与西班牙的关系,并把土耳其赶到德国人的怀抱中,埃及也会岌岌可危。陆军部也对该方案忧心忡忡,指出如果丧失地中海的海上优势,部署在马耳他、塞浦路斯和埃及的驻军就会丧失自卫能力。另外,从地中海撤退的"地震波"也将穿越中东,直抵印度,整个帝国都将面临瓦解的危险。激进自由主义者原则上反对一切增强军备和加入军事联盟的举措,他们从另一个角度出发,坚称德国的威胁并没有那样严重,不应该与法国签订任何条约。但丘吉尔指出,奥匈帝国和意大利的海军正在崛起,也就是说,不论德国采取什么措施,英国在地中海的影响力都会逐渐减弱。

各种选项一个个被排除,英国别无他法,只能与法国签订一个协约;与法国结盟可以避免海军的开支大幅增加,可以维持英国在北海的优势,同时还可以保护英国在地中海和近东地区的商业利益和政治利益。另外,自1904—1905年以来,英法两国在政治上的友谊不断升温，结盟也就显得水到渠成。因此，与法国结盟的举措得到了英国外交部、总参谋部以及某些政治家的欢迎，这些政治家视德国为最大的威胁，因为他们看出德国有能力击败法国并控制整个西欧和中欧。当然，巴黎方面也欢迎与英国结盟。由于一直以来，法国海军都集中部署于地中海，在英吉利海峡和大西洋部署的力量很少，因此，法国尤其赞同协约中关于尊重双方海军部署的条款。事实上，英国陆军参谋部早就与法国人进行了对话，但在费舍尔的影响下，尽管两国海军也开始进行一些讨论，皇家海军的态度却仍然比较冷淡；现在，受形势所迫，皇家海军终于不再那么矜持。丘吉尔强调："应该分秒必争地与法国就海军部署问题做出明确安排。"英国陆军也对此表示同意："与法国方面进行谈判，做出一个可靠而有效的安排……就总体形势而言非常有必要。"英国外交部常务副大臣尼科尔森也认为与法国结盟是"最便宜、最简单也最安全的解决方案"。

不过，与法国结盟的举措还是招致英国国内的强烈反对，而且反对声浪并非只来自自由党激进派。保守派媒体也在攻击皇家海军撤出地中海的决定，麦克纳（McKenna，前海军大臣）声称，"今后我们的殖民地和贸易将不再由英国海上力量保护，而是靠法国的善意来保护"；伊舍也向国王进谏说，"事实证明，任何企图依赖'联盟'或者友好国家海军力量的举措都只是白日做梦"。此外，作为主动提出结盟的代价，法国很可能会要求英国承担更加明确的军事义务，比如提供更多的军事援助以反对德国，这更吓坏了自由党激进派和海军至上主义者。不过，尽管有诸多弊端，尼科尔森的评价仍然是正确的：与法国结盟是"最便宜、最简单也最安全的解决方案"，至少在短期内如此。对海军部而言，刻不容缓，必须迅速突破战略困境。终于，在1912年3月，丘吉尔正式宣布重组舰队力量，包括将大西洋舰队撤回本土水域，将地中海舰队调往直布罗陀。当年7月，英国内阁和帝国防务委员会开会之后，这个方案又进行了折中调整：

> 我们的首要目标是：在本土水域维持一支时刻准备就绪、随时可以执行任务并占有一定优势的力量。为此，除法国外，我们也应该在地中海部署一支具有"一强标准"的作战舰队，该舰队将以马耳他港口为基地，随时投入地中海的战斗。[32]

尽管伊舍、麦克纳和其他海军顾问成功迫使丘吉尔同意在地中海维持一支强大的作战舰队，以应对奥匈帝国海军的威胁，但他们还没来得及沾沾自喜，海军部便又对方案进行了修改，最终只在马耳他部署了几艘战列巡洋舰。不过，更重要的是，英国和法国政府终于同意恢复几年前两国所进行的具有试探性的海军合作谈判。这一谈判十分微妙，因为尽管丘吉尔和格雷已经意识到最大的敌人是德国，但他们仍然不希望向法国做出军事承诺并承担某些强制性的义务；而法国则通过主动提出向地中海的英国利益提供保护，在谈判中握有强大的筹码。况且，正如普恩加来所指出的那样，如果在需要的时候，签约国之间不必互相提供援助，那么这份条约就完全是"多余的"。不过，双方仍然做出了一定妥协，谈判也因此达成了结果。在坚持要求双方参谋人员的磋商不构成任何强迫性政治义务的前提条件下，1912年11月，格雷接受了在未来爆发危机时候，英法双方政府进行协商，探讨采取联合措施的可能性，并考虑共同制定一份应急方案。以此为基础，双方海军部很快便达成了一些具体的协议，包括兵力部署和指挥控制，其关键是除了在马耳他部署少量战列巡洋舰之外，英国放弃了地中海中部和西部的海上控制权，但防卫英吉利海峡两岸的职责由英国负担。

正如1914年战争爆发时所显示的那样，后一点更加重要。因为无论英国人多么不承认他们保护法国人的法律义务，他们都担负着保护其北部海岸免遭德国攻击的**道德**责任。像以往诸多类似的谈判一样，双方对这份经过妥协的协约都不满意。不过，1912年这次从地中海撤军的行动在伦敦引发了更多的关注，这只是因为它意味着英国国际地位的滑坡。作为该举措最坚定的批评者之一，伊舍对此的评论可谓充满感伤：

> 这意味着，我们要以所谓"对话"之名，与法国结盟，还要强制征兵……直至下一场战争结束，海洋的控制权将与大英帝国告别，甚至是一去不复返。当衰落到来之时，罗马不得不向外人求助。我应该像憨第德*一样"深耕自己的花园"。[33]

伊舍的观点很容易让人感同身受。似乎在短短几年的时间里，英国就被迫从一个又一个地区撤走，而且看起来在未来也不太可能再回去；这些岛民似乎正在缓慢却坚定地原路返回，并将自身的安全寄托在别人身上。不过，伊舍自己提出的替代解决方案——大幅增加海军预算，却明显与当时英国国内的政治现实不符——当时英

---

* 憨第德是法国作家伏尔泰的讽刺哲理小说《老实人》中的主人公，这部作品通过一系列荒诞不经的故事，展现了憨第德的冒险经历，反思了他所坚持的乐观主义哲学。——译者注

国正陷入一系列麻烦当中，罢工此起彼伏，女权运动蓬勃发展，宪法出现危机，爱尔兰问题愈演愈烈，这些都急需政府解决。而且自从1900年开始，英国的人均军费开支就已经超过了欧洲其他列强，如果为了扩增国防支出而加征赋税的话，这很可能会让英国国内进一步动荡，甚至会导致自由党内阁的垮台，到时候右翼分子肯定会兴风作浪，甚至会爆发某种形式的革命。[34] 尽管当时英国内阁十分团结，且甘愿冒险，但英国似乎仍不具备足够的财力和工业实力来无限期地领先强势崛起的新兴列强，甚至连极端海军至上主义者费舍尔也承认："我们无法拥有所有东西，也无法在任何地方都保持强大。"[35]

尽管由于世界的发展，英国逐渐从各地撤退不可避免，但无可争议的是，来自德国的威胁这一特定因素极大地加速了这一进程。只有在德国人的威胁下，英国才会如此迅速地撤离地中海。因此，从某种意义上来说，提尔皮茨和费舍尔对于终结"英国治下的和平"的贡献不分伯仲，应该可以一起分享这一"荣誉"。大概从1902年开始，英国的外交和防务政策开始以德国作为核心，德国就像一块巨大的磁铁，把皇家海军派遣到各处的舰队又给吸回了北海——数个世纪之前，皇家海军舰队正是从这里崛起，并最终控制了整个世界的海洋。马德教授曾将英德之间的海军竞赛比作这些年里英国海军政策的"阿里阿德涅之线"[*]。这场海军竞赛的典型元素就是：一个又一个逐渐升级的造舰计划、一次又一次弥漫的恐慌、一轮又一轮失败的谈判，最终（十足讽刺地）严重到让法国人都开始担心他们将会被英国拖入一场欧洲大战中。德国的威胁所引发的

---

[*] 指的是指点迷津的东西。——译者注

持续担忧还让英国改变了另一项传统政策,放弃了"两强标准"。海军部于1909年私下做出了这一决定,当时他们已经意识到,打造一支与德国和美国(当时世界上仅次于英国的两大强国)相当的海上力量是以英国的财力无法办到的,而且对英国的外交政策也没有多大的意义。然而,到了1912年,在霍尔丹使团与德国的谈判失败之后,丘吉尔毫不掩饰地向议会表态,称英国只针对德国一个国家来建设海军力量。他承认海军部打算在主力舰上保持60%的领先优势,这受到了国内大部分民众的赞同,但无法阻止德国的造舰计划。[36] 到1914年秋天,英国皇家海军主力舰队拥有了31艘现代化主力舰(另有16艘正在建造),以及39艘前无畏舰。这支舰队在规模和实力上都是无可匹敌的,不过其所有舰船几乎都是为了预想之中的"海上大决战"而准备的——世界的其他地区都几乎变得无关紧要了,至少从海军角度来看是如此。由此可见,提尔皮茨关于英国不敢放弃众多的海外利益而把力量全部集中于北海的论断是大错特错的——但伦敦没几个政治家对此表示欣喜。

然而,与1905年英国国防政策发生的重大变革相比,皇家海军在世界范围内的撤退所造成的结果似乎并不算严重。这里的"重大变革"指的是英国政府在战略上放弃了针对欧洲大陆的孤立政策,自1815年以来,这一政策深入人心,以至于英国民众普遍将它看作自然且永恒的政策。然而,由于欧洲的力量平衡面临着德国这一意想不到的新挑战,18世纪出现过的"海权派"和"陆权派"战略之争再次爆发。争论的结果是,用某个更现代的海权派支持者的话来说,到1914年,英国政府已经"让海军成了一种次要武器",并且通过不断加深参与欧陆战事的承诺,"抓住了欧陆打造的闪闪发光的宝剑'"。[37]

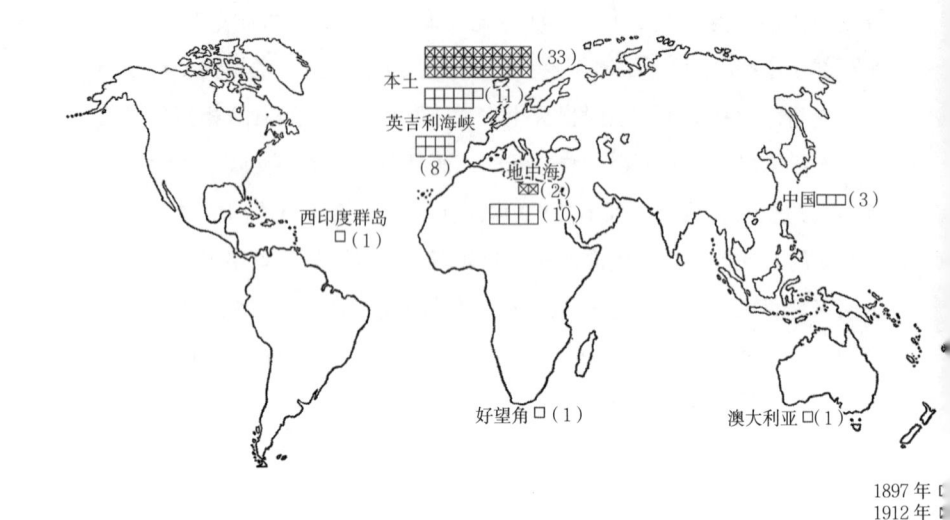

地图8　1897年和1912年英国主力舰的分布情况（方格代表战舰数量）

实际上并非如此，白厅并不是有意计划以这种令人震惊的方式改变其传统政策的。当时英国的绝大多数政治家及其幕僚都对卷入欧陆战争深恶痛绝，只是随着国际环境的变化，英国可选择的余地也逐渐缩小，最后，似乎根本无法拒绝向英吉利海峡对岸派遣一支远征军的举措。问题的根源（在过去一个多世纪里英国都不需要直面这一问题）在于，英国无法单靠海上力量来确保国土安全，欧洲的力量平衡也很重要。然而，自拿破仑下台以来欧洲所一直维持的均势正在被打破——统一后的强盛德国正利用其强大的工业体系和庞大的人口所赋予的优势迅速崛起[38]；由于1905年俄国的军事实力突然被削弱，这一事态变得更加严重了。英国被迫痛苦地重温那个古老的教训：

英国海上霸权的兴衰　　278

从根本上说,我们的安危仍然和我们欧陆邻居的安危息息相关:因为一旦有哪个不友好的大国控制整个欧陆,我们就几乎无法维持国家独立,更不用说成功维持一个防御体系,以保护我们在欧洲以外可能留存的任何利益了。[39]

从当时观察者的视角来看,德国陆军不论在兵力、效率、后勤保障还是士气上都远超法国陆军,因此两个国家一旦爆发战争,其结果是毫无悬念的;而且,有种种迹象表明,柏林或许并不满足于仅仅占领法国,而很可能继续发动进攻,征服比利时与荷兰。甚至,早在1875年,英国政府就担心德国可能会对法国发动进一步攻击。19世纪80年代,欧洲外交圈盛传的战争谣言也涉及了比利时的中立地位。只是由于法俄结盟,以及当时欧洲列强都将兴趣集中在海外利益上,欧洲局势才继续稳定了整整15年,但第一次摩洛哥危机之后,英国已经无法再忽视与德国开战的前景了。更有甚者,德国对英国的态度也开始从友好转为敌对,且德国的掌控者现在也从沉着冷静的俾斯麦变为了性格冲动、不够成熟的德皇威廉二世。威廉二世的野心不再局限于欧洲大陆,他想带领德国成为一个世界性大国,为此他决定建设一支庞大的海军舰队并对英国发起挑战。考虑到德国强大的实力,威廉二世咄咄逼人的外交政策尤其令白厅感到不安。正如英国外交家艾尔·克劳爵士所指出的那样:"德国打造舰队只是疾病的症候。德国政府和德意志民族的政治野心才是祸根。"伊舍也预言道:"在不远的将来,为争夺霸权,德国与欧洲其他各国之间会爆发一场大规模战争。1793年至1815年的艰苦岁月将会重新出现,但这次努力想要争夺欧洲主导权的国家不再是法国而是德国。"德国外交部还不断努力说服英国在未来的德法战争中保持中立,这进一步证实了这些担忧是有理由的(伦敦对德国此举非常愤怒,将其视作德国为了发动侵略战争而让英国提前开具通行证)。

面对德国的威胁,最早做出反应的还是皇家海军。没几个人能反驳格雷的简单声明:"如果德国海军舰队强于我们,那么德国陆军也将征服我们。"因此,他认为必须加强海军以应对这样的威胁。但仅仅做出这样的反应足够应对威胁吗?如果德国占领整个西欧,或者把法国和低地国家变成自己的附庸(如果英国一再忽视欧陆的形势,这种情况很可能会发生),将会发生什么事情?对于任何一位深入思考过上述问题的英国人而言,答案都很吓人:首先,在整合多个欧陆列强的工业体系后,德国可能会比英国建造更多的战舰,无论后者付出多大努力,都将于事无补;其次,届时德军舰队的活动范围将不再限于北海,德军公海舰队将以法国布雷斯特和瑟堡港为基地,而德军鱼雷艇将完全封闭英吉利海峡。当然,与此同时,在法国-意大利-奥匈帝国联合舰队的压力之下,英国也将不得不放弃地中海。公众开始慢慢地、不太情愿地意识到:英国的海上地位与欧陆列强力量的平衡是密不可分的,尽管自由党激进派及帝国主义者们继续否认这一点。[40]1912年,格雷在对帝国防务委员会的一次重要陈述中点明了其中的利害关系:

> 如果一场欧洲战争爆发,且这场战争不是由我们挑起的,还是一场旨在争夺欧洲霸权的战争,那么,局面便回到了类似于以前拿破仑战争时期的那种形势,于是……我们关心的是确保欧陆不会再出现一个霸权。因为一旦出现霸权,其必然会建立联盟,剥夺我们的制海权。因此,我们将不得不参加这场

欧陆战争。这也是为什么说海军地位就是我们欧洲政策的基石……[41]

格雷的陈述让我们不禁回忆起了1940年的光景，当时英国的确独自面对着被柏林几乎完全支配的欧洲大陆，以及德国控制法军舰队所构成的威胁。

然而，当英国陆军实力弱小时，英国如何"参加这场欧陆战争"？在滑铁卢战役之后将近100年的时间内，英国尽可能地让陆军部队维持在最小的规模上。例如，1897年英国陆军正规军的总兵力仅约为21.2万人，而他们需要执行各类任务。由于未采取任何形式的征兵制，英国陆军的规模也很难迅速扩大。的确，英国还有一些预备役部队，以及民兵、义勇骑兵队和志愿兵等各种各样的武装力量，但整个陆军体系都透着一种不专业的感觉，还反映出英国传统上对于军国主义的不信任。这与欧陆列强的普遍做法形成了鲜明的对比，当时，欧陆列强的政府已经能将上百万训练有素、装备精良的陆军士兵快速部署到预定阵位；甚至连瑞士陆军的规模都比英国大。[42]但与这种状况相矛盾的是，英国陆军的预算相当高，这主要是由于其采取的志愿兵役制度。对于英国这样一个有众多的海外利益需要保护的欧洲大国乃至世界大国来说，这点陆军部队远远不够用，在外国人眼中尤其如此。1900年，因手握陆军雄师而志得意满的德皇威廉二世曾以鄙夷的口吻评价道：

> 目前，英国与弹丸小国德兰士瓦之间的战争已经陷入了一场灾难，这清楚地表明，对于英国这样一个拥有广阔殖民地的国家而言，一味加强海军建设是远远不够的。英国陆军的组织

十分落后，停滞在18世纪后期到19世纪初期，根本不适合在陆地上发挥更大作用，而其遍布全球的殖民地偶尔也是需要陆军来守卫的。[43]

英国陆军之所以如此弱小，是因为从战略角度讲，英国政府不愿意当一个陆军大国，尤其是欧洲陆军大国。1891年的《斯坦诺普备忘录》对英国陆军的责任进行了限定，其责任从重到轻被列举如下：保卫英国本土；保卫印度；保卫其他殖民地，这需要两个军的陆军兵力，随时准备在海外殖民地执行作战任务。这份备忘录根本没有提到对欧洲大陆进行干涉，反而特别指出："要明确认识到，我们在任何欧陆战争中投入一个军的部队的可能性都微乎其微，因此军事当局的主要任务是高效组织部队以保卫国家。"[44]因此，甚至一些小规模的海外派遣任务，英国陆军也难以独自完成。事实上，英国在热带地区的殖民地主要是由海军来保护的，而在这些地区派驻的陆军主要担负的是警察的职责，即"平息内部事态"。正如前文所述，英国最大的海外领土——加拿大——根本无法防御美国这一世界上唯一可能威胁它的国家；而保卫印度免遭俄国突袭也堪称困扰了英国政策制定者和政治家们几十年的难题，甚至连贝尔福这样头脑冷静的人也对这一问题头痛不已，而这仅仅是因为当地陆军兵力不足；此外，本土防御的职责还使陆军卷入了与海军的长期争论中，质疑海军保家卫国的能力。

不过，从1899年持续至1902年的布尔战争，以及1904年至1907年的英国外交改革彻底改变了这一切。这场战争迫使英国陆军进行了迅猛且彻底的改革，这是英国历史上从未有过的。改革之后，英国陆军的规模虽然仍然不大，但至少它的专业化程度提高了。而且，终于有人（例如罗伯茨、米尔纳还有其他一些人）开始敦促英国政府实行征兵制。与此同时，皇家海军赢得了关于谁在敌军入侵时承担主要防御职责的争论，从而将陆军从这一主要军事职责中解放了出来，英军总参谋部对此表示热烈欢迎。最初，总参谋部是从维护大英殖民帝国的角度运用陆军的，打算组建一支较大规模的远征军并将其派往印度，但随着俄国被日本击败，以及英俄就东方问题达成和解，这一策略也开始遭到人们质疑。此外，自1903年开始，英国陆军的政策制定者们就开始考虑，一旦与德国之间爆发战争，他们应该做些什么。根据他们的设想，届时英国陆军要对德国海岸进行两栖登陆作战。然而，第一次摩洛哥危机，以及德国对法国日益增加的进攻威胁从根本上扭转了这些模糊、低效且严重依赖海军近距离支援的战略计划。现在很明确的是，要想在战争中援助法国，唯一可行的军事策略就是向英吉利海峡对岸派遣一支陆军远征军，但唯一的麻烦是，英国陆军现在的实力还很有限，恐怕难以提供很大的帮助。就连英国财政大臣奥斯丁·张伯伦都能看出来：

> 英国再也无法为欧陆盟国提供资金，或者在大陆雇用士兵，因为我们在欧陆的盟国需要兵力援助，而且必须立即提供。如果我们的陆军能拥有25万到30万训练有素、能够马上投入作战的军人，那么我们的公开盟友就能得到全方位的保护，和平也能确定无疑得到保障……然而，法国或许不愿意与我们公开结盟（这或多或少有点冒犯了我们），因为它担心这会招来一场战争。假如战争爆发，而我们必须支援法国，凭借现在的兵力，我们也无法使法军与德军旗鼓相当，因为德军有

整整20万的兵力优势。[45]

张伯伦的观点与我们之前提过的论点基本相同：法国早已因传统盟友俄国陷入失败而灰心丧气，如果再从英国那里得不到关键的军事支持，那么它很可能会彻底绝望，并在政治上成为德国的附庸。在好几年时间内，正是这种前景令格雷乃至英国外交部的官员们噩梦连连。只有全力支援法国，英国才能摆脱被孤立的命运，并且避免德法在未来结成联盟，使英国陷入万劫不复的境地。在这一系列新的战略盘算中，皇家海军只能扮演一个从属的角色，因为传统的海上战略不但来不及拯救法国，还会导致巴黎方面对"背信弃义的阿尔比恩"产生怀疑。

因此，必须把从1905年底持续至1906年初的危机时期，视为英国历史上最具决定性意义的时刻之一。当时格雷向法国提供了坚定的外交支持，尤其是他于1906年1月3日向德国发出了郑重警告，称英国绝不会在德法战争中保持中立，这标志着英国的外交政策发生了真正的扭转。事实上，这比英日同盟条约的签订更有资格被视作"光荣孤立"终结的标志。在英国向德国发出警告的同时，部分阁员提议重启从一个月之前开始的英法非正式军事交流，其内容主要是商议战争期间英国应该以何种方式为法国提供援助。英法军事交流人员在当时和后来都反复强调的一点是，这些讨论是纯粹技术性的，双方不用承担任何政治义务。然而，实际上，在这些交流中，法国确定了依靠英国的战略方针，从而使英国承担了另一种更为微妙的义务——道德义务。可以想见，双方的军事专家们很快就得出结论——一旦战争爆发，英国唯一可行的援助形式就是将一支远征军派遣到法国本土与盟友并肩作战。尽管就英国所承担的义务范围如何，双方仍然存在争议，但对英国而言，战略选择的余地实际上已经非常小了。

反观皇家海军，最令人感到迷惑不解的就是，这个在不久前还对名誉扫地的陆军占尽优势的"高级军种"，自1906年之后不仅丧失了之前的优势地位，而且其一直主张的孤立主义政策也日益受限。[46]人们不免会将这种状况归咎于第一海务大臣费舍尔及其继任者们。尽管从许多方面讲，费舍尔都可谓精力充沛，富有远见卓识，但他并非一位伟大的战略家，还压制了所有建立有效海军参谋部的举措。在费舍尔治下，海军部并没能提出一份明晰的作战计划——他甚至声称，除非战争来临，否则没人能知道他的确切计划——这种态度直接导致人们对他是否真的有一份战略计划表示怀疑。而且，费舍尔在制订计划时故意忽略了帝国防务委员会——而成立该机构的目的本身就是协调各种不同的政策。费舍尔还拒绝与法国海军部进行正式交流。由此，他丧失了与法方合作的主动权，当然也失去了对方的信任。后来，当不得不拿出一份联合作战计划时，英国海军部推出的方案仍然是"空中楼阁"：他们打算派远征军登陆并占领德国防守严密的海岸或者沿海岛屿，这一战略完全忽视了航行风险、后勤困难以及水雷和潜艇技术方面的新进展，更不用提其核心逻辑就存在问题——登陆的小股部队很可能还没对主战场造成任何影响就被德军全歼了。[47]事实上，严峻的战略形势要求英国必须尽全力维护法国和低地国家的独立地位，而这一战略总目标也意味着皇家海军主要用来保障英吉利海峡两岸的海上交通线畅通无阻。这也是自视甚高的皇家海军所必须饮下的苦酒。因此，在英法两国陆军之间的沟通不断深入，且在未来的战争中日益重要的同时，皇家海军仍然对此保持距离。不过，皇家海军的冷淡态度得到了英国国内那些主张延续孤立主义，不想承担欧陆义务的人士的支持，包括自由党激进派、海军至上主义者、传统主义者、主张经济至上的政治家等等。当时在"政治的天平上"陆军才是高高扬起的一端，因为支持它的只有外交部的反德派和一些保守派报纸。但总参谋部的战略逻辑是对的。

第二次摩洛哥危机爆发后，秉持不同战略思想的英国海陆两军之间终于进行了对决，并以陆军的胜出而告终。事实上，早在3年之前的1908年10月，帝国防务委员会的一个下属机构就对海陆两军所提出的各类作战计划进行了审议，并且宣称：

> 在法德战争初期，如果英国政府决定支持法国，那么总参谋部倾向于选择的计划就是有价值的计划，因此总参谋部应该相应地完善其所有细节。[48]

不用说，总参谋部十分乐意照办，而海军部则愤然退出，并声称不会参加将远征军运送到法国本土的联合计划。最终，在1911年8月23日帝国防务委员会召开的一次著名的会议上，陆军将领亨利·威尔逊（Henry Wilson）爵士让听众充分相信了陆军计划的合理性，而海军的威尔逊将军（费舍尔的继任者）却似乎提出了风险较大且考虑不周的计划。虽然帝国防务委员会没有给出明确的结论，但从另一个角度看，一切都尘埃落定了。正是由于海军部的糟糕表现，年轻的温斯顿·丘吉尔接替麦克纳成为海军大臣，以恢复内阁对海军在危急时刻能够采取果断行动的信心，更重要的是，使海军与总体战略政策保持一致。因为，正如汉基（Hankey）这位帝国防务委员会的全权秘书事后所指出的那样：

从那时起，如果我们因为支持法国而被卷入一场大陆战争中，届时我们的大战略是什么，就已经尘埃落定了。毫无疑问，我们会将全部或大部分远征军派往法国本土，在1914年，我们实际上也是这么做的。[49]

这并不是说"均势"理论的反对者停止了努力——事实上，格雷的外交政策在次年就受到了有史以来最大的压力——而是说**如果英国决定干预**，那么总体战略本身就已经确定了。1912—1914年，英国朝野争论的焦点在于是否**应该**支持法国，而不是**如何**支持法国，这是一个非常重要的区别。毫无疑问，出于不同原因而反对卷入大陆事务的自由党激进派、老牌海军至上主义者和帝国主义者，如果早知道帝国防务委员会的决定及其产生的重大影响，会更激烈地反对这一决定——但他们并不知道。1914年，他们从道德和英国传统政策角度提出的反对参加欧陆战争的论点被同样有力的相反论点所推翻：保卫"可怜的小比利时"抵御"普鲁士军国主义"是义不容辞之举；有必要履行对法国的道义责任（格雷终于公开承认了这一点）；自伊丽莎白时代以来的每一位英国政治家都明白，防止一个强大的敌国控制低地国家有多么重要。1914年8月4日，英国向德国发出最后通牒，当时和之后的批评者可能会认为这是对英国传统政策的背离；但人们也会觉得，那些在过去几个世纪中曾与西班牙的腓力二世、法国的路易十四和拿破仑交过手的英国人会充分肯定这一做法。就1914年的情况来看，弗朗西斯·培根的著名观点——"谁能控制大海，谁就有很大的行动自由，可以随心所欲地夺取自己想要的"——可能并不适用。

无须提醒读者，英国**在陆地上**参与反德战争的决定在当时和后来都被认为是灾难性的，它无视了传统的基于海洋的经济战略通常会带来的好处，但我们也不该认为格雷、霍尔丹及其阵营拥有后见之明，这种后见之明让历史学家得以断言：

> 1905年推出的新战争政策一旦付诸实施就会付出巨大的代价，它使这个国家血流成河，摧毁了它的财富，严重削弱了它在全世界的政治影响力和经济影响力，最终几乎彻底改变了它的社会结构。[50]

显然，任何交战国的政治家如果知道会有如此严重的后果，都不会挑起或卷入这场战争。事实上，与公众一样对参战心怀忧虑的格雷，在1914年8月3日下议院的一次重要讲话中指出："如果我们参战，我们所受的苦难几乎与我们袖手旁观一样大。"自由党政府最多只愿意投入一支小规模的远征军，而不是投入一支庞大的陆军部队并承担随之而来的征兵之弊。在战前那些年，似乎只有亨利·威尔逊意识到了整个欧洲正在向一场巨大的灾难迈进。1910年，他在批评英国军官对比利时地形缺乏兴趣时表示，"他们中的大多数人可能在年纪尚轻的时候就要葬身于此"。[51]然而，即便是这一令人警醒的预言，似乎也没有阻止他自己继续为准备战争而努力。他心意已决，而且在随后的时间里，他让其他人接受了他的观点。别无他法。正如基钦纳（Kitchener）在1915年所说的那样："不幸的是，我们开战是因为我们必须开战，而不是因为我们想开战。"

从1897年的斯皮特黑德阅舰式到1914年对德宣战，英国的外交、海军和陆军政策都经历了巨大的变化，所有这些变化又共同构成了另一种更大的发展变化的一部分：在世界范围内，英国的主导地位不断下降,"英国治下的和平"的时代结束了,这是英国失去早期经济领先地位和其他大国纷纷实现工业化的结果。与此相关的还有,随着"哥伦布时代"的结束,海权相对于陆权也进入了一个相对衰落的时期。然而,如果大家都了解了潜在的原因,就不能否认,英国皇家海军迅速将主要力量撤回北海的举措十分及时。起初,这是由于所谓的"本土压力",即英国无法在本土水域对抗新崛起的海军强国,但英国在其他地方还有许多重要利益;而世纪之交之后,英国迫切需要消除在本土水域附近出现的新威胁,这就是所谓的"看好护城河"。进一步分析其中的"拉力"和"推力"因素是徒劳无功的:两者都是同一大趋势的一部分。同样,以一种更间接的方式,对法国的渐进式军事承诺也是如此,因为如上文所述,除这个战略选择之外的其他方案都基于不同的假设,而事实已经证明这些假设站不住脚了。现在仅剩的问题是,如果在这场广泛而血腥的大陆战争后,英国能以胜利告终,这是否会使英国人在得知来自德国的巨大威胁已经被消除之后,能够安心地回到他们以前的传统和政策中去?还是说会像一些敏锐的评论家所怀疑的那样,这场战争会使英国人陷入困境,精疲力竭,以至于他们今后将主要依靠别人的忍让或暂时的软弱来维持他们的世界性帝国,以及基地、贸易和原材料供应?

第九章

陷入僵局与极度紧张（1914—1918 年）

> 由于英国的世界地位比其竞争对手更来之不易，是依赖其得天独厚的条件和运用一连串技巧获得的，因此第一次世界大战对于英国的影响可能是最大的，尽管这种影响需要极长的时间才能显现出来。按照所有政治原则来衡量，英国在 1914 年都算做出了正确的决定；但这并没有延缓大英帝国的解体进程及其世界地位的终结，甚或根本不可能办到这一点……
>
> ——马克斯·贝洛夫：《帝国日落》
>
> [Max Beloff, *Imperial Sunset*, vol. 1, *Britain's Liberal Empire 1897–1921* (London, 1969), p. 180]

要说第一次世界大战留给后人印象最深的是什么，那就是堑壕战——在数年时间内，数百万人在泥泞中毫无意义地交战，付出巨大代价却只换来微不足道的战果，在这一过程中，参战各国的人口和资源都损失惨重。与 1914 年各国所预料的相反，在这场战争中，僵局取代了机动，防守方通常比进攻方更占优势，而兵员、武器装备和弹药的数量则是战争的最终决定因素。不过，如果说这场旷日持久的冲突对于欧陆列强来说是灾难性的，那么对于英国来说更是如此。毕竟，一旦战争爆发，欧陆列强在参战与否的问题上没有太大的选择余地；由于都与强大的邻国接壤，它们知道，欧洲全面爆发战争将带来巨大的压力和痛苦，尽管在战前，即便最为悲观的观察者也没有完全预料到即将出现何种惨状。但对于英国而言，不论是当时还是战后都有很多人认为，这场战争尤其残酷且具有破坏性。它的人民没有准备好迎接总体战的冲击，没有准备好应对国家对经济的动员，也没有准备好接受强征数百万人服兵役以及在西线所遭受的可怕损失。他们为什么要做好这样的准备呢？得益于相对孤立的地理区位，英国本来能主动避免在佛兰德斯展开的那场徒劳、僵持的血战，并且按照传统，英国更倾向于以经济手段、对周边国家展开外交以及基于海洋的战略来解决问题。

在前一章，我们已经从政治和军事角度驳斥了这种认为英国可以不顾欧洲大陆发生的事情，具有完全的行动自由，并且充分享有国家安全的臆断，在此无须赘述：简单地说，英国无法承担德国控制整个西欧和中欧的巨大风险及其可能造成的一系列后果。尽管如此，批评者也正确地指出：对欧洲承担更大的军事义务是对 19 世纪战略传统的重大突破，不过，事实上，自 1904 年至 1905 年与法国签订政治协议开始，这种转变就已经成了隐含的事实。因此，在某种意义上，英国于 1914 年 8 月 5 日召开的战争委员会会议（旨在决定战争战略），与几天前英国政府决定支持法国和比利时反对德国侵略一样重要；因为正是在这次会议上，英国政治领导人和战略专家以压倒多数投票赞成向欧洲大陆派遣远征军，第二天，这一决定得到了内阁全体成员的赞同。[1] 在这两个例子中，英国的一个关键举措是，几乎完全为了干涉欧陆这个特定目的而组织了军队。正如威廉森教授所总结的那样：

> 在会议上，阁员们不但赋予阿斯奎斯内阁干涉欧洲大陆的权力，还勾画了干预行动的轮廓。1914年8月，与法国和德国政府一样，英国政府也在为制订一份"计划"而努力。[2]

当然，一旦迈出这一步，就几乎不可能回头了。正如批评者们一直警告的那样，英国对欧陆盟友的承诺很快就确定下来，承诺升级的速度甚至更快：从严格的军事逻辑上讲，动用五六个师的兵力保卫法国和比利时，不如调动并派遣15个、25个或更多师有意义，因为，在这个阶段，胜利的前景和摆脱僵局的途径正诱人地向英国人招手。伊普尔战役（Battle of Ypres）之后，英军开始正式发展需要大量集中兵力的战略战术。然而，实施这样的战略战术需要大规模扩军，这意味着有必要实行义务兵役制。起初，内阁对于突然放弃一条极为神圣的自由原则举棋不定，宁可依靠招募志愿兵，尽管组织有些混乱，但这一策略还是取得了巨大的成功。然而，到了1916年1月，这种招募方式已经无法招到新兵，英国被迫实行了义务兵役制，所有18岁至41岁之间的未婚男子均要服役。可是，到当年年底，英军在血腥的索姆河战役中付出了50万人伤亡的代价之后，将军们要求为未来的作战再追加94万兵员，并将服役最高年龄调高至60岁。这些事态发展，以及12月7日劳合·乔治就任首相，本身就够引人注目了，但它们可能象征了某些更重大的事态：引入有组织的全面战争体制，加强政府管控，相信"决定性打击"而非更经济、更有选择余地的进攻战略，以及与个人和国家行动相关的自由主义观念的崩溃——这些观念本来是帕麦斯顿首相和"英国治下的和平"那个自信时代的重要组成部分。[3]

随着国家的习惯变得愈加"欧陆化",皇家海军的作用和重要性也必将相应下降。战争爆发之前几年有识之士就已经预料到了这种情况,但欧洲冲突的爆发最终证实了这种趋势。丘吉尔领导的海军部知道自己的处境。1914年7月31日,皇家海军第1舰队/"大舰队"开始在斯卡帕湾及其他苏格兰基地进入战斗位置。在8月5日的战争委员会会议上,海军没有提出任何对德国发动两栖进攻的方案,也没有反对派遣远征军。毫无疑问,皇家海军的将领们,跟当时列强的绝大部分领导人一样(只有亨利·威尔逊将军例外),对于英国在西线的军事投入将以何种方式升级毫无概念;但他们已经承认,抵御德国侵略的首要责任由英国陆军承担。

尽管如此,皇家海军仍然深信自己能在击败德国的过程中做出决定性的贡献。首先,皇家海军希望能够打第二场或更大规模的"特拉法尔加海战",找到并击败德国的公海舰队,费舍尔及其继任者们为了这场预想中发生在北海上的"大决战",已经花了整整十年的时间训练海军;其次,皇家海军还计划发动破交战,并通过实施长期的封锁政策来向敌人施加越来越大的压力;最后,还有一些人追随费舍尔,主张在北海或波罗的海的德国沿岸地区开展两栖作战行动,以便把敌军从主战场上引开。然而,海军部完成以上三个战略目标的希望相继破灭。事实上,只有封锁政策取得了部分成功,另外两个战略目标则由于出现误判而完全无法实现。

事后看来,很容易理解英德双方的水面舰艇为什么没有在北海海域进行决战。在这里,英国相对于德国的地理位置发挥了重要的作用;毫无疑问,这是英国的"头号海军资产"[4],只要看一眼地图就会明白这一点。早在 12 年前，马汉就给德国海军上了一课：

> 一个事实是：对于多佛尔海峡以东的国家来说，除非夺得北海的绝对控制权，否则一旦战争爆发，其国内商业就会陷入瘫痪，国家实力也会被严重削弱，一系列恶果会接踵而至。实现了这种控制，就能够确保北方贸易通道的安全。但这也仅仅是一种防御手段而已。德国要想向世界任何一个地方发动进攻，其首先需要部署足以保卫北海的力量，此外还要拥有额外的兵力，以将力量扩展至不列颠群岛以西并加以维持……这是德国地理区位的"先天劣势"所造成的问题，只能通过巨大的兵力优势来弥补……[5]

要理解 20 世纪两次世界大战中，英国海军部针对德国所制订的计划，怎么夸大地理环境的重要性都不为过。如果英国的战争对手是法国或西班牙，情况就会完全不同了：对这两个国家进行大范围的战略封锁要困难得多，而且英国还必须承担严密封锁所带来的诸多风险。相反，在 1914 年至 1918 年以及 1939 年至 1940 年间，由于英国相对德国拥有巨大的地理优势，它可以随心所欲地制定相关战略。因此，需要指出的是，这种情况产生了一个恶果，那就是 20 世纪上半叶英国海军走向衰落的事实被部分掩盖了。很少有人注意到地理因素在英国应对德国的挑战方面到底发挥了多么大的作用。

不过，令柏林倍感遗憾的是，德国永远也无法拥有这种"盈余的力量"，这主要是因为德国将大部分国防预算都花在了陆军方面。第一次世界大战开始时，英国海军部在斯卡帕湾部署了 21 艘无畏舰、8艘前无畏舰及4艘战列巡洋舰，以守卫北海的北部出口，在波特兰部署了19艘前无畏舰以守卫南部出口；与此相比，德国公海舰队只能部署13艘无畏舰、16艘前无畏舰及5艘战列巡洋舰。德军舰队要想从北部出口突围进入大西洋，不但在后勤上近乎不可能，在战略上也是十分可疑的，因为德军十有八九将会与占压倒性优势的敌人交战。而如果强行突入英吉利海峡，德国公海舰队也会遭遇顽强抵抗，其后路很可能会被英军大舰队切断。显然，无论从地理、后勤还是兵力方面，德国都处于劣势地位——而且，随着战争发展，双方兵力的不平衡甚至还会进一步加剧，英军的兵力将会大大强于德军。[6]

正如马德教授所指出的那样，在上述情况下可以得出一个明确结论："不论属于进攻方还是防御方，英国都可以通过封锁北海的南北两个出口来实现自己的战略目标。"[7]如果愿意的话，英国完全可以采取守势，再通过封锁这个耗费时间的对策来向德国经济施加压力，它还可以通过这些"北海之锁"来保护自己的海外利益，驱使海外领地攻占德国殖民地并不断向欧陆派遣援军。如果公海舰队选择与英军正面交锋，它将寡不敌众，并迅速被英军的优势兵力击溃。即使它不与英军正面交锋，胜利也将属于后者。在北海制造一个僵局是英国所能想象的最安全的战略，因为它至少不会在一场水面舰艇的大决战中败北。

然而，无论是英国民众（在媒体的煽动下希望海军取得辉煌战果），还是海军自身（它多年来就在为决战日做准备），都不打算接受这样温和的政策。为什么英国人如此坚信公海舰队会与他们进行决战呢？现在看来相当令人费解。皇家海军舰队相对德军舰队的兵力优势是众所周知的，而德皇对于他宝贵的战舰被敌军摧毁所怀有的巨大恐惧也是尽人皆知的。此外，除了德皇这位"最高统帅"反对采取不计后果的战略之外，公海舰队还面临着来自德国政治家们的压力，他们希望舰队能够保持完整，以作为政治谈判的筹码。除非皇家海军极度愚蠢，贸然闯入德军基地黑尔戈兰湾（Heligoland Bight）——在那里英军舰队将饱受大量潜艇和鱼雷艇攻击，并不得不穿越陌生的水雷区——只有在这时候，德国海军的领导层才会考虑进行一场全面的决战；否则，公海舰队就只能寄希望于对大舰队展开突袭，并尽量击沉其一部分舰艇了。

鉴于德国坚持只"在有利的条件下"才会让舰队打一场海上决战[8]，那么挑起这场决战的重任自然而然地落到了英国人肩上。但究竟在什么样的契机出现时，英国海军部才会将大舰队轻率地派入敌人的沿海水域呢？毫无疑问，两军的官兵们都渴望战斗，但在其他一些因素的作用下，他们也知道自己需要谨慎行事。本书在前面章节中提到的水雷、鱼雷和潜艇等新式海军武器的发展，在1914年对英国传统的紧密封锁战略产生了决定性的影响。尽管威尔逊将军谈到可以对敌军基地进行严密监视甚至发动攻击，但他的继任者意识到在新形势下这种态度是愚蠢的。蒸汽驱动的战舰需要经常撤回以补充燃煤，德军很可能会趁机发动进攻；迅速布设的雷区可以摧毁毫无防备的战斗舰队；远程岸基火炮甚至可以严重损毁最强大的战舰；潜艇和鱼雷艇只要在它们熟悉的海域作战，就可以逐个消灭实施封锁的大型舰艇，直到实现兵力上的平衡（这正是德国的战略）。皇家海军已经预见到：一旦它摆开架势对敌人进行严密封锁，那么它自己便会处于防守态势。因此，1908年海军部临时决定将作战舰队派遣到距离德国海岸仅有170英里的海域，并依靠巡洋舰进行侦察；后来（1912年），英国海军部不得不承认，远距离封锁也足以保持制海权,同时,海军部还设计了一个诱使公海舰队进行决战的策略。有利的地理区位再次发挥了作用,皇家海军拥有一个巨大的优势:它能够在不损失任何战略优势的前提下从不利阵位撤退。

当然,结果是北海海域出现了战略上的僵持,双方都只会选择对自己有利的时机派遣舰队采取冒险行动——但反过来说,那时敌人自然处于不利地位,从而拒绝接战。在整个第一次世界大战中,只有在少数情况下,双方才会放弃这个坚持已久的"安全第一"原则;而且这样做的往往是德国人,因为海上僵局对他们而言有百害而无一利。

潜艇的出现给英国造成了最大影响。的确,在战争爆发的数年之前,皇家海军就认识到了这种新型武器的威力:实际上,早在建造无畏舰之前,费舍尔就已经发出了警告:"巨大的革命即将到来,潜艇将在战争中作为一种进攻性武器投入使用。"1905 年,在一场辩论中,为了反对入侵德国近海的提议,贝尔福提及了潜艇在防御战中的有效性。基于同样的担忧,英国海军部放弃了先前制订的在德国海岸进行两栖登陆的计划。然而,除了珀西·斯科特爵士以及海军中的某些激进人士外,英国和德国海军中的绝大部分人都只把潜艇看作用于水下海岸防御的舰艇,直到战争爆发前的几年,随着远程潜艇的下水,这种情况才开始转变。1914 年 7 月,弗伦奇将军沮丧地得出结论,由于潜艇和飞机的出现,英吉利海峡将失去其作为一条海上防线的天然作用,因为这两种新型武器都不是很好对付。[9] 对于海军至上主义者来说,这简直是异端邪说,然而,战争一旦爆发,他们也开始担心自己战列舰的安全,而精明强干的大舰队总司令杰利科对他的基地缺乏足够保护的现状也感到非常担

第九章　陷入僵局与极度紧张(1914—1918 年)

忧，以至于在战争的头几个月里，他甚至把他的无畏舰部署到了偏远的尤湾（Loch Ewe）；诚然，这超出了敌方现有潜艇的攻击范围，但距离北海南部同样太远了，如果柏林知道这一情况的话，公海舰队很可能会赶来破坏跨英吉利海峡的交通线。1914年9月22日，一艘德国潜艇轻而易举地击沉了"克雷西号"、"霍格号"和"阿布基尔号"装甲巡洋舰，这才证实了英国人在这方面的担忧。此后，皇家海军大舰队再想横扫北海，就必须派遣一大群护航舰艇随行；即便如此，杰利科还是很紧张。难怪威尔逊将军早些时候曾宣称这种新武器是"卑鄙、不公平、该死的和反英国人的"，但得出确切结论的是贝尔福，他写道，北海"既不是由英国舰队控制，也不是由德国舰队控制，而是由两国的潜艇共同占据的"。[10]这一切使得战前用于建造战列舰的巨额开支，以及马汉所一直坚持的主力舰和决定性海战的首要地位，都显得荒唐可笑了。

由于害怕德军U艇，英国人对向北海派遣宝贵的战舰变得更加谨慎，而德国人同样不敢轻易派出战舰，因为他们也害怕被拥有强大力量的皇家海军所击败。1914年8月28日，贝蒂的战列巡洋舰编队潜入黑尔戈兰湾，掩护陷入困境的轻型舰艇部队，在一艘战舰都不损失的情况下，击沉了3艘德军巡洋舰和1艘驱逐舰。英国国内得知这一大胜之后欣喜若狂，德皇则被此激怒了，下令对公海舰队的行动实施更严格的限制。对威廉二世来说，更糟糕的是，1915年1月24日，贝蒂的舰队在多格滩（Dogger Bank）击败了希佩尔（Hipper）的战列巡洋舰编队，并击沉了"布吕歇尔号"。在这两场海战中，英军战舰、组织和领导都暴露出了明显的缺陷，但其中大部分都被忽视了，或者只是在一片欢呼声中慢慢地得到了改善。然而，对德国人来说，这两场败仗是对其士气的毁灭性打击，这使得德皇最担心的事情化为了现实，并使德国海军在公众眼中失去了信誉。冯·英格诺尔（von Ingenohl）将军由于没有派主力舰队支援希佩尔而饱受诟病，随后被撤职，公海舰队总司令职位由冯·波尔（von Pohl）将军接替，但后者实际上比其前任还缺乏冒险精神。在那个时代，技术革新限制了战斗舰队的行动，兵力优势显然比勇气和战略想象力更重要，很明显，即使是纳尔逊来到这一时代也会被束缚住手脚。但仍然需要强调的是，在多格滩海战后的12个月里，德国海军的领导是软弱无能的。在那一年，波尔仅派出小规模的舰队向北海方向出击了五次，且没有一次越过博尔库姆（Borkum）或黑尔戈兰，因此都没有机会与皇家海军大舰队对战。

这种双方均谨小慎微、不敢采取大胆战略的趋势在次年的日德兰海战中达到了顶峰。这是第一次世界大战中最著名的，也是唯一一次双方主力舰队之间真正的全面海上遭遇战。在舍尔将军的大胆指挥下，德军公海舰队于1916年5月31日出击，与贝蒂的战列巡洋舰相遇。在杰利科的主力舰队到达战场并扭转局势之前，德国人沉重打击了英军战列巡洋舰。随后，舍尔利用他的轻型舰艇编队发动了大规模的鱼雷攻击，在迫使英国战列舰掉头离开后，他避开了强大的敌人，绕了一条弯路回家，并受到了充满感激的德国人民的热烈欢迎。皇家海军大舰队损失了6 097人，3艘战列巡洋舰和3艘装甲巡洋舰；德军公海舰队损失了2 551人，以及1艘前无畏舰和1艘战列巡洋舰：就人员和主要战舰的损失来看，德国海军有理由认为自己取得了一次重大胜利。但回过头来看，我们可以发现，这种纯粹基于物质战果的吹嘘既具有误导性，又不恰当。多年以来，德国人的战略目标一直是削弱英军大舰队的压倒性优势，以便有机会获得制海权。然而，在返回港口的12小时内，杰利科就报告说，26艘无畏舰和6艘战列巡洋舰已准备就绪，随时可再次出击。反观舍尔，他的舰队尽管侥幸逃生，但也遭受重创，4艘无畏舰和所有的战列巡洋舰都严重受损，因此，兵力劣势比以前更加明显了。北海再次形成了战略僵局。纽约的一家报纸恰如其分地总结了整个局势："德国舰队袭击了它的看守，但它仍被关在监狱里。"[11]在关于日德兰海战的最终报告中，舍尔明确地告诫德皇，德国不可能在北海的水面战场赢得对英国的胜利，这无疑是海军史上具有讽刺意味的一幕：

> 毫无疑问，即使公海舰队在这场战役中取得胜利，我们也不可能迫使英国求和。相对于不列颠群岛，我们的军事地理位置处于劣势，敌人还拥有巨大的物质优势，这些都是我们的舰队所无法克服的。我们无法突破这种封锁，更无法降伏不列颠群岛本身……[12]

然而，即使位于北海另一侧的英国更深刻地意识到了这一点，皇家海军也有很多问题需要解决。皇家海军的战列巡洋舰遭受了意料之外的惨重损失，以及舍尔的战列舰从整支大舰队的"复仇之手"中逃脱，这两件事都在英国国内引起了广泛的悲观情绪和争议，除此之外，在接下来的几个月里，皇家海军战列舰的脆弱性再次得到了证明，这也使英国官方越来越感到不安。当德军驱逐舰编队发动鱼雷攻击以救助舍尔的战列舰时，杰利科著名的"掉头离开"的命令正是这种脆弱性的重要表现。正如霍夫曼中将在这场战斗的几天之后撰写的一封私人信件中所敏锐指出的：

这个结果顺便加强了我的信念——超级无畏舰剩下的日子屈指可数了。建造3万吨级的战舰却不能抵御鱼雷的攻击，这是毫无意义的。[13]

因此，可以说，1916年8月19日，英国皇家海军的两支舰队所执行的鲜为人知的扫荡行动可能比日德兰海战本身更加重要，尽管在这一行动中，双方的主力水面战舰甚至都没有发生接触。此前，杰利科曾因德军U艇对他的战列舰所构成的威胁而极为不安，而在这次行动后，这种不安已经演变为一种心魔。为赶到福斯湾去接杰利科，他的旗舰"铁公爵号"（Iron Duke）航行在舰队的最前列，结果险些被潜艇发射的一枚鱼雷击中；而巡洋舰"诺丁汉号"就没那么幸运了，它在法恩群岛（Farne Islands）附近被击沉，这使得杰利科不得不命令整个舰队掉头航行近两个小时；当杰利科得知舍尔的舰队已经撤退，沮丧地率领大舰队向北折返时，舰队又多次收到U艇出没的警报乃至遭遇攻击，巡洋舰"法尔茅斯号"在其中一次袭击中被击沉。事实证明，这次扫荡行动对杰利科来说是"最后一根稻草"。在贝蒂的支持下，他坚持认为，除非有足够的驱逐舰，否则大舰队必须避免行驶至北纬55度30分（法恩群岛）以南的海域，往东则不能超过东经4度。只有在"需求十分紧迫"的情况下，才能打破这条规则。实际上，杰利科建议，既然德国海军希望占领北海，那就把大部分北海海域交给德军好了。他还承认，大舰队无法保证英国本土东海岸港口免受舍尔的"打了就跑"式的袭击，这一定论如果被公开，将会使英国人民陷入极大的恐慌。由于其他方面的需求，海军部无法满足这位大舰队总司令对于驱逐舰的需求，因此，海军部被迫于1916年9月13日同意了放弃部分北海海域的建议。五周后的10月18日，这一引人注目的"以退为进"战略得以实施，当大舰队龟缩在斯卡帕湾时，舍尔率领舰队对北海进行了一次短暂的攻击。英国皇家海军无视传统，开始奉行"安全第一"的原则。

在没有足够的驱逐舰的情况下，杰利科选择不让大舰队贸然进入北海，舍尔则一直坚持认为，没有足够的潜艇，公海舰队也不敢冒险前进，因为潜艇承担着发现敌人战斗舰队和削弱其优势的双重重任。于是，8月19日，为封锁英国商业贸易而发起的扫荡行动结束后，舍尔麾下的潜艇被再次调走，之后他便拒绝出击。就主力舰队而言，北海的海战在1916年秋实际上已经陷入了停顿。从这个角度来看，8月19日双方的交战可以被认为是整个第一次世界大战中最具决定性的行动之一。

于是，从那时开始，之前曾被人们认为只能用于海岸防御的武器——潜艇，一跃成了对英国海上霸权的最大威胁。潜艇不仅是战列舰的克星，更重要的是，它还是商业贸易的完美破坏者。事实上，到了1917年，英国赖以生存和战斗的海外物资补给屡屡被击沉，以至于杰利科预言英国到了年底就会彻底失败。贝蒂也被迫承认："海军输掉战争的速度和陆军赢得战争的速度一样快。"由于公海舰队无法取得海战的胜利，德国人转而投入其硕果仅存的攻击性武器——U艇。具有讽刺意味的是，U艇正在实现德国海军的冯·黑林根（von Heeringen）将军于1912年发出的绝望预言："如果英国成功实施广泛的封锁，那么我们看似强大无比的公海舰队将陷入十分凄惨的境地。届时，我们只能依靠U艇来取胜！"[14]

此处不必对德军潜艇和协约国商船及其护航船队之间激烈的"大西洋海战"进行详细考察。[15]但仍有一些要点需要指出。第一，

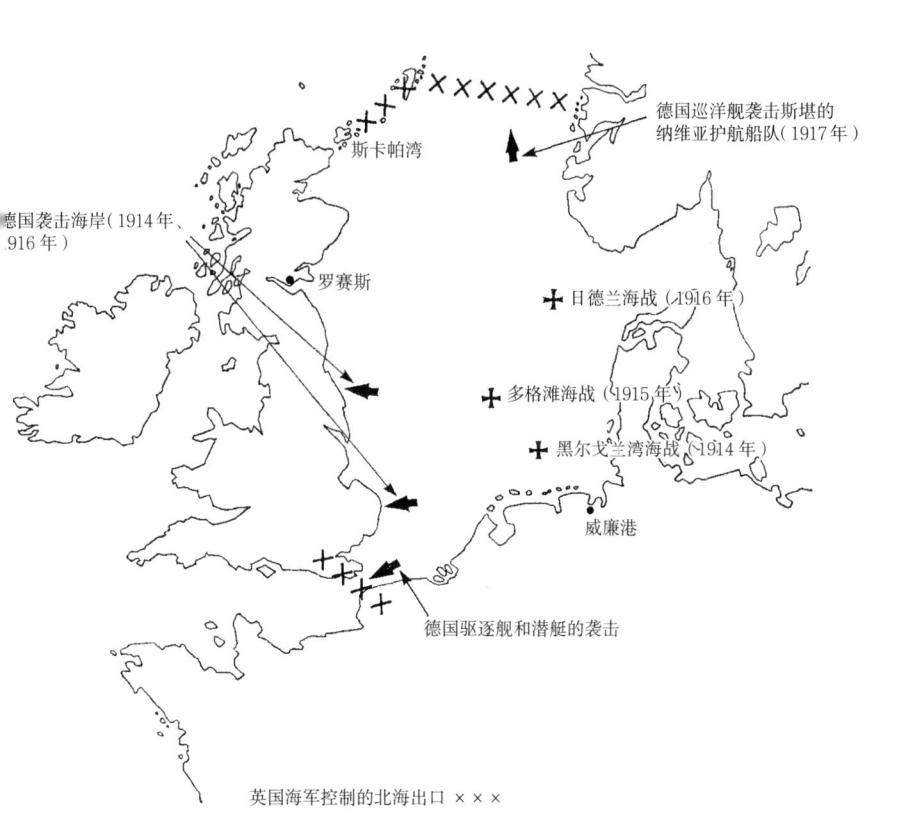

地图 9　1914—1918 年北海的战略形势

　　毫无疑问，U 艇这种新型武器几乎令大英帝国放弃抵抗。尽管英国在犹豫不决很久之后，终于对已经落后的护航体系进行了重建，从而挽救了海上贸易线路，但到战争结束时，仍有将近 800 万吨英国商船被这些水下猎手击沉。在海上，如果没有驱逐舰的保护，任何一艘水面舰艇都无法安全驶向目的地。第二，英国的造船厂不但无力建造更多的护航舰艇以满足海军部的要求，甚至也无法补充损失的商船。在当时，只有拥有强大经济实力的美国能做到这一点。第三，更加糟糕的是，英国海军的霸权已经因U艇而动摇，之后再也不会像这种武器出现之前那样稳固。正如一些批评家们所预测的那样，一些海军小国将迫不及待地生产这种武器，在缺乏巨量资金建造战列舰的情况下，这些国家将利用潜艇来撼动英国的海上霸权。1916年至1917年间，德国大规模扩充水下力量的事实表明，这种武器完全可以在短时间内大量生产。当战列舰必须有护航舰艇随行才能够主宰海洋，而且英国和德国海军都认为战列舰是一种累赘，会白白浪费大量驱逐舰和潜艇所需的资源，而其他极为重要的战斗正迫切需要这两种舰艇：这时候，战列舰的末日也就近在咫尺了。

如前文所述，在北海，潜艇几乎阻止了双方水面主力舰交战。双方都将一些轻型舰艇分散部署至英吉利海峡和大西洋。在英吉利海峡，爆发了多场激烈但不具决定性意义的海上混战。而在大西洋，双方围绕潜艇所进行的攻防战则更为关键。德国人对于海上战争的态度已经发生了转变，其标志就是，舍尔不得不承认："我认为，我们整个海军的政策迟早得以潜艇战为核心。在潜艇战发展的过程中，我军舰队将不得不全力投入一项主要任务，那就是保证潜艇能够安全地进出港口。"战争爆发之前，各国海军的主战武器是战列舰，而潜艇只能作为配角，但现在这一点已经被彻底颠覆了。整个1917年，双方主力舰队之间继续保持僵局，英国所采取的唯一积极行动就是在德军U艇基地的出口处布设水雷，而德军所采取的行动就是将这些水雷排除干净。1917年11月17日，双方主力舰队之间进行了一场短促的交战（这也是第一次世界大战中双方大型战舰的最后一场遭遇战），但仍然没有取得决定性的战果。

此后，贝蒂指挥大舰队的战略变得更加谨小慎微。诚然，他也渴望率领舰队进行一次海上决战，但条件必须十分有利才行。而且，贝蒂的敌手德国人非常理智，他们大概率会拒绝迎战。由于贝蒂长期按兵不动，一些按捺不住的皇家海军军官主张对德国海岸发动进攻，并提出了各种各样的方案，但贝蒂均以过于轻率为由否决了。事实上，到了1918年初，贝蒂已经成功说服了海军部和战时内阁，他声称："大舰队的正确战略不再是不惜一切代价迫使敌人与我们交战，而是将敌人困在基地内，直到形势开始变得对我们有利为止。"[16] 大舰队司令贝蒂此言其实只是公开了他的前任曾采取的战略而已。通过对形势进行冷静的评估，皇家海军指挥层认为采取被动战略可以在风险最小的情况下达成最大战果，这本无可厚非，但已经严重违背了皇家海军崇尚进攻的传统。反观德军，在战争最后一年，由于劣势过大——此时英军已经拥有多达34艘无畏舰和9艘战列巡洋舰，而德军只有19艘无畏舰和5艘战列巡洋舰——因此舍尔绝不会派出整支舰队去冒险。4月22日至25日，公海舰队进行了最后一次大胆的巡航，直抵挪威海岸，但随后便彻底龟缩在港口中，这直接导致德军战舰的水手们陷入不满和焦躁，并最终在1918年10月引发了水手大革命。

德国海军水手的哗变，以及公海舰队的最终投降（1918年11月21日），从某种程度上说算是对英国海军战略的成功和英国海军压倒性实力的一种认可。但整个皇家海军都像第一海务大臣那样产生了失落感，觉得"胜利并不完整"，因为皇家海军还没得到机会再打一场"日德兰海战"，战争就结束了。如果能在远海再打一场这样的战役，那么英国大舰队毫无疑问会是胜利的一方。不过，

第九章　陷入僵局与极度紧张（1914—1918年）

需要指出的是，皇家海军所采取的战略尽管符合逻辑，但过于谨小慎微，因此这样一场海上决战几乎不可能出现，除非德国人愿意在不利条件下迎战。可以说，在日德兰海战之后，相比于贝蒂或杰利科，或许舍尔更具冒险精神。结果，在当时及后来的英国人看来，皇家海军在1914年至1918年所采取的行动是虎头蛇尾的，这令公众大失所望，也严重影响了皇家海军的声誉。

皇家海军声望急剧下降的最为明显的体现，是协约国军政领导人对其在停战谈判中提出的一个要求的反应，当时皇家海军要求德军舰队全体向自己投降。美国人、法国人，甚至是英国自己的战时内阁成员，都认为这一要求多此一举，甚至很可能会导致战争延续。对他们而言，陆上战役才是最重要的。这些国家正是在陆上战役中付出了巨大代价，才迫使敌人投降。福煦声称，他们当然会要求德国人移交潜艇，因为战事已经证明，它们对于协约国十分危险。但他们也感到没有必要仅仅为了满足"英国海务大臣们的自尊心"而强迫德国公海舰队让步，从而冒延续战争的风险，何况公海舰队本来也基本不行动了。最终，各国同意寻找某个中立港口作为德军舰队的拘禁地，后来是由于实在无法找到一个自愿作为"监狱"的中立港口，才命令公海舰队停靠在斯卡帕湾。[17]在战争胜利的时刻，英国海军部的要求却受到了冷遇，这对于皇家海军的整个战争过程来说是一个有趣的注脚。与不断进行血腥战斗的陆军相比，海军的贡献显得平平无奇、低人一等，而且，曾经备受期待的战列舰，其作战效能竟受到了成本极低的小型潜艇的严重制约。战事并没能像海军至上主义者所期望的那样发展，而随着总体战的展开，他们先前对于海权影响力下降的忧虑已经化为了现实。

自然而然，在整个战争期间，海军的游说集团都在试图重新夺回自己在英国国防战略中的首要地位,并且努力引导整个国家重新回到"英式战争方式"上来。然而,正如战前批评家所预言的那样,对付德国的时候,在18世纪和19世纪实施过的战略已经不那么管用了。毫无疑问,如果传统战略切实可行且能够取得成功,可以完全替代西线的绞肉机,那么英国的绝大多数民众和政治家都会对其报以热情支持。然而,当对付像同盟国这样力量强大且自给自足的欧陆列强集团时,毫不费力就能从海上发动的外围克敌方式一个接一个失效了。

不出意料,德国很快就失去了自己的海外殖民地。德属西南非洲被南非军队占领,多哥兰和喀麦隆被英军和法军占领,萨摩亚群岛被新西兰占领,新几内亚和瑙鲁被澳大利亚占领。只有莱托-福尔贝克(Lettow-Vorbeck)率领的德属东非军队成功挺过了1915年。然而,与英法争夺印度、西印度群岛和加拿大等地的斗争相比,这些行动都微不足道。尽管到了1914年,德国海外殖民地的总面积已经达到100万平方英里,但德国移民只有2.1万人,这些海外殖民地只吸引了德国本土3.8%的对外直接投资,其贸易总额也仅占德国对外贸易总额的0.5%。因此,失去这些海外殖民地并不会对柏林造成致命打击。尤其是,海外殖民地的原材料对德国工业而言杯水车薪,德国反而不得不为其提供大量补贴。到了1914年,德国对殖民地的补贴资金或许已经达到1亿英镑。[18]此外,德国政府还觉得这些殖民地没多大战略价值。提尔皮茨经常强调:要想挑战英国的世界地位,德国必须在北海发难,只要在这里取得成功,重新夺回所有欧洲战场以外损失的领土将是轻而易举的。因此,德国海军既不醉心于占领殖民地,也不愿意承担太多保护殖民地的责任。在更加广泛且复杂的争夺世界霸权的斗争中,德属西南非洲、

第九章 陷入僵局与极度紧张(1914—1918年)

萨摩亚群岛及其他殖民地都只是无足轻重的几颗棋子。

就整个战争进程来看，英军摧毁几艘德国水面袭击舰所造成的影响也是微乎其微的。同样，由于地理方面的因素，提尔皮茨被迫免除了德国海军所承担的大部分海外职责，而部署到海外的舰艇也只是"宣示存在"的力量而已，而且，柏林已经公开将其视为一旦战争爆发就要失去的东西。也正是出于同样的理由，战争爆发前夕，丘吉尔曾充满自信地预言德国海外舰艇的命运：

> 在大洋里，敌军巡洋舰的生存时间不会很久。敌人无法在海上为它们供煤。它们的蒸汽动力会不足，它们也无法获取丰厚的战利品；在无线电通信的时代，它们不得不经常汇报自己的行踪。如若英国派出航速更快的巡洋舰去追逐它们的话，在被迫交战之前，它们也造不成多大破坏。[19]

实战证明，丘吉尔有理由感到自信。在战争最初的几个月里活跃的10艘德军水面袭击舰中，只有少数几艘——特别是"埃姆登号"和"卡尔斯鲁厄号"——取得了有限的成功，但即便是它们也很快便不见踪影了。在整个战争中，德军袭击舰击沉的英国船只总共仅有44.2万吨，未对英国产生较大威胁。此外，英国政府还采取了"国家战争风险保险计划"（State War Risks Insurance Scheme）等措施，令德国人的商业破交行动无法引发国内民众的普遍恐慌。由施佩伯爵率领的"德国东亚舰队"产生了较大威胁；但这支舰队在科罗内尔取得胜利之后，很快便在福克兰群岛被斯特迪的战列巡洋舰彻底消灭。有人指出，这些交锋是水面舰艇仅用火炮作战的这种战争形态的谢幕战，"从此之后，鱼雷、水雷、潜艇，一定程度上还包括飞机，令斯特迪和施佩伯爵都面临着前所未有的困难"。[20] 当然，战争形态的最大变化还是潜艇成了一种出类拔萃的破交武器。当德国海军缺乏其他成功打击敌人的手段时，水下攻击便成了唯一可行的措施。德国海军成功克服了国内政治界的反对，建造好了所需数量的潜艇。一旦德国人开始成功实施这一计划，战前英国海军部为保护海上贸易而采取的措施便显得过时了。

皇家海军武器库中的另一个"撒手锏"就是封锁。现在，这一武器也被打上了"传统"的烙印。马汉曾教导说，在拿破仑的大军往来驰骋于整个欧洲大陆的同时，"一种无声的压力却在无休止地压迫着法国的要害。这种力量悄无声息，但难以抵挡，一旦被注意到，就会成为最引人注目、最令人恐惧的海权标志"。战争爆发之前，英国海军部坚信封锁将产生致命的效果——皇家海军难道没有能力控制敌人通往外部世界的海上交通线？难道德国不像其他现代工业化国家一样，严重依赖这一交通线？难道切断这些交通线不会对德国的整个战争工业体系产生最严重的后果？所有答案都是肯定的，但其他一些因素成功抵消了英军封锁所产生的作用。另外，把德国当作像英国或日本这样的岛国来看待也是大错特错的。德国有大约19%的国家财富来自出口贸易，但其中与欧洲之外地区的贸易仅占20%。而且，德国只用10%的国家财富进行海外直接投资（相比之下，英国为27%），海外投资的收益更是仅占国民收入的2%。[21] 因此，从理论上讲，在战争中损失大约6%乃至8%的国民收入远称不上是一场灾难。如果无法获得某些关键的原材料，这种情况会迅速改变，但同盟国不仅本身就拥有大量自然资源，还能抢占其他国家的资源（譬如抢占了罗马尼亚的小麦和石油），并且可以利用中立的邻国来获得补给。除此之外，同盟国还在竭力研发大量制造替代品的技术。自然，从长远来看，协约国的封锁会造成非常严重的后果，但直到战争结束前夕，德军士兵们才开始受到不利影响。另外，值得一提的是，正是规模庞大的军事行动消耗了天文数字的食品、工业产品，还有农业耕作所需的大量人力，平民百姓也因此遭受了难以想象的苦难。因此，一位英国官方历史学家曾指出，德国国内的"饥荒"主要是忽视农业所造成的，与此相比，协约国的封锁根本"不值一提"。[22]

而且，正如赫伯特·里士满（Herbert Richmond）爵士所敏锐观察到的那样，同盟国从19世纪陆上交通大发展中获益良多，这直接影响了**英国独自**实施封锁的效果：

> 只是由于敌人的陆地边界被陆军封锁了，而每一个重要的国家要么主动利用各自的海军在海上提供援助，要么被动地停止贸易，这样才让敌人最终陷入了孤立，从而促成了我方的胜利。

里士满爵士可谓20世纪最敏锐的海军史学家，相比于之前和之后的许多相关言论，他针对封锁有效性的评价都要更加温和。这段话为我们直接揭示了海军至上主义论调的一个主要缺陷：如果这一武器没有用于对付一个高度依赖海外贸易的岛国，那么它注定只能位居次要地位。对于像德国这样的敌人，只有将海上封锁与陆地封锁结合起来，并将其作为持续的陆上进攻的额外施压手段，海上封锁那长远的恐怖影响力才会浮现出来。事实上，相比于海上封锁，陆上战役——西线和东线血腥残酷的消耗战——消耗了同盟国更多的人力资源和财富，还打击了其士气，而德国一旦在东西两线

取得军事胜利,那么便可以轻而易举地抵消海上封锁的负面影响:

> 俄国的崩溃,毁掉了东部的壁垒,使封锁出现了缺口,同盟国从乌克兰获得的补给则保全了奥地利,解救了德国。如果西方的屏障也被打破了,不管协约国陆军方面发生什么,至少一大片领土会落入德国人的手中,他们可以在那里生存,继续坚持下去,并无视海上封锁。一旦在西线获得大片领土,德国人就很可能还会获得更多益处;这些领土将极大有助于德国在海上发动进攻。[23]

1918年,英国派遣军队进入高加索,并向里海推进,这正是源于类似的担心,害怕德国成功占领巴尔干和中东地区,从而"几乎不受海上封锁的影响……以及在经济资源和军事资源的重建方面完全超越欧洲其他国家"。[24]英国的战略家们可能已经察觉到,柏林正在试图控制"心脏地带"(Heartland),这一点十分危险。正如里士满进一步指出的那样[25],事情的真相是,海权和陆权是相互依存的,两者都是遏制敌人挑战所必需的,孤立主义者希望避免承担大陆义务,只依靠海上压力,这将导致德国统治欧洲大陆及其他地区。此外,"把胜利归因于某个单一军种最具误导性,也最令人反感"(里士满),但在第一次世界大战中,英国被迫将越来越多的资源投入陆战当中,从而使陆上战场在军事和政治上获得了前所未有的主导地位,这也是事实。

皇家海军仅剩的解决办法就是主张联合作战,用格雷的话来说,就是把陆军当作"海军发射的炮弹"。正如我们所看到的,在战前的几年里,费舍尔和威尔逊都极力主张制订各种各样的两栖登

第九章 陷入僵局与极度紧张(1914—1918年)

陆作战计划，但所有这些计划都因总参谋部的反对和内阁的怀疑而失败。大家都能发现，这场争论既是政治上的，也是战略上的，因为海军部主张对德国海岸采取联合作战行动，是希望在战争的指挥上拥有主要的发言权，并防止英国的大部分资源被转移到大规模的陆战上。毫无疑问，思想传统的英国政治家们也怀有跟海军一样的忧虑，但英国陆军部在这场争斗中胜出，因为它可以提出更有说服力的战略理由。主力舰队如果长时间在靠近敌人海岸的地方作战，就会遭遇各种各样的风险，但与参与登陆行动的远征军将要遇到的危险相比，这些风险就显得微不足道了。正如尼科尔森将军在1914年所说的那样："事实是，这种作战行动在一个世纪前可能有一些价值，当时陆上通信很差，但现在，当陆上通信已经变得很好时，它们注定要失败。无论我们威胁要在哪里登陆，德国人都能迅速集中优势兵力……"[26]

不过，尽管英国陆军在这场军种间的争论中旗开得胜，但在战争的进程中，英国政府的大陆政策并非没有遭到质疑。事实上，随着西线伤亡数字节节攀升，内阁迫切希望回归传统的海洋战略。不可避免地，英国政府的军事政策掺杂了政治因素，例如伊舍这样的传统主义者，就强烈呼吁政府重拾他眼中的皮特式政策：

> 当约翰·弗伦奇率领远征军参与欧洲大陆的战争时，我们还来得及回归这一伟大的原则，但随着时间流逝，随着我们一次又一次将增援部队派往法国，这个国家所有的军事物资储备都要见底了，它的两栖攻击能力也逐渐被削弱，到现在实际上已经被彻底摧毁了……某种程度上，今天与那时候［七年战争时期］面临的形势相同，只要我们的陆军力量与海军共同进行

两栖作战，就能让陆军发挥远超其兵力规模的威力……这一时刻已经到来了。[27]

1915年，协约国针对达达尼尔海峡的攻势似乎就是这样一个效仿皮特的"时刻"，以"让陆军发挥远超其兵力规模的威力"，这无疑正中英国内阁的下怀，他们正想找到一个成本更低的赢得战争的方法。有人提出建议：协约国或许可以攻占伊斯坦布尔，以此来缓解俄国和塞尔维亚的压力，并彻底打败土耳其，从而赢得其他巴尔干国家的支持，并巩固英国在中东的统治地位。不幸的是，强势的丘吉尔特别青睐这份别出心裁的作战计划，他还成功说服了英国内阁继续降低行动的成本——单独使用海军作战。其结果是，战斗不可避免地变成了一场灾难。这一失败还证实了一些专家的预言，即战列舰难以强行穿越部署了严密岸防系统的海峡，一旦这样做就要面临诸多危险。在土耳其炮火击沉了法国"布韦号"战列舰并重创另外两艘战列舰的同时，英国"不惧号"和"海洋号"战列舰成了水雷的牺牲品，"可畏号"战列巡洋舰也遭受重创，只能蹒跚地撤回马耳他。皇家海军如果能够不顾惨重的损失继续强行进军，或许能突破土耳其军队虚弱的防守，但要付出更大的代价。但由于首次遭遇战的结果就令英国人十分沮丧，舰队指挥官决定等到增援部队赶来之后再发动下一轮进攻。然而，到了那时候，土耳其人已经极大地加强了他们的阵地，协约国远征军虽然成功登陆，但实际上完全被压制在滩头，动弹不得，直到1915年底被迫全部撤退。由于付出了25万人伤亡的代价且未能实现作战目标，这次行动被视为一次彻头彻尾的失败，丘吉尔也付出了代价——他为此被解职。但比丘吉尔个人职业生涯遭受挫折更为严重的问题是，这次惨败也使得通过外围海上行动来战胜敌人的所谓"东方人"（Easterners）战略彻底失败。此外，加里波利战役的灾难还强化了那些反对从西线分兵的人士的观点，他们认为这样做会削弱协约国的军事力量。

不过，协约国仍在努力寻找通往柏林的战略"后门"。事实上，当时费舍尔自己对进攻达达尼尔海峡的计划犹豫不决，一部分原因是他打算将船只和兵力派往其他区域，例如波美拉尼亚海岸，而威尔逊将军则一直想对黑尔戈兰岛发动攻势。两人的上级丘吉尔则不出意料地倾向于采取更加激进的行动。战争后期，英国内阁中还有人主张在波罗的海沿岸进行大规模登陆，以将俄国拉回战争，或至少阻止德国人拿下俄军舰队。这些方案全部夭折了，因为要面对大量实际困难，甚至光是海军的困难就克服不了。皇家海军副参谋长对此有着较为准确的评述：

> 我们排除了所有大规模突入波罗的海的方案，因为毫无疑问，那里存在着大量位置不明的雷场，而且距离我们的基地较为遥远，受损船只难以返回，敌人也因基尔运河拥有战略优势，可以在较短时间内自由地利用运河向北海或波罗的海调动主力舰队。由于上述原因以及敌人海岸防守过于严密，攻击某个德国海军基地是行不通的。[28]

此外，皇家海军还有一个从来没能克服的更大的障碍——陆军明确拒绝参与任何两栖攻击行动。陆军认为，此类行动只会削弱英国对德国的战略要地发动陆上进攻的力量，而且将浪费很多优秀的陆军部队。对德国人严防死守的博尔库姆或黑尔戈兰岛发动强攻，其本身就将付出巨大代价。即便皇家海军舰队成功突入波罗的海，陆军也难以想象远征军一旦在波美拉尼亚海岸登陆，将有什么样的命运等待着他们。法国的政治和军事领导人则将此类从西线分兵的行动看作实打实的背叛，英国陆军领导层则视之为愚不可及的行为，他们所举的例子除了加里波利灾难之外，还有英法联合远征部队在萨洛尼卡的不成功攻势，当时，两国将30万大军派往萨洛尼卡以营救塞尔维亚，但他们被保加利亚和土耳其军队（德国军队甚至都没有出手）围了个水泄不通，直到1918年9月才逃出生天。

实际上，在整个世界大战中，只有在中东，英国政府中的"东方人"才占据了上风。在这里，帝国主义者可以忘却西线的血腥恐怖和一团乱麻，像艾默里一样迫切要求采取措施：

> 以使得"英国南部世界"[Southern British World]，即从开普敦到开罗，从巴格达、加尔各答直到悉尼和惠灵顿的广大地域，能够保持和平，无须时刻担心德国人的袭击，从而专注于商业贸易。[29]

英国在中东地区的确采取了攻势，不仅抓住机会挫败了德国袭击印度的阴谋，还"圆满完成"了对印度洋周边半圆形区域的控制，并牢牢占据了具有战略价值的油田。可以说，英国在此区域取得了巨大成功。之前在美索不达米亚所遭受的损失得到弥补之后，最困难之处可能是与法国人和阿拉伯人所进行的政治谈判。因此，法国人经常怀疑英国的动机，猜想或许正当其他协约国在欧洲大陆全力以赴与敌人进行生死搏斗时，伦敦却又开始采取其18世纪的战略，即蚕食其他国家的海外殖民地。法国人的担心是有理由的，此时，美索不达米亚和巴勒斯坦似乎正在落入英国人手中，就像当年的加拿大、路易斯安那、孟加拉和好望角一样。从海军战略角度来看，英国的这一手十分高明，增强了自己对于埃及和苏伊士运河的控制，使印度洋免受任何北方挑战者的威胁，还确保了油田的安全。但正如"西方人"所指出的那样，这一劳合·乔治引以为豪的"助兴表演"（side-show）耗费了巨大的人力和物力。1918年初，就在鲁登道夫发动德国最后的大规模攻势"皇帝攻势"之前，英军有75万部队（包括12个陆军师）正在中东和萨洛尼卡作战。[30]而且，在此区域内，由莫德、艾伦比和劳伦斯率领的部队无论如何也称不上是在打一场陆海联合或两栖战役，在本质上，他们也在打陆战，海军实际上只发挥了微乎其微的作用。皇家海军因此再次失去了提升地位的机会，它被再次笼罩在陆军的阴影之下。

事实表明，从1914年延续至1918年的世界大战绝不是一场短促的、以海洋为主要战场的低成本战争，而是由大规模陆军部队打的一场既血腥又艰难的长期消耗战，在这场战争中，海权处于从属地位。不过，以下观点也是没有错的：假如德国U艇赢得了大西洋海战，协约国本来可能会输掉整场战争；而且，在两次世界大战中，保证海上航线的安全无疑是伦敦的**首要**目标，如果失去这些航线，英国只能束手无策。但对英国海上力量而言，仍存在两个不利因素。首先，从本质上说，保护航线是一个被动消极的目标。皇家海军可能会因未完成这一目标而输掉战争，但绝不会因为完成这一目标而赢得战争。而要想赢得战争，只能依靠陆军，因此，陆军赢得了全部荣耀。其次，对付德军U艇的大西洋反潜战是一系列小规模作战行动的总和，公众几乎无法因此而振奋士气，因为他们期待的是一场壮观激烈的舰队大决战；公众也无法理解，对于保护海上交通线这一消极目标而言,这种舰队决战不是必需的。可以说,第一次世界大战极大地削弱了战列舰这一大型灰色舰种的声誉,它们虽然看起来很有威慑力,却一直龟缩在偏远的斯卡帕湾之内。

英国海权效能的减弱除了在上述几个方面比较明显之外,还要面临其他两个不利因素:一是英国的金融业和工业在战争中遭受了巨大损失;二是皇家海军不得不将主力舰队集中在欧洲海域,因此越发要看其他海军大国的脸色了。

关于"一战"究竟给英国的金融业和工业造成了多大损失,目前还存在争议[31],但确定无疑的是,这与拿破仑战争时存在显著不同(拿破仑战争期间,英国的陆海军实力和商业、工业实力都开始位居世界前列),"一战"带来的只有沉重的负担。诚然,"一战"也有些许好处,例如刺激了英国国内的多个新兴工业门类,并使得许多产业的布局更加合理(主要是在政府的监督下进行改组);而且,事实证明,"一战"还使得英国国内的社会格局出现了巨大变革。但当时这些变化没有得到充分重视,就算有人注意到了,它们似乎也很难与战争的消极影响相比,而且不能消除人们**心理**上的损失感(一位作家曾指出,或许这才是最大的影响)。[32]

在战争中,共有大约74.5万英国人阵亡(占英国45岁以下男性人口总数的9%),还有160万人受伤,其中许多人的伤情十分严重,这给英国潜在的生产力和经济实力都造成了难以估量的巨大损失。必须承认,法国和德国的损失更加巨大,但将正在崛起的美国作为衡量标准对我们来说是更为可取和重要的,这个国家对英国提出了更严峻的挑战。尽管英国遭受的直接物质损失并不大,不过它损失了大量商船——共有775万吨商船被击沉(约占1914年英国商船总吨位的38%)。由于英国国内的造船厂要优先完成海军的造舰计划，这些损失的商船只能依靠美国造船厂来补充。而在此消彼长之下，日本、荷兰和斯堪的纳维亚国家的商船所占的比重上升了。从1909年到1914年，英国下水商船占全世界总数的58.7%，到了1920年，也就是从战争创伤中恢复之前，这一数字已经下降到35%，而且大部分商船都是老旧船只。另外，英国的出口也有损失，直接原因是失去了中欧的出口份额，间接原因是英国被迫令国内工业界集中生产军用物资，而民用品份额就此被美国或日本瓜分，甚至一些欠发达国家也趁机建立起了较为稚嫩的产业，从而崛起为新的竞争者。而且，如果说战争对英国国内的新工业门类的发展确实有一些益处，那么它对那些正处于衰退期的工业门类（例如钢铁、煤炭、机械工程，或许还有农业）的刺激则是纯粹人为的，而在战争结束，政府的投资削减之后，它们很快就会陷入崩溃。

在金融方面，英国陷入了更大的危机。现代战争的支出十分惊人：1915年，英国每天的战争支出为300万英镑，而到了1917年，由于投入了大规模陆军，支出激增至每天700万英镑。1914年时，皇家海军的年度支出为5 150万英镑，但随后急剧攀升，哪怕到了停战之后的1919年至1920年，皇家海军的支出预算甚至都达到了1.6亿英镑。1914年英国陆军的支出仅为2 900万英镑，到了1919年至1920年间，则攀升至4.05亿英镑，这成了陆战处于主导地位的另一个重要明证。战争结束时，英国的年度开支已经增至战前的13倍，尽管税收收入大幅增加，但国家财政收入也只能填补36%的窟窿。因此，英国只能进行大规模借贷。英国国债在这一时期急剧增加，从6.5亿英镑激增至74.35亿英镑。所幸的是，英国还可以利用其巨大的资本储备以及大量无形贸易（可以弥补其日益增大的贸易逆差）进行缓冲。英国借给弱小盟国的钱，比向其他国家（主要是美国）贷款的钱更多，后者有 13.65 亿英镑，而前者有 17.41 亿英镑。然而，在战后，英国在偿付各类国际债务方面表现不佳，与此同时，英国不得不从美国购入大量必需的物资，其中部分是通过出售美元证券来偿付的。因此，随着美国在许多世界市场上取代英国，成为最大的债权国，英镑对美元的价值稳步走弱，英国与美元主导国家的贸易进一步失衡。至于无形贸易的缓冲，这些服务严重依赖于高水平的国际贸易和经济繁荣。如果它受到战争可能导致的金融崩溃的影响，英国的基本弱点便会立即暴露出来。英国早已不存在工业优势，如今还不得不承认它的金融霸权也在逐渐消失。

在海外基地，英国对于外国海军的日益依赖也与此相似。如前文所述，这也是战前趋势的一种延续。但现在皇家海军已经实际展开了战斗，对外国海军的这种依赖比它只是预防性地集中力量以对抗崛起中的德国海军的时候要真实得多。有人指出，就连在地中海，也是由于意大利在 1914 年决定保持中立，协约国的海上优势才得到了保证，而意大利后来加入协约国一方参战，又大大加强了这一优势。如果意大利是敌对的一方，法英在地中海的地位就会受到严重威胁，地中海航线就会岌岌可危。[33] 1912 年，伦敦勉强承认需要法国的援助，以保持"帝国的气管"畅通。现在，英国被迫依赖一个更弱、更不可靠的盟友（意大利），也许是暂时的，但也可能会持续更长的时间。

更不祥的是对于日本的依赖，因为它更不可控且更加难以逆转。在东方，战争也加剧了 1914 年之前就存在的趋势，"随着英国越来越深地卷入欧洲事务，日本在远东和太平洋的实力也在不断增强"。[34] 日本在开战之初就参战，在消除德国在中国的强势地位方面帮了英国很大的忙，但所有迹象都表明，东京的胃口显然不满足于青岛和太平洋中部岛屿。日本将来即使不是潜在的威胁，也会成为一个令人尴尬的伙伴。在亚洲市场上，日本商人不断对英国的商业主导地位发起挑战。此外，英国还经常怀疑日本在印度传播煽动性思想。英日同盟的存在，除了使伦敦看起来是东京显而易见的野心的帮凶之外，还引起了美国日益增长的怀疑和敌意。在美国，国内政治风向压倒了英国历届政府游说美国政治家的全部努力，美国人越发相信英日同盟条约会对自己不利。而且，这项条约不仅使白厅与加拿大的关系复杂化——加拿大出于美国的缘故而不喜欢它——还使白厅与澳大利亚以及新西兰的关系复杂化，二者理解它的战略价值，但又担心日本未来会向太平洋继续扩张。[35]

然而，如果说这些因素导致英国人对英日同盟的热情下降的话，严酷的战略现实却迫使英国内阁吞下了这一苦果，格雷甚至辩称，他们必须容忍日本在亚洲的某个地方进行扩张，以防止日本转而反对协约国。有传言说东京可能并不反对与柏林讨价还价，因此英日同盟的主要动机变得更为消极了。更令人担忧的是，大英帝国在苏伊士以东的海上安全几乎完全依赖日本。日本海军不仅把施佩伯爵的舰队赶出了远东水域，控制了太平洋，到1916年，它还开始应英国的请求在印度洋巡逻，而在战争后期，它甚至派出了12艘驱逐舰在地中海执行反潜任务！英国海军部也不时地尝试从日本人那里购买军舰（特别是战列巡洋舰），但这些请求总是被礼貌地拒绝，理由是这在政治上是不可能的，而且日本也需要它们来保护自己的重大利益——这些言论给英国"对于战后日本在远东的意图而感到不安提供了进一步的理由"。[36]当然，英国海军部和所有在东方的英国官员都认为，这种依赖只是源于他们影响力的暂时衰退，而英国将在战后恢复影响力。但正如我们在前文看到的那样，英国早在 1914 年之前就开始从那里撤军了。一位学者最近也指出，对于英国内阁和帝国防务委员会来说，真正的问题是采取"一种外交政策和战略，来应对英国在该地区实力的永久性衰落"。[37] 从这个意义上说，战争只是起到了加速器的作用，而不是诱因。英国在欧洲战争中投入的资源越多，它在远东的地位就越弱。即使最终战胜了德国，这个地区将来也必定会充满问题。

在战争的最后阶段，更令人担忧的是美国对英国的态度。[38] 自从世纪之交的和解以来，美国对英国的态度有所冷却，况且这种和解仅限于东海岸的建制派。的确，德国的行动和野心在华盛顿受到了更大的怀疑，美国真诚地希望协约国赢得战争，这些考虑最终迫使美国在 1917 年参战。但美国人也厌恶"旧世界"的政治和秘密外交，威尔逊总统认为西欧民主国家也沾染了些许威廉二世统治下德国的污点（正是这些污点使德国变得面目可憎），而这些污点只能通过跟随他利用超群的智慧所打造的真正榜样和卓越领导来清除。对威尔逊来说，从海军的角度来看，最令人厌恶的是英国的封锁策略，这与美国崇尚的"海上自由"和中立主义传统背道而驰。后来有人不无嘲讽地指出，当美国海军实力薄弱时，这种陈词滥调被提升到了神圣原则的高度，但当美国海军成为世界上最强大的海上力量时，这一原则很快就被遗忘了。然而，在 1914 年至 1917 年间，威尔逊对此出离愤怒，以至于英国内阁强迫不情愿的海军部调整其严密的封锁政策。美国的"大海军"游说集团巧妙地利用了所有这些事件，以及美国人对未来的两洋战争长期存在的恐惧，说服国会和总统接受了建设"世界最强海军"（navy second to none）的理念——这是一个即使提尔皮茨也从未公开提出过的目标，尽管

第九章　陷入僵局与极度紧张（1914—1918 年）

他曾私下里希望实现这一目标。考虑到美国强大的工业资源，这一雄心壮志显然是可以实现的——到战争结束时，美国海军已经拥有16艘无畏舰和许多小型军舰（已经相当于法国、意大利和日本海军舰艇的总和），美国海军部向国会提交的最终海上力量方案是拥有39艘无畏舰和12艘战列巡洋舰。马德教授指出，这样一支舰队"甚至使鼎盛时期的英国大舰队都相形见绌"，尤其是这些舰艇全都是现代化的，而英国的大多数主力舰都是在战前建造的。虽然席林（Schilling）教授认为，这一庞大造舰计划的真正目的是"迫使英国支持国际联盟计划，然后在与美国海军平等的基础上共同推进全面裁军"，但很明显，像本森将军这样的反英分子的最终目的是依靠这一计划赢得对英国的决定性**优势**。[39]

这是到此时为止英国皇家海军的统治地位遇到过的最强挑战，而且这个挑战是在最糟糕的时候发起的，当时英国欠下美国大笔债务，战争令英国人疲惫不堪，迫切希望削减庞大的国防开支。刚从历史上最具破坏性的战争中摆脱出来的惨状，一场毁灭性的海军竞赛的前景，以及它在财政和国内政治方面引发的全部恶果，足以令英国的政治家和海军将领们充满恐惧了。然而，除非能与敏感多疑的美国人达成协议，否则英国人害怕的事情似乎是很有可能发生的。达成此类协议的前景并不乐观。劳合·乔治和威尔逊在制定协约国对德国停战请求的答复意见时，曾就"海上自由"的概念进行过争论，他们最终只能同意将这一问题留给和平会议本身来解决。在伦敦的私人会谈中以及在整个"巴黎海军斗争"（the naval battle of Paris）期间，劳合·乔治首相还威胁说，如果美国不缩减其海军扩张计划，他将反对建立国际联盟，并要求获得投降的德军舰队的大部分舰艇。然而，公海舰队在斯卡帕湾的自沉事件使得英国失去了这张牌，而甚至在此之前，劳合·乔治就曾宣布，他对美国承诺放弃或大幅修改1918年的附加计划，并不打算坚持1916年的"世界最强海军"计划而感到满意。虽然整个英国内阁也都声称对这种妥协表示满意，但对所有相关人员来说，很明显，这只是休战，而不是持久的解决方案，而且，也不可能说服美国承认英国的海上霸权。同样明显的是劳合·乔治寻求对美和解的背后原因：

> 要想成功赢得与美国海军的竞争，英国需要的是蓬勃发展的经济，从而有能力建造与美国国会已经批准建造的无畏舰和战列巡洋舰旗鼓相当的新军舰，甚至更多。但劳合·乔治没有这张牌……1919年，英国政治家和海军方面为保持皇家海军曾经公认的世界第一的地位而战，但他们失败了，因为这个精疲力竭的岛国无法与美国这个洲际大国所拥有的巨大资源相较量。简而言之，到1919年，海神的三叉戟正在从英国和平地转移到美国。[40]

大英帝国从第一次世界大战中成功胜出，击败了敌人，巩固了领土，陆军和海军比以往任何时候都强大。然而，它的真实地位"实际上与它表面上的样子大相径庭"。[41] "真正意义上的胜利，"利德尔·哈特指出，"必然意味着一个国家在战后比没有参战时更好。从这个意义上说，只有在迅速取得胜利，或者付出的战争努力在经济上与国家资源相称的情况下，一场胜利才算得上真正的胜利。"[42] 根据这一定义，很明显，英国并没有取得真正的胜利：它在人力和航运方面遭受了惨重损失，工业和财政体系都面临巨大压力；它在世界贸易中进一步衰落，失去了此前不容挑战的金融优势；而作为这一切的结果，它现在已无法维持对美国的海上优势，以不稳定的休战为基础、与美国平等的海军吨位限制已经是英国所能得到的最好结果了。

然而，如果说英国传统的商业-金融和海军主导地位正在消失，那么大英帝国本身，即在过去的两个世纪里不断发展壮大的权力框架的第三根支柱，也即将倒塌。关于这一点，不祥之兆已经出现。加拿大的罗伯特·博登（Robert Borden）爵士曾在1912年宣布："当大英帝国无法再单独承担公海防御的责任时，它就不能再单独承担制定外交政策的责任和掌控自己的外交政策了。"难道不是吗？帝国联邦一直是一个梦想，而不是现实。随着英国军事和经济的衰落，实现它的希望正在迅速消失。澳大利亚和新西兰仍然依赖皇家海军，尽管它们的悲观情绪越来越强烈；而加拿大和南非更倾向于恢复一种更疏远的政策，它们对于英国的成见要说有什么变化的话，那也是被战争所进一步强化了。

另一方面，这一切都**不可能**通过"明智的节约武力的战略"，即通过英国传统的施加商业压力和外围攻击的战略来避免。[43]如果放弃对欧洲大陆的大范围义务，这就等同于承认德国对欧洲的统治，而这在日后会对英国的安全构成严重得多的威胁。两害相权取其轻，伦敦自然选择看上去轻一些的后果。或许这一选择是正确的，但现在不得不面对其负面影响了。一场旷日持久的现代战争及随之而来的代价，只有最富有、人口最多的工业化国家才负担得起。而那些人口较少、资源较少的国家，比如英国，则面临着毁灭的危险。马汉曾断言："历史已经确凿地证明，一个国家即使以整个大洲作为疆界，也无法在海军发展方面与一个人口和资源都较少的岛国相竞争。"[44]然而，到了20世纪，随着超级大国的崛起，它们的财富足以同时支撑起庞大的陆军和海军,这句话就不再适用了。事实证明,麦金德更有先见之明;但这对于一个首次公开面对衰落前景的骄傲民族来说并没有什么安慰。

第十章

衰败岁月（1919—1939 年）

> ［英国的］政治风格要想取得成功，需要的是足够的安全余地，大于实际需要的财富盈余，用于适应当时更为野蛮的现实的缓冲期，以及一种平衡状态，在这种平衡状态中，对人类理性的善意信任所造成的错误和误判可以得到补偿。不幸的是，当时的环境并没有给英国留有这些余地。紧张局势持续不断，资源始终少于需要。
>
> ——F. S. 诺斯奇：《陷入困境的巨人》
> ［F. S. Northedge, *The Troubled Giant* (London, 1966), p. 622］

要想理解英国的海军政策，特别是英国海军力量的整体框架，就不能不经常提到英国的现实经济状况，这是本书至此的一个重要主题。毕竟，这一点是相当明显的：英国的商业扩张与海上霸权崛起之间的相互联系，以及它的工业革命与"英国治下的和平"之间的相互联系，都是很少有人会反驳的历史事实。但 16 世纪到 19 世纪真正影响英国海军地位的因素，到 20 世纪一样有效，只不过此时经济因素更明显，更占主导地位，其后果也更有害。在英国海军的鼎盛时期，一方面是贸易和工业，另一方面是海军，二者相互支撑；现在，经济不景气，加上公众前所未有地要求削减国防开支，英国皇家海军这支刚刚确立为世界最强大的海上力量的部队受到了拖累。

当然，对任何一位海军将领来说，期望皇家海军在接下来的一段时间里保持 1919 年的水平——43.8 万名官兵、58 艘主力舰、103 艘巡洋舰、12 艘航空母舰、456 艘驱逐舰和 122 艘潜艇[1]——都是愚不可及的。事实上，随着德国威胁的消除，与日本和美国的关系又没有不稳定到危险的地步，即使是战前皇家海军的实力和战备水平也几乎不可能保持下去。正如 1815 年后发生的那样，皇家海军将不可避免地走下坡路。尽管如此，滑铁卢战役之后和《凡尔赛和约》之后的海军缩减计划之间仍然存在着一些非常重要的差异。首先，格迪斯和其他人挥舞的"格迪斯大斧"* 极为冷酷无情，甚至连格莱斯顿都不愿做到这个份儿上。其次，在 19 世纪的任何时候，英国都不可能接受与另一个大国的海上力量保持平等的局面，也不可能同意通过国际条约限制自己的舰队。最后，在 1815 年之后的几十年里，英国的经济实力——因此也是它的海军潜力——一直在迅速增长，尽管舰队的活跃程度有所下降；但在 1919 年后的时期，情况不再是这样了。正如霍布斯鲍姆简洁地指出的那样，传统的维多利亚式经济"在两次世界大战之间崩溃

---

* "格迪斯大斧"（Geddes Axe）是指后文提到的英国在"一战"后成立的一个委员会，由劳合·乔治委任的商人埃里克·格迪斯（Eric Geddes）领导，负责审查和削减公共支出，因削减力度之大宛如斧劈而得此称呼。——编者注

了"；它不仅停止了增长，实际上还萎缩了一段时间。[2] 疲惫的巨人已经露出老态。

即使在20世纪20年代早期，在虚幻的战后繁荣刚刚结束时，英国的经济就已经显示出困难的迹象，失业率居高不下，出口表现不佳。[3] 这两种趋势在1925年后都有所增强，当时金本位制已经恢复到英国生产力无法与之匹敌的高水平，但真正的崩溃发生在1929年，也就是全球经济衰退的时候。所有那些已经衰落的传统产业——这些产业曾经构成这个国家早期经济的基础——仍然是它出口的主要来源，现在却枯萎了。占英国出口总额逾40%的纺织品生产减少了三分之二；占出口10%的煤炭下降了五分之一；造船业也遭受了沉重打击，以至于1933年的造船总吨位降至战前水平的7%，该行业62%的劳动力失业；钢铁产量在三年内（1929—1932年）下降了45%，生铁产量同期下降了53%。值得一提的是，所有这些领域大幅下降的都是**出口**贸易份额，这主要是由于外国竞争、关税壁垒以及国际金融震荡。虽然英国的国内消费水平仍然相对较高，但这无助于维持国际收支平衡。尽管在英国国内，有许多新兴工业门类——汽车、电器、玻璃、化学制品、橡胶、塑料等——在两次世界大战之间取得了长足发展，但不管是巧合还是有意为之，这些产业都倾向于进行内销，而不是与外国人展开竞争。1914年，英国工业总产出中有四分之一会出口，但到了1939年，出口量大幅下降到仅占总产量的八分之一，而且雪上加霜的是，"占英国商品出口总量比重最大的品种在世界贸易中增长最低"。[4] 所以，尽管在两次世界大战之间，在20世纪30年代中后期世界经济恢复的大背景下，英国国内的工业**总**产量有所增长，但如果将1927年英国的出口总量算作100的话，那么其

1932 年的出口量只有 66；到了 1937 年，出口量仍只有 88。同时，英国的对外贸易所占世界贸易总量的比例也在不断下滑，1913 年，这一数字为 14.15%，1929 年下降至 10.75%，到了 1937 年已经跌至 9.8%。

出口工业的衰退对英国来说并不是一个新问题。正如我们所看到的那样，从 19 世纪 70 年代开始，**有形**贸易的逆差已经稳步扩大。但航运、保险和海外投资带来的巨额无形收入，总是能很好地弥补这一缺口。现在情况不同了，不仅出口**绝对**减少，而不是相对减少，而且全球经济危机摧毁了伦敦金融城提供的服务业，因为它们完全依赖于高水平的国际贸易和经济繁荣。1929 年以后，世界制造业贸易量下降了三分之一，初级产品贸易量下降了一半以上。由于数百万吨的商船停运，航运业的收入也从 1924 年的 1.43 亿英镑暴跌至 1933 年的 6 800 万英镑；即使在经济衰退结束之后，英国也没能完全恢复其在世界航运贸易中的份额。到 1938 年，英国商船吨位在全球所占的比例已从 1914 年的 41% 降至 26%，主要原因是受到大量外国航运公司的竞争，而这些公司均得到了本国政府的大力补贴。英国来自佣金和金融服务的收入也减少了一半，从大约 8 000 万英镑（1913 年）减少到 4 000 万英镑（1934—1938 年）。最重要的是，刚刚从战争的不利影响中恢复的海外投资收益也从 1929 年的 2.5 亿英镑下降到 1932 年的 1.5 亿英镑。由于每年失去大约 2.5 亿英镑的无形资产，英国最重要的"缓冲"消失了。1933 年，英国有形和无形国际收支的逆差高达 1.04 亿英镑，此后，英国只能依靠自己原有的资本了。即使是上了年纪的养老金领取者在面对如此极端的情况时都会手足无措，唯恐老本用完之后他们却还活着。对于一个世界大国来说，形势则更加严峻。

然而，贸易条件的显著变化掩盖了这个问题的严重性，这种变化使原材料和食品的进口价格下降了很多。在1932年英国政府做出放弃自由贸易并实行帝国优惠政策的历史性决定之后，大英帝国范围内仍然存在着庞大的正式帝国，以及一些特别依赖英国的小国，它们愿意接受英国的工业制成品——只要英国拿走它们的初级产品就行。这一事实，与工业界转向国内市场结合在一起，提供了一条比工业急剧重组和现代化（这两点也是英国所迫切需要的）更容易的出路。即便如此，在两次世界大战之间的英国，没有人意识不到经济存在"问题"。但人们没有广泛认识到的是，这一切对它作为一流海军强国的潜力所产生的影响。

回顾过去，这种非常野蛮的削减国防开支的做法可能会受到强烈质疑，不仅是出于政治和战略的考虑，也出于经济的考量。正如20世纪30年代末英国（德国和美国的情况更甚）所显示的那样，对军备的大量投资既降低了失业率，又刺激了新兴工业和技术的发展。然而，在20世纪20年代，政治家和经济学家——少数像凯恩斯这样的激进分子除外——都主张采取自由放任政策，这一点最突出的表现就是，各国均草率地取消了许多第一次世界大战期间强加于工业界的政府控制及管理措施。对他们来说，格莱斯顿式的平衡预算的理想仍然有待实现，而由于战争导致的大规模公共借贷和国民债务增加了11倍，这种需要现在变得更加迫切了。每年因此需要偿还的利息增加至国家总预算的40%，而且"随着20年代初物价的回落，这种债务的真正负担……变得更加沉重"。[5] 解决这个问题的经典办法很简单——把政府开支削减到最低限度。于是，任何事情都逃不过财政部的严密审查。在停战之后，公共财政的混乱仍在继续，这是不可避免的，但这也导致财政部心情更加急切。

在削减开支这一点上，武装部队也不例外：事实上，他们显然是公众和政界人士的头号目标。这在一定程度上可以用一个简单的事实来解释：在战争期间，他们消耗了如此大比例的公共开支；另一部分原因是该国面临的黯淡经济前景。但事情远不止于此。其他因素也在起作用。民主运动和社会主义正在蓬勃发展，人们终于充分感受到它们的存在。在马汉列出的形成海权的"要素"中，第六个也是最后一个要素就是：一个明智的政府，这个政府理解海权的重要性并且知晓利用海权的方式。[6] 总的来说，皇家海军有幸拥有这样的政府，尽管它的优势在和平时期偶尔也会低到危险的程度。即使是科布登和格莱斯顿，在抨击迅速增长的军备开支时，也没有否认英国保持制海权的必要性。但是，虽然他们的政治观念是中产阶级的、自由的、道德的和功利的，它却正在慢慢地被一些不同的力量所战胜：工人阶级——1867年、1884年和1918年的改革法案赋予了他们选举权——逐渐在经济上（工会）和政治上（工党）稳步地组织起来。对于工人和许多中下层阶级成员来说，时代的要求就是进行广泛的社会改革和经济改革。曾在1892—1895年和1905—1914年撼动自由党的政治斗争——实际上是枪炮与黄油之间的斗争——将重新打响，这一次，英国国内已经没有了自由帝国主义者，国外也没有了法俄或德国的威胁。

这一不可避免的结果并不意味着无产阶级已经统治英国，尽管在1919年至1939年间，工党政府曾两次执政，自由党两次垮台——但因为工党领导人过于温和，对自己缺乏信心，所以他们没有考虑过全面实行国家社会主义，而保守党领导人则足够精明，认识到自己仍然可以提供一个有吸引力的选举纲领。然而，20世纪20年代标志着英国国家政策在经过漫长的岁月后终于不再由一群精心挑选的贵族、乡绅和商人决定，他们不太关心公众对于"国家利益"的看法，但通常表现出积极维护这种利益的愿望，如果需要的话，他们总是倾向于诉诸武力；20世纪20年代也标志着另一个时代真正开始了，在这个时代里，大部分人对于已经改善的社会服务——包括养老金、保险、医疗和教育等等——的态度将成为决定政府成败的最具影响力的因素。为了继续执政，保守党必须对这些要求做出回应，这意味着政府优先考虑武装部队的传统已经发生了明显的变化。政治精英和社会精英在经济方面通常也很富裕，如此才有闲暇和兴趣关注英国在世界上的角色；但正如麦金德在1919年所观察到的那样，一个民主国家"总是拒绝进行战略思考，除非出于防御目的而被迫这样做"。[7]

这种发展的结果是可以预见的：1913—1914年，英国社会服务支出总额为4 150万英镑，1921—1922年达到2.34亿英镑，1933—1934年经济危机期间超过2.72亿英镑。[8]夹在偿还国债的沉重负担和不断增加的民事开支之间，英国国防力量面临着前所未有的节约开支的压力。战争前夕（1913年至1914年），英国政府年度支出总计1.97亿英镑，其中5 000万英镑用于海军，3 500万英镑用于陆军；但到1932年，尽管政府年度支出总计高达8.59亿英镑，成本也大幅上升，但这两个军种的开支与1913年几乎完全相同。换一种比较方式的话，战前，皇家海军经费占英国政府总开支的25%，到了经济大萧条的时候，则只占政府总开支的6%。[9]政治家们就是靠这一点来衡量皇家海军的衰落的。

这些年里，英国公众对于武装部队持有异常敌视的态度，还有另一个原因，那就是第一次世界大战给整个英国民族的心理都留下了伤痕。因此，英国的民众才不约而同地对战争观念本身以及当代

"智慧源泉"——政治家、历史学家和政论家——宣称导致战争爆发的所有要素(军备竞赛、秘密外交、军事联盟和帝国主义)都表示无比反感。像"民主控制联盟"(Union of Democratic Control)这样的反战团体在战争本身期间影响有限。然而,随着马克思主义者关于"资本主义的帝国主义阶段"的本质的观点广泛传播,特别是随着人们普遍认识到战争耗费甚巨而收获寥寥,普罗大众已经接受了反战观点。甚至连中产阶级——尽管他们并不完全赞同工党政府的理念——也认同当时的一些文学作品对战争的刻画,其中描写的战争是极端恐怖且毫无意义的,这样的作品有埃德蒙·布伦登的《战争的底色》(Undertones of War)、罗伯特·格雷夫斯的《向一切告别》(Goodbye to all That)以及威尔弗雷德·欧文的诗集等等。[10] 这些风行一时的畅销书迎合了当时民众的一个普遍期望——不再有战争。

对于公众普遍的反战态度,以及政治家们对这种态度的主动迎合,陆海军的将领们无计可施。1918年11月的"停战"意味着所有战斗**必须**停止,无论亨利·威尔逊提出何种抗议;反对俄国布尔什维克的战争**必须**迅速了结;反对爱尔兰分裂的战争也**必须**立即结束。虽然英国在海外有巨大的利益,也承担了巨大的责任,但民众认为,这些不足以把整个国家拖入战争,或者使其承担沉重的国防军费。毕竟,事实反复证明,没有必要对海外利益杞人忧天——这不是刚打完一场"终结所有战争的战争"吗?现在,新的国际联盟已经成立了,任何问题都可以交给它来处理,它还可以阻止任何侵略行为。因此,在这种状况下,还有什么必要让危机中的经济继续承担沉重的军备开支负担呢?然而,这样做只会暴露出一种令人遗憾的老式强权政治倾向。

在这里，无须对这一点进行更加深入的分析。在英国现代历史中，两次世界大战之间的英国政治家们的决策所遭受的非议是最多的，因为他们过于仓促、过于极端地削减了陆海空三军的军备，从而招致了灾难性的后果，他们也没有及时采取措施，让公众了解自己正在面对国际政治中最令人不安的现实。然而，我们很容易从**后视镜的视角**断言，道德劝说或者经济制裁根本无法阻止战争；而国际联盟这一缺乏众多大国支持的国际组织必然陷入失败；只保留如此少量的武装部队，却想要保护整个大英帝国，这纯粹是自欺欺人，丢人现眼。不过，当时的政治家们没法打开这种"上帝视角"，他们坚信除了自己的政策之外不存在其他任何可行的选择。另外，他们当时最重要的任务是保住自己的地位，哪怕只是为了防止局势恶化。当时英国政府中也不乏有识之士，例如财政大臣斯坦利·鲍德温曾于1923年悲观地警告道，必须进一步削减政府开支，否则：

> 不可避免的结果是，税收将稳定在接近当前的水平上（每英镑5分税），这可能会导致当前的政府倒台，而新政府不会太重视防务政策。[11]

对于这种逻辑，似乎没有现成的解决方案。

事实证明，虽然在战争期间表现平平，但皇家海军在削减开支的重压之下比陆军的待遇要好一些，尽管这也只是民众对于持续整整4年的战壕大屠杀的恐惧的另一种表现。民众普遍认为，在世界大战中，英国对于佛兰德斯战场的干涉是轻易抛弃了本国之前在面对欧陆战争时古老而明智的策略，是灾难性的失策，是一次"精神失常"。因此，战后的历届英国政府都会采取种种措施来避免自己重蹈覆辙。所以，英国陆军再次恢复了其在维多利亚统治时代的规模，甚至功能——再次成了大英帝国的警察部队，并坚决避免承担对于东欧甚至法国的军事义务。但是由于皇家海军至少不需要只投身欧陆战场，并且大英帝国仍有一些海外基地和海上航线需要保护，因此仍需要一支强大的海上力量。战后英国政府内的帝国主义者，例如米尔纳、寇松、艾默里、斯穆茨和丘吉尔等等均抱有此类观点。

尽管如此，英国政府仍然大幅削减了海上力量。1919年8月，英国武装部队得到指示，要"基于大英帝国在接下来的十年内不被卷入任何大战的假设"来确定预算。这个"十年规则"（Ten Year Rule）尽管声名狼藉，但其实相当有预见性。基于这样的假设，再加上财政部不断地催促，英国武装力量当然能大幅削减，实际上也确实大幅削减了。1918年至1923年，皇家海军获得的实际拨款额如下表所示[12]：

年份	拨款额
1918—1919年	3.56亿英镑
1919—1920年	1.88亿英镑
1920—1921年	1.12亿英镑
1921年	8 000万英镑
1922年	5 600万英镑
1923年	5 200万英镑

海军部对于如此极端的经费削减计划措手不及。在战争期间，他们已经意识到了维持制海权的必要性。而且，正如前文所述的

那样，美国海军的强势崛起正令其惊骇不已。因此，1919年6月，尽管已经取消了很多舰艇的建造合同，但英国海军部还是制订了庞大的战后海军发展计划，打算建设一支拥有33艘战列舰、8艘战列巡洋舰、60艘巡洋舰以及352艘驱逐舰的舰队，年度总预算将高达1.71亿英镑。然而，随着德军舰队在斯卡帕湾的自沉，英美之间达成了停止军备竞赛的"默契"，再加上"十年规则"的约束，种种不利条件粉碎了海军部的宏伟蓝图。1920年至1921年，英国内阁指示海军部将年度预算削减至**不超过**6 000万英镑。但事实证明，这是无法实现的。最终，1920年3月，在大幅削减支出后，英国海军大臣提出了8 450万英镑的年度预算计划，并在没有遭受多少阻力的情况下获得了内阁批准——这突出表现了财政部和公众罕见的慷慨或者说健忘。此时，皇家海军的人员、战舰实力以及年度拨款的购买力均已经大大逊于战前数年。与此同时，英国海军大臣表示，鉴于预算大幅削减，他认为最令人担心的一点就是，除了战列巡洋舰"胡德号"之外，当时英国没有任何在建中的现代化（后日德兰时代）主力舰，而在数年之间，美国已经建造了12艘这种主力舰，日本也建造了8艘。

可能沦为世界第三海军的前景严重刺激了贝蒂及其同僚，他们要求内阁同意在接下来的两年内建造8艘大型战列舰，再加上新造或者改建的航空母舰，总共需要8 400万英镑的资金。海军部此提议的战略意义十分清晰，因此，这份造舰计划十分有望被内阁接受。事实上，海军部是在强烈抗议的情况下才接受先前的指示的，因为那样做会将欧洲海域以外的海上霸权拱手让人。海军部的公开抗议显然正被逐渐理解。但随后，命运之神又给了皇家海军残酷的一击（至少在英国海军至上主义者看来是这样）：美国的哈定总统迫于满脑子削减经费的游说团体的压力，邀请列强在华盛顿召开会议，讨论海军裁军和远东事务。

在本书中，我们没有必要事无巨细地描述《华盛顿海军条约》的准备工作和会议过程。[13]但会议缔结的条约及其对于皇家海军的影响确实是至关重要的。《华盛顿海军条约》中有一些限制主力舰的条款，要求几乎所有主力舰的在建项目都要中止（只有少量除外），某些特定型号的老式战列舰也要立即退役拆解，如此一来，英美海军主力舰的总吨位就分别只剩下52.5万吨，日本31.5万吨，法国和意大利17.5万吨。此后将出现长达10年的所谓"海军假日"，其间各国不得建造新主力舰，而战列舰的吨位和服役年限也将受到严格限制。航空母舰的技术规格也有类似的限制，但没有关于小型水面舰艇和潜艇的此类限制条款。与此同时，英日同盟就此瓦解（这也是美国召开会议的主要目的之一），只不过这一点在一定程度上被《四国条约》（英、美、日、法签署）所掩盖了。《四国条约》的主要内容是尊重上述国家分布在太平洋和远东地区的殖民地；此外还有一些附加条款，禁止列强在上述地区（只有新加坡和珍珠港等少数例外）修筑要塞。

实际上，《华盛顿海军条约》的相关规定和条款主要是由美国提出的，英国政府却照单全收，这自然引起了英国海军部的强烈不满。但英国内阁对海军部的抗议置若罔闻。对于英国国内那些深受海洋传统影响的人来说，华盛顿会议有两点无法接受：首先，几个世纪以来，英国皇家海军第一次公开满足于和其他某个海上强国平起平坐，而不是独霸海洋；其次，皇家海军接受这些限制不是出于自身防御需求方面的考虑，而是听任国际条约的束缚。就连深谙世界强权政治的阿道夫·希特勒都在《我的奋斗》中提到，华盛顿会议意味着在未来的某个时候,老话所言的"不列颠尼亚统治海洋"将被"美国的海洋"所取代。[14] 实际上,皇家海军主力舰的建造工作将会出现长达15年的空窗期(只有"胡德号"战列巡洋舰以及两艘符合条约规定的新战列舰"纳尔逊号"和"罗德尼号"在建)。这种状况不但会对皇家海军官兵的技术、训练和士气造成影响,还会直接对造船工业造成损害。贝蒂早已对此发出了警告——由于熟练工人正在大量从造船厂流失,十年后将无法迅速建造出那时需要的所有新舰来替换旧舰。另外,虽然《华盛顿海军条约》对主力舰的数量、吨位和服役年限都有严格的限制,但由于法国强烈反对,该条约未对潜艇这种"一战"期间最令皇家海军头痛的新武器进行任何限制(甚至未明确禁止"无限制潜艇战")。

在远东,英国的前景看起来也不容乐观。自英国海军部试图将大英帝国所有海军舰队合并为一整支帝国海军的倡议被各自治领否决后,前者于1919年派遣杰利科前往远东和太平洋地区进行考察,以制定其未来的海军战略。在他所提出的众多建议中,最重要的就是重建一支更加强大的远东舰队,以新基地新加坡为核心,部署8艘战列舰、8艘战列巡洋舰、4艘航空母舰、10艘巡洋舰及43艘驱逐舰。然而,仅仅这支舰队所耗费的年度维护资金(英国与自治领各出一部分,其中英国出71%)就高达2000万英镑。毫无疑问,杰利科的方案是很难完全通过的:自治领对于自己所需承担的海军经费份额(尽管事实上并不多)感到惊恐,英国国内民众对于武装部队的态度现在也十分冷淡,甚至连英国海军部自己也拒绝批准,《华盛顿海军条约》更是将其彻底否定。从此,皇家海军只剩下20艘主力舰,其中除了少量作为备用力量的舰只外,均用于组建大西洋舰队和地中海舰队。而新加坡的远东舰队仍然一艘主力舰都没有。另外，杰利科的方案也确实不符合实际，因为从很久以前，大英帝国就不再依靠自己部署在那里的海上力量，而是依靠与日本之间的友谊来保护自己在太平洋和远东区域的安全——至少在过去20年中都是如此。贝洛夫教授曾正确地指出这一点："英日同盟建立在对共同利益和相对能力的精打细算上，随着这个同盟解体，英国将进入一个新的体系，这个体系的运作主要取决于美国民主政府的千变万化和突发奇想。"[15] 考虑到这个大国的孤立主义倾向及其经常暴露出来的仇英和反帝国主义情绪，这很难说是一种令人鼓舞的进展。

那么，英国政府为何如此欣然接受呢？部分原因是加拿大和南非在1921年的帝国会议上施压，要求英国消除与美国之间的全部严重分歧。部分原因是内阁对外交事务更为乐观：训练有素的海陆军将领们总是做了最坏的打算，但政治家们必须抱有最好的希望，他们已经认识到英国和美国之间没有直接的利益冲突。另一部分原因是英国政治家们已经更强烈地感受到迈克尔·霍华德巧妙形容的"节俭而爱好和平的选民们沉重而不祥的喘息声"。[16] 还有部分原因在于经济形势迅速恶化：战后的经济繁荣已经破灭，英国失业人数已超过200万，财政部要求"普通供应服务部门"（即需要议会拨款的部门）每年节省1.75亿英镑的资金。新成立的"格迪斯委员会"正在调查军队开支，强烈要求全面采用财政部的做法，先宣布有多少资金额度可以使用，再让各军种在这个预算范围内自行想办法解决问题——这与过去的惯例完全相反，此前都是军方先根据英国本土和整个大英帝国的防御需求提出需要多少资金，再等待审核批准。[17] 鉴于此，即使不存在华盛顿海军会议解决的所谓"远东困境"，皇家海军也不会有很大的发展。

但最重要的原因，当然是挥之不去的对英美海军竞赛的恐惧，其代价是无法估量的。尤其是在当时的情况下，这将使英国经济承受比1914年前与德国展开竞争时更大的压力。如果公众被要求承担沉重的税负，并看到社会服务开支预算被大幅削减，他们会愤然做出回应。没有人想要预测届时民众到底会有多愤怒，但到时候选举失败很可能是国内出现的祸患中最小的。无论如何，如果美国人真的想打造"世界最强海军"，英国就不能指望自己与他们永远竞争下去。正如劳合·乔治所警告的那样，与美国公开竞争无疑是一个比1914年8月开战更重大的决定："我们会与世界上资源最丰富的国家展开直接对抗。"[18] 诚然，美国要求归还战争贷款加速了英国最终的财政崩溃，但与另一种选择——与美国开战——相比，这将是一件幸事，因为英国绝不可能打赢这场战争。整个英国内阁一致认为，这种前景是"糟糕的""可怕的""不可想象的"。与此相反，华盛顿提出了一项诱人的海军限制条约，该条约是在太平洋和远东地区的国际善意合作的框架内确定的，这个框架尽管公认是模糊的，但依然很有吸引力。鉴于这一切，英国人愿意在最后关头放弃与日本的同盟关系，并通过与美国签订海军平等条约来争取建立同盟关系，也就不足为奇了。毕竟，这将有助于掩盖英国的实际弱点。只有当你想到脾气暴躁的美国"大海军"倡导者们在得知会议结果时的那种难以抑制的愤怒时，你才不得不承认英国内阁做出这一选择背后的理由其实很重要。根据一项计算，如果英美都完全落实各自的海军建造计划，那么美国海军的总吨位将达到1 118 650吨，而英国只有884 110吨。[19]

华盛顿会议，加上国内对节约公共开支的巨大需求，为两次世界大战之间的皇家海军确立了财政上的限制，在某种程度上，也确立了战略上的限制。幸运的是，由于国际关系的状况较为有利，这种限制在20世纪20年代并没有造成太大的危害，这似乎证明了"十年规则"背后的假设是合理的。在远东，日本人对英国而言很安分，将更多的注意力放了中国民族主义者的排外运动上。意大利也一样，除了1923年在科孚岛事件中秀了秀肌肉外，并没有对和平构成威胁。由于斯卡帕湾的自沉行动和《凡尔赛和约》的限制，德军舰队不再是一个问题，英国海军部终于可以暂时把注意力从北海移开了。1920年，英国放弃了干涉俄国内战的作战行动，此时布尔什维克的领导层正忙于解决国内问题。1923年签订《洛桑条约》后，中东似乎也平静下来。而法国对战败的德国保持着极其强硬的态度，这不仅影响了国际贸易和金融合作，也影响了英国人对巴黎的感受。但这种古老的敌意似乎最终因1925年各方签订的《洛迦诺公约》而得到了缓和，该条约规定了莱茵兰边界不可侵犯。德国加入国际联盟，关于裁军和赔款的谈判继续进行，再加上1928年《巴黎非战公约》签订时所带来的狂喜（多数欧洲列强自愿放弃将战争作为政策工具），似乎都是好兆头。[20]

这种相对平静的状态或许还有另一个表现：当时海军领域唯一的严重政治分歧，是英美之间在巡洋舰方面竞争的延续。[21]如果要对这类舰种进行限制的话，英国倾向于保留更多的轻型巡洋舰（70艘），以保护自己的贸易路线；而美国则依据自己的海上战略，倾向于保留数量较少的巡洋舰（总共50艘），但绝大部分都是重型巡洋舰。到1930年召开伦敦海军会议时，当时的英国工党政府放弃了这一立场，因为经济是当时英国政府最关切的议题。虽然法国和意大利代表都拒绝在《伦敦海军协定》上签字，但它仍可被视为英国海军削减军备政策的高潮，只不过到了1931年至1932年的时候，由于经济危机，海军预算仍然在不断下滑。皇家海军的巡洋舰和驱逐舰建造计划早在20年代便已因为经济状况不佳而饱受负面影响，现在进一步受到了《伦敦海军协定》的严格限制，但各方一直没有就限制潜艇数量的条款达成协议。在《伦敦海军协定》签订后，各国建造战列舰的"假期"又被延长了5年，英国和美国海军主力舰的数量减少至15艘。1919年杰利科所倡导的在新加坡修建新海军基地的方案，虽然从20年代初已开始敷衍地执行，但在海军协议签订后又一次被搁置。而且，由于英国财政部的坚持，"十年规则"也经常朝着不利于海军的方向调整。尽管海军部对上述这些限制不断进行抗议，但都归于徒劳。在贝蒂去职之后，海军部已经无力与政治家们相抗衡。不过，在力所能及的范围内，英国海军部还是向公众发出了警告，也趁机重申了自己的部分政策：

> 我们为编制预算做准备的时候，是以海上形势保持稳定作为先决条件的。许多重要的海军项目要么被完全搁置，要么以慢慢悠悠的速度推进，而**只有在和平有望长期保持的情况下，才有理由接受如此现状**。[22]

在这种情况下，皇家海军实际上能够恢复战前的部署。大西洋舰队最初由14艘主力舰组成，后来迅速减少到6艘，部署在本土水域。在地中海方向，海军部也撤销了其1912年引起争议的调整方案，重新建立了一支拥有6艘战列舰的地中海舰队。这两支舰队里除了主力舰之外，还有巡洋舰、驱逐舰和潜艇分队提供支持。此外，皇家海军还将巡洋舰分队部署到了西印度群岛、美洲大陆、好望角、东印度群岛及中国海域等各个区域,向回归"英国治下的和平"时代又跨出了一步。然而,由于经费紧张,英国皇家海军被迫再次从南美撤回了舰艇分队,还削减了另外一些地区舰艇分队的数量。事实上,在20世纪20年代,皇家海军的政策和19世纪中叶惊人地相似,除了海军武器和舰艇设计存在显著差异外,几乎没有什么其他区别。"军力展示"(showing the flag)再次成为皇家海军舰队的主要功能之一。毫不夸张地说,巨型战列巡洋舰"胡德号"在服役生涯中最为激动人心的部分就是于1923年至1924年所进行的环球航行及其掀起的"节日狂欢"。[23] 另外,在此期间,皇家海军部署到中国海域的舰艇分队偶尔会与当地势力激战,但在此区域内利用海上力量来保护西方人的利益实际上是一种传统措施,并不新奇。

在这段时期,英国军方享受了"最后的平静",在二战爆发后,自然而然,这成了公众批评时任英国政府首脑及其政治、经济幕僚们的绝佳理由。不过,即便是极富远见卓识、能够洞察先机的先知,也无法预知国际局势会在短时间内出现剧烈的变化,更无法预知就在英国的防御力处于最弱状态,而公众都将注意力聚焦于国内事务的时候,威胁大英帝国的诸多因素同时出现。或许,当时英国政府的最大问题就是它运气不佳,而这在政治中往往是致命的。另一方面,当时的英国政府在很大程度上忽略了一个问题,即作为一个民主政府,英国想要迅速改变立场、增加不受欢迎的国防开支是十分困难的,而且直到最后一刻,英国才意识到其他国家可能不像自己这么向往和平。其他欧洲列强并没有像英国那样大规模裁军,这在当时就是一个众所周知的事实。在远东,虽然皇家海军有在新加坡建设基地并在60天内将舰队派往此地的计划,但白厅仍

第十章　衰败岁月(1919—1939年)

然一厢情愿地将赌注押在日本不会发动侵略战争的假设上。英国避免与欧陆国家发生任何摩擦和不愉快的愿望更加强烈了。1919年，麦金德重申了他的观点，即协约国尽管获得了战争的胜利，但应该更加积极主动地支持在东欧建立"缓冲国家"，从而防止德国再次谋求在欧洲大陆取得霸权。麦金德发出了警告："欧洲大陆的心脏地带对国际联盟构成了巨大的考验。"[24] 豪斯霍费尔等希特勒御用的纳粹地缘政治学家，以巨大的热情接受了麦金德的思想。英国人却一直对麦金德无动于衷，不重视任何提倡承担欧陆义务的主张。1925年，在洛迦诺谈判中，奥斯丁·张伯伦曾轻率地宣称，"波兰走廊"不值得任何一名英军掷弹兵付出自己的生命——他这句话显然是从俾斯麦那里借用的，但事实证明，他和俾斯麦一样，都犯了错误。[25] 因为，尽管德国的边界已经依据《凡尔赛和约》的条款做了调整，该国还做出了巨额赔偿，但德国自身的优势地位并没有被撼动分毫；另外，正如A.J.P.泰勒所指出的那样，就连成功执行和约本身，都需要仰赖德国人的善意。[26] 德国位居欧陆的中心，拥有庞大的人口以及工业资源，一旦奉行扩张主义的政治家上台，德国将继续朝着欧洲霸权迈进。一旦此类事情发生，伦敦的孤立主义、帝国中心导向以及和平主义的外交政策只会导致一场灾难发生，在当时尤其如此，因为坦克在制造方面出现长足进步，相关的新型战略也得到发展，使得陆上部队的机动性和作战效率比以往大大提升。

然而，如果说德国的军事实力仍然对英国基于海权的传统政策构成威胁的话，那也只是一种潜在的威胁。一种威胁大得多的挑战正在迅速逼近，让许多观察家相信，国家实力单单取决于海上行动的时代即将告终——飞机和制空权的时代已经到来。

尽管很难确切地界定制空权是从何时开始闯入陆地与海洋这两大传统战场的，但在人造飞行器出现不久后，就已经有人意识到，承担侦察和攻击等任务的作战飞机将会给陆海军的作战方式带来巨大的变革。1904 年，艾默里在点评麦金德的理论时（本书第七章曾经提到过），已经预测制空权将成为国家的新型重要武器，只不过需要巨量工业资源的支持。具有超越常人的敏锐洞察力的费舍尔也预料到飞机将会使战争的面貌发生革命性的变化。不过，直到第一次世界大战期间，人们才意识到作为军事装备的飞机会达到何种高度。与陆军地面部队相同，除了用于本土防御之外，海军最初使用飞机也是为了进行侦察，并因此而淘汰了飞艇。日德兰海战期间，德国海军所派出的飞机几乎对英军舰队进行了不间断的追踪，这令人很不安，也是对英国海军部在此方面处于落后地位的一种警告。战争结束后，皇家海军进行了补救，采购了更加先进的飞机，并创建了一支航母舰队，以进行攻势作战，但取得的进步并不明显。许多海军高级将领仍然认为飞机毫无用处，或者至少没有主力舰重要，并且认为飞机这种脆弱且不可靠的装备自然不会对主力舰队构成任何威胁。[27]

到了 1919 年，飞机所带来的挑战进一步升级，海军在很多方面均受到影响。1918 年 4 月，皇家海军航空队（Royal Naval Air Service）与皇家飞行军团（Royal Flying Corps）合并，形成了**第三个独立军种——英国皇家空军**，它将与英国陆海军争夺有限的预算。另外，皇家空军也远非一个便宜的军种，到战争结束时，西线的空军力量已经大大增强——有 2 万架飞机和 29 万官兵，平均每天的维持费用就高达 100 万英镑。思维较为传统的海军和陆军将领们均希望在战争结束后，皇家空军会像之前一样降级为陆海军的下属单位。不过，英国政府同意皇家空军继续作为一个独立军种，他们显然遭受了沉重打击。当然，与这一决定密切相关的是，空军支持者们声称，他们的新武器将使大多数以前的战争形式变得过时。用1917年帝国战时内阁的一个特别委员会的话来说：

> 也许在不久的将来，大规模破坏敌人的土地和毁灭其工业和人口中心的空中作战将成为战争的主要行动，而老式的陆军和海军作战行动将位居次要的和从属的地位。[28]

这种关于空中力量的理论——一支独立的战略力量深入敌方本土发动打击——被英国的政治领导人所接受，英国公众对齐柏林飞艇袭击的焦虑已经给他们留下了深刻的印象，他们担心大规模陆地战役会付出巨大成本，对海权那并不很显著的作用则往往不甚重视。现在终于有了一种新的选择——空中威慑可能是一种更便宜的、当然在政治上也更有吸引力的作战方式，可以防止未来在欧洲发生侵略。不同于部署远征军，轰炸机不需要以一种固定且几乎无法撤销的方式部署在英国境外。

皇军海军面临的一个同样严峻的挑战来自空军游说团体的说法，即轰炸机已经使大型军舰过时。海军将领珀西·斯科特重申了他在战前对主力舰的批评，他断言，潜艇和飞机加在一起，使得马汉用主力舰队控制海洋的观念变得毫无意义。霍尔少将已经将战列舰称为"一个骗局"，并预言道：

> 当它们["纳尔逊号"和"罗德尼号"战列舰]建造完成时，空战难免已有所发展，将使它们完全过时……未来，航

英国海上霸权的兴衰　　346

母上起飞的一群又一群遮天蔽日的战机将会在黄昏、凌晨或月光下发动攻击,而这时候战列舰还没来得及出海。[29]

特伦查德(Trenchard)、格罗夫斯(Groves)和其他皇家空军的狂热拥护者自然支持这种观点,他们声称空中力量已经成为"所有战争类型的主导因素","在交战中,胜利只会向能够取得并且保持空中优势的一方倾斜"。[30]贝蒂和其他秉持传统思维的海军将领对此反应强烈,坚持认为海上的指挥权仍然掌握在主力舰队手中,现有的飞机在现实的战斗条件下是无法摧毁主力舰队的(相比之下,当时在良好天气条件下对实际上处于静止状态的战舰进行的一些不靠谱"试验"是没有意义的)。在当时,这可能确为事实;但在接下来的几十年里,它是否还是正确的就不那么确定了。这场激烈的公开争论导致英国海军部(与日本和美国相比)不太愿意发展一支有效的舰载航空兵部队。华盛顿会议上确定并在伦敦会议上延长的"海军假日"则为政客们推迟做出最终决定和节省资金提供了一个方便的借口。正如劳合·乔治所说的那样:"我们不能排除这样一种可能性,即在未来十年的时间里,航空、潜艇、鱼雷、炮弹和炸药等方面的科学进步,将使得我们不可能造出一艘不会沉没的主力舰……"[31]然而,等待的时间越长,海军部赢得这场争论的可能性就越小。

空中力量增长的最终结果是,无论英国拥有多么强大的海军,它都无法完全免受外国的攻击——这个岛国的"木墙"终于被打破了。皇家海军过去宣称,自己在保卫不列颠群岛方面发挥了最重要的作用,而今海军跟不上形势的变化了;"蓝水"派20年前战胜了传统的"砖块加臼炮"派,现在轮到他们自己品尝相同的失败滋味了。1922年，帝国防务委员会的一个小组委员会曾悲观地预测，来自欧陆基地的频繁空袭将造成巨大的破坏并使得国民士气低落，最后公众会坚决要求停战。只有充分的**空中**防御才能对抗这种危险。出于短期内对法国的怀疑，英国内阁同意建立"本土空军"（Metropolitan Air Force），但当时很少有人意识到这场军事革命的深层意义——保卫英国**一切**可能遭到轰炸的地区，现在已成为国家安全的关键。换句话说，正如鲍德温在1934年所说的那样，他们的边界已经从多佛尔移到了莱茵河。[32] 这进一步加强了传统的战略需要，即保持低地国家的独立，防止法国北部被敌对势力占领。然而，政治家们过了很多年才意识到这一事实，他们当时正努力使英国再次从政治或军事上对欧洲大陆的承诺中"孤立"出来。

维护国际和平与充满善意的"洛迦诺时代"在1931年9月戛然而止——日本军队开始侵略中国东北，两年内就在那里建立了一个傀儡政权。这导致上述关于英国国防政策的争论显得纯属空谈。面对日本此举，英国政府虽然一再重申国联的原则，但只发出了绵软无力的敷衍抗议。英国采取这种态度的原因有很多：美国似乎不愿意采取任何比口头谴责更多的措施，而且没有多少其他国家有力量或意愿采取更严厉的行动；经济危机刚刚导致麦克唐纳的第二任工党政府垮台，并导致了1797年以来皇家海军的第一次严重哗变，这场危机吸引了英国民众所有的注意力，公众会强烈反对因为中国东北这样遥远的地区产生的问题而投入大量的英国陆军或海军部队；此外，当时英国民众对日本还抱有较大的同情；最后但并非不重要的是，英国在远东的力量已经被华盛顿会议和20世纪20年代的经济危机完全削弱了。[33] 正如我们所看到的，新加坡基地的建设再次中断；就算基地已经准备好投入使用，那里也没有任何战斗舰队。就在几个月前的1931年4月，英国海军部曾报告称："一旦我们被拖入战争，部署在某些特定区域的海军力量并不足以维持我们海上航线的畅通。"另外一项声明则更直白地表示，如果将主力舰派往远东，这就一定会危及英国在欧洲面对其他强国时的安全。此外，皇家海军所拥有的驱逐舰的数量（120艘）远远低于执行护航和反潜任务所需的兵力，50艘巡洋舰也完全不足以保护帝国的贸易路线。[34]难怪伦敦宁愿忘记中国东北的事件。

然而，日本的侵略行动带来的教训是明确的：在世界上，侵略行为和极端民族主义依然猖獗，而国际联盟似乎并未像人们所希望的那样，成为遏制它们的理想工具。与此同时，关于裁军的讨论无果而终，而德国的问题——如何防止这个强国不可避免地支配其邻国——重新抬头。到1933年初，很明显，随着希特勒上台，欧洲政治形势变得更加危急了。无论是在远东还是在中欧，都存在一些野心没有得到满足且带着痛苦回忆的大国。此外，还有美国的孤立主义；由于加拿大、南非和爱尔兰自由邦的努力，任何帝国防御体系都在不断瓦解；意大利又出现了一个野心勃勃、肆无忌惮的独裁者；英国潜在的盟友只剩下法国了，但它现在越来越担心自身难保，也比以往任何时候都更加强硬地反对向德国做出任何可以感觉到的妥协。20世纪30年代初，当新成立的英国联合政府环顾四周时，其面对的外交事务状况并不令人鼓舞；即使是那些最专注于国内事务、对军事思维持怀疑态度的内阁成员也会承认这一点。显然，是时候重新审视过去十年英国国防和外交政策所依据的一些假设了。

从1932年起，英国开始了这个重新评估的过程。[35]英国内阁已下令恢复新加坡基地的建设工作。"十年规则"被废除了。帝国防务委员会之下成立了一个国防需求小组委员会，为修复英国本土和帝国防御体系中最严重的缺陷而提出建议。在他们的报告中，以及在三个军种提交的许多其他报告中，一幅完整的图景逐渐形成。令人担忧的是，英国缺乏武装力量来保护其在全球依然规模最大的政治经济方面的利益和兑现其承诺。虽然海军受到的影响不是最严重的，但其处境也很令人担忧。"《伦敦海军协定》签订后，英国不仅没有现代化的战列舰，而且有60万吨的旧式驱逐舰没有更换，4万吨的潜艇没有建成，弹药和物资储备很少，几乎没有防御基地。到了30年代，英国连'一强标准'都达不到了。"[36]事实上，整个大英帝国都没有一处充分防御的基地。然而，维持海上优势，以及保护所有英国领土免受海上入侵，仍然被认为是帝国防御体系的基础。现在，理论与现实之间存在着巨大的鸿沟。大英帝国，就像1898年的西班牙、1904年的俄国和1940年的法国一样，已经失去了力量：它的存在依赖于一个令人怀疑的假设，即暂时没有人会发现这一点。要避免像其他大国那样遭受衰败的命运，唯一的办法就是尽快消除这些弱点。然而，这说起来容易做起来难。

首先，事实证明，英国的防御能力大幅削弱的根本原因，也就是英国在政治和经济方面的全面障碍，仍难以消除。在英国政党当中，工党和自由党反对重整军备的计划，继续对国际联盟的集体安全制度表示支持，不过，两党也从未解释过，这些爱好和平的国家要如何在不诉诸武力的前提下发挥作用。保守党自然支持拥有充足的国防力量，但组成联合政府之后，该党也做出了妥协。而且，保守党还深信英国国内公众对于进一步增强军备抱有不可调和的敌对态度（东富勒姆补选*更加印证了这一点），因而对于重振军备的支持有点畏首畏尾。在英国领导人中，鲍德温强调需要通过避免争议来弥合国内分歧，而内维尔·张伯伦则强调英国应该减少对外的承诺，量力而行。还有一些人认为，希特勒并不是真正的威胁，如果他的不满能得到安抚，他很快就会变得友好起来。最重要的是，英国经济达到了历史最低点，失业率则达到了历史最高点。对这两方面进行改善——这意味着对公共支出的控制比以往任何时候都要严格——是政府的首要任务。英国财政部坚持认为"今天的金融风险和经济风险是国家必须面对的最严重和最紧迫的危机"。因此，内阁尽管在1932年放弃了"十年规则"，但多少有些自相矛盾地补充说，"不应把这作为国防部门扩大开支的理由，而无视仍然非常严重的财政和经济问题"。[37]唐宁街11号仍然无法施展自己的拳脚。

其次，联合政府在国防领域的建设重点是空中力量，而不是海上力量。而且，正如财政大臣内维尔·张伯伦所说的那样，随着大规模防空系统的发展，"我们当然承受不起同时重建主力舰队的负担"。这背后的原因不难发现——这意味着英国政府已经默认，海军所谓的自己是高级军种的说法是不会得到承认的。首先，一艘战列舰的建造成本约为1 100万英镑。其次，大规模的海军建设计划意味着华盛顿和伦敦条约体系的破裂，这会使英美的公共关系再次陷入尴尬的境地。此外，这种建设计划还暗示着政府支持海军部在

---

* 在1933年10月25日的东富勒姆补选中，保守党的候选人支持重新武装，而工党的候选人则主张裁军与和平主义。最终，保守党的票数不增反降，原本处于劣势的工党候选人逆转局势，以较大的优势胜出。一般认为这次补选的结果体现了公众对重新武装政策的强烈反对。——编者注

新加坡部署一支强大海军舰队，而这是除了承担欧陆盟友的军事义务外最不受欢迎的政策。

在远东问题上，几乎每名英国政治家都是绥靖主义者。如果他们不是绥靖主义者的话，皇家海军的重要性早就高于皇家空军了。最重要的是，到20世纪30年代中期，公众已经意识到德国所谓的空中优势，并公开担心战争爆发的后果。尽管这让那些试图安抚希特勒的人的论点更为有力，但内阁不能接受让英国的城市和工业承担在空袭面前毫无防御能力的风险，他们甚至在皇家空军原来要求的拨款基础上又**追加**了拨款。事实上，英国人获得的关于德国空中力量的情报越多，他们就越加速推进和扩大自己的飞机制造计划。最后，仍然存在一种诱人的想法，即建立一支庞大的空军部队是维护欧洲和平的一种姿态，而无须真正投入人力资源并在国内引发争议。因此，英国皇家空军在20世纪30年代从第三军种迅速上升到第一军种，正如各个军种国防拨款所显示的那样[38]：

	陆军	皇家海军	皇家空军
1933年	3 750万	5 350万	1 670万
1934年	3 960万	5 650万	1 760万
1935年	4 460万	6 480万	2 740万
1936年	5 480万	8 100万	5 010万
1937年	7 780万	1.019亿	8 820万
1938年	1.223亿	1.272亿	1.338亿
1939年（战前）	8 820万	9 790万	1.057亿

单位：英镑

限制海军扩张的第三个事实更令人担忧：当皇家海军开始制订

新战舰的建造计划时（这是地平线上的战争阴云逼近所带来的迫切需求，甚至连财政部也无法完全抵制），人们发现英国不再拥有生产能力来满足这些紧急订单的要求。[39] 实际上，英国国内的造船业在很长时间内都没有再建造过新舰，缺乏技术创新的动力，资方也不愿在被认为无利可图的领域进行投资，尤其是国家工业力量缓慢但渐进式的衰退，现在正显现出恶果。英国的造船业急剧萎缩——1914 年建造了 111 艘军舰，1924 年只建造了 25 艘——是海军部重整军备计划被迫推迟的主要原因。熟练工人已经流失了。陈旧的工厂保留了下来。舰艇的设计都已经过时了。国外订单减少了，国家也不再对造船贷款提供担保，皇家造船厂则得到明确支持，这导致了许多私营企业的倒闭——但主要的生产计划只能由这些私企完成。供应商和配件企业，从维克斯（Vickers）这样的枪炮公司到生产小型技术仪器的公司，也陷入了一种实际上不活跃或停产的状态。事实上，一种产品越现代化，其对外国供应的依赖程度就越高；当时的钢铁供应非常短缺，以至于皇家海军一些新的航母和巡洋舰不得不装备捷克斯洛伐克的装甲。扩充舰队规模带来的问题和收缩带来的问题一样多，这让费舍尔在 1902 年的警告成为现实："你无法仅仅依靠补充预算，就仓促地建造战舰。"事实上，对皇家海军而言，有太多的窟窿需要弥补，建造新舰艇的基础设施也严重不足，因此，直到 1939 年，海军部只能监督舰艇的更换，以使其标准达到 1932 年应该达到的水平（即使在海军条约的限制下）。

在 19 世纪，甚至在 1914 年之前，英国建造军舰的速度和效率胜过了其他任何国家，因为它在这一行业中处于领先地位。现在情况不再是这样了：一艘英国战列舰需要四五年的时间来设计和建造，而美国人只需要三年零三个月的时间就能完成。英国海军部加快建造或新增战列舰的任何尝试都只意味着其他军舰或商船的建造被进一步推迟。英国战列舰也不再是 1914 年以前极度重视装备品质的费舍尔麾下那些最大、最快、装备最好的战舰了。最新的"乔治五世国王"级战列舰，是按照条约的规定建造的，只装备了 14 英寸主炮，生产时遇到了问题，但无法进行任何调整。而德国、法国和意大利的最新战列舰都装备了 15 英寸主炮，美国战列舰装备了 16 英寸主炮，日本的"大和"级战列舰装备了 18.1 英寸主炮。此外，在皇家海军新的造舰计划和现代化改装计划中，在较小的船只上安装的反潜设备明显不足，而所有舰艇较弱的防空系统表明，英国人还没有完全意识到空袭这种新的作战方式，尤其是鱼雷轰炸机的危险程度。

在两次世界大战之间的年代里，皇家海军相对忽视了舰载航空兵的发展，这证明了上述事实。[40] 这在一定程度上是由于经济压力，以及需要保持仍然至关重要的传统水面舰队和船厂的完整性；但在很大程度上，这也是由于皇家海军对皇家空军的嫉妒（皇家海军直到 1937 年才放弃了对空军部分部队的控制权），而且海军部一直对空中力量持怀疑态度，哪怕到了这种态度已经不再合理甚至非常危险的时期也没有停止怀疑。英国皇家海军使用的舰载机总是比同时代的陆基飞机慢，战斗效率也更低，直到英国在战争期间购买了美国舰载机之后才有所改变；有人可能会补充说，1939 年至 1945 年间英国海军航空兵依赖美国帮助的事实也反映了其对空中力量的忽视。英国航空母舰的建造也停滞不前——1939 年其唯一专门**设计**的舰队航母是"皇家方舟号"，除此之外还有四艘改装航母（"鹰号"、"勇敢号"、"光荣号"和"暴怒号"）和一艘轻型航母"竞技神号"。但或许皇家海军最大的失败还是在战术领域：在组织快速航母打击部队方面几乎没有进展,这种部队本身就有**进攻**能力,可以削弱敌人的舰队,或者获得某个地区的制空权(因此还有制海权)。当美国人和日本人发展出更强大的海军航空兵时,他们也掌握了使用这种武器的新战术。然而,在战争爆发时,英国海军部仍然倾向于单独使用航母,用于反潜巡逻或与战列巡洋舰一起对敌方的水面突击部队进行侦察。就像1940年的法国坦克一样,关键的弱点出现在实际的集结和部署过程中,而且它们仍然被视为辅助武器而不是主战武器。

当英国政府逐渐发现这些实力上的差距时——直到1936年至1937年,其军舰建造计划才真正开始——政府不得不改变战略规划,以使其外交政策更契合其现有的武装力量。结果就是所谓的"绥靖"政策。它还有其他的来由,比如过分乐观的自我欺骗,误判,对《凡尔赛和约》的负罪感,以及对国内和平主义舆论的恐惧(两次世界大战之间的英国领导人都有此特点),这是毋庸置疑的。[41]但非常清楚的是,战略缺陷实际上也发挥了很大的作用,尤其是影响了那些国防顾问,他们比政治家更不受国内情绪的左右。

例如,海军部最大的恐惧是,他们在1922年后采取的基本战略不能够实现。该战略是修改后的"两强标准"(美国海军现在自然已经被排除在外),假设英国可能需要向远东派遣一支舰队来对抗日本的侵略,同时在欧洲水域留下一支足够强大的力量来遏制那里的第二强大海军力量。随着希特勒的崛起和日本侵占中国东北,这种假设成真的可能性似乎更大了。不幸的是,正如我们所看到的,皇家海军的**实际**力量使它无法执行这个战略,"主力舰队入驻新加坡"的计划也变得前景越来越渺茫。事实上,海军部迫切地要求政府签订1935年的英德海军协定,显然是由于其重新确立

"两强标准"的愿望。正如批评者所指出的那样，这项协定打破了针对德国的"斯特雷萨阵线"*，使德国的海军力量达到了《凡尔赛和约》规定的三倍；但英国人以为柏林方面会同意让德国舰队的规模仅为英国皇家海军的35%（潜艇占45%），这一想法起初似乎表明，如今英国在远东可以更好地保护自己的利益了。结果，德国人觉得他们才是该条约的主要获益方，因为他们把该海军协定视为一种工具，可以确保其海军建设多年来不受干扰地取得进展，直到他们准备拒绝它所施加的限制；而德国海军的稳步扩张甚至已经开始让英国海军部全神贯注地关注此事，并最终妨碍了英国对其他地方的部署。丘吉尔预言这个协定的结果是"英国舰队……大部分将会停泊在北海"[42]，这不无道理。

协定刚签完，它极度依赖的战略假设就被证伪了：意大利侵略了阿比西尼亚，墨索里尼也日益向"轴心国"靠拢。在此之前，意大利与英国的友谊在伦敦就算没有得到支持，至少也一直被认为是理所当然的。现在，由于意大利对阿比西尼亚的侵略，以及英国政府需要支持国联的原则，两国迅速疏远，如果英国坚持推行有效制裁政策，两国之间爆发公开战争的可能性似乎很大。最后，谨慎似乎胜过了勇气，白厅试图掩盖这件事，尽管它已经无法掩盖国际联盟作为维持世界和平的工具再次失去信誉的事实。然而，正如马德教授所指出的那样，这种谨慎小心的态度"基于战略和舰队实力方面的重要考量"。[43]尽管英国皇家海军比意大利舰队强，而且英国可以通过封锁苏伊士运河来遏制意大利在阿比西尼亚的军事行

---

* 在1935年的斯特雷萨会议上，英法意三国达成决议，反对德国单方面破坏《凡尔赛和约》中关于限制德国军备的规定。——编者注

动，但还有许多其他因素使英国海军部有理由保持谨慎。意大利在狭窄水域发动空袭的可能性（尤其是在马耳他、埃及和亚丁的英军高射炮很少，弹药最多只能打 25 分钟的情况下）如此令人担忧，以至于英军地中海舰队从马耳他撤回到亚历山大。（这是英国大臣们首次真正承认制空权的时代已经到来？）然而，向该地区派遣空中增援部队将使不列颠群岛在面对德国的威胁时变得束手无策。石油禁运可能会让美国人感到不安，法国人则不希望把意大利逼入德国阵营。最重要的是，正如海军大臣蒙塞尔所说的那样："我们不能忽视日本。"英国介入地中海的事务——或者更糟，损失战舰——将使中国和整个东南亚对日本的扩张敞开大门。

因此，内阁需要再次意识到，英国的利益是**全球性**的，但它缺乏足够的武装力量来充分保护这些利益。英国皇家海军兵力短缺的问题是如此严重，以至于在地中海部署了额外的军舰后，英国本土水域只剩下 3 艘能与德国新型袖珍战列舰相抗衡的军舰——面对强大得多的日本海军，英国海军更是捉襟见肘。最糟糕的是，希特勒像赖伐尔一直怀疑的那样，利用伦敦的困境向莱茵兰进军了。[44] 在与法国人争吵的同时，英国正处于被三个敌对的、反复无常的侵略国围攻的可怕境地——这三个侵略国都在等着西方民主国家被卷入其他地方的冲突中，从而分散力量，然后再发动袭击。

这种新形势的第一个后果是，英国的参谋长委员会变成了热心的绥靖分子——是战略上的绥靖分子，而不是道德上的绥靖分子。对他们来说，首要任务是修复大英帝国防御体系的所有弱点，过去 15 年里他们反复指出这些弱点，但无人重视；这种形势下，英国的政治逻辑是显而易见的，正如参谋长委员会在 1937 年 12 月所说的那样：

我们无法预见到什么时候我们的国防力量会强大到足以保护我们的贸易、领土和重要利益，同时对抗德国、意大利和日本……从帝国防御的角度来看，有一些政治行动或国际行动的重要性，我们怎么夸大都不过分；这些行动能够减少我们潜在敌人的数量和赢得潜在盟友的支持。[45]

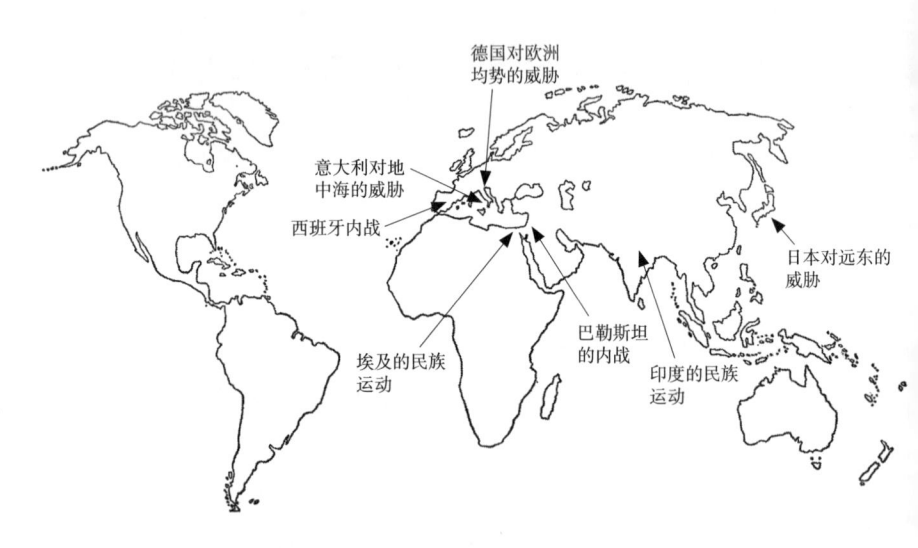

地图10　20世纪30年代英国在全球各地面临的防务问题

因此，绥靖主义者们后来坚持认为，他们无法阻止"德奥合并"（Anschluss）；他们也无力援助捷克斯洛伐克，因为在这里出手援助只会给意大利和日本提供机会；参谋人员应避免与法国人就对欧洲的军事承诺进行谈判；不应在远东对日本进行挑衅。因此，从某种意义上说，他们只是在提倡重复1902年至1907年成功的外交政策，这种政策使英国摆脱了某些难以维持的海外承诺。现在这种政策的唯一问题是，不论是希特勒还是日本领导人，都不会接受任何"交易",除非能完全满足他们的愿望,而即使与墨索里尼实现和解(这是最有希望的前景),这也意味着意大利会主宰地中海。与此同时,英国唯一的潜在盟友仍然是日渐衰落的法国,还有新西兰,可能还有澳大利亚;在英国签订《慕尼黑协定》的时候,甚至连加拿大和南非都称不上英国的盟友。

第二个后果是由第一个后果衍生而来的:20世纪30年代末,英国在远东的战略义务被默认放弃了。当然,与《华盛顿海军条约》签订后的年代相比,该地区现在受到的关注要大得多。为了恢复英国在该地区的权力,英国正在缓慢地做出一些小小的姿态;而参谋长委员会仍然在1937年的帝国会议上保证,"联合王国的安全和新加坡的安全是英联邦赖以维系的基础","不应该让维护英国在地中海区域的利益安全的考虑干扰向远东派遣舰队的行动"。[46] 因此,英国人希望法国能够遏制住意大利的海军。但到了1939年2月,欧洲局势已经严重恶化,这两个地区的优先级别发生了逆转,参谋长委员会被迫得出结论,向东方派遣舰队"必须取决于我们的资源和欧洲战场的形势"。换句话说,甚至在战争爆发之前,远东就已经被英国抛弃了——尽管这一点从未如此明确地向澳大利亚和新西兰说明过。因此,在1939年9月,皇家海军部署在中国海域的兵力只有4艘巡洋舰、"鹰号"航母、一支驱逐舰分队和一支小型潜艇分队——唯一明显的增援来自东印度地区、澳大利亚和新西兰,援军同样由巡洋舰和驱逐舰组成。然而,最具讽刺意味的是,尽管英军战列舰目前集中在亚历山大港而不是新加坡,但海军部认为**战舰**"可以**偶尔**"通过地中海,而商船则必须从好望角绕行更长的路线。地中海战区或许得到了优先考虑,但它绝不安全。[47]

这一系列对英国全球利益的可怕威胁——尤其是通过1938年

第十章 衰败岁月(1919—1939年)

希特勒的行动证明的德国威胁——的第三个后果是：尽管财政部和内维尔·张伯伦进行了激烈的最后反抗，但重整军备的经济障碍已经被克服了。所得税开始逐步提高，从1934年时的每英镑4先令6便士急剧提升至1939年时的7先令6便士。在1937年，一笔4亿英镑的重整军备贷款发放下去。1939年春季时贷款额又翻了一倍。但是，除了皇家空军在国防方面继续被优先考虑的事实之外，皇家海军还有其他苦恼："放手做吧"的命令发出得太晚，以至于根本无法发挥作用。甚至直到1938年年中，内阁还认定必须重视财政因素，因而否决了海军部为实际达到"两强标准"而提出的造舰计划。直到1939年8月，这种反对意见才被完全克服。然而，到那时，更紧迫的问题已经不是建立一支由20艘战列舰组成的舰队，使之能够同时应对日本和欧洲的敌人舰队，而是单独与德国作战，当时英国在主力舰方面拥有优势，却极度缺乏护航舰艇来对抗U艇的威胁。因此，在1939年至1941年期间，英国最优先考虑的是小型舰艇的建造计划，而较长期的建造项目则总是被一拖再拖。[48] 如果制海权仍然取决于主战舰队（甚至航母分队）的力量，那么英国正在逐渐失去它。

事实上，在战争爆发时，大英帝国的有效海军力量只有12艘战列舰和战列巡洋舰，6艘航空母舰，58艘巡洋舰，100艘驱逐舰和101艘小型护航舰艇，以及38艘潜艇。虽然一些重新武装的船只很快就会加入它们的行列，但正如贝蒂在1922年预测的那样，皇家海军的很大一部分舰艇都是过时的："（1935年）据说，到1942年，将有7艘战列舰，24艘巡洋舰，83艘驱逐舰，2艘航空母舰，更不用说许多较小的船只，远远超过服役年限，需要更换……"[49] 此外，从1936年起，英国内阁批准皇家海军建造了一些新舰艇，包括 5 艘"乔治五世国王"级战列舰（随后还有 4 艘装备 16 英寸火炮的战列舰）、6 艘舰队航母、21 艘巡洋舰、30 艘舰队驱逐舰、20 艘反潜驱逐舰。但其中的主力舰艇最早要到 1940 年或 1941 年才能准备好进行作战。从表面上看，它足以应付德军水面舰队——包括 2 艘战列巡洋舰、3 艘袖珍战列舰、1 艘重型巡洋舰和 5 艘轻型巡洋舰以及 17 艘驱逐舰；但值得注意的是，这只是由于德国海军的战争再次提前 5 年到来。当时，德国已经在建造两艘巨大的"俾斯麦"级战列舰、1 艘航空母舰和数十艘 U 艇，而且 1938 年德国海军著名的"Z 计划"（Z-Plan）已经设想在 20 世纪 40 年代中期建造 13 艘战列舰、4 艘航母、33 艘巡洋舰和 250 艘 U 艇，所有这些舰艇的设计都更加现代化。面对这样一支舰队，英国皇家海军即使把预期的力量增长计算在内，也很难应付。

此外，意大利海军的实力也正在不断壮大，包括（1940 年的数据）6 艘战列舰、7 艘重型巡洋舰、12 艘轻型巡洋舰、61 艘舰队驱逐舰和 105 艘潜艇。相比之下，法军舰队由 5 艘战列舰和战列巡洋舰、1 艘航母、15 艘巡洋舰、75 艘驱逐舰和 59 艘潜艇所组成，并不足以抗衡意大利海军。如上文所述，这就需要把相当一部分英国战列舰派往亚历山大。然而，这一切都已经明确意味着英国海上力量在欧洲和大西洋水域就已经捉襟见肘了，甚至都无暇考虑最大的海上威胁——日本。1941 年远东战争爆发时，日本极为积极的造舰政策已打造了一支由 10 艘战列舰、10 艘航空母舰、18 艘重型巡洋舰、18 艘轻型巡洋舰、113 艘驱逐舰和 63 艘潜艇所组成的前线舰队，庞大的"大和"级战列舰也在建造的过程中。[50] 整个皇家海军单枪匹马对付日本人都将是一项极其艰巨的任务。在这方面，有必要看看美国的"两洋海军"造舰计划，这可以说是与"两强标准"相对应的美国方案。根据1938年5月美国推出的《文森海军扩张法案》，国会总共给美国海军拨款1 156 546 000美元，使其成为一支拥有18艘战列舰、8艘航母、45艘巡洋舰、150艘驱逐舰和56艘潜艇的崭新舰队，配有由3 000架飞机组成的舰队航空兵。除此之外，还有众多仍然可以使用的超龄战舰能够作为补充。然而，到了第二年夏天，美国海军又订购了新的舰艇，不久之后，美国新建了8艘装备16英寸主炮的战列舰。随着战争日益临近，拨款也在稳步增加。[51]

此外，到1939年，海上力量显然已经依赖于空中力量；当人们将英国与其敌人或潜在敌人的空中力量进行比较时，形势就显得更加不妙了。战争爆发时，德国空军拥有3 609架作战飞机（不包括运输机），在数量上远远超过英国空军的1 660架飞机，况且，英军中的许多飞机"达不到现代标准"，即使加上法国空军的1 735架飞机（其中绝大多数都处于较差的状态），德国空军仍然处于优势地位。而且，再次用官方历史学家的话来说，"撇开数字不谈，事实很快就表明，德国空军实际上比英法两国空军加起来还要强大得多"。[52]除此之外，还必须加上意大利空军的大约1 200架飞机（1939年）和日本的1 865架一线飞机（1939年）的威胁，而日军绝大部分海军飞行员都接受过良好的训练，（对战舰）十分致命。再次值得一提的是，到1938年底，美国人计划在不久的将来拥有1万架飞机的空中力量，最终拥有2万架一线作战飞机——这个数字后来提升至5万。

因此，战争开始时，英国皇家海军的地位可以概括如下：与法国结盟后，对德国海军的水面舰艇部队有足够的优势，如果意大利海军参战，对意大利海军也有足够的优势；但英国在远东的地位将完全暴露在危险之中，它在反潜和护航方面极其薄弱，尽管第一次世界大战的教训是，依赖海外供应是英国真正的致命弱点；而且，即使有法国的援助，它在空中力量上也远远落后于德国。只有用古老的"蓝水"学派计算战列舰的方法来判断海军力量，**而且**把来自日本的危险抛在脑后，这种情况才可以说是令人满意的；但此时是 20 世纪中期，而不是 1895 年或 1815 年。

无论如何，即使皇家海军的实力达到了海军部所期望的水准，一个基本问题仍然存在：单靠海军力量怎么可能打败纳粹德国这样的敌人？第一次世界大战已经给出了答案：不可能。德国在两次世界大战之间的年代提供了更多发人深省的例子：占领莱茵兰，"强暴"奥地利，获得苏台德地区以及最终占领捷克残余的部分。在所有这四个事件中，仅靠炮舰外交的威胁，就跟帕麦斯顿在石勒苏益格-荷尔斯泰因危机中的咆哮一样毫无作用。对此，诺斯奇教授的观察无疑是正确的，他说："这一时期英国海军力量最明显的弱点，也许并不是它相比于对手的实际规模，而是它对于纠正当时存在的政治平衡中的紧张关系的任务毫无帮助。"[53] 只有拥有强大的空军，坚定地对欧洲大陆承担军事义务，并且支持法国的强硬政策，才能阻止德国扩张；但在 20 世纪 30 年代，直到《慕尼黑协定》签订之后，英国政府和公众在道德上和政治上都无法接受这样的政策。"永不再来"是当时的流行语，它冷酷地提醒着英国人，大规模陆地战争的滋味这个国家在 1914 年就已经尝够了。张伯伦在 1936 年写道："如果战争真的再度来临，我不相信它会像上次一样，而且我相信我们把资源用于空中和海上，比用于建立庞大的陆军更为有益。"[54] 顺便说一句，直到 1940 年，他还在重申这一观点。与 1797 年一样，英国政府希望向盟友提供资金援助和舰队支持，而不是派遣陆军远征军。因此，在皇家空军甚至皇家海军获准大幅增加开支的情况下，陆军的扩张仍然受到限制；在1937年英国给武装部队设置的四大目标之中，最后一个目标才是"保卫我们在战争中可能拥有的任何盟国的领土"。1938年，参谋长委员会对与法国在军事问题上进行合作的想法反应冷淡，仅仅是因为如果法国要求英国对欧洲大陆承担义务——这将不可避免——他们"没有什么可以提供的"。

然而，次年的2月，整个英国内阁被迫迅速放弃"置身事外"的政策，这显然出于一种恐惧（受到了洪水般新闻报道的刺激）——英国人担心如果不能在战场上有效地支持法国，法国将无法抵御希特勒对整个大陆的控制，德国将会吞噬整个欧洲，而如果英国不跨过英吉利海峡进行干涉，那么它自身最终也会被征服。这是伊丽莎白一世、威廉三世、皮特及格雷都无法摆脱的沉重而持久的恐惧。[55]

鉴于英国政府以前的政策，1939年春天，其采取的措施无疑是令人印象深刻的：给予波兰、土耳其、希腊和南斯拉夫领土安全保证；与法国进行军事会谈，准备派遣6个师的野战部队；本土军（Territorial Army）从13个师增加到26个师；引入了一种有限形式的国家征兵制——这在和平时期尚属首次。但是，这些措施对德国很难说形成了决定性的**军事**遏制，因为德国现在已经摆脱了前一年捷克军队34个师的牵制，并且通过《苏德互不侵犯条约》解除了来自苏联的威胁。希特勒可以部署96个师来对付装备过时的波兰军队和54个师的法国军队，其中一些法国师是用来防备意大利军队的70个师的。1939年，日本在远东地区则已经部署了41个师团，并正在迅速扩充自己的军队。换句话说，英国远征军即使得到一些本土军的补充，对法国人来说，更多也只是一种政治姿态，一种道德上的保证，而不是别的。在陆地上，英国是一个侏儒。英国内阁也不认为有必要在战争开始后调整兵力。事实证明，按照计划装备32个师的部队是非常困难的，尽管这还不到德国国防军兵力的五分之一。唯一让人感到安慰的是，这将是一场漫长的冲突，盟国将在这场冲突中证明自己拥有更强的持久力。通过使用海上封锁这一传统的经济武器，通过不断增加大英帝国和法国在世界范围内的资源，通过首先对付意大利（如果这个国家敢于参战的话），战略专家们希望找到一种最好的方法，在不付出太大代价的情况下取得最终的胜利。[56]

鉴于德国的地理位置，把太多希望寄托在封锁上显然是错误的，正如前一场战争所显示的和当前的权力政治格局所表明的那样：

> 1939年9月，与邻国相比，德国的实力非常强大……由于长期的领土扩张，德国的生产基础最近有所增强；奥地利的钢铁和石油，捷克斯洛伐克的钢铁和武器装备，萨尔的煤田，所有这些都极大地增强了德国的力量。1938年，面积变大的德国生产了2 200万吨钢铁，比英国和法国的总量还多四分之一。它在萨尔、西里西亚和鲁尔的煤炭资源远远超过法国和英国。它的机床工业是全欧洲最强的……[57]

而且，它没有的资源还可以从附近的中立国家那里获得——或者通过进一步扩张来夺取。尽管英国人把希望寄托在封锁上已经是严重误判了，但由此引出的推论甚至错得更离谱：这种推论认为，

从长远来看，同盟国，特别是英国，只要有足够的时间使工业进入战争状态，并动用之前积累的资本储备，就像1914年一样，那么它们在财政和工业上其实更强大。英斯基普（Inskip）称之为"第四道防线"，只不过对它的信心是最靠不住的。

在两次世界大战之间，英国国防政策的最后一个讽刺之处在于，在当时饱受"重新武装分子"的诅咒，并在此后的历史文献中几乎普遍受到蔑视的英国财政部，它对于大规模军费开支的后果的"卡珊德拉式预测"实际上是完全正确的。政府开支的大幅增加和巨额贷款确实造成了通货膨胀；从国外购买机床、钢铁、飞机和仪器（其中许多东西英国衰落的工业界已经无法再生产）大大增加了进口总额；然而，经济从和平时期向战时的平稳过渡意味着，用于出口的商品比例正在迅速下降；而且，在一个保护主义日益盛行的世界里，国际贸易和国际金融的总体水平也不会给英国从"无形"收入中弥补巨大的贸易逆差带来任何希望。当然，财政部在1919年之后的严厉政策确实夸大了正常贸易和平衡预算的重要性，影响了其他所有需要认真考虑的拨款事项；而且，如果国防开支适度增加，那不仅可以在战争来临时减少军事力量的不足，还可以降低失业率，有效利用未曾使用的资源。但到了1939年，随着国防拨款螺旋式攀升，（据估计）仅在战争第一年就会导致4亿英镑的贸易逆差，上述针对唐宁街11号的批评就显得不那么令人信服了。1939年4月，一连串的政治和外交行动表明，英国将再次介入欧陆事务。由于已经意识到要与德国进行一场旷日持久的大规模斗争，它正以极快的速度扩充陆海空三军的规模。但财政部还是冷漠地指出，"如果我们还错误地认为自己仍有能力像1914年时那样打一场旷日持久的战争的话，我们实际上是把头埋进沙子里的鸵鸟"。[58]

换句话说，英国参谋长委员会和内阁认为在当时情况下英国唯一可行的政策就是打一场旷日持久的战争，靠耐力取胜，而这也是财政部认为最具灾难性的政策。当战争爆发时，出口、再出口和无形收入都将迅速萎缩，而进口需求将会激增。然而，甚至在最后做出参战的痛苦决定之前，英国就已经在迅速破产了；它越是努力地增加军备生产，越是坚决地迎接战争，其财政崩溃的速度就会越快。对于一个曾经被称为"世界工厂"的国家来说，这是一个可怕的前景，这个国家的工业和财政实力曾是战胜拿破仑的主要武器。现在，英国的经济却不再是支撑它的"第四兵种"，而很可能成为它的"阿喀琉斯之踵"。

第十一章

虚幻的胜利（1939—1945 年）

> 随着与当前敌人之间的战争胜利结束，世界各国的相对军事实力将发生深刻的变化，能与这种变化相提并论的只有罗马帝国的灭亡，之后 1 500 年里的其他变化都无可比拟……日本战败后，美国和苏联将是仅有的两大军事强国。这是由于两者都拥有绝佳的地理位置、辽阔的领土，以及巨大的军火供应潜力……无论从绝对意义上还是相对意义上，与美苏相比，战后的大英帝国都将在经济和军事上失去优势。
>
> ——美国参谋部对战后世界的预测，引自 M. 马特洛夫：
> 《1943 年至 1944 年盟军的战略规划》
> [M. Matloff, *Strategic Planning for Coalition Warfare 1943–1944*
> (Washington, D.C., 1959), pp. 523–4]

就作战行动的效率和战果而言，英国皇家海军在第二次世界大战中的表现比第一次世界大战要好得多。[1]在某种程度上，这是由于皇家海军从先前的战争中吸取了许多教训，特别是成功发挥了海军优秀将领的个人能动性。庞德、哈伍德、托维、坎宁安和弗雷泽等海军军官已经注意到,"一战"时海军部痴迷于维持其相对于德国公海舰队的兵力优势,以及过于严格地坚持"战列线战术"(line-of-battle tactics),造成了恶劣的影响,他们在后来获得舰队指挥权时试图避免重蹈覆辙。[2] 而且,他们的海军大臣自一开始就鼓励他们积极思考并主动采取进攻行动,而这个海军大臣在担任首相之后一如既往。[3] 最重要的是,英国皇家海军在舰艇和兵力上的压倒性优势已不复存在,这种优势曾使英国皇家海军在1914年至1918年间采取以被动为主的战略,并从中获益。两次世界大战之间的经济紧缩措施,以及英国在财政和工业上的衰弱,使其在重整军备的短短几年中,只能修复舰队的一些最基本的缺陷,这导致海军乃至整个国家处于可能自1778年以来最危险的境地。英国人在全球各地疲于奔命,为生存而战。在这种可怕的环境下,他们表现出一种在更舒适的环境中很少表现出来的聪明才智和冷酷无情,也就不足为奇了。

然而,在战争的最初几个月里,皇家海军的形势与1914年有些相似。由于意大利和日本仍然保持中立,英法舰队对纳粹德国海军司令雷德尔那支尚处于萌芽期的海军具有决定性的优势。所有迹象表明,当时皇家海军最基本的战略问题还是想出某种方法诱使敌人规模较小的水面舰队进行决战。皇家海军的主力舰队集中在斯卡帕湾,派遣舰艇对德国进行封锁性巡逻,并小心翼翼地将远征军护送到法国,这给人一种历史正在重演的感觉。甚至在海外战场也有"一战"历史重演的感觉,在那些地方,皇家海军正派出无数特遣部队去搜寻德国为数不多的袭击舰。1939年12月,击沉"施佩伯爵号"的行动唤起了人们对"一战"时期斯特迪在福克兰群岛取得辉煌胜利的生动回忆——既由于这艘战舰的名字,也由于它沉没的位置。

1940年初夏,这种相似的幻觉彻底破灭了。通过对丹麦和挪威的成功入侵,德国不仅打乱了盟国自己的计划,而且还突破了北海的"大门"——这在第一次世界大战中一直是德军公海舰队的障碍:现在大西洋本身向德国海军开放了,正如韦格纳(Wegener)和其他战略家在两次世界大战之间所预言和建议的那样。[4] 更糟糕的是,德国国防军在西线发动了攻势,占领了比利时和荷兰,击溃了法国,把英军逼回了英吉利海峡沿岸,在那里,他们靠着临时的奇迹才成功逃回了家。在敦刻尔克,就像在挪威和克里特岛海域一样,皇家海军在空袭中损失惨重,但从战略角度来看,形势还要更加严峻。低地国家的地理区位就像"对准英国的手枪",迫使英国政府在近四个世纪的时间里努力保持它们的独立,现在它们却落入了自拿破仑时代以来欧洲最强大的统治者手中;法国的大西洋港口也是如此,这也意味着希特勒从北海的南端突围了出来;现在德军完全可以入侵英国;规模庞大的法国海军非但不能提供援助,相反,现在其最好的结果就是保持中立,而且其力量很有可能落入敌人之手;而墨索里尼以豺狼般的机警,刚刚把他同样强大的海军投靠到希特勒一边。法国和意大利海军的这两个变化意味着海军力量平衡向不利于英国的方向发生了重大转变(当时英国皇家海军仅拥有15艘主力舰、37艘巡洋舰、近200艘驱逐舰、鱼雷艇和200艘潜艇),地中海实际上被封锁了,埃及受到了严重威胁。与此同时,与1914年至1918年一样,德军潜艇正蜂拥而至,其威胁与之前一样巨大,给英国造成的损失也同样惨重,甚至有可能切断对英国至关重要的进口通道;而1941年6月纳粹对苏联的进攻和丘吉尔的反应则意味着皇家海军需要承担一项额外的（极其艰巨的）护航义务。同时，日本在远东的威胁也在持续增长。

尽管当时的战略形势比英国参谋长委员会战前最悲观的预测还要严峻，但英国皇家海军却出人意料地坚持了下来。皇家海军在直布罗陀成立了"H部队"（Force H），有效地化解了来自意大利的挑战；通过针对奥兰和达喀尔港内的法军舰队发动突然袭击，至少防止了一部分法军舰艇落入德国手中，而这些行动是如此残酷，只有1801年和1807年英军对丹麦舰队的袭击才能与之相比；英国人也没有让德军潜艇和战机从海空两路对英国商船发动的攻击完全破坏通往马耳他、苏联或不列颠群岛的海上航线；德军水面舰队偶尔发动的突袭，如"俾斯麦号"战列舰史诗般的巡航，也被遏制住了——尽管损失巨大，而且命运女神显然站在不列颠尼亚一边。即使是最可怕的事件，即日本对英国在远东地区未设防阵地的猛攻，也并非一场彻底的灾难。虽然"威尔士亲王号"和"反击号"被击沉，"美英荷澳联合舰队"也被打散，还失去了香港、新加坡的重要基地以及马来亚、婆罗洲和缅甸的宝贵殖民地，萨默维尔的舰队也被赶出了亭可马里，但美国终于被卷入了战争。美国不仅提供了海军支援，还提供了海量的财政资源和工业资源。从长远来看，当丘吉尔得知日本偷袭珍珠港的消息时，他有充分的理由"怀着因得救而感恩的心睡上一觉"[5]。

然而，即使美国参战，1942年和1943年的海战也还是像1941年那样紧迫，尤其是大西洋海战，它再次成了最重要的战役：如果英国输掉了这场战役，它就保不住本土了。不过，尽管盟国仅在1942年就损失了近800万吨商船，交通线却仍然保持畅通。在同一年，英美海军自己发起了对敌人的反攻，护送登陆部队前往北非；后来，他们还为盟军地面部队袭击西西里岛、意大利本土南部以及法国提供了掩护。在太平洋战争中，美国海军进行了大部分战斗，但到1945年，英国太平洋舰队也非常活跃，正准备参加攻入日本本土的行动。到当年5月，尽管已在战争中损失了451艘各类军舰，但皇家海军的规模已经扩大到1 065艘中大型战舰、2 907艘小型战舰和5 477艘登陆艇，配备了86.35万名官兵。尽管在战争之初由于英国政府先前的忽视和吝啬而遭受苦难，但皇家海军还是再次在战场上表现不错，并在最后取得了胜利。果敢勇毅的"橡树之心"*仍然未被击败。光荣传统被进一步发扬光大。而且，随着德国、意大利和日本帝国的崩溃，英国海军的地位似乎已经完全恢复，甚至更加稳固了。

但真的是这样吗？上述对海战过程的概述，诚然是一个简短的描述，但都是典型地只强调了战舰、人员和战役，这是否足以让我们审视那更为难以捉摸的要素——英国的海权？显然是不够的：对于简单意义上的"战争海军史"来说，这些可能有助于我们了解发生了什么，但仅此而已。我们必须再次采用比传统更广泛、更深入的途径，仔细探究海上霸权背后的因素。一旦我们这样做，形势就显得黯淡了许多。在第二次世界大战结束时，英国的海上力量非但没有得到加强，反而受到了沉重打击（也许用"致命打击"这个词也不为过）。我们早在19世纪就发现的那些趋势，正好从这场战争中得到了最有力的证实。

从战略角度来说，在二战中，皇家海军所做的和唯一能做的基本上就是保持外部世界通往英国的海上航线畅通，就像它在第一

---

* 代指皇家海军。——译者注

次世界大战中所做的那样。这是一个非常重要的功能；用丘吉尔的话来说，这是取得胜利的"基础"；然而，它从根本上说仍然是一种消极的、防御端的贡献。而且，即使在这方面，在第二次世界大战早期的海上战斗中，交战双方也远比之前更加势均力敌：英国的地中海和远东航线被切断，北极航线也偶尔被迫中断；而尽管战争早期就采取了护航措施，但在大西洋海战中，英国所遭受的损失比1914—1918年要大得多。同样清楚的是，英国之所以能在德国潜艇的疯狂攻击中幸存下来，是因为一些与英国维持制海权的传统方式没有多大关系的武器和反制措施：引进美国制造的远程轰炸机"解放者"来帮助封闭大西洋的"缺口"；引进大量护航航母（大多数情况下还是由美国制造的）；对德国本土发动战略轰炸，导致德国潜艇建造计划推迟；还有建造足够多的商船，以跟上德军击沉的速度，在这方面，美国赶超了它在第一次世界大战中惊人的生产水平。诚然，开发探测潜艇的新方法，承担繁重的护航任务，以及与敌人进行残酷的战斗，这些都是皇家海军采取的措施；但是，如果没有上述非英国、非海军因素的帮助，皇家海军是否能够满足需求，这是值得怀疑的。

可以预见的是，其中最重要的新元素是空中力量，这一点或许可以从以下事实中看出：246艘德军U艇被盟军水面舰艇击沉，而有288艘U艇被盟军飞机击沉（这还不包括轰炸带来的战果）。[6] 第二次世界大战见证了空中革命性武器的全面到来和应用，也实现了杜黑、米切尔、特伦查德等人的预言，即飞机对于在陆地和海上战场取得主导权至关重要。因此，这并没有否定马汉的理论——控制海洋意味着控制那些"宽阔的高速公路"，即国内和海外港口之间的交通线路；但它确实宣告了海军在维护海上霸权方面垄断地位的终结。而海军部的原有信念，即由战列舰组成的舰队是控制航路的终极力量，现在看来比以往任何时候都更加过时，而且非常错误和危险。

令人惊讶的是，有那么多陆海军专家在战争一开始低估了空中力量对水面舰艇的威胁，这些专家包括丘吉尔、艾恩赛德、庞德和菲利普斯等。例如，在挪威战役中，英国人"在不进行任何侦察，而且肯定会遭到轰炸的情况下"，毫不犹豫地就派遣了"一支舰艇分队进入特隆赫姆"。[7] 本土舰队遭到的空袭很快迫使英国重新考虑这一计划，并最终从挪威中部和北部撤军。

虽然以奥克尼群岛为基地的皇家海军航空兵派出的轰炸机在摧毁德军"柯尼斯堡号"巡洋舰（第一艘被空中力量击沉的主力军舰）的行动中立下了汗马功劳，但这几乎无法与德国空军对敌人海军活动的总体压制相提并论。传统上，从海上登陆往往存在招致敌人从陆地上迅速反击的风险；现在登陆部队还得抵御来自空中的威胁。这场战役的英国官方历史学家只能得出这样的结论："德国空军在狭窄的水道和峡湾中对付小型舰艇时非常有效，这带来的威胁阻止了我们的海军优势像我们往常习惯的那样在作战中发挥作用……"[8]

这一教训在敦刻尔克战役中再次出现，一支由小型船只组成的船队在达成战略目标方面取得了辉煌的成功，但驱逐舰和其他战舰都遭受了严重损失。在克里特岛附近海域，德国空军再次获得了空中优势，皇家海军再次顶着狂轰滥炸执行任务，敌人空中力量一共击沉了英军舰队3艘巡洋舰和6艘驱逐舰，重创了2艘战列舰、1艘航空母舰、6艘巡洋舰和7艘驱逐舰——这也是地中海舰队的大部分力量。不过，在远东战争爆发之后的几个月里，战争以最具灾难性的形式展示了敌军训练有素的机组人员可以给皇家海军的战舰带来何种打击。1941年12月8日，新战列舰"威尔士亲王号"和战列巡洋舰"反击号"遭到日本飞机的袭击，尽管进行了大范围的机动并拥有密集的防空火力，但它们还是在几个小时内被炸弹和鱼雷炸得四分五裂并沉入海中。当天英军舰队的指挥官不是别人，正是汤姆·菲利普斯，这是一个具有讽刺意味的悲剧，因为他属于当时对飞机带来的威胁最不屑一顾的那种人。1942年4月初，日本航母部队袭击了锡兰和印度南部，迫使萨默维尔的东方舰队撤退到非洲；这群航母还痛击了在该地区仍能找到的任何船只，尤其是轻型航母"竞技神号"以及"康沃尔号"和"多塞特郡号"巡洋舰。其中，后一艘巡洋舰被9枚炸弹直接命中，在遭到首次攻击后仅仅8分钟内就从海面消失了。如果贝蒂能活着看到这一幕，他肯定不敢相信自己的眼睛。

事实上，在第二次世界大战中，空中力量对战斗结果没有产生过决定性影响的海战战例是相对不太容易找到的，例如对德作战中的拉普拉塔河河口海战、巴伦支海海战和北角海战，以及美日之间太平洋战争中的第二次瓜达尔卡纳尔岛海战和苏里高海峡海战。在其他海战中，对皇家海军来说，空中力量的运用在战术和战略上都具有巨大的意义：大西洋、地中海和北极护航的成功取决于它；驻扎在塔兰托的意大利舰队被它严重削弱；"提尔皮茨号"战列舰所造成的长期威胁被它消除了；甚至击沉"俾斯麦号"的行动也依赖于几架脆弱的"剑鱼"鱼雷轰炸机。而且，随着更高效、视野更好、炸弹威力更大的新型飞机在战争进程中被研发出来，舰艇所面临的威胁也更大了。

当然，英国海军部在经历了最初几次灾难性的战役后，很快就意识到了这一趋势的重要性，并最大限度地利用了自己的航母。正如罗斯基尔上校所说的那样：

> "皇家方舟号"航母于［1941年］5月21日从地中海腹地将"飓风"战斗机运送至马耳他岛，并于6天后在布雷斯特以西500英里处用鱼雷轰炸机重创了"俾斯麦号"战列舰，几乎没有什么能比这一成就更令人信服地证明海上力量的灵活性了。[9]

唯一的问题是，这是否仍然可以被称为"海上力量"的展示，还是说它实际上已经是一种新的混合形式的力量，一部分来自空中，一部分来自海上，而当行动发生在陆基飞机航程以内时，海军部永远无法对其进行完全掌控，只能在放弃传统的武器和主张之后才能够利用这种力量。无论如何，到1942年，英国海军部的领导们已经意识到航母的重要性，他们决定要拥有55艘到62艘航母。[10] 然而，鉴于英国的造船设施简陋狭小，事实证明，到战争结束时，它所能做的仅仅是完成"光辉"级舰队航空母舰的建造工作，并额外再建造6艘轻型航母，根本不可能做更多的事情。

航母的崛起和随之而来的战列舰的衰落在太平洋战争中体现得最为明显——部分原因是美国人的战斗舰队在"国耻日"*遭受严重破坏，这迫使美国人在战争之初就只能依靠他们的航母。随后，珊瑚海海战和中途岛海战证实了珍珠港事件本身的教训。结果，美国组建了强大的航母特遣舰队，并将其作为尼米兹在太平洋中部进行反攻的先锋部队，孤立了日军据守的岛屿群，粉碎了其陆基或海

---

* 指日军偷袭珍珠港的日子。——译者注

基空中力量，摧毁了其海军基地（特鲁克），并且在其冒险发动攻击的任何地方给予迎头痛击，就像在菲律宾海和莱特湾的战斗一样。在战争后期，米彻尔麾下的16艘甚至更多的舰队航空母舰可以放飞1 000多架现代化战机攻击敌方目标，而战列舰则沦为实施登陆前的火力准备舰艇。因此，史上最大的战列舰——排水量达到7.2万吨的"大和号"——在向冲绳岛发动"自杀式单程攻击"的过程中，被美国舰载机投掷的炸弹和发射的鱼雷击沉，这是相当具有象征意义的一件事。像"提尔皮茨号"一样，"大和号"根本没有机会使用其大量主炮向敌人战列舰开火。莫里森写道："当它沉没时，长达五个世纪的海战形态也随之结束了。"这五个世纪也标志着英国海上霸权的兴衰，这并非纯粹是巧合。老的霸主总是在很多方面让位于新的霸主。

然而，如果说第二次世界大战还没有证明要想取得制海权就必须先取得制空权，那么它也未能证实在海权与陆权的悠久关系中，海权更为优越和有效。当然，在美国对抗驻军极为分散的日本帝国的战争中，结论是不同的；但英国人似乎从未理解他们两个主要敌人之间的基本地理差异。因此，皇家海军在对抗纳粹德国时所扮演的战略角色只不过是1914年至1918年角色的重复：坚守航线。当然，二战时要完成这项任务要困难得多，需要英国人更频繁地表现出英雄主义，因为敌人更强大，为航线护航更危险，空中袭击更频繁，但这些事实不应掩盖这一基本要点。在所有其他方面，皇家海军的任务（以及战果）也在重复，只是没有必要再攻占敌人据守的殖民地（意大利除外），但即使德国拥有海外领土，英国占领这些领土是否会对战争产生深远影响，这一点也值得怀疑。然而，皇家海军仍然拥有更为重要的武器——封锁和两栖登陆，不论是用于外围袭击，还是用于更大规模的战略目的。只不过，即便在这两种作战形态下，海军所起的作用也不像人们想象的那样具有决定性。

鉴于第一次世界大战的经历，鉴于德国在1939年之前在欧洲的军事和经济主导地位，以及德国与中立国接壤的事实，很难理解英国领导人怎么会对海上封锁的效果如此自信（即使从长远来看）。正如我们在前一章所看到的，在战争爆发之前，参谋长委员会就已经宣布了他们对这种武器的信赖：波兰的迅速沦陷并没有改变他们的观点，即经济压力"是我们最终击败德国的主要手段"[11]。美国的《中立法案》的政治效果是使"海上自由"争端变得无关紧要，这被英国人视作一个额外的优势。因此，白厅对与德国的斗争抱着一种相当盲目的乐观态度，其唯一的结果是使双方一直保持所谓的"假战"（Phoney War）状态，而不愿意打破这种状态。张伯伦说："我们应该做的就是放弃和平提议，继续封锁。我不认为大屠杀是必要的。""盟国最后必将获胜……"[12]尽管英国履行承诺，向法国派出了远征军，但对大规模堑壕战的传统恐惧仍挥之不去；这一点，再加上夸大了1918—1919年的"饥饿封锁"对于德国的影响，让英国人相信，在敌人资源耗尽和士气崩溃之前，没有必要派遣大量部队与敌人庞大的陆军进行直接对抗。

这种计算有一个巨大的缺陷：伦敦对敌人军事实力的估计与对敌人经济实力的估计形成了鲜明的对比，尽管这两个因素是如此紧密地融合在一起，几乎无法区分。无可否认，苏联和美国对英国的敷衍塞责和不愿开辟第二战场的诸多指责是正确的，但伦敦的态度也很容易理解。即使不考虑制空权在敌军手上和后勤保障方面的问题，用规模小得多的大英帝国陆军来对抗规模大得多、完全控制欧洲大陆的德国国防军,也是一种自杀的战略。丘吉尔顶住了盟国的压力,拒绝发动不成熟的反攻——这是正确的。但正是因为德国处于这样的主宰地位,控制着欧洲大部分地区的命运和经济,英国才早就应该提防任何仅凭在海上施压就可以导致纳粹德国崩溃的幻想。面对推行"麦金德式"扩张计划的大国,"马汉式"战略毫无作用。

从表面上看,英国专家认为,德国很容易受到封锁压力的影响:像任何一个现代工业化国家一样,德国与外部世界进行了广泛的贸易,其战时经济依赖于一些绝对重要的原材料。[13]德国钢铁生产所需的矿石有超过66%来自国外,25%的锌、50%的铅、70%的铜、90%的锡、95%的镍、99%的铝土矿以及66%的石油、80%的橡胶,甚至10%~20%的食品都来自国外。它还严重依赖进口棉花、羊毛、汞、云母、硫和锰。了解这些事实后,"政府和国民都把封锁视为英国主要的进攻武器,并指望它取得决定性的,或者至少是显著的战果",可能也就不足为奇了。[14]然而,这个假设只在以下条件下才是合理的:如果德国是一个岛国;如果德国领导人未能对此采取预防措施;如果他们无法从友好的中立国或被征服的领土获得补给;如果其武装力量过度投入战斗,导致库存消耗殆尽,而生产力不足。然而,直到战争的后期,这些限定条件才得到满足,而英国当时本来也已经放弃了对于封锁的依赖,转为采取更直接的措施。

从一开始推行侵略政策,希特勒就意识到切断海外供应可能带来的危险,他通过"四年计划"和其他措施,努力防止封锁可能带来的不利影响。他的目标是经济上自给自足,即不依赖其他国家的"绝对自由",这与影响英国态度的自由主义观念(认为国际经济相互依存)形成了直接对立。这一目标有部分是通过制造替代品来实现的，尽管其成本更高一些，这方面的主要产品包括：合成羊毛（来自木材）、橡胶（来自丁钠橡胶），以及汽车燃料和航空燃料（通过氢化处理）。基于同样的理由，此前被认为无法使用的低品位铁矿石现在也得到了开发，纳粹德国国内的粮食生产同样得到了加强。另外，有现成的来自亲"轴心国"国家及中立国家的物资：来自瑞典的铁矿石，来自罗马尼亚、苏联和南斯拉夫的石油、食品和铜，来自挪威的钼，来自巴尔干半岛的镍和铬，来自西班牙和葡萄牙的钨，来自意大利和匈牙利的铝土矿。只有在斯堪的纳维亚半岛发动一次决定性打击，切断瑞典铁矿石流向德国的路线，皇家海军才能对纳粹经济造成巨大损害——这证明盟军的挪威战略是合理的，或者至少部分解释了丘吉尔为何在波罗的海推行鲁莽的行动计划。[15]然而，德国空中力量的威胁粉碎了后一个计划，正如其让盟军在整个挪威的冒险都陷入了失败一样。

最后是征服：通过掠夺欧洲来使得"千年帝国"变得富足，并且建成一个完全自给自足的经济体系。希特勒再次清楚地表述了他的计划。他激动地宣称，苏联这个"心脏地带"将是关键："我们将成为世界上各方面（包括棉花）最自给自足的国家……"[16]但在实现这一"伟大目标"的道路上，必须对很多其他国家进行掠夺。例如，1940年纳粹德国在西线所取得的胜利，不仅仅是击败敌军的军事胜利，也不仅仅是获得进入大西洋的通道的战略胜利，德国还获得了洛林-卢森堡-米内特的铁矿，比利时各种重要的金属矿藏，比德国在进攻波兰、挪威及法国的战役中消耗的石油总量还要多的石油储备，此外德国还打通了一条获取西班牙和葡萄牙的钨、非金属矿物和北非铝土矿的陆上通道。占领挪威则确保了钼和镍的供应，占领南斯拉夫和希腊提供了铝土矿和其他金属矿产，而实际上占领罗马尼亚大大缓解了石油危机。作为这个新"优等种族"（Herrenvolk）的代理人，占领军和占领区官员们在开发占领区的资源时毫无顾忌；这些新领土对德国国民收入的"贡献"从战争初期的8%上升到1942年的20%。

事实上，至少在1942年之后，说实际的交战行动正在拖垮德国的经济也是不正确的：在莫斯科战役和斯大林格勒战役之前，德国人一直在从容地发动战争，同时享受着"闪电战"战略所带来的"大炮加黄油"。结果，英国在战前远远落后的战争物资生产，已经赶上了德国，到1942年，英国在弹药上的支出实际上比德国多出了一半，这使英国在飞机和轻武器生产上拥有了比德国多60%的优势，在坦克产量上拥有比德国多33%的优势。然而，在那一年，随着德国在东线失败和美国参战，纳粹领导层相信有必要组织一场长期斗争，这时德国的生产再次飞速增加。在施佩尔（Speer）的领导下，德国多达4 120万人的劳动力（与之相比，英国劳动力的总数是2 260万，两者均为1943年的数据）和半个大陆的巨大工业潜力都得到了更加有效的利用。仅飞机产量本身就比任何文字更能说明这一情况[17]：

	1940年	1941年	1942年	1943年	1944年
德国	10 825	10 775	15 550	25 000	40 000
英国	15 050	20 100	23 670	26 200	26 500

同样，德国坦克的产量从1942年的6 200辆增加到1944年的1.9万辆，火炮从2.3万门增加到7.1万门，而英国在轻武器生产上60%的优势到1944年已经变成了德国100%的领先优势。具有讽

刺意味的是，在诺曼底登陆前夕，德国在大多数类型的军事装备上的储备比以往任何时候都多，这使得通过封锁来削弱其抵抗能力的战略显得相当荒谬。

然而，虽然英国的战争物资生产被重组后的德国工业所超越，这对柏林来说却并没有什么安慰，因为苏联和美国的产量增长得更快。从1942年至1944年，德国平均每年生产2.6万架飞机、1.2万辆坦克和自行火炮，远远落后于苏联平均每年4万架飞机和3万辆坦克和自行火炮的产量。[18]美国战争物资的产量则更是惊人：1941年仅为德国的75%，但到第二年已经是德国的2.5倍，而这还只是早期数据。美国在1939年只制造了2 100架飞机，1942年增加到4.8万架，1943年增加到8.6万架，1944年达到惊人的9.63万架。事实上，在从1940年至1945年的5年间，美国生产了29.7万架飞机、8.6万辆坦克、1 740万件轻武器、6.45万艘登陆舰艇和5 200艘大型船只（吨位将近5 300万吨）。[19]因此，就军事潜力而言，美国几乎处于无可匹敌的地位，苏联第二，德国第三，英国仅为第四。

然而，如果说1939年英国对封锁有效性的信念——以及英国对德国长期保持经济优势的信念——只是幻想的话，那么纳粹工业机器在1944年至1945年之间开始崩溃却是事实。首要原因显而易见：在对盟军的长期战斗中，特别是在东线旷日持久的作战中，其人员和物资的损失现在远远超过了德国的资源所能弥补的程度。此外，随着德国国防军被迫放弃一些领土，施佩尔也相应地失去了重要的原材料供应。由于中立国越来越不愿意向一个正在滑向失败的帝国提供帮助，这一趋势进一步加剧了。1944年10月，纳粹统治阶层内部的争斗，以及工人从生产转移到战斗中的行为，都产生了

英国海上霸权的兴衰

同样有害的影响。然而，最重要的是盟军的战略轰炸行动，它曾在最初几年中令人感到失望，但到了1944年，战略轰炸终于达到了20年前有先见之明者所预测的强度和准确性。当年2月，盟军战略轰炸对德国飞机工业的攻击导致其75%的飞机骨架部件和装配厂遭受结构性破坏。同年晚些时候，盟军轰炸机转而攻击纳粹德国的石油生产工业，给后者造成了一场危机，让德军的坦克、飞机和军舰经常由于缺乏燃料而无法在关键战役中作战；1945年初，盟军战略轰炸机袭击了德国的运输系统，造成了毁灭性的影响——切断了煤田与工业的联系。"远程轰炸机的发展，"米尔沃德写道，"提供了一种比传统封锁有效得多的经济战手段。"它要积极得多，具体得多，而且"尽管德国扩大了其控制的领土范围，使海上封锁所依据的许多考量都失效了"，但这一事实对于战略轰炸没有什么影响。"它实际上在经济战中掀起了一场革命。"[20]然而，如果说盟国的政治家们对这种新武器的成就感到高兴，并鼓励使用它——据估计，英国已将其全部战争物资产量的50%~60%用于皇家空军——这只是说明了海上封锁和海上力量本身重要性的下降。关于传统政策的作用，顶多只能这么说：放弃它可能会减轻敌人的经济压力。即便如此，从源头上控制违禁品走私和先发制人地抢购资源也比海军的封锁措施更有效。研究这一主题的官方历史学家的结论是："在战争的任何阶段，德国都没有单独因为海上封锁造成的物资短缺而被决定性地削弱。"德国的致命弱点是"被轰炸机击中"，而不是"被封锁"。[21]在第二次世界大战中，只有日本和英国本身，这两个严重依赖海上贸易的岛国，在经济上容易受到敌人海上封锁的影响，尽管对两个国家来说，构成最大威胁的都是潜艇而不是水面舰艇。

第十一章　虚幻的胜利（1939—1945年）

几乎以同样的方式，海军在两栖作战中的重要角色也被空军和陆军所取代。克里特岛和挪威战役表明，只有在掌握了制空权之后才能发起两栖登陆；迪耶普和希腊战役则表明，小规模的干涉行动总是会被占有优势的敌军惩罚，他们能够迅速冲到突袭地点并给予迎头痛击。正如英国参谋长委员会所意识到的那样，这一切都表明，对西欧的进攻必须是一次大规模的行动，他们将不得不等待美国人一起行动。然而，"霸王行动"的成功严重依赖于盟军的空中优势，这种优势是在前两年时间里稳步赢得的。在进攻开始前，英美轰炸机就摧毁了敌人的通信系统；战斗机则保护大批船队和桥头堡免受德军的空中袭扰；在诺曼底登陆日之后，盟军的轰炸机再次投入使用，遏制住了敌人的反击，迫使其只能在夜间机动。相比之下，海军的作用要小得多；战舰的支援火力对于登陆部队诚然相当有用，"但决定性因素还是盟国空中打击所造成的瘫痪效果"[22]。无论如何，尽管"霸王行动"取得了不可否认的成功，但德军真正的主力是在东线被打垮的：德军在东线遭受了超过五分之四的伤亡，而苏联军队的伤亡人数比第一次世界大战中**所有**战斗人员的伤亡人数都要多。与这场争夺麦金德所说的"心脏地带"的斗争相比，英国领导的北非和意大利战役只是次要行动，与丘吉尔和劳合·乔治避免正面冲突和残酷厮杀的战略传统相符。然而，如果说第二次世界大战有什么作用的话——除了说明单独使用战舰的效能呈现整体下降趋势之外——那就是打破了"英式战争方式"足以对抗横跨半个大陆的大国的神话。事实上，在两次对德战争中，英国人都在认真寻求一种间接手段：

但历史的真相是，过去没有捷径可走，直到战争的一方拥有并使用了原子弹……过去的经验表明，由现代技术武装的数百万人的军队不可能很快被击败，战时经济即使在最严重的威胁下也能显示出几乎令人难以置信的韧性，正如德国在1944年和1945年所证明的那样。只有在军事和经济这两条战线上同时持续不断地施加最充分的压力，才能取得"胜利"……[23]

英国人高估其海权影响的最大漏洞在于，他们认为，在封锁不断削弱敌人力量的同时，帝国优越的经济资源将会被集中起来，对敌人施以最后的惩罚；正如17世纪和18世纪，英国将海上封锁和经济施压协同起来，挫败了荷兰和法国所发起的挑战一样，在20世纪这样做也将削弱德国的威胁。从纸上谈兵的战略家到英国参谋长委员会，几乎所有人都接受了这种假设，但这种假设是基于一种谬论，这种谬论认为英国的生产实力、对原材料的控制，尤其是对金融资源的控制，此时仍能像英国在西方世界崛起为经济霸主的时代一样经受战争的考验——这显然已不再符合事实。与预料中的情况相反，面临原材料短缺问题的正是英国自己，部分原因是日本夺走了远东的橡胶、锡、剑麻、大麻、钨和硬木等资源，部分原因是德军U艇所成功实施的"反封锁"行动。此外，正如我们在前文所看到的，一旦施佩尔重组了德国的军火工业，英国的军火生产就无法与之匹敌了；即使有英联邦国家的大力支持，英国也不可能将一支足够强大的陆军部署到欧洲大陆以挑战德国国防军。1942年5月，随着军需的产量迅速增长，开始达到由英国人口规模决定的最高水平，劳工大臣警告丘吉尔，军队对人力的需求要想进一步满足，主要就得靠从工业部门抽走工人来实现，从而导致生产下降。[24]为了保持战争努力，为了实现"不惜一切代价取得胜利"

的目标，英国被迫越来越依赖美国：只有美国拥有足够的工业能力和人力资源，从而确保在西线击败德国。

1942年二季度，美国的军工生产赶上了英国；到1943年底，其飞机产量是英国的两倍，下水商船的数量是英国的六倍；到1944年，美国的军火生产总量达到英国的六倍。[25] 美国整个大陆的资源、庞大的人口和更现代化的工业的全部潜力，终于得到了实现——美国成了一个远远领先于英国的超级大国，就像几个世纪前英国领先于西班牙、葡萄牙和荷兰这些衰落的小国一样。单是军备开支总额就足以解释第二次世界大战欧洲战区的结局[26]：

	1941年	1943年
美国	45亿	375亿
英国	65亿	111亿
苏联	85亿	139亿
德国	60亿	138亿

单位：美元

此外，尽管美国的军火产量超过了所有其他参战国，但这丝毫没有使其财政变得紧张。到了1943年，德国国民生产总值的63%都用于军事开支，英国的比例与此差距不大，但美国这方面的比例从未超过43%。[27] 美国付出相对更少的努力、更少的牺牲，却赢得了战争；英国士兵经常抱怨美军大兵挥霍无度，他们总是吃得更好，待遇更好，装备更好，这只是间接表现了美国这种压倒性的物资优势和财政优势。

因此，毫不夸张地说，丘吉尔对于英国战略最伟大的贡献是，从一开始他就认识到美国的支持是绝对必要的，并且竭尽全力地施展魅力和花招来确保美国的这种援助以最能满足大英帝国利益的形式提供。不过，他对日本偷袭珍珠港的消息的反应既令人感动，又有点可悲：

> 所以我们终究还是赢了！是的，在敦刻尔克惨败之后；在法国沦陷之后；在可怕的奥兰事件之后；在本土受到入侵威胁之后——除了空军和海军，我们几乎是一个手无寸铁的民族；在与德国潜艇殊死搏斗——进行大西洋海战——之后，这场战役我们只能说勉强取得了胜利；经过17个月的独自奋战之后，和在我承受19个月重任在身的压力之后，我们赢得了战争。英格兰会挺过去，英国会挺过去，英联邦以及整个大英帝国也会挺过去。[28]

是的，英国及其帝国会挺过去，它们的历史"不会被终结"；但这只是因为一个正在崛起的年轻大国被卷入了战争，并且迫于环境的压力，不得不支持它陷入困境、萎靡不振的伙伴。

这种实力悬殊的主要后果是，英国越来越依赖美国的援助——有点类似于18世纪的那些欧陆国家，在英国繁荣时期，它曾提供大量资金以帮助维持这些国家。甚至在战争爆发之前，英国就进口了大量美国机床，以重建自己的军火工业，同时还进口了越来越多的飞机；但到了1940年夏天，当法国陷落导致敌人入侵本土的前景比1805年以来的任何时候都更迫在眉睫，而当时丘吉尔已经上任并且采取了"战斗到死"的政策，购买美国物资的订单更是成倍增加，不计成本。事实上，英国对钢铁的需求从1940年4月至7月间的1 260万英镑增加到1941年的1亿英镑。1940年8月，英国供应部向美国订购了3 000辆巡逻坦克；9月，供应部订购了1 600门重型高射炮、100万支步枪、1 800门野战炮和1 250门反坦克炮。但这只是一个开始：如果要建立一支拥有55个师的陆军部队，如果需要一支庞大的战略轰炸机部队以每天轰炸德国城市，如果皇家海军想要拥有有效的"两强标准"阵容，如果英国想要弥补商船的损失，那么从美国进口的军火就必须进一步增加。

当然，英国自己也做出了英勇的牺牲，将工人的精力和工业的产能都发挥到了极致的水平——但这还不够。事实上，英国军火工业已经严重透支，因此在战争的后期不得不面对产量下降的局面；虽然飞机产量趋于稳定，但坦克产量从1942年的8 600辆下降到1944年的4 600辆，同期制造出来的火炮数量从4.3万门下降到1.6万门。而与此同时，英国对美国供应的依赖也相应增加：1941年，大英帝国的军火中有10%来自美国，但到1943年上升到27%，到1944年则为28.7%。更具体地说，美国提供的军火占大英帝国总军火消耗量的比例如下：坦克的47%，轻武器的21%，登陆舰艇的38%，作战飞机的18%，运输机的60%。然而，正如汉考克和高英所指出的：

> 对英国研究者来说，也许美国实力最令人印象深刻的是这样一个事实：对英国人民的战争努力起到决定性作用的援助，在美国的战争努力中只是一个次要因素。[29]

例如，在1944年这个军事物资生产高峰年份，运往英国的飞机仅占美国飞机总产量的13.5%，船只占6.7%，重要食品占5%，武器弹药占 8.8%，只有车辆及其设备比例相对较高——29.4%。在 1939 年至 1944 年这两年里，当美国《租借法案》提供的物资达到最大数量时，"所有类型军事装备的交付量约占美国产出总量的 11.5%"[30]。最后，从新的海军造船计划和 B-29"超级空中堡垒"的生产情况来看，美国生产的军事装备在**质量**上也开始像数量上那样超越了英国，这是一种不祥的迹象。[31]

对英国来说，这种"不惜一切代价"取胜的计划以及对美国的日益依赖带来了灾难性的财政后果；它作为一个独立大国的地位变得岌岌可危。正如我们在前一章所指出的那样，在 1939 年春天，财政部就充满了不祥的预感："与 1914 年相比，形势已经急剧恶化……我们没有同样的资源从国外采购物资。我们已经在为从国外购买那些需要用美元支付的商品而感到焦虑了。"[32] 据估计，仅在 1940 年一年，英国的贸易逆差就高达 4 亿英镑，而英国黄金和美元的总储备量只有 7 亿英镑，因此，英国能否打两年以上的战争令人怀疑。这是财政部在 1940 年 2 月的意见；到了 8 月，随着战争步伐的加快，财政大臣被迫警告内阁，英国的黄金和美元储备量都将在圣诞节前耗尽。[33] 在英国领导人看来，问题的根源在于，根据《中立法案》，他们必须为所有这些美国军火支付"现付现运"的费用——而英国订购的军火越多，它破产的速度就越快。到 1940 年底，订单总额达 100 亿美元，远远超过了英国在第一次世界大战期间的债务，也完全超出了它的支付能力。只有紧急运送黄金，并向加拿大和比利时政府借款，英国才能到 1941 年时还保有偿付能力，但当时英国的黄金和美元储备量降至仅有 1 200 万美元。不过，在那一年的 3 月，罗斯福终于接受了丘吉尔的请求，同时也出于对纳粹取胜的担心，他说服国会通过了著名的《租借法案》。

第十一章　虚幻的胜利（1939—1945 年）

在当时以及后来对这一措施的许多描述中,《租借法案》被视为一种宽宏大量的姿态,是一个"最不肮脏的法案"。但最近,它受到了更多批评性的评价,而且不仅仅来自英国历史学家。首先,正如它的名称所暗示的,其真正的目的是"增强美国的国防",因为不列颠群岛的沦陷对美国来说就像法国和低地国家沦陷对英国的影响一样。因此,美国对于皇家海军的担心就像英国海军部当年对于法国舰队的担心一样。其次,即使美国抛给其盎格鲁-撒克逊邻居一条财政"消防水带",前者也要求得到某些重大补偿,以至少平息自己国内的批评意见。美国就像任何银行经理一样,在向某个贫困的顾客提供福利金之前必须设好条件。英国的黄金和美元储备受到严格控制,以防止它们超过华盛顿认为合适的水平,但美国没有对其他接受租借的国家进行类似的监督。租借的货物不能用于出口,**英国制造**的同类产品也不能运往海外市场,以免引起美国商业界的不满。毫不奇怪,已经受到战争打击的英国出口,从1938年的(假设)100个单位下降到1943年的29个单位。这种情况的后果很明显。官方历史学家指出:"在一场据称由盟国之间资源共享的理念所主导的战争中,英国做出了如此不成比例的牺牲,以至于已经危及其作为一个国家在经济上的生存。"[34] A. J. P. 泰勒则评论道,"它为了整个世界牺牲了自己战后的未来",让人想起凯恩斯的坦言:"我们已经把勤俭持家的作风抛到了九霄云外。"[35] 科雷利·巴尼特则用一个不那么家常的比喻指出,出口的下降"证明……就像一个依靠心肺机的病人一样,它现在连生命本身都依赖于美国"。[36]

还有人认为,这些条件只是美国财政部提出的短期要求;长期要求更令人担忧。由于希望加强对世界原材料的控制,并决心摧毁那些在20世纪30年代阻碍美国出口的贸易集团，华盛顿的政治和商业领袖寻求终结"英镑集团"（Sterling Bloc）以及1932年渥太华会议建立的"帝国特惠制"（imperial preference system）；美国努力确保英国的工业和贸易商——他们的实力被夸大了——无法收复1939年后被迫向美国对手们出让的市场；美国还致力于结束欧洲殖民帝国的统治，以让自己的公司完全自由地获得中东的石油、马来亚的橡胶和锡以及印度和其他殖民地的市场，同时确保美国的原材料、关税和势力范围（尤其是在拉丁美洲的势力范围）不会被盟友所损害，尽管美国已经向这些盟友提了许多要求。总的来说，美国采取了种种措施来争夺经济主导权：在《大西洋宪章》和1942年《租借法案》中，还有其他地方，美国不断坚称自己"有权享有世界的贸易和原材料"；美国为了争夺海湾国家的油田的控制权，与英国频频发生冲突；美国努力通过减少租借品的数量来控制英镑账户平衡的规模；美国还计划成立由自己主导的国际银行基金。美国的政策如此令人担忧，以至于英国政府总是努力在一切协议中写入"免责条款，允许他们在必要时保留英镑集团，并将其作为战后经济的主要支柱"。然而，处于如此弱势的地位，伦敦并不总能保护自己：到1943年12月，英国的英镑负债已经是其黄金和美元储备的7倍，英国的黄金和美元储备仅为美国黄金储备的1/18，法国黄金和美元储备的1/3。长期以来，人们一直怀疑美国从未真正承认大英帝国是一个主权国家，即使美国从未公开表示过质疑。但是，一位记录这种不平等关系的编年史家指出，现在的《租借法案》使英国经济"在战争结束时无力抵抗美国的目标"[37]。

事实上，即使对1945年英国的经济状况进行一次最简短的审视，也会了解这场战争对它来说是多么具有灾难性。只有在人员伤亡方面，可以说英国的状况比"一战"时要好一些[38]——这是因为在敌人的抵抗被苏联军队和战略轰炸行动削弱之前，英国决心避免发动大规模进攻。英国商船的损失总计为 11 455 906 吨，尽管进行了疯狂的重建工作，但其商船船队的规模仍降至 1939 年时的 70%（而当时美国商船的规模比所有欧洲商船的总和还要大）。德军轰炸对英国房屋和工业财产都造成了广泛的破坏，6 年战争的生产压力使英国的大部分工厂都耗损殆尽了，导致固定设备严重贬值——这些因素叠加在一起，使英国战前的本土国民财富损失了 10% 左右，不利于其重新夺回世界市场。《租借法案》的条款和不顾财政后果坚持作战的决心导致了英国出口贸易的崩溃，出口额从 1938 年的 4.71 亿英镑下降到 1945 年的 2.58 亿英镑。在同一时期，进口额从 8.58 亿英镑上升到 12.99 亿英镑。英国的海外负债增加了近 5 倍，达到 33.55 亿英镑，高达 12.99 亿英镑的资本资产被清算，其所产出的海外净收入由此减少了一半，使实现国际收支平衡更加困难。事实上，英国可能损失了战前财富的四分之一（73 亿英镑），已经尴尬地成为世界上最大的债务国。

在战争后期，英国政府计划通过重组工业和恢复出口贸易，逐步实现从战时经济向和平时期经济的过渡，这样英国就有能力勉强维持其在世界上的地位；但是，由于在纳粹德国无条件投降后的 3 个月（而不是估计的 18 个月）内日本就战败了，加上杜鲁门决定中止《租借法案》，这些希望破灭了，使英国极度虚弱，并依赖于获得美国的进一步援助。随着凯恩斯被派往华盛顿就一笔新的贷款进行谈判，英国无法继续拖着不满足美国就帝国特惠制和"英镑集团"进行讨论的要求了。[39] 尽管有这些不利因素，但战争催生了重大的社会变革，在和平时期颇具潜力的新工业门类（电子、飞机、化学、汽车）得以创造或发展出来；不过就强权政治而言，或更直接地说，就维持一流海军的能力而言，这场旷日持久的战争对英国产生了毁灭性的影响。

战争还刺激了一种相当新颖的军事装备的发明和使用，那就是原子弹。一枚这样的武器所造成的破坏相当于1 000架轰炸机的空袭，而且未来还可能会开发出更可怕的炸弹，这似乎令所有传统的战争形式都过时了。在任何可能使用核武器的地方，陆权和海权都是无关紧要的，似乎所有希望保持独立的大国都应该发展这种武器，如果可能的话，还要对防御核打击进行充分的准备。然而，尽管英国在相关项目的早期做出了重大贡献，它却很快发现自己被抛在了后面。约翰·安德森爵士在1942年警告说，由于美国自己的原子弹研究进展是如此迅速，"这个国家所做的开创性工作成了一笔正在萎缩的资产，除非我们迅速利用它，否则我们很快便会被超越"。但是，即使不考虑高昂的财政成本，英国人也几乎不可能保证研究核武器所需的人力、钢铁和电力，他们要怎么继续推进气体扩散工厂和重水工厂的建设呢？由于在工业上已经达到了极限，英国只能依靠美国承诺的慷慨援助，以使它不至于在核武器的研究中落后，并在使用这种武器对付敌人时保持某种发言权，但随着战争的进行，这种控制手段也变得越来越不确定。到1945年，英国的"同意"已经流于形式，白厅很快就被迫认识到，如果它想要这种武器，就必须自己研发。[40]

这场战争对大英帝国的影响，或者说对帝国统一的影响，也是灾难性的。当然，在两次世界大战之间，大英帝国这个概念和实际体系本来就出现了问题，从严格的战略角度来看，这一体系给英国带来的更多是负债，而不是资产；这种帝国统一表象的主要后果可能是导致美国人高估了大英帝国的实力，以及它在战后世界对美国经济计划可能形成的挑战。然而，到1945年，连这一表象都被撕破了。诚然，大英帝国的自治领和殖民地（爱尔兰除外，这是可以预料的）慷慨地提供了财政资源、物资和人力资源以抵御轴心国对西方民主的威胁，但在政治上，这场战争使英国与其海外领土在很多方面都疏远了。印度的动荡就是一个很好的例子，它导致英国承诺一旦世界大战结束就允许其建立自治政府。日本占领缅甸也是如此。事实上，大英帝国在东方——香港、婆罗洲、缅甸、马来亚和新加坡的大基地——迅速崩溃造成的心理打击，从长远来看可能比人员、弹药以及橡胶、锡和石油等原材料的损失更为严重。正如有识之士在其他地方指出的那样：

> 新加坡尤其是大英帝国陆军和海军力量的一个象征——虽然是一个虚假的象征。当它陷落时，大英帝国体系的许多神秘感和魅力也随之消失了。尽管在日本统治三年之后，英军于1945年重新占领了新加坡，但英国已经不可能按照以前的路线在东方恢复旧式的殖民帝国，因为它的威望永远无法恢复了。1942年2月15日，珀西瓦尔曾向一个亚洲大国投降，这不仅意味着一场战役的结束，也意味着一个时代的结束。[41]

各自治领也很快便认清世界局势的现实。爱尔兰由于过往经历过于痛苦，因而无法忘记过去，一直保持中立，而南非直到发生内阁危机后才被迫卷入战争；但即使是英联邦中最忠诚的成员也发现，在英国显然不再拥有保护它们的力量时，与美国这颗冉冉升起的新星重新建立联系是明智之举。1940年8月,加拿大单独与它的南方邻国签订了北半球防御协议。澳大利亚总理柯廷曾在1941年警告说,澳大利亚正倒向美国,"希望免除与联合王国的传统联系或亲缘关系导致的痛苦";当新加坡沦陷时,他的紧迫感增强了。就连新西兰也要求"与独自负责该地区(包括新西兰在内)海军行动的那个大国建立直接而连续的通道"[42]。从1942年初开始,是美国而不是英国的参谋长被赋予了在澳大拉西亚地区作战的责任,这并不让人意外。鉴于太平洋的军事形势,这无疑是一个正确的决定;但我们很容易想象,当维多利亚时代的政治家们得知他们的大洋洲殖民地居然在两代人之后便由一位美国将军(麦克阿瑟)控制时,他们会有多么震惊。

如果说在英国政治家看来,遥远海域的政治前景十分黯淡,那么在英国国内,前景也不会更乐观一些。到了1944年,似乎很明显,凭借美国人在人力和物资方面的巨大优势,盟军面对被迅速削弱的德国,似乎胜利即将到来;但随着苏联与西方之间的猜疑不断加剧,丘吉尔等人得出结论,纳粹"地方长官"(Gauleiter)对中欧和东欧施加的暴政即将被苏联政委的统治所取代。用斯大林的话来说,"大部队"(big battalions)已经决定了谁将控制"心脏地带",苏联红军现在正稳步推进到波兰、匈牙利和巴尔干半岛——英国人几乎无力阻止这种发展,就像他们在1939年无力保卫波兰走廊一样。在成功说服美国认识到可能存在的危险,并在经济和军事方面支持欧洲的自由之前,丘吉尔几乎无能为力,只能试图与斯大林达成一项"协议",以期确定苏联扩张的界限。[43]因此,当英国历史上最耗费心力的战争接近尾声时,它距离维持欧陆力量平衡的目标也前所未有地遥远,而这种力量平衡可以说极为符合英国在全球的利益，英国当初正是为了维持这种平衡而与德国进行斗争的。

美国正在主导海外世界，而苏联可能主宰欧洲，几十年前托克维尔、西利等人所预言的超级大国的时代终于到来了，而大英帝国却不在其中。相反，它正在迅速沦为二流强国。尽管在战争的刺激下，英国自身的力量也有所增长，但英国与美国之间的差距还是一如既往地明显，以至于官方历史学家在研究英国战时经济的著作的结尾处指出了以下这一点：

> 尽管拿破仑时代的战争和20世纪的战争在技术和经济层面的量级不可同日而语，但拿破仑时代英国的局面和20世纪美国的形势有一些惊人的相似之处。这两个国家，在各自的幸运年代，都能够利用出口的扩张来作为战争的工具；在战争结束时，两者的努力和牺牲都在某种程度上得到了补偿，因为它们在各国之间的相对经济实力得到了巨大的提升。但是20世纪的英国却发现自己处于完全相反的情况。第二次世界大战后，该国挣扎着克服使其经济实力不堪重负的努力所造成的后果，这场斗争注定是漫长曲折的。[44]

即使在战争最激烈的时候，美国陆军参谋部也能自信地预测，在剧变的世界中，美国和苏联很快就会成为"仅有的两个头号军事强国"，他们将这一事实归因于麦金德式的"地理位置和国土面积的双重优势，以及巨大的军火供应潜力"。与此同时，这两个国家中的任何一个独霸世界的可能性都很小，因为"这两个大国相对的力量和地理区位阻止了其中一方在军事上被另一方所击败的情况发生"。基于这一预测，他们提出了进一步的推论："无论从绝对意义上还是相对意义上，与美苏相比，战后的大英帝国都将在经济和军事上失去优势。"[45] 过去所有的重大战争都见证了帝国的兴衰；现在轮到两个新兴国家脱颖而出了，而第三个国家则从它长期主宰的国际舞台的中心黯然退出。

鉴于第二次世界大战对英国实力所造成的破坏性后果，人们很可能会怀疑英国不该不计代价地进行这样的战斗——甚至根本不应该进行战斗。[46] 既然很难看出它从这场战争中获得了什么，这一章的标题不应该改为"得不偿失的胜利"吗？然而，仔细想想，这种一概而论的说法有些言过其实了：英国可能确实在战争中蒙受了惨重的损失，但考虑到希特勒反复无常、不可预测的本性，和德国入侵成功后处置英国人的计划，这些损失总比被纳粹实际统治要好得多。此外，尽管有各种重大失误，但英国人在战场上表现很出色——也许比以往任何一场战争中的表现都要好——而且这种成就是在非常不利的条件下取得的。尤其是皇家海军，它的表现比在第一次世界大战中有所提高，因此它理应获得赞誉，不承认这一点是说不过去的。

然而，光有勇气是不够的。就**海权**以及这个词背后所蕴含的所有意义来说，英国的衰败都是相当明显的，部分原因是皇家海军的预算和人员规模现在低于其他两个军种。英国的海上实力所真正依赖的工业、贸易和金融都遭到了严重侵蚀。空中力量在海上追击主力舰队，对每一艘水面战舰都构成了威胁。陆上力量则已经证明，自己在大多数情况下都不受海上力量单独施加的压力的影响。而原子弹在大国冲突中挑战了所有传统武器系统存在的意义。不过在1945 年，这一切还不甚明晰。由于赢得了胜利，而且对战争的影响（特别是经济方面的影响）了解不足，许多英国人很容易认为他们的国家仍然拥有世界上数一数二的陆军和海军：事实上，所有的外在迹象都指向了这样的结论。英国衰落的真相，以及海权效力本身整体减弱这个事实，到好几年之后才显现出来。对于英国来说，在第二次世界大战中所取得的光辉胜利是一种幻觉，不仅因为它的战争收益纯粹是负的，因为它损失巨大，还因为它的人民普遍没有认识到战争已经导致了其独立国家力量的崩溃。而且，就未来而言，可以想象，虚幻的胜利甚至比公开的失败更加糟糕。

第十二章

道路的尽头：战后世界的英国海权

如果说在 16、17、18 世纪的商业资本主义时代，海权与经济的平稳增长密切相关的话，那么，两者之间的联系在 20 世纪的工业资本主义时代就更为紧密了……我们只需要拿今天皇家海军的采购清单与一个世纪前进行比较，就能理解这一点。

——J. J. 克拉克：《商船队与海军：对马汉假说的注解》，
[J. J. Clarke, 'Merchant Navy and the Navy: A Note on the Mahan Hypothesis', *Royal United Services Institution Journal*, cxii, no. 646 (May 1967), p. 163]

正如我们所看到的那样，早在 1897 年的"钻石庆典"之前，英国作为世界强国的地位就已经开始下降，随之而来的是其部署在全球各地的海军力量的削弱。但是，由于两次世界大战的影响，英国在 20 世纪从全球各地撤军的步调并不稳定。尽管从许多海外义务中实现了"战略脱身"，再加上来自德军舰队的威胁，使得皇家海军的大部分力量早在 1914 年之前就已经集中在北海，但第一次世界大战本身却导致了大英帝国的进一步扩张。只是新扩张的范围太大了，已经超出了英国的实际管理能力，并且有违其作为一个大国逐渐衰落的趋势，20世纪20年代的《华盛顿海军条约》以及30年代的参谋长委员会和财政部都不约而同地默认了这一点，当时他们都警告说，与一个或多个独裁政权打一场旷日持久的现代战争可能会导致严重的后果。然而，战争的应急措施迫使英国人再次被卷入世界范围的斗争当中，这使他们在1945年拥有了许多海外领土，以及保护这些领土的庞大武装力量。然而，现实再次证明了英国的外强中干，因为它在维持生存的过程中过度消耗了自己。因此，1945年之后的历史时期见证了英国的最后一次也是最严重的一次收缩。我们之前发现的那些长期趋势——英国经济的相对衰弱、超级大国的崛起、欧洲帝国的解体、传统形式的海权相对于陆权和制空权的衰落、民众对增加国内开支而不是国外开支的要求日益增长——现在终于摧垮了英国早就令人生疑的海上霸权。[1]

然而，对于1945年的英国政治家和军事领导人来说，迅速撤军的必然性并不像30年后那样明显。[2] 首先，人们仍然习惯于把英国视为"三巨头"之一，或者说认为英国至少在欧洲、亚洲和非洲仍拥有特别重要的地位——这种态度并没有受到英国国内媒体和舆论的不利影响，而且法国、德国和日本等二流大国均被战争所摧毁或者至少受到了沉重打击，这一事实在某种程度上还强化了这种态度。其次，冷战的到来和共产主义在全球范围内所造成的真实威胁或想象中的威胁，再加上对20世纪30年代"绥靖政策"的愧疚感，共同阻止了英国国防力量像1815年后和1919年后大规模裁军那样规模迅速萎缩。[3] 此外，第二次世界大战是广大殖民地世界民族主义情绪大爆发的催化剂，这促使刚刚战胜现代列强的英国军队被迫转移到热带地区，以扮演所谓"维持和平"的角色，实际上是镇压当地革命者：巴勒斯坦的暴力活动以及印度的印度教信徒和穆斯林之间的对抗只是这些问题中最严重的两个，在埃及、缅甸、马来亚和其他地方，英国还要面临许多其他问题。取得战争胜利这一事实也迫使英国增加了海外驻军的数量。除了向德国、意大利和奥地利派遣了大量驻军外，英国还在希腊、北非的大部分地区、伊拉克、东非、印度支那、暹罗（现称泰国）和荷属东印度群岛驻扎了军队。考虑到这一切，毫不奇怪，在"欧洲胜利日"之后，人们普遍没有想到英国会迅速撤出海外殖民地。

然而，虽然某些现实迫使英国人留下来，另一些现实却迫使他们离开。在种种棘手问题中选择先应对哪一件也是一项特别困难的任务。公平地说，在战后20年里，英国国防政策上的诸多混乱不堪和杂乱无章都是由政治、战略和技术问题的复杂性所造成的：没有一种简单快捷的解决办法，也没有一种可以不冒重大风险的解决办法。世界以及英国在世界的地位都已经发生了巨大变化，但还没有完全尘埃落定，政治家们也无法清楚地看到，早先的世界体系如今还残留了多少。尽管不情愿，而且往往非常缓慢，但人们最终意识到了这种转变的程度——以及伴随而来的压力有多大；但有时英国政府忘记了索尔兹伯里的格言：在不断变化的环境中，没有什么比固守过去政策的残骸更具灾难性的了。英国人一步一步地撤退，或者更确切地说，是跌跌撞撞地撤回了他们的本土岛屿基地，在两个多世纪前，他们正是从那里出发，统治了全球的大部分陆地和海洋。

毫无疑问，在英国大踏步撤退的所有不同阶段中，最具决定性的撤退发生在1947年，当时英国政府履行了长期以来的承诺，撤出了南亚次大陆。然而，如果认为这一行为仅仅是出于工党众所周知的反对帝国主义的立场,那就大错特错了。艾德礼和他的同僚们跟英国保守党一样担心过早撤军的恶果,但他们也受到了其他现实考虑的影响:正如财政大臣道尔顿所说的那样:"如果你身处一个不受欢迎的地方,而你又没有力量去镇压那些不欢迎你的人,那么唯一的办法就是离开。"[4]

大约在同一时间,贝文还宣布英国政府打算放弃巴勒斯坦,并拒绝延长支持希腊和土耳其的承诺。然而,无论从印度撤军是一种高尚之举还是一种必要,有一件事都是明确的:近两个世纪以来一直以印度为核心领地的大英帝国正在走向终结。在维多利亚时代,印度一直被政治家们视为"英国在东方的强大基地"[5]。从印度撤退,以及随之而来的一大问题——失去印度军队,使得英国在许多其他地方设立的前哨都失去了"存在理由"以及必要的人力资源,当初设立这些前哨的目的本身就是保护通往这一最宝贵的殖民地的交通线路。难怪寇松曾在1907年宣布:

> 当你失去了印度,失去了最大的殖民地,你以为到此为止了吗?你的港口和煤站,要塞和船坞,直辖殖民地和保护国也会消失。因为作为一个已经消失的帝国的关卡和堡垒,它们已经没有存在的必要了——它们也可能会被一个比你更强大的敌人所占领。[6]

因此,令人惊讶的是,英国在放弃南亚次大陆之后,"没有[对英国的国防政策]进行重新评估"[7]。传统的思维模式、不当的决策过程和对其他问题的关注,再一次阻碍了英国对其态度或政策进行任何根本上的调整。这对未来造成了有害的后果。由于没有对英国在世界上的地位、去殖民化进程和不断变化的全球军事平衡进行长期评估，英军被迫打了一系列艰苦的"局部战争"（brush-fire），并被调往热带地区去镇压当地起义：马来亚、苏伊士、科威特、北婆罗洲、塞浦路斯、亚丁、特鲁西尔酋长国*、东非、福克兰群岛、英属洪都拉斯、毛里求斯。单单是这些地方的数量之多和巨大的地理差异，就再次反映了英国人在"幸福时光"里的过度扩张和帝国臃肿的结构。其中一些行动规模很小，现在几乎被遗忘了；但也有一些规模较大的行动，甚至至今还能唤起英国人痛苦或骄傲的回忆。有一些行动在当时被认为是非常成功的，展现了英国国防力量较高的机动性以及较强的实力（相对当地人而言）；也有一些行动遭遇了耻辱性的失败。但是，即使行动取得了成功之后，也常常会发生一些消解其重大意义的事情，例如承认革命领导人担任新国家的元首；与以前的敌国签订协议，一夜之间将其变成朋友；而且，英国此类干涉行动总体上起到的更多是延缓效果，在一段时间内创造出"稳定"的环境，而不是预示着回到以往"炮舰外交"的岁月。它们是一个正在衰落的帝国临终的痉挛——刚开始时频繁而剧烈，但随着病人的力量耗尽和肌肉萎缩，它终究会慢慢消退。1968年1月16日，哈罗德·威尔逊宣布英国军队将于1971年从远东和波斯湾撤退，人们或许可以从中觉察出垂死帝国的最后一次抽搐，因为后来的保守党政府微不足道的调整很难说有着起死回生的作用。

帝国稳步解体的过程意味着马汉已经过时的"海权三要素"中的一大要素——殖民地，它们可以促进和保护航运——现在已经

---

* 阿拉伯联合酋长国的前身。——译者注

完全崩溃了。但这一趋势早就已经显而易见了,上述过程只不过是其中的高潮而已;正如我们在前一章中所看到的,第二次世界大战只是把帝国的战略矛盾暴露在公众面前。然而,随着印度获得自由,整个"帝国"防御的概念也走到了尽头:大英帝国可能会转变为英联邦,但这一继承者甚至连两次世界大战之间拼凑起来的政治凝聚力都无法维系。尼赫鲁和甘地夫人领导下的印度成了中立主义国家,对**所有**大国在印度洋的存在均表示不满;它认为联合国是能够解决国际争端的一个更有意义的论坛;它甚至还与另一个英联邦成员巴基斯坦开战。发展援助和文化交流成为西利、张伯伦和其他人所追求的联邦梦想的仅存残迹。澳大利亚和新西兰可以在1951年与美国签署《澳新美安全条约》,而不顾这在英国引起的伤害和愤怒,这表明"大英帝国"这个神话已经在很大程度上被世界政治的残酷现实打破了。[8] 只有在英国经济实力雄厚且不参与欧陆事务、海外领地认为自己与白厅之间的关系高于一切、海权占主导地位的时代,大英帝国才值得考虑把自己四分五裂的领土打造成一个有机的防御单元。但是,到了1945年,所有这些先决条件都不再适用了。

而且,更重要的是,如果说英联邦的其他成员更愿意专注于地方的政治、经济和战略需求,那么英国也是如此——尽管伦敦的决策精英们仍然在不同的目标之间撕扯,其中最明显的表现就是,丘吉尔和艾登乐观地声称,他们的国家正好位于英联邦、美国和欧洲所代表的三个圈子内。毫无疑问,在这三者中,欧洲是最不受欢迎的:英国与前帝国各部分的联系在英国人的眼中是根深蒂固的,他们不可能轻易舍弃,尽管各自治领的领导人一再跟英国划清界限;英国与美国的所谓"特殊关系"也让英国人感到困惑——这种关系是在战争中形成的，在战后英国对华盛顿的依赖中或许还得到加强——他们没有意识到大西洋彼岸对这种关系没那么重视；而欧洲在一整个世纪里都在滋生麻烦和拖累外交政策，也是英国在国际事务中保持行动自由的最大障碍。正是两次对欧洲进行的干预——及其有害的后果——榨干了英国的权力；现在欧洲大陆已被战争破坏得满目疮痍，法国和意大利共产党的规模越来越庞大，而德国仍不受信任，英国在政治上与欧洲大陆保持距离，这难道不是一个明智之举吗？[9]

然而，无论这些论点多么有吸引力——对欧洲共同市场的不满也显示出了这种态度——它们完全忽略了英国的地理环境，以及世纪之交以来英国的经历，尤其是1945年的政治和军事形势。"光荣孤立"只有在欧洲大陆的力量处于平衡状态，且英国海上力量最为强大的情况下才能维持；当两个条件都不满足时，英国就不得不改变立场。在两次世界大战之间，英国为了避免承担所谓的"大陆义务"（霍华德）而进行的绝望但徒劳的尝试，带来了一种教训；随着陆权和制空权的影响力越来越大，这个教训变得越来越明显。更重要的是，盟军进入欧洲心脏地带的军事行动给英国领导人带来了一个既成事实：很明显，要恢复欧洲的经济和交通，避免饥荒，根除纳粹主义，尚需一段时日，所有这些都导致英国无法提前撤军。最重要的是，英国、美国和法国部署在德国、意大利和奥地利的驻军现在与苏联大军相邻，而在斯大林的指挥下，似乎没有迹象表明苏联军队尊重西方所捍卫的自由民主理想；在欧洲内外都有许多征兆表明，斯大林希望进一步扩大苏联的影响力。由于英国外交部正集中精力说服美国留在欧洲，帮助法国复兴，并努力寻求重建破碎的欧洲大陆，以遏制苏联的扩张，英国显然不可能对欧洲的众多事务撒手不管。

英国陆军率先指出了这个基本事实,这也许是自然而然的。1946年,蒙哥马利敦促建立"一个强大的西方集团",并承诺英国"将与我们的盟友一道在欧洲大陆作战"。[10] 现在,英国不可能容忍西欧和中欧落入苏联之手,就像不可能容忍西欧和中欧在1914年或1939年落入德国之手一样;而远程火箭的出现只是强化了鲍德温关于英国边界已经转移到莱茵河的观点。同样自然而然的是,海军部反对这一推理逻辑,更担忧其对国防预算分配所产生的影响。1906—1914年和1920—1939年曾发生过的陆海军大辩论再次爆发,但这一次,历史先例可以与当时力量平衡的逻辑相结合,压倒了海军所一直坚持的"英式战争方式"的观点。英国长期试图保持不介入的态度终于结束了——现在,保卫欧洲已成为英国防务的头等大事,而捷克斯洛伐克事件和柏林危机期间的紧张局势加剧了这一趋势。1949年签署的《北大西洋公约》是对这一优先事项的正式确认,这是英国有史以来承担的最全面的军事义务,它首先反映了英国对西欧的战略认同,以及对美国的战略依赖。相比之下,签订《中央条约》和《东南亚条约》都没有那么重要,只是表明反共姿态,而不是承担真正的义务,后来白厅也从未认真对待过这两个条约。

如果说,英国国防部门预计陆战(或者核战争)是最可能发生的紧急情况,还没有给海军部的希望和威望带来决定性的打击,那么,1945年后英国将陆海空三军整合为国防部的一系列决定(尤其是1946年、1963年和1967年的决定),对海军部自身的独立发起了根本挑战。[11] 当然,这一举措也是有先例的,帝国防务委员会及防务协调部长在20世纪30年代的活动就已经显示出这种迹象了。英国迫切需要以最合适的方式分配日益减少的资源,以使其拥有一支均衡的国防力量，这是采取新措施的主要原因，但在战略上也有其他一些重要原因。按照传统的二分法，陆军的任务是保卫印度，海军的任务是维护帝国海上交通线的安全。这种陆海军之间的矛盾一直延续到20世纪，而且由于有关欧陆承诺的激烈争论而显得更加突出。一些比较敏锐的作家，如朱利安·科贝特，努力展示了陆军和海军在英国过去的战争中是如何互补的，以及某一个军种单独行动时其作用和效力是如何大打折扣的。[12]但是，直到第二次世界大战，特别是像诺曼底登陆这样的行动，事实才再次说明，各军种需要有一个共同的战略，在这个战略中，各军种将相互合作以实现其总体目标。航空母舰的存在、空降师的创建和两栖战术的发展都表明，各个军种的作战角色现在是重叠的。[13]尽管如此，如果这种整合有令人信服的理由，那它确实意味着海军部对于决策权的特殊要求已经终结，也意味着海军不能再将自己视为更"高级"的军种了。

另一方面，粗略地看一下战后的国防预算，似乎就会发现，在财政领域，情况正好相反——海军在"蛋糕"中的份额正在稳步上升。考虑到另外一个事实，即在20世纪30年代它已经习惯于每年收到大约5 500万英镑的预算，似乎没有什么值得担心的。单单就赢得资金的能力而言，海军将领们的表现从绝对和相对意义上来看都可以说不错[14]：

英国国防预算和各个军种预算所占比例

年份	陆军	皇家海军	皇家空军	其他*
1946—1947年	7.17亿（43.4%）	2.669亿（16.1%）	2.555亿（15.5%）	4.14亿（25%）
1956—1957年	4.989亿（32.7%）	3.426亿（22.5%）	4.715亿（30.9%）	2.121亿（13.9%）

续表

年份	陆军	皇家海军	皇家空军	其他*
1966—1967年	5.733亿 (27.1%)	5.864亿 (27.7%)	5.14亿 (24.3%)	4.411亿 (20.9%)
1968—1969年	5.914亿 (26.5%)	6.747亿 (30.2%)	5.623亿 (25.2%)	4.036亿 (18.1%)

* 英国中央国防预算及其他部门的国防项目预算（例如航空、军事技术、原子能机构及公共建筑和工程方面的预算）

单位：英镑

然而，仔细研究一下，这些数字就显得不那么巨大了。考虑到战时和战后的通货膨胀，特别是军事装备和军人工资方面的通货膨胀，自1939年之前的一段时间以来海军开支的大幅绝对增长其实并未给海军带来多少实际的收益。此外，在英国的国防政策史上，经常会出现这样一个现象：在和平时期，随着陆军大量解散，海军军费的比例会有所上升。这表明，陆海两军在和平时期与战争时期的重要性几乎是成反比的。在这种情况下，海军在战后几年里所占军费份额的增加更多地反映了陆军和皇家空军的迅速削减，而不是其自身地位的实际改善。1957年所谓的"桑兹白皮书"（Sandys White Paper），是英军在苏伊士运河战争中惨败并深信存在大规模核威慑的背景下出台的，它大幅削减了征兵制所产生的庞大常备陆军。[15]就英国皇家空军而言，其推出的战略轰炸/导弹系统计划——如"蓝光"（Blue Streak）导弹、"阿弗罗730"（Avro 730）轰炸机、"闪电"（Skybolt）导弹，以及TSR-2攻击机、F-111战斗轰炸机——都是先点燃希望然后反复失败，导致其所占国防预算的比例总是短暂上升随即大幅下降。因此，在1945年后的混乱年代里，仅仅利用财政标准来衡量海军的作用和效力很可能是具有欺骗性的。

要想对皇家海军在当今英国国防战略中的地位进行更有意义的考察,可以研究政府的国防文件安排给国家武装力量的各种军事义务和战争应急预案。[16]

第一种紧急情况是最可怕的——核战争。氢弹、洲际弹道导弹以及苏联军事和技术能力的发展,使像不列颠群岛这样一个纵深较小、人口稠密的地区变得极其脆弱。与此类似,在20世纪30年代,英国人曾担心敌军轰炸机摧毁本土,直到发明雷达,并大量生产"飓风"和"喷火"战斗机;但现在看来,英国似乎不太可能采取任何防御措施来对付苏联部署的大量快速飞行的多弹头导弹:大约只需要10枚氢弹就足以把这个国家变成灰烬,而据估计,苏联国防力量目前拥有超过2 000个核运载工具。白厅早在1957年的白皮书中就已经得出了显而易见的结论:

> 必须坦率地承认,目前还没有办法为这个国家的人民提供足够的保护,使其免受核武器袭击的后果……现在,防止大规模侵略的唯一保障是威胁以核武器进行报复的能力。[17]

这一切都蕴含一个可怕的逻辑:正如丘吉尔所说的那样,安全必须建立在恐怖的基础上,而生存依赖于对相互毁灭的共同恐惧。因此,核威慑在很大程度上削弱了东方和西方在不冒任何风险的情况下攻击敌人的能力,以至于形成了一种实际上的战略僵局,只有偶尔出现的分歧才能打破这种僵局,而这种分歧可能会导致整个世界对于爆发核战争的结果感到汗流浃背;不过,这也可能在未来更长的一段时间内使得对立双方之间的关系出现缓和。

然而,东西方有核国家之间所达成的这种默契将几乎完全取决于美苏这两个超级大国。就像 1945 年以来经常出现的情况一样，英国的作用将是次要和有限的。在美国颁布《麦克马洪法案》（McMahon Act）并拒绝向英国分享核弹信息后，英国努力建立一支独立核威慑力量，这个过程已有详尽的记载，在此毋庸赘述。[18] 只能说这是一个不断令人失望和遭受挫折的故事，项目被反复取消，决策反复更改，手段和目的之间越发南辕北辙；而且现在看来，法国更加专一的政策可能会产生更好的结果。[19] 然而，这两个欧洲大国与美苏两大强国相比都不过是小巫见大巫，正如对核运载工具数量的最新估计所显示的那样[20]：

武器	美国	苏联	英国	法国
洲际弹道导弹	1 054	1 527	—	—
中程弹道导弹	—	600	—	18
潜射弹道导弹	656	628	64	32
远程轰炸机	443	140	—	—
中程轰炸机	74	800	56	58

事实上，随着 V 型轰炸机过时和退役，以及英国放弃诸多新型轰炸机的研制计划（实际上在财政和技术上都切实可行），如果没有"北极星"核潜艇，可能英国早已退出了"核俱乐部"。事实上，每艘"北极星"核潜艇都具备从海底向敌方目标发射 16 枚核弹头导弹的能力，拥有这种潜艇之后，英国似乎就有理由留在牌桌上了，皇家海军似乎也有理由宣称自己地位特殊。然而，在这方面，最初的假设同样很快就会被更严酷的现实所证伪。"北极星"实际上是美国武器，英国人在 1962 年通过专门的《拿骚条约》才

获得这种武器；而它们的价格和维护成本之所以相对较低（有人怀疑，如果没有这些因素，白厅将立刻放弃核威慑），"显然依赖于美国的善意和援助"。[21]在20世纪60年代和70年代，军事技术突飞猛进，英国却依赖美国的火箭技术，就像土耳其和某些拉丁美洲国家在1914年以前依赖英国的无畏舰一样。此外，有人怀疑，仅有4艘"北极星"潜艇的皇家海军恐怕连让至少1艘潜艇始终保持战位都难以保证[22]，但没有迹象表明英国会增加核潜艇的数量。最后，苏联反弹道导弹系统最近取得的重大发展表明，如果要继续保持核威慑能力，那么皇家海军就必须将自己的"北极星"导弹更换成更先进的多弹头型"三叉戟"潜射弹道导弹（同样是一种美国武器）。[23]

英国武装部队必须做好准备应对的第二种军事突发事件是保卫西欧的陆地边界——此时英国已经完全接受了对欧洲大陆的义务，向德国部署了5.5万名士兵和11个皇家空军中队。与美国、联邦德国和欧洲其他北约国家所做的更大贡献相比，英国的贡献是有用的，却不是决定性的，即使将英军派遣至欧洲大陆的兵力翻一番甚至两番，也不会对北约和华约国家时下不平衡的力量对比产生什么影响——后者在战术飞机、坦克和地面部队方面享有巨大的优势。[24]1968年，苏联向捷克斯洛伐克部署了30万军队，这无情地证明了苏联在最关键的中欧地区的军事部署能力；在欧洲北部地区，苏军相对于挪威军队的优势甚至更大；而北约南欧司令部尽管兵力领先，却掩盖不住地中海国家的诸多弱点。不管怎样，由于欧洲防务主要涉及陆军和空军所承担的责任，皇家海军的作用是最小的（除了发射"北极星"导弹，也即参与核战争）。只有在保卫欧洲的海上侧翼方面，英国才占据了较为突出的地位。

由于海洋是不可分割的，评估英国在这方面的地位时，最好顺带考察其保卫本国海上交通线的能力，因为在这两个方面，白厅及其盟友都面临着来自苏联海军的巨大挑战，而且后者的规模还在不断扩大。[25] 在过去的 20 年里，苏联人在其强大的陆空力量之外又增加了新的海上力量，其实力在西方至今仍然被普遍低估。正如《简氏战舰年鉴》的编辑最近所说的那样：

> 苏联军舰的出现和移动在世界地图上往往用红点表示，它们就像一连串的麻疹，但两者不同的是，麻疹总是会很快消退，而苏联舰艇将一直存在，因为苏联已经从"英国治下的和平"的那个世纪，以及美国海军占据绝对优势的四分之一个世纪中得出了结论——海上霸权即等同于国家权力、国际实力、威慑力量乃至核威慑力量。[26]

此时，苏联海军拥有 95 艘核动力潜艇、313 艘柴电潜艇、1 艘常规航母、2 艘直升机航母、12 艘导弹巡洋舰、15 艘火炮巡洋舰、32 艘导弹驱逐舰、66 艘火炮驱逐舰、130 艘护卫舰、258 艘海防舰和大量小型船只。只有拥有 15 艘大型攻击航母和更多水面舰艇的美国海军称得上优于苏联海军。不过，美国海军的规模还在不断下降，而且其更倾向于新装备一些价格极为昂贵的大型水面舰艇，而不是数量庞大的小型舰艇。另外，美国海军还受到了国内政治气氛的不利影响，在越南战争结束后，许多观察家都怀疑美国海军的这种领先优势无法维持下去，毕竟苏联海军力量的稳步增长似乎是不可阻挡的。

至少，毫无疑问的是，单靠英国皇家海军是绝对无法遏制苏联海军舰队的。皇家海军已经从 1945 年时拥有 15 艘战列舰和战列巡洋舰、7 艘舰队航母、4 艘轻型航母、41 艘护航航母、62 艘巡洋舰、131 艘潜艇、108 艘舰队驱逐舰和 383 艘护航驱逐舰及护卫舰的海上力量,退化到总共仅拥有 1 艘常规航母、2 艘直升机航母、4 艘"北极星"核潜艇、8 艘其他型号核动力潜艇、23 艘柴电潜艇、2 艘两栖攻击舰、2 艘巡洋舰、10 艘驱逐舰和 64 艘护卫舰的海上力量;而且在未来其规模很有可能会进一步缩减。即使在水面舰艇之间的比拼中,它也无法与苏联舰队相匹敌,但其最大的弱点在于反潜力量的规模较小。对海外贸易的依赖是两次世界大战中英国的"阿喀琉斯之踵",尽管现在其保护自己的能力已经惊人地下降了,但这种依赖仍然没有减轻。1939 年,英国皇家海军仍能派出 201 艘驱逐舰和护卫舰对抗德军的 49 艘 U 艇,但险些失败;如今,皇家海军仅拥有 74 艘驱逐舰和护卫舰,却要面对 400 多艘苏联潜艇。[27] 另外,所有水面船只,无论是商船还是海军舰艇,都容易受到导弹、炸弹和鱼雷的攻击,正如保罗·科恩(Paul Cohen)所说的那样,"海军的水面力量已经被削弱了"[28]。因此,西方国家的处境正变得更加艰难。难怪不论是出于战略、金融还是政治方面的原因,英国政治家们都倾向于采取缓和策略:与苏联开战,无论是核战争还是常规战争,都将是灾难性的。

在北约所能控制的地区以外,皇家海军所面临的海上形势要严峻得多,因为苏联舰队正在远海重复它在地中海所取得的胜利;在地中海,苏联人的舰队与美国第 6 舰队针锋相对,并设法抵消了后者的优势,苏联还利用积极的外交政策,确保了对某些阿拉伯国家的政治影响力,并借此获得了海军基地。特别是在印度洋,苏联海军的最新活动已经引发了普遍的担心[29],雪上加霜的是,这正好发

第十二章 道路的尽头:战后世界的英国海权 413

生在该地区几乎出现权力真空的时候。英国皇家海军已经基本上从苏伊士运河以东撤出，而美国也正在忍痛放弃其在 1945 年后欣然接受的世界警察地位，苏联海军此时正急切地向外扩张，似乎不受成本、旧装备过时和国内政治考虑的阻碍。当实现工业化的西方对原材料和海外贸易的依赖势不可当地增加，其商船队的规模也比以往都要大的时候，其保卫海上航线的能力——"制海权"的第一个也是唯一一个真正的定义——却正在下降。与此同时，海上封锁这一传统武器，即使在苏军飞机、潜艇和水面舰艇的干扰下成功实施，对该国的经济和作战能力也几乎没有什么影响。

英国武装力量的第四个战略目标是保卫英国在欧洲以外的领土和利益，并履行相关义务。在冷战初期，西方眼中的苏联威胁遍及亚洲尤其是中东，因此和比方说 1902 年或 1936 年几乎一样，保卫英国海外领地是军方首脑们优先考虑的问题；据此，英国武装力量也进行了革新，以确保自己能够应对所谓的"局部战争"。两栖攻击舰的建造，两栖部队和空降部队的发展，以及丛林战技战术的传授，都暗示着英军将继续扮演警察的角色，甚至将其作为主要任务。从这种角度来看，科威特、东非和马来西亚似乎比苏伊士运河更有意义。然而，近年来，这种态度已经发生了变化。[30] 除了一些偏远岛屿外，所谓"大英帝国"已经不复存在了；现在，对海外领土的军事干预会在英国国内引起广泛的不满，针对外国采取的军事行动则更甚；英国的财政已经无法再承受一场重大危机的压力；白厅是否拥有实现这一目标的军事实力令人怀疑，更不用说政治意愿了。世界力量的平衡和公众舆论正在迅速而深刻地发生变化，无法让时光倒流。例如，在海湾国家脱离大英帝国自谋生路仅仅几年之后，英国就因海湾国家的石油禁运而暂时陷入了瘫痪。签署《澳新美安全条约》之后,英国在东南亚所采取的措施也不太可能扭转这一趋势:就连《简氏战舰年鉴》也承认,现在"在远东维持一支重要的舰队"是毫无用处的。[31]

因此,在英国认为自己可能会意外卷入战争的所有四种突发状况中,很明显,英国的国防需求已经远非其实力所能满足,尤其是在海军领域。核战争对英国来说将是一场灾难,英国的威慑力也不可能像其他大国那样有效:其海上力量无法守住西欧;鉴于苏联舰队目前的规模,英国皇家海军也无法充分保卫北约的海上侧翼以及遍及全球的海上交通线的安全;皇家海军在海外战场上的作用和能力也正在迅速减弱。正如《简氏战舰年鉴》所承认的:

> 一个严酷的事实是,皇家海军的实力已经滑落至安全线以下,无力保护本土岛屿、遍及全球的商业船队,以及海洋贸易航线的安全……也无力保护海外巨大的商业利益和金融利益,无力履行北约、《澳新美安全条约》和其他条约的义务。[32]

知道了这些后,《简氏战舰年鉴》所提出的用来弥补这些弱点的解决办法也就不足为奇了:将此时约为英国国民生产总值(GNP)5%的国防开支增加到与苏联和美国相当的比例(8%),或者如另一位海军权威人士所说的那样:

> 主要问题是……提供足够的兵力,使英国能够履行义务,如果它想像昔日一样,保持伟大的表象,它就必须这样做。整个民族都需要意识到英国的历史遗产及其日常生计对海权的依赖。[33]

第十二章 道路的尽头:战后世界的英国海权

当然，在英国国防政策的历史上，这样的呼声已经不是第一次出现了：它们只是贝蒂、查特菲尔德及其前任们的声音在时下的回响，那一连串陆海军将领曾努力说服他们的政治领导人相信，他们的国家正面临着巨大的潜在危险，迫切需要更多的舰艇和人手，但这些努力通常是徒劳的。或者说，这些只是顽固的少数派的声音，他们对迫使政治家们自然而然地做出妥协的国内压力无动于衷，反对把资金用于满足民生和经济需求，而且总是怀疑其他大国，夸大它们构成的威胁。于是，在做好万全准备和不做任何准备这两种极端信念之间，必须找到一条明智的中间道路，因为英国的统治者既不能把希望寄托在他们将来永远不会卷入战争或对抗这样的假设上，也不能期望与超级大国达到同样的军备水平。由于英国的相对军事实力和在国际事务中的作用正在下降，由于其人口和工业基础过于薄弱，无法独力自保，它必须与盟国联合起来进行共同防御；由于英国特别容易受到军事和经济压力的影响，它必须成为带头鼓励东西方进行对话的国家，并致力于用缓和、和平的方式来解决世界问题；英国应认清炮舰外交已成过去，维护海外利益应通过谈判而非武力。英国以前的政策，即使是在其最鼎盛的时期，也不会假定世界其他地区都充满敌意和恶意，因此需要武装到牙齿；现在也不该如此。

　　然而，在一个不可预测和不断变化的世界里，民族国家仍然一如既往地倾向于用武力保护其"重大利益"；同样清楚的是，英国需要保持最低限度的武装力量：它不可能在一夜之间填补和平时期和战时国防需求的巨大差距。从所有衡量目标和手段的标准来看，目前英国的国防力量都明显是严重不足的，除非它几乎完全依赖北约的核威慑，但这不仅是一项极其危险的政策，而且也是在许多情况下不适宜的政策。

然而，这个困境中最残酷的部分是，海军至上主义者们所呼吁的略微提高军费预算在政府开支中的比例的措施并不是一种彻底的解决办法。除了时下这一举措在国内政治方面所遇到的困难之外，任何可预见的军费增长都只能产生微不足道的战略影响。难道再买一艘"北极星"潜艇和两艘所谓的"全通甲板巡洋舰"*，总共花费整整2亿英镑，就会大大改变英国履行上述义务的能力吗？或许，更符合逻辑的做法是实施一个规模更大、更长期的海军建设计划。但是，许多赞同这一主张的人往往忽略了**一个简单的事实：英国太穷了，负担不起任何这样的计划**，而给《泰晤士报》或《每日电讯报》投稿或以同样的思路向"皇家联合军种国防研究所"（RUSI）提交论文的退役海军少将们却常常回避这个事实。甚至在两次世界大战之间的时期，查特菲尔德就私下承认："我们确实没有足够的收入来维持一支一流的海军。"[34] 现在必须承认，即使是建设一支优秀的二流海军也超出了英国的能力。因为海上力量始终取决于商业和工业实力：如果后者相对衰落，那么前者必然也会随之衰落。正如英国海军的崛起根植于其经济的进步，其海军的崩溃也源于其逐渐失去经济上的领先地位。于是，我们兜了一圈，回到了原点。

我们稍后将更详细地探讨英国经济表现不佳的真相及其对1945年后英国在世界中权力地位的影响，但这种探索并不意味着

---

* 英国皇家海军对"无敌"级航母的最初称呼。"无敌"级一开始并不是作为航空母舰设计的，而是定位成随同大型航母行动的直升机巡洋舰，后因大型航母的建造计划取消，"无敌"级通过改建承担了航母的职能，但其主要构造仍为巡洋舰，所以起初保留了巡洋舰之名。——译者注

这个国家能够以任何可以想象的方式继续保持其在19世纪的优势地位。麦金德完全正确地指出，拥有更多人口、更大土地和更丰富原材料资源的其他国家的工业化将导致全球力量平衡发生根本性转变，并导致英国的相对衰落；从这方面来讲，英国维持世界上最强大海军的能力也必然受到影响。这种探索也不会削弱本书进一步提出的主要论点，即马汉和他的信徒们眼中的海权——基于国家对海洋贸易的依赖，以及通过最大规模的水面战舰来控制这种贸易——已经因工业化的陆上帝国和大量新式武器的出现而被超越和取代。无论如何，这两种趋势都会导致英国海上霸权的衰落。因此，不可否认，下面的内容并不具有普遍意义：我们将探究为何英国难以维持哪怕是二流的海军，以及为何仅增加国防预算不足以扭转其衰落趋势，还需要采取更根本性的措施。

二战对英国经济实力的影响显而易见：出口工业衰退，海外市场丧失，机器设备磨损，工厂与财产被空袭破坏，无形收入损失，以及国家债务急剧增长——这些我们都已经在前文描述过了。[35] 正是这种严峻的财政形势，促使凯恩斯在欧洲战争结束时向内阁提交了一份著名的报告，称英国正面临"金融上的敦刻尔克"，如果没有美国的援助，贸易逆差将会如此之大，以至于英国将"实际上破产，而且公众寄予厚望的经济基础也将不复存在"[36]。因此，美国在事实上取消英国因《租借法案》而背负的义务，以及在1945年底提供37.5亿美元的长期贷款，是恰逢其时的援助，但美国附带的条件是白厅应尽快实现英镑的自由兑换，这表明美国仍然没有放弃其战时的财政目标并且高估了英国的经济实力；事实上，一位学者认为，华盛顿削弱了英国在中东等地区的能力，但同时又希望英国在那里保持稳定的存在，从而将英国这一"次要合伙人"置于左右为难的境地。[37]1947年英国同意英镑可自由兑换，同年就爆发了经济危机，这表明了国际金融市场是多么不看好英国。即使1949年第二次经济危机之后英镑大幅贬值，这一困境也只是暂时缓解，因为朝鲜战争（当时英国的国防开支跃升至其国民生产总值的9.9%）不可避免地对出口贸易和商品价格造成了不利影响。除了被迫保持这种冷战的态势之外，英国还面临着海外高额军事开支所带来的国际收支平衡压力：1952年，英国海外军事开支达到1.4亿英镑，1960年达到2.15亿英镑（而1938年英国政府在海外的总支出仅为1 600万英镑）。战争胜利导致英国势力过度扩张，这种局面在战后因国际紧张局势而延续下去，似乎又一次严重阻碍了英国经济的平衡发展。

然而，这只是一部分事实，因为战争与其说是英国地位衰落的一种催化剂，不如说是经济上的一种额外负担。事实上，战后的英国经济已经越来越表现出19世纪后期的趋势，我们在前文中已经对这种趋势进行过深入探讨：英国人普遍不承认传统管理方式和工会均需改革；不能充分利用新思想和新技术；工艺粗制滥造，销售技巧拙劣；在教育和公共生活中厌恶科学、技术和商业；投资率低得令人绝望；劳资关系紧张；还有全体国民都习惯了入不敷出。只有在认识到这些长期特征的重要性之后，我们才能再加上一些近期的因素：海外军事开支陡增；随着帝国市场进一步丧失，无形收入这一"缓冲垫"也在减少；贸易条件的变化，尤其是石油这种重要原材料价格的大幅上涨，也对英国经济造成了损害。不过，就算英国人在1945年受到经济问题的严重困扰，他们的处境也很难与日本人、德国人和其他工商业几乎被彻底摧毁的民族相比。无论怎样夸大战争对英国的影响，也无法解释这样一个事实：受战争破坏严重得多的国家从那时起实现了经济的高速发展，而英国却未能实现。战后几乎所有与制造业生产率相关的数据——无论是国家增长率、人均每工时产出增长率、资本形成和投资率，还是出口率——都表明，英国在工业化大国中处于或接近垫底的位置。例如，它在世界工业制成品出口中所占的份额，从1948年的29.3%下降到了1966年的12.9%。[38]

这再一次提醒我们，我们是在对英国经济的**相对**衰落进行考察；因为，从绝对意义上讲，二战后的这些年里，英国人民的财富普遍大幅增长，同时许多工业门类的效率都提高了很多，另一个事实则是，英国今天的出口按比例来计算比19世纪的任何时候都要多。然而，当得知英国人正在（相对地）成为"欧洲农民"时，这一点也就不令人感到安慰了。这种地位不仅本身不令人羡慕，而且对该国军事潜力的影响也不容乐观。最后，一些评论者，如《泰晤士报》的经济版块编辑，悲观地认为过去25年间英国经济的缓慢增长和周期性的"紧缩和膨胀"过程实际上代表了一个黄金时代，因为：

> 有证据表明，每一个周期都比上一个周期更难维持，刺激的周期越来越短，通货膨胀的峰值越来越高，国际收支平衡的最低点越来越深，失业率的峰值和平均水平越来越高。政府的政策也在"紧缩"和"刺激"之间不断摇摆，幅度越来越小，频率越来越快。[39]

与这种糟糕的经济表现交织在一起的，而且或许同等重要的，是某些心理上的变化。首先，英国政府的政策普遍背离了民众要求其继续扮演帝国和大国角色的愿望——也许1945年艾德礼取代丘吉尔成为首相，以及随后工党政府进行的社会改革是最好的象征——这一点很容易觉察到。然而，值得注意的是，这是一种比同时发生的英国撤回军事承诺的举动更加深刻的变化，因为虽然英国官方开始将注意力从大英帝国转移到欧洲，但很多民众并不买账：进入"共同市场"更多是一个存在争议的问题，并没有获得共识。因此，迪安·艾奇逊的尖锐评论"大不列颠已经失去了帝国，却仍未找到自己的角色"依然适用，而且它将继续适用，直到目前英国人的内省情绪被不那么自怜和仇外的情绪所取代为止。不可避免地，公众对任何形式的外交和军事事务都不像对国内政治和社会事务那么感兴趣，而当经济管理变成一个极具争议的问题时尤其如此。在这种情况下，内部争吵升级，国家出现分裂也就不足为奇了：英国中产阶级已经失去了原先非凡的自信，这种自信曾把他们带到地球的尽头，现在他们感到不安和胆怯；工人阶级要么表现出普遍的冷漠，要么（在组织良好的工会中）表现出自20世纪20年代以来从未出现过的战斗性；英国政治制度本身在民众中间引发了普遍的玩世不恭和幻灭感；宗教已经衰落，却没有任何新的"精神鸦片"取而代之；过度怀旧或追逐新潮成了司空见惯的情况。这些难以言喻的普遍问题对经济产生了影响，而后者反过来又同时影响着公众的情绪，因此往往很难将原因与结果分开。当然，这种现象并非英国独有，但它们似乎在英国更加根深蒂固，以至于欧洲人都惋惜或担忧地称之为"英国病"。

相信致力于研究世界历史的学者们很容易就能识别出这些经济相对衰退、国家收缩趋势加剧和国内政治纷争的症状：它们代表了一个衰落帝国的相当普遍的特征。在这方面，值得注意的是卡洛·奇波拉，他在对罗马、拜占庭、阿拉伯、西班牙、意大利、奥斯曼、荷兰和中国等帝国衰落的过程进行总结时，发现了一些共同的经济趋势和国民心理变化：

每当我们审视正在衰落的帝国时，我们都会注意到它们的经济普遍开始下行。衰落帝国遭遇的经济困境表现出惊人的相似之处。所有帝国似乎最终都顽固地抵制发展生产力所必需的变革。于是，必要的企业、必要的投资，乃至必要的技术变革都不会再出现。为什么？我们必须承认的是，事后看来已经过时的行为模式，在帝国生命的早先阶段，却是一种成功的做事方式，也是帝国成员们所引以为傲的……改变我们的工作方式和经营方式意味着要更广泛地改变习俗、态度、动机和代表我们文化遗产的价值观。如果不进行必要的改革，放任经济在困境中越陷越深，那么必然会出现一个不断累积的过程，使情况日益恶化。帝国衰亡也将由此进入最后也最显著的阶段。当需求超过生产能力时，社会矛盾势必会加剧。通货膨胀、过度征税、国际收支平衡困难都只是一系列可能爆发的矛盾中的一小部分。届时，公共部门会对私营部门施加巨大压力，以尽可能榨取最大份额的资源。消费将与投资互相竞争。在私营部门内部，社会群体之间的冲突将会愈演愈烈，因为每个群体都尽可能地试图避免在经济上做出牺牲，即使这种牺牲是必要的。随着斗争加剧，人们及社会团体之间的合作会逐渐消失，对共同体的疏离感会随之产生，群体和阶级自私自利的态度也将随之增强。[40]

本书无须对这些历史先例做进一步评论。

在战后岁月里，我们还能看到政府在社会和经济需求领域的开支加速增长，而分配给国防建设的资金成比例下降——这也许是国家收缩的另一个迹象，尽管这是民主社会的一个不可避免的趋势，在民主社会中，普通人更加关注眼前问题而非外交政策。费舍尔的时代一去不复返了——在1905年，海军可以花费3 680万英镑，陆军可以花费2 920万英镑，而政府只留下2 800万英镑用于各种民生项目。[41] 甚至在两次世界大战之间的年代，这种分配比例就已经发生了巨大的变化，而自朝鲜战争和苏伊士运河危机以来，国防开支继续相对减少，下面的表格反映了这种变化。[42]

国防及其他一些服务的公共支出，1962—1972年

年份	国防	交通运输	其他工业和贸易	住房及环境服务	教育	国民健康	社会保障福利	公共支出总额
1962	1 840	465	735	969	1 173	971	1 744	11 013
1963	1 892	470	757	1 067	1 282	1 035	1 988	11 666
1964	1 990	509	905	1 355	1 417	1 130	2 099	12 759
1965	2 105	602	1 015	1 559	1 585	1 275	2 408	14 143
1966	2 207	644	1 215	1 642	1 768	1 401	2 577	15 314
1967	2 412	745	1 744	1 874	1 970	1 552	2 900	17 528
1968	2 443	886	1 901	1 966	2 182	1 688	3 340	19 138
1969	2 294	768	1 869	2 050	2 346	1 767	3 571	19 810
1970	2 466	916	1 888	2 288	2 640	2 018	3 923	21 825
1971	2 768	1 017	2 197	2 428	3 020	2 292	4 307	24 266
1972	3 097	1016	2 117	2 770	3 508	2 644	5 119	27 144

单位：百万英镑

很明显，似乎只有国家陷入另一次紧急状态才能扭转这一趋势。在一个国际关系缓和的时代，当有如此多的国内需求似乎比国家的外部需求更紧迫时，扩大国防开支的理由尤其难以找到。马汉自己也曾预言过这一点，他曾相当悲观地写道：

> 成功的战备需要一个民主政府有远见，对国家地位和信用具有高度的敏感性，愿意在和平时期投入充足的资金来确保国家的繁荣，但这些条件都是存疑的。受欢迎的政府通常不赞成增加军费开支，尽管这是必要的，而且有迹象表明英国很可能在这方面落后于其他国家。[43]

现代武器装备成本飙升是严重影响英国军事力量的另一长期趋势。这也不是英国独有的现象，但是，一个财政薄弱、存在严重通胀和国际收支平衡问题的国家，应对这一问题的能力要比其他国家差很多。英国第一艘核动力潜艇"无畏号"耗资超过1 800万英镑；几年后，"北极星"核潜艇，如"决心号"，耗资4 000万英镑，而且这还不包括导弹系统。如果加上导弹系统，每艘该型核潜艇的造价将飙升至5 200万至5 500万英镑，另外，如果没有美国的援助，其成本无疑会高得多。"鹰号"航空母舰新建时的造价为1 575万英镑，但到20世纪60年代初改装时耗资高达3 100万英镑。42型导弹驱逐舰每艘耗资1 700万英镑，82型导弹驱逐舰"布里斯托尔号"耗资2 700万英镑；每推出一款新舰型，其造价都会急剧攀升。的确，这些舰艇比1914年至1918年或1939年至1945年的同类船只要先进得多，威力也大得多，但另一个事实是，海军不得不把越来越多的资金集中在数量较少的船只上，而英国的商船队和海上交通线的规模却没有缩小，反倒扩大了。现在，如果没有大量的资源，根本没有财力去建造大型军舰：美国核动力导弹巡洋舰"长滩号"耗资 3.32 亿美元，最新的核动力攻击巡洋舰预计将耗资 10 亿美元，而"三叉戟"潜艇（拥有一个复杂的超远程导弹系统）初步估计也这样造价高昂——一艘潜艇就耗资高达 10 亿美元！[44]

此外，自从英国结束全国征兵制以来，各军种不得不与工业界提供的薪酬水平相竞争，其结果是国防预算中用于装备建造的资金的比例大大下降：例如，1972 年，英国国防开支当中有 15.67 亿英镑（57.9%）用于支付薪酬、津贴和维修保养，只有 6.24 亿英镑（23.1%）用于采购新装备，3.07 亿英镑（11.3%）用于研发新武器。[45] 未来用于装备建造的预算份额还可能进一步下降。

所有这些财政压力对英国维持充足的国防力量和维持它之前在世界上的角色都产生了双重影响。首先，有许多事例表明，由于成本太高，英国人被迫从海外领土撤退，或者由于价格上涨和总体预算的考虑，被迫放弃了大量新武器。[46] 全国征兵的"大陆军"政策被取消，主要是因为成本太高（尽管如前文所述，采取志愿兵役制度也并没有节省经费）；与印度尼西亚的军事对抗等事件，由于造成了收支平衡的压力，导致公众要求从这些地区撤出；TSR-2 之类的新型武器系统被取消建造，因为它们的成本不断上升，超出了国家的支付能力；1966 年的国防白皮书反对建造新航母，因为财政部坚持认为国防预算不应超过 20 亿英镑；"鹰号"航母尽管在 20 世纪 60 年代早期进行了改装，但为了达到与"皇家方舟号"同等的水平，还需要进行另一轮现代化改装，可是海军发现改造费用过于昂贵，便将它解除现役，海军航空兵也随之

"不复存在"。[47]当82型驱逐舰的总建造费用眼看要达到2 700万英镑时，建造另外3艘该型驱逐舰的计划便立即遭到了放弃；同样的情况也可能发生在拟建的"全通甲板巡洋舰"上，因为有消息称，每艘的造价可能高达6 500万英镑。最著名的例子可能是工党政府在1967—1968年因严重的经济危机而做出的一系列决定：放弃"苏伊士以东"政策并撤出在波斯湾和远东地区建设的昂贵基地，取消F-111战斗轰炸机的发展计划，缩减武装部队的规模，提前让航母逐渐退役，这些都给英国武装力量造成了沉重打击，至今其元气仍未恢复。

第二个后果涉及英国维持足够国防力量的**相对**能力。其他国家也遭遇了通货膨胀、新武器成本的可怕上涨以及国内要求改善社会服务的压力；但是，如果它们的工业**和**金融实力增长得比英国更快，它们就会更容易同时满足民用和军用需求。换句话说，当蛋糕总是在变大时，在如何分蛋糕的问题上就不会出现那么多争议了。因此，以下数据最有助于我们理解近期以来英国的衰落过程[48]：

战后世界各大国国民生产总值

	美国	日本	联邦德国	法国	英国	苏联
1952年	3 500亿	160亿	320亿	290亿	440亿	1 130亿
1957年	4 440亿	280亿	510亿	430亿	620亿	1 560亿
1962年	5 600亿	590亿	890亿	740亿	810亿	2 290亿
1967年	7 940亿	1 200亿	1 240亿	1 160亿	1 100亿	3 140亿
1972年	11 520亿	3 170亿	2 290亿	2 240亿	1 280亿	4 390亿

单位：美元

英国从 1952 年的第三位下滑到 1972 年的第六位，而且此后进一步逐年下降，这在军事和政治上都造成了明显的后果。为了保持与联邦德国、法国和其他类似的二流强国相当的国防力量，英国不得不将国民生产总值的更大部分用于国防开支：就像 1914 年之前的奥匈帝国一样，英国必须勉力维持自己的地位。例如，1972 年联邦德国的国防预算总额为 76.68 亿美元，仅相当于国民生产总值的约 3.3%，而英国的国防预算总额为 69.68 亿美元，占国民生产总值的约 5.4%。法国的国防开支虽然在绝对值上只略低于英国，但仅相当于其国民生产总值的 3.1%，并将随着该国经济的增长而稳步上升。因此，法国不仅将拥有比英国更多的弹道导弹核潜艇，且很可能在不久的将来拥有世界第三强大的海军。[49] 1972 年，日本的国防支出仅占其国民生产总值的 0.9%，如果它能把这一比例提高到英国的水平，它将拥有一支十分庞大的海军。这一切都让白厅陷入了一个令人不安的两难境地：要么大幅削减国防开支（但英国国防力量执行其公开声称的任务时本来就捉襟见肘了），要么面临军费开支过高（远远超过与其规模和人口相当的其他工业国家）的政治和经济后果。

根据那些透过迷雾望向未来的经济预测家的说法，这种令人沮丧的趋势不太可能发生改变。历史学家不难指出，在过去，由于不可预见的政治发展，类似的预测经常被证明是错误的；因此，赫尔曼·卡恩的观点，即认为日本的国民生产总值将在 20 世纪末超过美国，可能已经受到了当前世界石油危机的致命打击。但我们不应该轻视他的另一个观点，即他罗列的促使经济增长持续的 12 个"定性-定量"因素反过来仍适用于英国。[50] 英国的贸易条件似乎也注定要在未来趋于恶化。或许北海的"石油奇迹"会带来一些转变，或许加入"共同市场"也会带来巨大的好处（尽管这种可能性很小）。然而，大多数迹象表明，要想从根本上改变英国的经济增长率、财富和国防能力，很可能需要它在思想和态度方面做出同样根本性的改变。

但这是从有形的政治和经济事实转向了无形的大众心理领域，从过去和现在的既定数据进入了不可预测的未来领域。在这两种情况下，历史学家要么放弃他的专业，要么就此停笔。我更喜欢后者。无论英国人的未来如何，很明显，他们曾经努力争取并化为现实的掌握海上霸权的时代终于宣告结束了。在过去的一百年中，沿着传统路线进行的海上战争，以及英国在世界上的地位，都已经发生了不可逆转的变化。未来，英国是继续留在美国的"保护伞"下，还是与欧洲盟国合并成一个统一的防御单位，以及它是否会处理好各军种之间的关系，并就常规武器和核武器的使用达成一个令人满意的解决方案，所有这些我们今天焦急争论的问题[51]，与我们所追溯的一个更加宏大的历史过程，即英国作为一个独立的世界海军强国的兴衰相比，都相形见绌了。而既然英国已经不再是一个独立的世界海军大国，这个故事就可以稳妥地在此画上句号了。

后　记

英国历史学家坎贝尔在写到18世纪中叶西班牙帝国的衰落时指出：

> 这个幅员辽阔的君主国已经心力交瘁，它的资源位于千里之外，无论哪个大国控制了海洋，都可能控制西班牙的财富和商业。它从诸多海外领土中获取资源，这些领土距离首都很遥远，彼此之间也很遥远，这使得它比其他任何国家都更有必要拖延时间，直到它能够让它庞大但支离破碎的帝国的全部组成部分都行动起来。[1]

当时，英国刚刚从七年战争中取胜，赢得了更高的声望和更多的领土。而在这一过程中，西班牙早已衰落的世界地位又受到了进一步侵蚀。不过，那时候很少有英国人会关注西班牙这个屡次被他们战胜的手下败将；英国人正将所有的注意力放在未来，而未来似乎也预示着他们自己的国家将在世界舞台的中心位置占据无与伦比的统治地位。

然而，在西班牙衰落大约两个世纪后，就轮到英国步其后尘了。就算充分考虑到这两个事件的背景差异，人们也不禁对上述引文同样适用于大英帝国（比如说20世纪30年代的）而倍感震惊。经济衰退使得英国也濒临"心力交瘁"的状态，而且即使英国不像西班牙那样严重依赖其殖民地的财富，其很大一部分市场、原材料来源和投资也都在海外，而且大英帝国的海上交通线极易受到外国的威胁。大英帝国本身，就像西班牙一样，提供了利德尔·哈特所说的"战略过度扩张"的一个经典例子：一个国家面对着无数的防御负担和义务，却没有相应的能力来持续承担它们。在这种情况下，帝国的解体——无论是因内部分裂还是外部攻击，或者两者兼而有之——都只是时间问题。因此，19世纪初西班牙帝国大部分领土的迅速解体，不过是一种早就可以预料的命运终结而已。英国也是如此。1945年后，英国遍及全球的帝国收缩得更快，只剩下最初的组成部分继续维持自己的统治，并被迫适应其工业、殖民和海军优势的丧失。

审视英国作为海军大国的当前地位时，回顾马汉的经典著作《海权对历史的影响》第一部分列举的成功六要素是很有意思的。[2]英国的"地理位置"（第一要素）现在远没有前几个世纪那样有利了，因为空中力量已经消除了它作为一个岛国所拥有的优势，它在食品和其他基本物资方面也无法实现自给自足了；此外，欧洲以外新兴强国的崛起削弱了英国早先在欧洲海域遏制敌对海军的能力。至于它的"地形构造"和"领土范围"（第二和第三要素），我们在20世纪见证了麦金德预言的实现，即拥有丰富自然资源的洲际大国将超越从事海上贸易的小型边缘国家。而"人口数量"情况

（第四要素）仅仅证实了以下这种转变——虽然英国民众中仍有较大比例的人"以海为生"，但当海军实力的基础更多基于一个国家的先进技术和财政实力，而不是招募海员的能力时，这个要素也就变得无足轻重了。

如果下一个要素，即所谓的"民族特征"（第五要素），意味着要按照某种准达尔文主义标准对不同种族的优点进行评论的话，那我们很难对其进行严肃的分析。因为历史表明，在特定的时间和特定的条件下，任何民族都有可能在世界舞台上大放异彩。但如果它是指一组更明确的考量因素，如商业能力、国家效率和生产力，以及对海洋事务的广泛兴趣，那么马汉的观点就变得非常适合当代英国了，因为英国在所有这些方面都有所欠缺。"政府的特性和政策"（第六要素）也是如此。一小群贵族、"贸易绅士"和西印度商人引导整个国家追求殖民地和海上霸权的日子，甚至德国宣布一项额外的海军法案就可以使整个国家群情激昂的日子，都早已过去了。苏联加强海军建设的举措只引起了少数战略专家和保守党后座议员的注意；法国将很快拥有一支规模超过英国的海军——这是自1779年以来的第一次——但这一事实基本不会引起英国公众的注意。在这个回缩的时代，当国内社会和经济问题占据新闻头条时，过多地谈论英国海权的状况会被认为是不合时宜的。因此，按照马汉判断成功海洋国家的所有标准来衡量，目前的英国都不符合条件。

对英国世界地位的变化，以及随之而来的公众态度的转变表示认同或者惋惜，与本书现在的分析毫不相干：事实是，它们已经发生了，而历史学家必须承认它们。任何一位对历史稍有了解的人都知道，没有哪个曾经抵达世界权力顶峰的国家可以永远保住这个地位。正如早在1727年的一份官方报告所写的那样："制海权常在国家间转移，虽然大英帝国拥有这一优势的时间可能较长，但世事难料，人类事务终将变迁。"[3]对于我们讲述的故事而言，这是一段贴切的墓志铭，同时也提醒我们，英国人在世界事务中长期扮演的角色与其人口规模和领土大小完全不成比例。那些对英国放弃这一角色感到遗憾的人，可能会因为这一不可否认的事实而感到一些小小的安慰，他们普遍认为，一个以海上力量为基础的帝国通常比那些以陆地力量为基础的帝国更有益，也显得不那么强硬。

只有在遥远的未来，历史学家才会对英国掌握海上霸权的历史时期进行更为客观的考察，并将其与之前和之后的其他帝国进行比较。然而，这不应妨碍我们自己进行富有成效的对比，以更好地理解某些国家兴衰背后的原因。这样做不仅有助于我们阐明过去，而且更有助于我们理解世界政治的现状。毫无疑问，我们有充分的理由来进一步研究1727年的那位作者所说的"巨大变迁"，毕竟，人类的所有事务都会经历这种变迁。

注　释

引言

1 A. T. Mahan, *The Influence of Sea Power upon History 1660–1783* (London, 1965 edn), p. iii.
2 H. W. Richmond, *Statesmen and Sea Power* (Oxford, 1946), p. ix.
3 关于此处，见B. Brodie, *A Guide to Naval Strategy* (New York, Washington and London, 1965 edn), Chapter IV, 'Command of the Sea'。
4 Mahan, *The Influence of Sea Power upon History*, p. 25.
5 J. Mordal, *25 Centuries of Sea Warfare* (London, 1970 edn), pp. 3–46; E. B. Potter and C. W. Nimitz (eds.), *Sea Power: A Naval History* (New Jersey, 1960), pp. 1–15.
6 Mahan, *The Influence of Sea Power upon History*, p. 138.
7 Potter and Nimitz, *Sea Power: A Naval History*, p. vii.
8 ibid.
9 Mahan, *The Influence of Sea Power upon History*, p. 88.
10 ibid., pp. 25–89. 另见 W. E. Livezey, *Mahan on Sea Power* (Norman, Oklahoma, 1947), Chapter III。
11 Mahan, *The Influence of Sea Power upon History*, pp. 90–91.
12 ibid., pp. 25, 65 and 225–6.
13 ibid., p. 28.
14 J. J. Clarke, 'Merchant Marine and the Navy: A Note on the Mahan Hypothesis', *Royal United Services Institution Journal*, cxii, no. 646 (May 1967), p. 163. 马汉认为作战海

军总是会自动从商业和航运中诞生，克拉克在这篇文章中举出许多例子反驳了这一论点。

15 C. G. Reynolds, 'Sea Power in the Twentieth Century', *Royal United Services Institution Journal*, cxi, no. 642 (May 1966), p. 135; Livezey, passim.

第一章

1 概述见 *The New Cambridge Modern History*, i, *The Renaissance*, edited by G. R. Potter (Cambridge, 1961); J. Pirenne, *The Tides of History*, ii, *From the Expansion of Islam to the Treaties of Westphalia* (London, 1963 edn), pp. 213 ff。

2 J. H. Parry, *The Age of Reconnaissance* (London, 1963), p. 54 and passim; C. M. Cipolla, *Guns and Sail in the Early Phase of European Expansion* (London, 1965).

3 J. Needham, *Science and Civilization in China*, 5 vols. to date (Cambridge, 1954–71), iv, Part 3, *Civil Engineering and Nautics*, p. 554.

4 Parry, *The Age of Reconnaissance*, pp. 83–114; J. A. Williamson, *The Ocean in English History* (Oxford, 1941), pp. 1–27.

5 Needham, iv, part 3, *Civil Engineering and Nautics*, PP. 379–587.

6 Parry, *The Age of Reconnaissance*, pp. 19–37; Cipolla, *Guns and Sail in the Early Phase of European Expansion*, passim; Needham, iv, part 3, *Civil Engineering and Nautics*, pp. 508–35.

7 然而，李约瑟也提出了其他原因来解释为什么中国没有像西欧那样建立起以海洋为基础的帝国，其中包括内部的反对，以及保守的儒家学说的强大力量，这两者都导致中国在15世纪和16世纪期间海军力量显著下降。Needham, *Civil Engineering and Nautics*, pp. 524–8.

8 关于海军军备的发展，同样见 Parry, *The Age of Reconnaissance*, pp. 114–24; Cipolla, *Guns and Sail in the Early Phase of European Expansion*, passim; P. Padfield, *Guns at Sea* (London, 1973), pp. 9–70。

9 Padfield, *Guns at Sea*, pp. 25–7.

10 Padfield, *Guns at Sea*, p. 9.

11 R. Davis, *The Rise of the Atlantic Economies* (London, 1973), passim, but especially pp. 73–87; Pirenne, *The Tides of History*, ii, pp. 357 ff.

12 H. J. Mackinder, 'The Geographical Pivot of History', *Geographical Journal*, xxiii, no. 4 (April 1904), pp. 432–3.

13 K. M. Panikkar, *Asia and Western Dominance. A Survey of the Vasco da Gama Epoch of*

    Asian History 1498–1945 (London, 1959 edn), p. 13.
14 H. A. L. Fisher, *A History of Europe*, 2 vols. (London, 1960 edn), i, p. 430.
15 Parry, *The Age of Reconnaissance*, p. 48.
16 C. T. Smith, *An Historical Geography of Western Europe before 1800* (London, 1967), pp. 403 ff.
17 A. L. Rowse, *The Expansion of Elizabethan England* (London, 1955), chapters I–IV, XI.
18 Cipolla, *Guns and Sail in the Early Phase of European Expansion*, pp. 36–41.
19 关于此处，见R. G. Albion, *Forests and Sea Power, The Timber Problem of the Royal Navy 1652–1862* (Hamden, Conn., 1965 edn)。
20 D. Howarth, *Sovereign of the Seas. The Story of British Sea Power* (London, 1974), pp. 11–63; G. J. Marcus, *A Naval History of England*, 2 vols. to date (London, 1961–71), i, pp. 1–20; B. Murphy, *A History of the British Economy 1086–1970* (London, 1973), pp. 51–9, 83–98.
21 B. Murphy, *A History of the British Economy*, p. 89.
22 关于此处，见 J. A. Williamson, *A Short History of British Expansion*, 2 vols. (London, 1945 edn), i, pp. 81–124; Williamson, *Maritime Expansion 1485–1558* (Oxford, 1913); W. Oakeshott, *Founded upon the Seas* (Cambridge, 1942)。
23 R. B. Wernham, *Before the Armada. The Growth of English Foreign Policy 1485–1558* (Cambridge, 1964), p. 349.
24 K. Marx and F. Engels, 'Manifesto of the Communist Party', in *The Essential Left* (London, 1960 edn), pp. 15–16.
25 K. R. Andrews, *Elizabethan Privateering. English Privateering during Spanish War 1585–1603* (Cambridge, 1964), p. 18.
26 T. K. Rabb, *Enterprise and Empire. Merchant and Gentry Investment in the Expansion of England, 1575–1630* (Cambridge, Mass., 1967), p. 13.
27 L. B. Wright, *Religion and Empire. The Alliance between Piety and Commerce in English Expansion 1558–1625* (New York, 1965 edn).
28 *The Cambridge History of the British Empire*, i, edited by J. H. Rose, A. P. Newton and E. A. Benians (Cambridge, 1929), p. 111.
29 K. R. Andrews, *Drake's Voyages* (London, 1970 edn), p. 209.
30 A. L. 罗斯（A. L. Rowse）博士的书给人留下了这种强烈的印象，尤见 *The Expansion of Elizabethan England* and *The England of Elizabeth* (London, 1951)。
31 Cipolla, *Guns and Sail in the Early Phase of European Expansion*, p. 87.
32 Williamson, *A Short History*, i, pp. 28–9.

33 S. W. Roskill, *The Strategy of Sea Power* (London, 1962), p. 24.

34 Wernham, *Before the Armada*, p. 343.

35 综述见 Oakeshott, *Founded upon the Seas*, passim, and J. A. Williamson, *The Age of Drake* (London, 1938)。

36 Pirenne, *The Tides of History*, ii, p. 429.

37 Wernham, *Before the Armada* 揭示的与其说是都铎王朝早期存在一种固定的权力平衡政策，不如说是都铎王朝越来越意识到，他们生活在一个由更强大的势力组成的世界里，他们在其中必须谨慎行事；L. Dehio, *The Precarious Balance* (London, 1963), p. 39 认为沃尔西和亨利八世都在考虑这样的政策，但往往缺乏手段或意愿来付诸实施。

38 Quoted in R. B. Wernham, 'Elizabethan War Aims and Strategy', in *Elizabethan Government and Society*, edited by S. T. Bindoff, J. Hurstfield and C. H. Williams (London, 1961), p. 340.

39 Richmond, *Statesmen and Sea Power*, p. 9.

40 ibid., p. 24.（科贝特称伊丽莎白女王为"第一个英格兰本土主义者"。）

41 *The Cambridge History of the British Empire*, i, p. 95.

42 见 Wernham, 'Elizabethan War Aims and Strategy', passim; Roskill, *Strategy of Sea Power*, pp. 30–32; G. Mattingly, *The Defeat of the Spanish Armada* (Harmondsworth, Middlesex, 1959 edn)。

43 除了沃纳姆，称赞伊丽莎白的荷兰政策的还有 Rowse, *Expansion*, pp. 413–14; and Dehio, *The Precarious Balance*, pp. 50, 54–7。C. Wilson, *Queen Elizabeth and the Revolt of the Netherlands* (London, 1970) 持有保留意见，理由是她介入得还不够，而不是她压根就不该介入。

44 Quoted in Richmond, *Statesmen and Sea Power*, p. 7.

45 ibid., pp. 17–18.

46 Wernham, *Before the Armada*, p. 12 给出了详细的数据，对比了都铎王朝时期的英格兰与西班牙及法国的人口与财政状况；之后的一些财政数据见 'Elizabethan War Aims and Strategy', pp. 355–7。

47 ibid., pp. 362–6; C. Barnett, *Britain and her Army, 1509–1970: A Military, Political and Social Survey* (London, 1970), pp. 50–2.

48 Wernham, 'Elizabethan War Aims and Strategy', p. 367; cf. Richmond, *Statesmen and Sea Power*, p. 24.

49 Mattingly, *The Defeat of the Spanish Armada*, p. 414.

50 见 Williamson, *A Short History*, pp. 125–33。

51 Wernham, *Before the Armada*, p. 286; R. Davis, *English Overseas Trade 1500–1700* (London, 1973), pp. 32 ff.

52 L. Stone, 'Elizabethan Foreign Trade', *Economic History Review*, 2nd series, ii (1949–50), pp. 37–9. 总的来说，斯通对伊丽莎白时期的对外贸易进行了近乎悲观的冷静重估。

53 Murphy, *A History of the British Economy*; C. T. Smith, *An Historical Geography of Western Europe*, pp. 428–61.

54 Richmond, *Statesmen and Sea Power*, pp. 13–14.

55 Andrews, *Drake's Voyages*, p. 211.

56 ibid., pp. 128, 226–31.

57 Mattingly, *The Defeat of the Spanish Armada*, p. 414.

58 关于此处，见 E. Schulin, *Handelsstaat England. Das Politische Interesse der Nation am Aussenhandel vom 16. bis ins frühe 18. Jahrhundert* (Wiesbaden, 1969), pp. 9–60。

59 Wernham, *Before the Armada*, p. 408.

第二章

1 C. D. Penn, *The Navy under the Early Stuarts and its Influence on English History* (London, 1970 edn), p. iii. 另见 Marcus, *A Naval History of England*, 1, pp. 123–8; H. W. Richmond, *The Navy as an Instrument of Policy 1558–1727* (Cambridge, 1953), chapter III; M. Oppenheim, *A History of the Administration of the Royal Navy 1509–1660* (Hamden, Conn., 1961 edn), pp. 184–215。

2 M. Lewis, *The History of the British Navy* (Harmondsworth, Middlesex, 1957), pp. 72–3.

3 C. Hill, *Reformation to Industrial Revolution* (Harmondsworth, Middlesex, 1969), pp. 72–108; R. Ashton, 'Revenue Farming under the Early Stuarts', *Economic History Review*, 2nd series, viii, no. 3 (April 1956), pp. 310–22; Ashton, 'The Parliamentary Agitation for Free Trade in the Opening Year of the Reign of James I', *Past and Present*, no. 38 (December 1967), pp. 40–55.

4 Penn, *The Navy under the Early Stuarts*, p. 174；该书第四章、第六章和第七章介绍了这三次远征的基本情况。

5 例见 G. Callender, *The Naval Side of British History* (London, 1924), chapter VI。

6 关于斯图亚特王朝早期外交政策的概述，见 J. R. Jones, *Britain and Europe in the Seventeenth Century* (London, 1966), pp. 14–25。

7 D. B. Quinn, 'James I and the Beginnings of Empire in America', *The Journal of Imperial and Commonwealth History*, ii, no. 2 (January 1974), pp. 135–52.

8   Williamson, *A Short History of British Expansion*, i, p. 156. 斯图亚特王朝早期扩张的情况见ibid., pp. 153–230; and A. D. Innes, *The Maritime and Colonial Expansion of England under the Stuarts* (London, 1931), pp. 41–193。

9   B. Tunstall, *The Realities of Naval History* (London, 1936), p. 51. 另见 J. R. Jones, *Britain and Europe in the Seventeenth Century*, p. 15; and R. Davis, *The Rise of the English Shipping Industry in the Seventeenth and Eighteenth Centuries* (Newton Abbot, 1972 edn), pp. 7–11。

10 例见 Mahan, *The Influence of Sea Power upon History*, pp. 139–44 or 173–8 or 281–5。

11 Penn, *The Navy under the Early Stuarts*, pp. 265–97; J. R. Powell, *The Navy in the English Civil War* (London, 1962).

12 Oppenheim, *A History of the Administration of the Royal Navy*, p. 306.

13 关于此处，见 C. Hill, *Reformation to Industrial Revolution*, pp. 155–68；尤见 Schulin, *Handelsstaat England*, pp. 107–74。

14 Schulin, *Handelsstaat England*, pp. 137–51; J. E. Farnall, 'The Navigation Act of 1651, the First Dutch War, and the London Mercantile Community', *Economic History Review*, 2nd series, xvi, no. 3 (April 1964), pp. 439–54; C. Wilson, *Profit and Power. A Study of England and the Dutch Wars* (London, 1957), pp. 54–8; R. K. W. Hinton, *The Eastland Trade and the Common Weal in the Seventeenth Century* (Cambridge, 1959), pp. 84–94; L. A. Harper, *The English Navigation Laws* (New York, 1964 edn), passim; B. Martin, 'Aussenhandel und Aussenpolitik Englands unter Cromwell', *Historische Zeitschrift*, 218, no. 3 (June 1974), pp. 571–92.

15 M. Lewis, *The History of the British Navy*, p. 89；概述见 Wilson, *Profit and Power*; Farnall, 'The Navigation Act of 1651', pp. 449–52。

16 Wilson, *Profit and Power*, p. 41.

17 In Marcus, *A Naval History of England*, i, p. 140.

18 Mahan, *Influence of Sea Power upon History*, p. 138.

19 Richmond, *The Navy as an Instrument of Policy*, pp. 118, 147, 152 and 178.

20 Quoted in H. Rosinski, 'The Role of Sea Power in Global Warfare of the Future', *Brassey's Naval Annual* (1947), p. 103. 另见 G. S. Graham, *Empire of the North Atlantic* (Toronto, 1950), pp. 19, 50; Graham, *Tides of Empire* (Montreal and London, 1972), pp. 25–6。

21 下文主要依据 Mahan, *Influence of Sea Power upon History*, pp. 95–126; Wilson, *Profit and Power*, pp. 61–77; Marcus, *A Naval History of England*, i, pp. 138–47。

22 J. R. Jones, *Britain and Europe in the Seventeenth Century*, p. 55; Farnall, 'The Navigation Act of 1651', pp. 452–4; C. Hill, *God's Englishman. Oliver Cromwell and the English*

  Revolution (London, 1970), pp. 156–7.
23 Wilson, *Profit and Power*, p. 81.
24 Richmond, *The Navy as an Instrument of Policy*, pp. 127–39.
25 ibid. 另见 Hill, *God's Englishman*, pp. 166–8; Hill, *The Century of Revolution 1603–1714* (London, 1961), pp. 156–60。
26 Hill, *The Century of Revolution 1603–1714*, pp. 160–61.
27 Farnall, 'The Navigation Act of 1651', pp. 453–4.
28 Williamson, *A Short History*, i, pp. 255–6.
29 J. R. Jones, *Britain and Europe in the Seventeenth Century*, p. 56. 另见 Harper, *The English Navigation Laws*, pp. 52–8。
30 与本段内容有关的细节见 Wilson, *Profit and Power*, pp. 93–126。
31 ibid., pp. 127–42; Richmond, *The Navy as an Instrument of Policy*, pp. 140–67.
32 Wilson, *Profit and Power*, p. 131; K. G. Davies, *The Royal African Company* (London, 1957), pp. 42–4.
33 J. R. Jones, *Britain and Europe in the Seventeenth Century*, pp. 70–74.
34 Marcus, *A Naval History of England*, i, pp. 163–73; Richmond, *The Navy as an Instrument of Policy*, pp. 168–92; Mahan, *Influence of Sea Power upon History*, pp. 139–58.
35 J. R. Jones, *Britain and Europe in the Seventeenth Century*; pp. 65–6: C. Wilson, 'The Economic Decline of the Netherlands', *Economic History Review*, ix, no. 2 (May 1939); P. Geyl, *The Netherlands in the Seventeenth Century*, 2 vols. (London, 1966–4), ii, pp. 147 ff.; C. R. Boxer, *The Dutch Seaborne Empire 1600–1800* (London, 1965), pp. 104–12, 268–94.
36 下文依据的是 Marcus, *A Naval History of England*, i, pp. 184–7; Williamson, *A Short History*, i, pp. 304–37; Innes, *The Maritime and Colonial Expansion of England under the Stuarts*, pp. 223–366; Hill, *Reformation to Industrial Revolution*, pp. 155–64; R. Davis, 'English Foreign Trade, 1600–1700', *Economic History Review*, 2nd series, vii, no. 2 (December 1954); Davis, *English Shipping Industry*, pp. 14–21. 由于17世纪后期英国海外贸易增长的历史数据的性质，有必要超出本章的时间段限制。
37 反正该公司的股票可以在证券交易所购买。由于法国的竞争，黎凡特公司的重要性大大下降；而新成立的哈得孙湾公司仍处于起步阶段。东地公司则早在1673年就失去了专属权利，因为政府希望增加海军物资的进口。
38 Murphy, *A History of the British Economy 1086–1870*, p. 300.
39 概要见 Marcus, *A Naval History of England*, i, pp. 173–92。

第三章

1 J. H. Plumb, *The Growth of Political Stability in England 1675–1725* (London, 1967), p. xviii and passim.
2 ibid.
3 Hill, *Reformation to Industrial Revolution*, pp. 213–59; C. Wilson, *England's Apprenticeship 1603–1763* (London, 1965), pp. 141–336; A. H. John, 'Aspects of English Economic Growth in the First Half of the Eighteenth Century', *Economica*, xxviii (May 1961), pp. 176–90. P. G. M. Dickson, *The Financial Revolution in England. A Study in the Development of Public Credit 1688–1756* (London, 1967) 对英国金融实力的增长有充分的论述。
4 Wilson, *England's Apprenticeship*, pp. 264–8; Davis, *English Shipping Industry*, pp. 26–7; Davis, 'English Foreign Trade, 1700–1774', *Economic History Review*, 2nd series, xv, no. 2 (December 1962), pp. 285–303; D. A. Farnie, 'The Commercial Empire of the Atlantic, 1607–1783', ibid., pp. 205–18.
5 Plumb, *The Growth of Political Stability in England*, pp. 119–20.
6 本段内容依据的是 Wilson, *England's Apprenticeship*, chapter 13; Hill, *Reformation to Industrial Revolution*, pp. 226–53; A. H. John, 'War and the English Economy 1700–1763', *Economic History Review*, 2nd series, vii, no. 3 (April 1955), pp. 329–44; T. S. Ashton, *Economic Fluctuations in England 1700–1800* (Oxford, 1959), pp. 64–83。
7 Wilson, *England's Apprenticeship*, p. 285. 关于 18 世纪英国在海外的竞争对手的情况，见 J. H. Parry, *Trade and Dominion. The European Oversea Empires in the Eighteenth Century* (London, 1971); G. Williams, *The Expansion of Europe in the Eighteenth Century* (London, 1966); Graham, *Empire of the North Atlantic*, pp. 83–236。
8 Richmond, *Statesmen and Sea Power*, pp. 61–2,121; also, Schulin, *Handelsstaat England*, pp. 289 ff.
9 Richmond, *Statesmen and Sea Power*, p. 117；概述见 R. Pares, 'American versus Continental Warfare, 1739–63', *English Historical Review*, li, no. CCIII (July 1936), pp. 429–65。
10 J. B. Wolf, *Toward a European Balance of Power 1620–1715* (Chicago, 1970), pp. 106–19, 143–50.
11 E. B. Powley, *The Naval Side of King William's War* (London, 1972), passim.
12 Richmond, *Statesmen and Sea Power*, pp. 63–6; and especially, G. N. Clarke, *The Dutch Alliance and the War against French Trade 1688–1697* (New York, 1971 edn); Clarke, 'The

character of the Nine Years War, 1688–97', *Cambridge Historical Journal*, xi, no. 2 (1954), pp. 168–82.
13 Marcus, *A Naval History of England*, i, pp. 206–8.
14 Quoted in Richmond, *Statesmen and Sea Power*, p. 76；另见J. R. Jones, *Britain and Europe in the Seventeenth Century*, pp. 90–93。
15 Mahan, *The Influence of Sea Power upon History*, p. 193.
16 Richmond, *The Navy as an Instrument of Policy*, pp. 265–74.
17 A. N. Ryan, 'William III and the Brest Fleet in the Nine Years War', in R. Hatton and J. S. Bromley (eds.), *William III and Louis XIV. Essays 1680–1720 by and for Mark A. Thomson* (Liverpool, 1968), pp. 49–67.
18 大量细节见J. Ehrman, *The Navy in the War of William III, 1689–1697* (Cambridge, 1953), passim。
19 Wolf, *Toward a European Balance of Power*, pp. 127–55.
20 Cited in Richmond, *The Navy as an Instrument of Policy*, p. 279. 另见 Schulin, *Handelsstaat England*, p. 289; G. N. Clarke, 'War Trade and Trade War, 1701–1713', *Economic History Review*, i, no. 2 (January 1928), p. 262; Parry, *Trade and Dominion*, pp. 92–8。
21 Wolf, *Toward a European Balance of Power*, pp. 192–6.
22 Richmond, *The Navy as an Instrument of Policy*, pp. 290–91, 341–2.
23 J. S. Bromley, 'The French Privateering War, 1702–1713', in H. E. Bell and R. S. Ollard (eds.), *Historical Essays 1600–1750*, presented to David Ogg (London, 1963), pp. 203–31; Marcus, *A Naval History of England*, i, pp. 238–42; J. H. Owen, *War at Sea under Queen Anne 1702–1708* (Cambridge, 1938), pp. 55–70, 101–28, 193–243.
24 Owen, *War at Sea under Queen Anne*, pp. 71–100, 129–92; Richmond, *The Navy as an Instrument of Policy*, pp. 276 ff.
25 最新的相关研究是 B. W. Hill, 'Oxford, Bolingbroke and the Peace of Utrecht', *Historical Journal*, xvi, no. 2 (1973), pp. 241–63; and A. D. Mac-Lachlan, 'The Road to Peace 1710–1713', in G. Holmes (ed.), *Britain after the Glorious Revolution* (London, 1969), pp. 197–215。
26 Mahan, *The Influence of Sea Power upon History*, p. 217.
27 ibid., pp. 191, 200, 209.
28 J. R. Jones, *Britain and Europe in the Seventeenth Century*, p. 90.
29 Mahan, *The Influence of Sea Power upon History*, pp. 222–9.
30 J. B. Wolf, *The Emergence of the Great Powers 1685–1715* (New York, 1950), pp. 187–8.

31　Ehrman, *The Navy in the War of William III*, p xv.

32　P. Geyl, *The Netherlands in the Seventeenth Century*, ii, pp. 311 ff.

33　关于《乌得勒支和约》后的英国政策，论述见 Richmond, *The Navy as an Instrument of Policy*, pp. 363–97; J. O. Lindsay, 'International Relations', *New Cambridge Modern History*, vii, *The Old Régime 1713–63*, edited by J. O. Lindsay (Cambridge, 1957), pp. 191–205; D. B. Horn, *Great Britain and Europe in the Eighteenth Century* (Oxford, 1967), passim。

34　J. H. Parry, 'The Caribbean', *New Cambridge Modern History*, vii, p. 518.

35　R. Pares, *War and Trade in the West Indies 1739–1763* (London, 1963 edn), pp. 1 ff; Parry, *Trade and Dominion*, pp. 107–10.

36　关于奥地利王位继承战争的最佳概述很可能是 *New Cambridge Modern History*, vii, pp. 416–39 中 M. A. 汤姆森（M. A. Thomson）的部分。

37　Richmond, *Statesmen and Sea Power*, pp. 113–23; Richmond, *National Policy and Naval Strength and Other Essays* (London, 1928), pp. 144–60; and especially, R. Pares, 'American versus Continental Warfare, 1739–63'.

38　Marcus, *A Naval History of England*, i, pp. 252–67 概述了这些事件。

39　Pares, 'American versus Continental Warfare, 1739–63', pp. 461–2.

40　最全面的论述是 Richmond, *The Navy in the War of 1739–1748*, 3 vols. (Cambridge, 1920)，篇幅较短的可见 Richmond, *Statesmen and Sea Power*, pp. 113–23; Marcus, *A Naval History of England*, i, pp. 250–77; and Mahan, *The Influence of Sea Power upon History*, pp. 254–80。

41　J. Creswell, *British Admirals of the Eighteenth Century. Tactics in Battle* (London, 1972), chapter 5 简要描述了这两场战斗，对应该"全面追击"（general chase）还是严格遵守"战列线"战术这个由来已久的争议做出了最新的研究。

42　C. E. Fayle, 'Economic Pressure in the War of 1739–48', *Journal of the Royal United Services Institute*, 68 (1923), pp. 434–6.

43　Graham, *Empire of the North Atlantic*, p. 141.（强调处由我所加。）

44　Quoted in Mahan, *The Influence of Sea Power upon History*, p. 278.

第四章

1　关于七年战争时期英国的政策，基础研究见 J. S. Corbett, *England in the Seven Years War. A Study in Combined Strategy*, 2 vols. (London, 1918); L. H. Gipson, *The British Empire before the American Revolution*, 14 vols. (New York, 1936–68) iv–viii; O. A.

Sherrard, *Lord Chatham. Pitt and the Seven Years War* (London, 1955); B. Williams, *Life of William Pitt*, 2 vols. (London, 1915); R. Savory, *His Britannic Majesty's Army in Germany during the Seven Years War* (Oxford, 1966)。

2 Pares, *War and Trade in the West Indies*, pp. 184 ff; Gipson, *The British Empire before the American Revolution*, v, pp. 207–30.

3 V. Purcell, 'Asia', *New Cambridge Modern History*, vii, pp. 558 ff.

4 Gipson, *The British Empire before the American Revolution*, iv–v, passim; Graham, *Empire of the North Atlantic*, pp. 143 ff; P. Louis-René Higonnet, 'The Origins of the Seven Years War', *Journal of Modern History*, 40, no. 1 (March 1968), pp. 51–90.

5 关于七年战争爆发时欧洲的大背景，见 D. B. Horn, 'The Diplomatic Revolution', *New Cambridge Modern History*, vii, pp. 440–64; *Cambridge History of the British Empire*, i, pp. 460 ff。

6 Graham, *Empire of the North Atlantic*, p. 148.

7 Gipson, *The British Empire before the American Revolution*, vi, passim; Marcus, *A Naval History of England*, i, pp. 278–86; Mahan, *The Influence of Sea Power upon History*, pp. 284–93; Corbett, *England in the Seven Years War*, i, pp. 63–179.

8 Quoted in Richmond, *Statesmen and Sea Power*, p. 127.

9 Pares, 'American versus Continental Warfare 1739–63', pp. 436, 448, 459–65; Williams, *Life of William Pitt*, i, pp. 302–6, 354–8; ii, pp. 67–8, 130–39; Corbett, *England in the Seven Years War*, i, pp. 76–7, 240–43, 285–6; ii, pp. 363–4 and passim. 科贝特本人的战略倾向对他描绘皮特的"成熟"过程并无帮助，因为虽然他批评了当时的"只注重舰队战斗"的理念，并提出要重视联合作战的价值，但他仍然认为海上和殖民利益对英国来说始终是最重要的，这导致他提出的关于皮特政策的结论更多是断言和猜测（例如 vol i, p. 191），而不是事实。然而，这仍然是一本非常有用的书，与其他许多海军史著作相比，它更公正地评价了海上力量和陆地力量各自的优点。

10 G. J. Marcus, *Quiberon Bay* (London, 1960); Creswell, *British Admirals of the Eighteenth Century*, pp. 104–19.

11 Quoted in Marcus, *A Naval History of England*, i, p. 325.

12 Corbett, *England in the Seven Years War*, i, p. 8.

13 Graham, *Empire of the North Atlantic*, p. 154.

14 Corbett, *England in the Seven Years War*, i, pp. 227–8, 244–5.

15 E. Robson, 'The Seven Years War', *New Cambridge Modern History*, vii, pp. 479 ff; *Cambridge History of the British Empire*, i, pp. 485 ff; Sir Richard Lodge, *Great Britain and Prussia in the Eighteenth Century* (New York, 1972 reprint), pp. 107–38; M. Schlenke,

England und das Friderizianische Preussen 1740–1763 (Freiburg and Munich, 1963), pp. 249 ff.

16 数据来自 B. Tunstall, *William Pitt, Earl of Chatham* (London, 1938), p. 492；更多细节另见 C. W. Eldon, *England's Subsidy Policy towards the Continent during the Seven Years War* (Philadelphia, 1938), especially pp. 161–2。

17 参看 Corbett, *England in the Seven Years War*, i, pp. 190–91，该书尝试提出不同的阐释，我的评价见上面的注释 9。

18 Marcus, *A Naval History of England*, i, pp. 334–5; Mahan, *The Influence of Sea Power upon History*, pp. 317–20. 根据 H. Wellenreuther, 'Land, Gesellschaft und Wirtschaft in England während des siebenjährigen Krieges', *Historische Zeitschrift*, 218, no. 3 (June 1974), pp. 593–634，农业受到了更严重的影响。

19 Corbett, *England in the Seven Years War*, ii, p. 375; *Cambridge History of the British Empire*, i, pp. 535–7.

20 Corbett, *England in the Seven Years War*, i, p. 189.

21 Robson, 'The Seven Years War', *New Cambridge Modern History*, vii, pp. 485–6.

22 Mahan, *The Influence of Sea Power upon History*, p. 329.

23 Dehio, *The Precarious Balance*, p. 118.

24 Marcus, *A Naval History of England*, i, p. 414.

25 Richmond, *Statesmen and Sea Power*, p. 150.

26 数据来自 ibid., p. 157。

27 Quoted in Graham, *Empire of the North Atlantic*, p. 147；另见 Mahan, *The Influence of Sea Power upon History*, pp. 522–35。

28 Quoted in Richmond, *Statesmen and Sea Power*, p. 151.

29 Graham, *Tides of Empire*, p. 37.

30 Tunstall, *William Pitt, Earl of Chatham*, p. 492; Richmond, *Statesmen and Sea Power*, pp. 140–42.

31 Marcus, *A Naval History of England*, i, pp. 416–18; Albion, *Forests and Sea Power*, pp. 281–315.（我意识到了自己在这项研究中没有花太多的篇幅来讨论 18 世纪皇家海军的"木材问题"，但这是一个巨大而复杂的问题，不仅涉及木板和桅杆，还涉及大麻、焦油和其他海军物资。阿尔比恩的著作仍然是关于这个问题的标准文献。）

32 R. J. B. Knight, 'The Administration of the Royal Dockyards in England, 1770–1790', *Bulletin of the Institute of Historical Research*, xlv, no. 111 (May 1972), pp. 148–50; Knight, 'The Home Dockyards and the American War of Independence', paper read to the fourteenth Conference of the International Commission for Maritime History, Greenwich,

12 July 1974.
33. Mahan, *The Influence of Sea Power upon History*, p. 538; 另见A. Temple Patterson, *The Other Armada. The Franco-Spanish Attempt to Invade Britain in 1779* (Manchester, 1960)。
34. Pares, 'American versus Continental Warfare, 1739–1763', pp. 451–3.
35. Graham, *Empire of the North Atlantic*, p. 201; Marcus, *A Naval History of England*, i, pp. 421–2.
36. Quoted in Richmond, *Statesmen and Sea Power*, p. 131.
37. ibid., p. 151; and Graham, *Empire of the North Atlantic*, pp. 215–16.
38. 后续参见 Lodge, *Great Britain and Prussia in the Eighteenth Century*, pp. 139–59; M. S. Anderson, 'European Diplomatic Relations, 1763–1790', *New Cambridge Modern History*, viii, *The American and French Revolutions 1763–93*, edited by A. Goodwin (Cambridge, 1965), pp. 252 ff; J. F. Ramsay, *Anglo-French Relations, 1763–1770* (Berkeley, 1939); Dehio, *The Precarious Balance*, pp. 120–22。
39. Williams, *Life of Pitt*, ii, p. 85. 另见 Marcus, *A Naval History of England*, i, pp. 336–9, 430–31; *Cambridge History of the British Empire*, i, pp. 549–59。
40. Graham, *Tides of Empire*, p. 38.
41. Quoted in Richmond, *Statesmen and Sea Power*, p. 156.
42. G. S. Graham, 'Considerations on the War of American Independence', *Bulletin of the Institute of Historical Research*, xxii (1949), p. 23. 张伯伦的态度见本书第十章和第十一章的相应内容。
43. D. Syrett, *Shipping and the American War 1775–83* (London, 1970), p. 243. 另见 N. Baker, *Government and Contractors. The British Treasury and War Supplies 1775–1783* (London, 1971)。
44. 数据来自 P. Mackesy, *The War for America 1775–1783* (London, 1964), pp. 524–5，该书是关于这场战争的最佳军事研究著作。
45. E. E. Curtis, *The Organization of the British Army in the American Revolution* (Menston, Yorkshire, 1972 reprint), p. 149.
46. Barnett, *Britain and Her Army*, p. 225.
47. Quoted in Williams, *Life of Pitt*, ii, p. 317.
48. Mahan, *The Influence of Sea Power upon History*, p. 525.
49. Quoted in Marcus, *A Naval History of England*, i, p. 416.
50. Parry, *Trade and Dominion*, pp. 130–31.
51. P. Mathias, *The First Industrial Nation. An Economic History of Britain 1700–1914*

(London, 1969,) p. 3.

52 我参考了 Mathias, *The First Industrial Nation*, pp. 1–227; E. J. Hobsbawm, *Industry and Empire* (Harmondsworth, Middlesex, 1969), pp. 23–55; P. Mantoux, *The Industrial Revolution in the Eighteenth Century* (London, 1964 edn), passim; D. S. Landes, *The Unbound Prometheus. Technological Change and Industrial Development in Western Europe from 1750 to the Present* (Cambridge, 1969), pp. 41–123; Murphy, *A History of the British Economy 1086–1970*, pp. 317–513; Davis, *The Rise of the Atlantic Economies*, pp. 288–316, 以及其他文献。

53 数据来自 E. B. Schumpeter, *English Overseas Trade Statistics 1697–1808* (Oxford, 1960), tables I and IV。

54 Hobsbawm, *Industry and Empire*, pp. 48–9. 殖民地贸易大繁荣的进一步证据可见 Davis, 'English Foreign Trade, 1700–1774', pp. 285–303。

55 Mantoux, *The Industrial Revolution in the Eighteenth Century*, p. 91；关于战争刺激部分工业发展的作用，见 John, 'War and the English Economy, 1700–1763', pp. 329–44。

56 数据来自 Schumpeter, *English Overseas Trade Statistics 1697–1808*, tables V and VI。这里的统计数据同样是粗糙的，并且经常因战争而失真（例如1796—1800年的德意志），但它们只是用来大致显示贸易扩张程度的。

57 R. Hyam, 'British Imperial Expansion in the Late Eighteenth Century', *Historical Journal*, x, no. 1 (1967), p. 14.

58 例如可见 V. T. Harlow, *The Founding of the Second British Empire, 1763–1793*, 2 vols. (London, 1952–64), i, p. 593, and passim. 此处同样很关键的还有 Parry, *Trade and Dominion*, pp. 154–79, 242–290; J. Ehrman, *The Younger Pitt. The Years of Acclaim* (London, 1969), pp. 329–466; and especially, J. Blow Williams, *British Commercial Policy and Trade Expansion 1750–1850* (Oxford, 1972), passim。

59 数据来自 Mantoux, *The Industrial Revolution in the Eighteenth Century*, p. 100; Marcus, *A Naval History of England*, i, pp. 399–400。

60 Quoted in Williams, *Life of Pitt*, ii, p. 56.

61 关于这次金融改革，最好的简述见 Ehrman, *The Younger Pitt*, pp. 239–81。

62 见 G. Brunn, *Europe and the French Imperium 1799–1814* (New York and London, 1938), pp. 101–2。

63 Ehrman, *The Younger Pitt*, pp. 313–17; Marcus, *A Naval History of England*, i, pp. 460–62; M. Lewis, 'Navies', *New Cambridge Modern History*, viii, p. 186.

64 后续参见 Horn, *Great Britain and Europe in the Eighteenth Century*, pp. 64–8, 164–74, 222–30; Ehrman, *The Younger Pitt*, pp. 516–74; Anderson, 'European Diplomatic

Relations, 1763–1790', *New Cambridge Modern History*, viii, pp. 272 ff; Lodge, *Great Britain and Prussia in the Eighteenth Century*, pp. 165 ff; Richmond, *Statesmen and Sea Power*, pp. 158–69。

第五章

1 关于这场战争的全面描述见 Mahan, *The Influence of Sea Power upon the French Revolution and Empire*, 2 vols. (London, 1892); Marcus, *A Naval History of England*, ii, passim; Richmond, *Statesmen and Sea Power*, pp. 170–257; Potter and Nimitz, *Sea Power*, pp. 108–224。

2 数据来自 Richmond, *Statesmen and Sea Power*, pp. 170–72。

3 数据同样见 ibid., p. 351。

4 这一点还是参见 J. Creswell, *British Admirals of the Eighteenth Century*, passim。

5 Quoted in Potter and Nimitz, *Sea Power*, p. 119.

6 Padfield, *Guns at Sea*, pp. 105–10.

7 Quoted in Richmond, *Statesmen and Sea Power*, pp. 338–9.

8 L. C. F. Turner, 'The Cape of Good Hope and the Anglo-French Conflict, 1797–1806', *Historical Studies. Australia and New Zealand*, 9, no. 36 (May 1961), pp. 368–78; Graham, *Tides of Empire*, pp. 48–56.

9 C. E. Carrington, *The British Overseas*, part i (Cambridge, 1968 edn), p. 239.

10 Williams, *The Expansion of Europe in the Eighteenth Century*, p. 281.

11 Mahan, *The Influence of Sea Power upon the French Revolution and Empire*, i, pp. 202–3; see also ii, pp. 206–18.

12 关于这场针对贸易的战争的总体状况，见 ibid., ii, pp. 199–351; and Marcus, *A Naval History of England*, ii, pp. 102–23, 361–405。

13 C. N. Parkinson, *War in the Eastern Seas 1793–1815* (London, 1954), pp. 397 ff.

14 A. N. Ryan, 'The Defence of British Trade with the Baltic, 1808–1813', *English Historical Review*, lxxiv, no. ccxcii (July 1959), p. 457.

15 Mahan, *The Life of Nelson. The Embodiment of the Sea Power of Great Britain*, 2 vols. (London, 1897).

16 后续参见 G. Brunn, 'The Balance of Power during the Wars, 1793–1814', *New Cambridge Modern History*, ix, *War and Peace in an Age of Upheaval 1793–1830*, edited by C. W. Crawley (Cambridge, 1965), pp. 250–74; Brunn, *Europe and the French Imperium 1799–1814*, pp. 36–61, 109–33, 157–209; J. M. Sherwig, *Guineas and Gunpowder. British*

Foreign Aid in the Wars with France, 1793–1815 (Cambridge, Mass., 1969)。

17　A. B. Rodgers, *The War of the Second Coalition 1798 to 1801. A Strategic Commentary* (Oxford, 1964).

18　Brunn, 'The Balance of Power during the Wars, 1793–1814', pp. 257–8.

19　Potter and Nimitz, *Sea Power*, p. 111.

20　Mahan, *The Influence of Sea Power upon the French Revolution and Empire*, ii, pp. 218–20.

21　Sherwig, *Guineas and Gunpowder. British Foreign Aid in the Wars with France*, pp. 345, 365–8; K. F. Hellenier, *The Imperial Loans. A Study in Financial and Diplomatic History* (Oxford, 1965); J. H. Clapham, 'Loans and Subsidies in Time of War, 1793–1914', *The Economic Journal*, xxvii (1917).

22　Richmond, *Statesmen and Sea Power*, pp. 205–6.（但这并不意味着英奥之间缺乏紧密合作的责任全在伦敦一方，见 ibid.。）

23　ibid., p. 238. 关于这场战争本身，见 J. Weller, *Wellington in the Peninsula* (London, 1962); M. Glover, *The Peninsular War 1807–1814* (London, 1974)。

24　Brunn, *Europe and the French Imperium 1799–1814*, p. 189. 进一步的评论，以及半岛战争与其他反抗拿破仑的战事之间的比较，另见 Barnett, *Britain and Her Army*, pp. 267–8, and Graham, *The Politics of Naval Supremacy*, p. 7。

25　Lewis, *A History of the British Navy*, p. 207. Also, Roskill, *The Strategy of Sea Power*, pp. 87–8.

26　A. J. Marder (ed.), *Fear God and Dread Nought. The Correspondence of Admiral of the Fleet Lord Fisher of Kilverstone*, 3 vols. (London, 1952–9), iii, p. 439.

27　Marcus, *A Naval History of England*, ii, p. 299; and especially, P. Mackesy, *The War in the Mediterranean 1803–10* (London, 1957).

28　B. Perkins, *Prologue to War. England and the United States 1805–1812* (Berkeley and Los Angeles, 1961); R. Horsman, *The Causes of the War of 1812* (Philadelphia, 1961).

29　关于1812年战争，见 A. T. Mahan, *Sea Power in its Relation to the War of 1812*, 2 vols. (London, 1905); T. Roosevelt, *The Naval War of 1812* (New York, 1968 reprint); R. Horsman, *The War of 1812* (London, 1969); Graham, *Empire of the North Atlantic*, pp. 237–61; Marcus, *A Naval History of England*, ii, pp. 452–84; Potter and Nimitz, *Sea Power*, pp. 207–24。

30　Richmond, *Statesmen and Sea Power*, p. 339；另见上面的注释7。

31　K. Bourne, *Britain and the Balance of Power in North America 1815–1908* (London, 1967).

32　Mathias, *First Industrial Nation*, p. 44.
33　B. R. Mitchell and P. Deane, *Abstract of British Historical Statistics* (Cambridge, 1967 edn), pp. 288–96.
34　数据来自N. J. Silberling, 'Financial and Monetary Policy of Great Britain during the Napoleonic Wars', *Quarterly Journal of Economics*, xxxviii (1923–4), pp. 214–33; E. B. Schumpeter, 'English Prices and Public Finance, 1660–1822', *Revue of Economic Statistics*, xx (1938), pp. 21–37。
35　Sherwig, *Guineas and Gunpowder. British Foreign Aid in the Wars with France*, p. 352；更多细节见 A. Hope-Jones, *Income Tax in the Napoleonic Wars* (Cambridge, 1939)。
36　Murphy, *A History of the British Economy 1086–1970*, p. 490.
37　Schumpeter, 'English Prices and Public Finance, 1660–1822', p. 27; Silberling, 'Financial and Monetary Policy of Great Britain during the Napoleonic Wars', pp. 217–18 (but see Schumpeter's comments upon his statistics); Dickson, *The Financial Revolution in England*, p. 10.
38　Dickson, *The Financial Revolution in England*, p. 9. 另见 E. L. Hargreaves, *The National Debt* (London, 1966 reprint), pp. 108–34; and A. Cunningham, *British Credit in the Last Napoleonic War* (Cambridge, 1910)。
39　Quoted in Marcus, *A Naval History of England*, ii, p. 209.
40　下面的部分依据的是 ibid., pp. 295–330, 406–25; Mahan, *The Influence of Sea Power upon the French Revolution and Empire*, ii, pp. 272–357; E. F. Heckscher, *The Continental System. An Economic Interpretation* (Oxford, 1922); and especially, F. Crouzet, *L'Économic Britannique et le Blocus Continental (1806–1813)*, 2 vols. (Paris, 1958); Crouzet, 'Wars, Blockade, and Economic Change in Europe, 1792–1815', *Journal of Economic History*, 24, no. 4 (1964), pp. 567–88; Williams, *British Commercial Policy and Trade Expansion 1750–1850*, pp. 346 ff。
41　数据来自 B. R. Mitchell and P. Deane, *Abstract of British Historical Statistics*, p. 311. 更为整体的情况见 C. N. Parkinson (ed.), *The Trade Winds. A Study of British Overseas Trade during the French Wars 1793–1815* (London, 1948)。
42　B. R. Mitchell and P. Deane, *Abstract of British Historical Statistics*, p. 282.
43　G. Brunn, 'The Balance of Power during the Wars, 1793–1814', p. 274.
44　Sherwig, *Guineas and Gunpowder. British Foreign Aid in the Wars with France*, p. 352.

第六章

1 C. Lloyd, *The Nation and the Navy. A History of Naval Life and Policy* (London, 1961), p. 223.

2 Hobsbawm, *Industry and Empire*, pp. 48–54.

3 全面论述见 C. J. Bartlett (ed.), *Britain Pre-eminent. Studies of British World Influence in the Nineteenth Century* (London, 1969); A. H. Imlah, *Economic Elements in the 'Pax Britannica'* (Cambridge, Mass., 1958)。

4 Hobsbawm, *Industry and Empire*, pp. 134–53; Mathias, *First Industrial Nation*, pp. 290–334; S. G. E. Lythe, 'Britain, the Financial Capital of the World', in Bartlett (ed.), *Britain Pre-eminent*; J. D. Chambers, *The Workshop of the World. British Economic History from 1820 to 1880* (2nd edn, Oxford, 1968), pp. 60–100.

5 Quoted by K. Fielden, 'The Rise and Fall of Free Trade', in Bartlett (ed.), *Britain Pre-eminent*, p. 85.

6 Mathias, *First Industrial Nation*, p. 295.

7 J. Gallagher and R. Robinson, 'The Imperialism of Free Trade', *Economic History Review*, 2nd series, vi, no. 1 (August 1953), pp. 1–15; B. Semmel, 'The "Philosophical Radicals" and Colonization', *Journal of Economic History*, 21 (1961), pp. 513–525; B. Semmel, *The Rise of Free Trade Imperialism* (Oxford, 1970).

8 Gallagher and Robinson, 'The Imperialism of Free Trade', p. 5.

9 Graham, *Empire of the North Atlantic*, p. 264.

10 Williams, *British Commercial Policy and Trade Expansion 1750–1850*, p. 78.

11 C. J. Bartlett, *Great Britain and Sea Power 1815–1853* (Oxford, 1963), p. 22. （这本优秀著作是19世纪英国海军史研究者的必读书。）

12 ibid., pp. 23–7.

13 ibid.

14 Quoted in Graham, *Empire of the North Atlantic*, p. 263.

15 D. Thomson, *Europe since Napoleon* (Harmondsworth, Middlesex, 1966), p. 111.

16 Bartlett, *Great Britain and Sea Power*, p. 57.

17 C. K. Webster, *The Foreign Policy of Castlereagh*, 2 vols. (London, 1963 edn), i, pp. 297–305; ii, pp. 47 ff.

18 下文依据的是 Crouzet, 'Wars, Blockade, and Economic Change in Europe, 1792–1815', passim; Heckscher, *The Continental System*, pp. 257 ff。

19 Crouzet, 'Wars, Blockade, and Economic Change in Europe', p. 573.

20　ibid.

21　尤见 Williams, *British Commercial Policy and Trade Expansion 1750–1850*, pp. 176 ff。

22　Lewis, *The History of the British Navy*, p. 215.

23　Callender, *The Naval Side of British History*, pp. 232–233.

24　G. Fox, *British Admirals and Chinese Pirates, 1832–1869* (London, 1940), passim.

25　E. Williams, *Capitalism and Slavery* (Chapel Hill, 1944) 提出的论点是，革除奴隶制的原因是经济环境的变化，这一论点在专业历史学家当中并未得到认可，见 R. T. Anstey, 'Capitalism and Slavery: A Critique', *Economic History Review*, 2nd series, xxi, no. 2 (August 1968), pp. 307–20。

26　C. Lloyd, *The Navy and the Slave Trade* (London, 1969 reprint), p. 274. 较短的叙述另见 Bartlett, *Great Britain and Sea Power*, pp. 267–70; and A. Preston and J. Major, *Send a Gunboat! A Study of the Gunboat and its Role in British Policy 1854–1904* (London, 1967), pp. 115–31。

27　ibid., p. 3.

28　这方面的论述，见 Sir Laird W. Clowes, *The Royal Navy. A History*, 7 vols. (London, 1887–1903), vi–vii, 覆盖的时间段是1816—1900年。具体地区的例子见 G. S. Graham, *Britain in the Indian Ocean. A Study of Maritime Enterprise 1810–1850* (Oxford, 1967); B. Gough, *The Royal Navy and the North-West Coast of America 1810–1914* (Vancouver, 1971); J. Bach, 'The Royal Navy in the Pacific Islands', *Journal of Pacific History*, iii (1968), pp. 3–20; G. S. Graham and R. A. Humphreys (eds.), *The Navy and South America 1807–1832* (Navy Records Society, London, 1962)。

29　Quoted in Lloyd, *The Nation and the Navy*, p. 225.

30　Richmond, *Statesmen and Sea Power*, p. 264.

31　Lloyd, *The Navy and the Slave Trade*, p. 235.

32　Bartlett, *Great Britain and Sea Power*, pp. 68, 95; Lewis, *The History of the British Navy*, p. 221.

33　Bartlett, *Great Britain and Sea Power*, p. 101.

34　ibid., pp. 55, 260, Appendix II.

35　ibid., p. 2.

36　关于整体的这些恐慌，见 I. F. Clarke, *Voices Prophesying War 1793–1984* (London, 1970 edn); H. R. Moon, *The Invasion of the United Kingdom: Public Controversy and Official Planning 1888–1918*, 2 vols. (Ph.D. thesis, London, 1968), passim, and especially pp. 1–18。

37　Bartlett, *Great Britain and Sea Power*, p. 333.

38 Graham, *Empire of the North Atlantic*, p. 275; Richmond, *Statesmen and Sea Power*, pp. 267–9.

39 Moon, *The Invasion of the United Kingdom*, pp. 6–7.

40 ibid., pp. 8 ff.

41 A. J. P. Taylor, *The Struggle for Mastery in Europe, 1848–1918* (Oxford, 1954), p. xxvii.

42 C. J. Bartlett, 'The Mid-Victorian Reappraisal of Naval Policy', in K. Bourne and D. C. Watt (eds.), *Studies in International History* (London, 1967), pp. 189–208; and R. Millman, *British Foreign Policy and the Coming of the Franco-Prussian War* (Oxford, 1965), pp. 148–58. 在现代论述中，只有这两份简短的概述涵盖了 1853 年至 1880 年的海军政策；Bartlett, *Great Britain and Sea Power* 的叙述截止到 1853 年，而 A. J. Marder, *The Anatomy of Sea Power: A History of British Naval Policy in the Pre-Dreadnought Era 1880–1905* (Hamden, Conn., edn 1964) 则从 1880 年开始论述；完整探究这一整个时期的著作还没有人写出来。

43 Richmond, *Statesmen and Sea Power*, p. 265.

第七章

1 关于 1884 年至 1894 年的恐慌，权威论述见 Marder, *Anatomy*, pp. 119–205。

2 ibid., pp. 321–40; C. Andrew, *Théophile Delcassé and the Making of the Entente Cordiale* (London, 1968), pp. 91–118.

3 Bartlett, 'The Mid-Victorian Reappraisal', p. 208.

4 ibid., pp. 101–2; Preston and Major, *Send a Gunboat!*, pp. 32 ff.

5 B. Bond (ed.), *Victorian Military Campaigns* (London, 1967).

6 H. Brunschwig, 'Anglophobia and French African Policy', in P. Gifford and W. R. Louis (eds.), *France and Britain in Africa: Imperial Rivalry and Colonial Rule* (New Haven and London, 1971).

7 Thomson, *Europe since Napoleon*, p. 498.

8 Hobsbawm, *Industry and Empire*, pp. 134–52; Mathias, *First Industrial Nation*, pp. 303–34.

9 Marder, *Anatomy*, p. 44.

10 ibid., pp. 44–61; D. M. Schurman, *The Education of a Navy: The Development of British Naval Strategic Thought 1867–1914* (London, 1965), passim.

11 ibid., p. 61; and M. T. Sprout, 'Mahan: Evangelist of Sea Power', in E. M. Earle (ed.), *Makers of Modern Strategy* (Princeton, 1952).

12　尤见本书引言部分。
13　Livezey, *Mahan on Sea Power*, p. 274.
14　Mackinder, 'The Geographical Pivot of History', passim. Livezey, *Mahan on Sea Power*, pp. 286–92, and Graham, *Politics of Naval Supremacy*, pp. 29–30 指出了麦金德的理论对于我们理解过去几百年里海权发展历程的重要性。
15　Mackinder, 'Geographical Pivot of History', p. 433.
16　ibid., p. 441.（强调处由我所加。）
17　J. R. Seeley, *The Expansion of England* (London, 1884), p. 301.
18　H. J. Mackinder, *Britain and the British Seas* (Oxford, 1925 edn), p. 358.
19　Moon, *The Invasion of the United Kingdom*, pp. 67–246.
20　Hobsbawm, *Industry and Empire*, p. 151.
21　下面的各个结论依据的是 Hobsbawm, *Industry and Empire*, pp. 134–53, 172–85; Mathias, *First Industrial Nation*, pp. 243–53, 306–34, 345–426; C. Barnett, *The Collapse of British Power* (London and New York, 1972), pp. 71–120; D. H. Aldcroft (ed.), *The Development of British Industry and Foreign Competition 1875–1914* (London, 1968); J. Saville (ed.), *Studies in the British Economy, 1870–1914*, 17, no. 1 (1965), *The Yorkshire Bulletin of Economic and Social Research*; R. S. Sayers, *A History of Economic Change in England 1880–1939* (London, 1967); Landes, *The Unbound Prometheus*, pp. 326–58。
22　Hobsbawm, *Industry and Empire*, p. 169. 另见 Mathias, *First Industrial Nation*, pp. 421–4。
23　Hobsbawm, *Industry and Empire*, p. 151.
24　Mathias, *First Industrial Nation*, pp. 332–3.
25　ibid., p. 405.
26　Hobsbawm, *Industry and Empire*, p. 181.
27　G. Barraclough, *An Introduction to Contemporary History* (Harmondsworth, Middlesex, 1967), p. 51.
28　D. C. M. Platt, 'Economic Factors in British Policy during the "New Imperialism"', *Past and Present*, no. 39 (1968), p. 137.
29　Mathias, *First Industrial Nation*, pp. 399–400.
30　1860 年至 1898 年的数据来自 Bundesarchiv-Militärarchiv, Freiburg, F 7590, vol. 1 中海军将领霍尔韦格（Hollweg）撰写的未注明日期的备忘录，这份备忘录旨在反驳英国认为德国挑起了海军竞赛的观点。1911 年至 1913 年的数据只有英国的，放在了括号中，来自 W. Ashworth, *An Economic History of England, 1870–1939* (London, 1972 edn), p. 147。另见 S. B. Saul, *Studies in British Overseas Trade 1870–1914* (Liverpool, 1960), passim。

31　Mathias, *First Industrial Nation*, p. 255.

32　Quoted in Barraclough, *An Introduction to Contemporary History*, p. 100. 关于帝国联邦的更详细分析可见 N. Mansergh, *The Commonwealth Experience* (London, 1969), pp. 120–56; D. C. Gordon, *The Dominion Partnership in Imperial Defence, 1870–1914* (Baltimore, 1965); M. Beloff, *Imperial Sunset*, i, *Britain's Liberal Empire, 1897–1921* (London, 1969)。

33　Richmond, *Statesmen and Sea Power*, p. 276.

34　*The Naval and Military Record* (London), 5 January 1905.

35　Hobsbawm, *Industry and Empire*, p. 179.

36　*Jane's Fighting Ships 1914*. 19 世纪中期的战舰造价数据来自 Bartlett, *Great Britain and Sea Power*, p. 290 footnote。

37　Barnett, *Britain and Her Army*, pp. 295, 303.

38　Quoted in Barraclough, *An Introduction to Contemporary History*, p. 61.

39　H. J. Mackinder, *Democratic Ideals and Reality* (New York, 1962 edn), p. 115.

40　*The Naval and Military Record* (London), 26 December 1901.

41　D. Owen, 'Capture at Sea: Modern Conditions and the Ancient Prize Laws', given at the United Services Institute on 6 April 1905, printed for private use. 这篇引人注目的文章的一份副本落入了经常造访研究所的一位德国海军武官的手中，可以在 Bundesarchiv-Militärarchiv, Freiburg, F 5145, II. Jap.11b, vol. 2, Coerper to Reichsmarineamt, no. 246 of 7 April 1905 中看到。另见 Richmond, *Statesmen and Sea Power*, p. 284。

42　Livezey, *Mahan on Sea Power*, pp. 280–81。另见 P. M. Kennedy, 'Maritime Strategieprobleme der deutsch-englischen Flottenrivalität', in H. Schottelius and W. Deist (eds.), *Marine und Marinepolitik im kaiserlichen Deutschland 1871–1914* (Düsseldorf, 1972), p. 198。

43　Bundesarchiv-Militärarchiv, Freiburg, F 7224, PG 69125, Müller (German Naval Attaché, London) to Reichsmarineamt, no. 501 of 9 June 1914, enclosing *The Times* of 5 June 1914; A. J. Marder, *From the Dreadnought to Scapa Flow*, 5 vols. (London, 1961–70), i, p. 333.

44　Mathias, *First Industrial Nation*, pp. 244, 249, 253; Hobsbawm, *Industry and Empire*, p. 97.

45　Cited in Millman, *British Foreign Policy and the Coming of the Franco-Prussian War*, p. 149. 当然，这在当时是一个夸张的说法，但很快就被证明是一个非常有眼光的预测。

46　Cited in Clarke, *Voices Prophesying War 1763–1984*, p. 134.

47　Millman, *British Foreign Policy and the Coming of the Franco-Prussian War*, p. 146.

第八章

1 *The Times*, 25 June 1897.

2 他还补上一句:"这是我们属于以色列遗失的十支派的另一个证明!"Quoted in Marder, *Dreadnought to Scapa Flow*, i, p. 41.

3 P. M. Kennedy, 'Imperial Cable Communications and Strategy, 1870–1914', *English Historical Review*, lxxxvi, no. CCCXLI (October 1971), p. 448.

4 J. Lepsius *et al.* (eds.), *Die Grosse Politik der europäischen Kabinette*, 40 vols. (Berlin, 1922–7), xiv, part 2, no. 3927.

5 Taylor, *Struggle for Mastery in Europe*, p. 387.

6 Marder, *Anatomy*, p. 351.

7 J. Steinberg, *Yesterday's Deterrent: Tirpitz and the Birth of the German Battle Fleet* (London, 1965), pp. 208–21. 关于德国的海军目标,最详细的论述见 V. R. Berghahn, *Der Tirpitz-Plan* (Düsseldorf, 1972), passim。

8 这些数据出自1897年12月30日呈交给帝国议会的备忘录《德意志帝国的海上利益》('Die Seeinteressen des Deutschen Reiches'),其目的是说服代表们相信德国海军需要扩充。尽管它说总数中只包含了5 000吨以上的战列舰,但德国海军部习惯于将英国海军部认为不适航的许多舰只也计入英国的总数。根据 *Brassey's Naval Annual* (1898),这些英国舰只中有18艘是三等战列舰,而其竞争对手的战列舰总数则要高得多。

9 G. W. Monger, *The End of Isolation: British Foreign Policy 1900–1907* (London, 1963), pp. 11–12.

10 Bourne, *Britain and the Balance of Power in North America 1815–1908*, passim.

11 India Office Library, Curzon Papers, vol. 144, Godley to Curzon, 10 November, 1899.

12 很多研究中都涉及了英美关系修复的内容,近期的全面论述见 B. Perkins, *The Great Rapprochement: England and the United States 1895–1914* (London, 1969)。战略方面的最重要研究有 Bourne, *Britain and the Balance of Power in North America*, pp. 313–401; Marder, *Anatomy*, pp. 442–55; J. A. S. Grenville, *Lord Salisbury and Foreign Policy* (London, 1964), pp. 370–69; S. F. Wells, Jnr., 'British Strategic Withdrawal from the Western Hemisphere, 1904–1906', *Canadian Historical Review*, xlix (1968), pp. 335–56。

13 Bourne, *Britain and the Balance of Power in North America*, p. 382.

14 ibid., p. 410.

15 Public Record Office, Cabinet papers, 37/58/87, Selborne memorandum 'Balance of Naval Power in the Far East', 4 September 1901. 英日同盟的海军方面见 Marder, *Anatomy*, pp.

427–34; Grenville, *Lord Salisbury and Foreign Policy Anatomy*, pp. 390–420; Monger, *The End of Isolation: British Foreign Policy*, pp. 46–66; L. K. Young, *British Policy in China 1895–1902* (Oxford, 1970), pp. 295–318; I. H. Nish, *The Anglo-Japanese Alliance* (London, 1966), pp. 174–7, 213–15。

16 M. Beloff, *Imperial Sunset*, i, p. 87.
17 德国的海军政策和英德海军竞赛是众多作品研究的对象，主要见 Marder, *Anatomy*, pp. 456–514; *Dreadnought to Scapa Flow*, i, passim; Steinberg, *Yesterday's Deterrent*; Berghahn, *Der Tirpitz-Plan*; Kennedy, 'Maritime Strategieprobleme'; Kennedy, 'Tirpitz, England and the Second Navy Law of 1900: A Strategical Critique', *Militärgeschichtliche Mitteilungen*, 1970, no. 2; Kennedy, 'The Development of German Naval Operations Plans against England, 1896–1914', *English Historical Review*, lxxxix, no. CCCL (January 1974), pp. 48–76。
18 Quoted in Monger, *The End of Isolation*, p. 82.
19 Marder, *Anatomy*, pp. 483–546, and *Dreadnought to Scapa Flow*, i, pp. 14–207 出色地全面考察了费舍尔对海军的影响；但到目前为止，了解此人特点的最佳方法是阅读他那些迷人的信件，收录于 Marder's edited volumes, *Fear God and Dread Nought*。另见 R. F. Mackay, *Fisher of Kilverstone* (Oxford, 1973) 这部全新传记。
20 Marder, *Dreadnought to Scapa Flow*, i, pp. 42–3. 在接下来的几年，北海舰队的集中程度甚至变得更高。R. F. Mackay, 'The Admiralty, the German Navy, and the Redistribution of the British Fleet, 1904–1905', *Mariner's Mirror*, 56 (1970), pp. 341–6 提出，英国在重新分配兵力时仍然考虑到了法俄的威胁，就像考虑到了德国的威胁一样；只有把时间延伸到 1905 年春季，这种观点才是有道理的。
21 伯格翰博士（Dr Berghahn）令人印象深刻的著作充分说明了建造无畏舰在技术、财政和政治上给德国计划带来的长期尴尬，见 *Der Tirpitz-Plan*, pp. 419 ff。
22 Public Record Office, Cabinet papers, 37/84/77, Foreign Office memo, 25 October 1906; 37/89/73, Colonial Office memo, 19 July 1907; 37/89/74, Foreign Office memo, 24 July 1907; Public Record Office, Colonial Office records, 537/348, paper 5520 Secret 'Distribution of the Navy'; Marder, *Dreadnought to Scapa Flow*, i, pp. 53–4.
23 'A Statement of Admiralty Policy', 1905 (Cd. 2791), p. 6.
24 Preston and Major, *Send a Gunboat!*, p. 161.
25 Public Record Office, Admiralty records, 116/900B (War Orders for Home and Foreign Stations and Fleets 1900–1906), Battenberg memo of 7 January 1905.（这份备忘录的日期让注释 20 中提到的麦凯的观点受到了质疑。）
26 D. C. Gordon, 'The Admiralty and Dominion Navies, 1902–1914', *Journal of Modern*

History, xxxiii, no. 4 (December 1961), pp. 407–22.

27　Marder, *Dreadnought to Scapa Flow*, i, pp. 233–9; p. Lowe, 'The British Empire and the Anglo-Japanese Alliance 1911–1915', *History*, liv (1969), pp. 212–15; and especially I. H. Nish, *Alliance in Decline: A Study in Anglo-Japanese Relations 1908–23* (London, 1972), pp. 1–98.

28　Cited in Beloff, *Imperial Sunset*, p. 153.

29　Marder, *Anatomy*, pp. 119–231, 266–73, 393–416 很好地介绍了相关的争论。

30　这段内容依据的是 Marder, *Dreadnought to Scapa Flow*, i, pp. 272–310; P. G. Halpern, *The Mediterranean Naval Situation 1908–1914* (Cambridge, Mass., 1971), pp. 1–110; S. R. Williamson, *The Politics of Grand Strategy, Britain and France prepare for War, 1904–1914* (Cambridge, Mass., 1969), pp. 227–99; H. I. Lee, 'Mediterranean Strategy and Anglo-French Relations 1908–1912', *Mariner's Mirror*, 57 (1971), pp. 267–85。

31　Lee, 'Mediterranean Strategy and Anglo-French Relations', p. 277.

32　Marder, *Dreadnought to Scapa Flow*, i, p. 294.

33　Cited in Williamson, *Politics of Grand Strategy*, p. 278. A. J. A. Morris, *Radicalism Against War* (London, 1972) 写到了左翼人士对英国承诺参与欧陆事务的厌恶。

34　G. H. Dangerfield, *The Strange Death of Liberal England* (London, 1935) 对英国国内形势进行了很好的概述；他指出，政治不满情绪比之前 70 年中的任何时候都更为严重，这个观点是可以接受的，哪怕你不同意他对自由主义衰落的解释。

35　Marder, *Dreadnought to Scapa Flow*, i, p. 289.

36　R. Langhorne, 'The Naval Question in Anglo-German Relations, 1912–1914', *Historical Journal*, xiv, no. 2 (1971), pp. 359–70.

37　B. H. Liddell Hart, *The British Way in Warfare* (London, 1932), pp. 7–41.

38　Taylor, *Struggle for Mastery in Europe*, pp. xix–xxvi; F. Fischer, *Germany's Aims in the First World War* (London, 1972), pp. 3–49.

39　M. Howard, *The Continental Commitment* (London, 1972), pp. 9–10.

40　这部分内容主要依据的是上面提到过的霍华德、马德、威廉森和蒙格的作品。N. Summerton, *British Military Preparations for a War against Germany*, 2 vols., (Ph.D. thesis, London, 1969) 也很重要。

41　Cited in Marder, *Dreadnought to Scapa Flow*, i, p. 429. 另见 Lord Hankey, *The Supreme Command 1914–1918*, 2 vols. (London, 1961). i, pp. 128–9 中的重要引文。

42　概述见 Barnett, *Britain and Her Army*, pp. 272–370; and G. Ritter, *The Sword and the Sceptre*, ii, *The European Powers and the Wilhelminian Empire 1890–1914* (London, 1972), pp. 7–136,193–226。

43 Haus-, Hof-, und Staatsarchiv, Vienna, P. A. III/153, Szögyeny to Goluchowski, no. 2B of 16 January 1900, 记录了和德皇的对话，后者表示不看好英国的未来。

44 Williamson, *Politics of Grand Strategy*, p. 20.

45 Cited in Beloff, *Imperial Sunset*, i. p. 73.

46 提到这种转变的有 N. d'Ombrain, *War Machinery and High Politics. Defence Administration in Peacetime Britain 1902–1914* (Oxford, 1973); J. Gooch, *The Plans of War: The General Staff and British Military Strategy c. 1900–1914* (London, 1974); P. Haggie, 'The Royal Navy and War Planning in the Fisher Era', *Journal of Contemporary History*, 8, no. 3 (July 1973), pp. 113–32, 以及前面引用过的马德和萨默顿的研究著作。

47 Summerton, *British Military Preparations for a War against Germany*, pp. 34–49, 59, 220–97, 320–41, 451–71, 622–8.

48 Cited in Howard, *The Continental Commitment 1914–1918*, p. 46; 另见 Williamson, *Politics of Grand Strategy*, pp. 108–12。

49 Hankey, *Supreme Command*, i, p. 82；另见 N. J. d'Ombrain, 'The Imperial General Staff and the Military Policy of a "Continental Strategy" during the 1911 International Crisis', *Military Affairs*, xxxiv, no. 3 (October, 1970), pp. 88–93。

50 Ritter, *The Sword and the Sceptre*, ii, p. 56.

51 Williamson, *Politics of Ground Strategy*, p. vii.

第九章

1 不过，内阁对于一口气派六个师出国远征存有疑虑，见 Williamson, *Politics of Grand Strategy*, pp. 364–7。

2 ibid., p. 367.

3 R. Blake, *The Conservative Party from Peel to Churchill* (London, 1970), pp. 195–7.

4 Marder, *Dreadnought to Scapa Flow*, i, p. 431.

5 A. T. Mahan, *Retrospect and Prospect: Studies in International Relations Naval and Political* (London, 1902), pp. 165–7.

6 下文对海战的综合分析依据的是 Marder, *Dreadnought to Scapa Flow*, ii–v; J. S. Corbett and H. Newbolt, *History of the Great War: Naval Operations*, 5 vols. (London, 1920–31)；以及我自己的一些文章，它们收录于辑刊 *History of the First World War* (London, 1969 f), ii, no. 7; iv, no. 14; vi, nos. 3 and 12。

7 Marder, *Dreadnought to Scapa Flow*, ii, P. 4.

8   Kennedy, 'German Naval Operations Plans against England', pp. 74–6.
9   Moon, *The Invasion of the United Kingdom*, p. 711.
10 ibid., pp. 503–15.
11 G. Bennett, *Naval Battles of the First World War* (London, 1968), p. 246.
12 Marder, *Dreadnought to Scapa Flow*, iii, p. 206.
13 Bundesarchiv-Militärarchiv, Freiburg, Diederichs papers, F255/12, Hoffmann to Diederichs, 5 June 1916.
14 Quoted in K. Assmann, *Deutsche Seestrategie in zwei Weltkriege* (Heidelberg, 1957), p. 30. 黑林根当时是海军部参谋长，因此严格来说要为对英作战计划负责。
15 最佳论述见 Marder, *Dreadnought to Scapa Flow*, iv, passim, and v, pp. 77–120; Corbett and Newbolt, passim; A. Spindler, *Der Krieg zur See, 1914–1918: Der Handelskrieg mit U-Booten*, 5 vols. (Berlin, 1932–66); C. E. Fayle, *History of the Great War: Seaborne Trade*, 3 vols. (London, 1920–24)。
16 Marder, *Dreadnought to Scapa Flow*, v, pp. 132–4.
17 ibid., pp. 175–87.
18 本段的经济数据来自 W. Baumgart, *Deutschland im Zeitalter des Imperialismus (1890–1914)* (Frankfurt, 1972), pp. 79–81; D. K. Field-house, *The Colonial Empires* (London, 1966), pp. 370–71; M. Balfour, *The Kaiser and his Times* (New York, 1972 edn), pp. 437–47。
19 Cited in Marder, *Dreadnought to Scapa Flow*, i, p. 365.
20 ibid., ii, p. 123.
21 Balfour, *The Kaiser and his Times*, pp. 442–6.
22 W. K. Hancock and M. M. Gowing, *British War Economy* (London, 1949), p. 20.
23 Richmond, *National Policy and Naval Strength*, p. 71. 前面的引文来自 p. 142。
24 Howard, *The Continental Commitment*, pp. 68–70.
25 Richmond, *National Policy and Naval Strength*, p. 77. 关于封锁，见 M. Parmalee, *Blockade and Sea Power* (London, n.d., 1925); M. C. Siney, *The Allied Blockade of Germany, 1914–1916* (Ann Arbor, Michigan, 1957); A. C. Bell, *A History of the Blockade of Germany and of the Countries Associated with Her ...* (London, 1961); L. L. Guichard, *The Naval Blockade, 1914–1918* (London, 1930); M. W. P. Consett, *The Triumph of Unarmed Forces (1914–1918)* (London, 1928)。
26 Cited in Marder, *Dreadnought to Scapa Flow*, i, p. 391；另见 Mackay, *Fisher of Kilverstone*, p. 456。关于为何"联合倡议"会失败，一份新研究见 D. M. Schurman, 'Historians and Britain's Imperial Strategic Stance in 1914', in J. E. Flint and G. Williams

(eds.), *Perspectives of Empire* (London, 1973), pp. 172–88。

27　Marder, *Dreadnought to Scapa Flow*, ii, p. 175；另见 Hankey, *The Supreme Command*, i, pp. 244–50, *et. seq*。

28　Sir Sydney Fremantle, *My Naval Career, 1880–1928* (London, 1949), pp. 245–6.

29　Quoted in Howard, *The Continental Commitment*, p. 65.

30　P. Guinn, *British Strategy and Politics 1914–1918* (Oxford, 1965), p. 283.

31　下面的内容参考自 Sayers, *A History of Economic Change in England 1880–1939*, pp. 47 ff; Mathias, *First Industrial Nation*, pp. 431 ff, 463; A. Marwick, *Britain in the Century of Total War: War, Peace and Social Change 1900–1967* (Harmondsworth, Middlesex, 1970), pp. 62–84; W. Arthur Lewis, *Economic Survey 1919–1939* (London, 1949), pp. 74–89; S. Pollard, *The Development of the British Economy 1914–1967* (London, 1969 edn), pp. 49–92; A. S. Milward. *The Economic Effects of the World Wars on Britain* (London, 1970); Barnett, *Collapse of British Power*, pp. 424–8。

32　Barnett, *Collapse of British Power*, p. 426.

33　Halpern, *The Mediterranean Naval Situation*, pp. 358, 364, 367.

34　Lowe, 'The British Empire and the Anglo-Japanese Alliance 1911–1915', p. 225.

35　下文内容依据的是 Lowe, loc. cit.; Nish, *Alliance in Decline*, passim; D. Dignan, 'New Perspectives on British Far Eastern Policy, 1913–1919', *University of Queensland* Papers, 1, no. 5。

36　Marder, *Dreadnought to Scapa Flow*, iv, pp. 43–4.

37　Dignan, 'New Perspectives on British Far Eastern Policy, 1913–1919', pp. 271–4.

38　近来一些优秀的研究探讨了这些年间英美海军的竞争关系，其中最出色的有 Marder, *Dreadnought to Scapa Flow*, v, pp. 224 ff; Beloff, *Imperial Sunset*, i, pp. 229 ff; Barnett, *Collapse of British Power*, pp. 251 ff; S. W. Roskill, *Naval Policy between the Wars*, i, *The Period of Anglo-American Antagonism 1919–1929* (London, 1968), introduction and chaps. I–VIII; W. R. Braisted, *The United States Navy in the Pacific, 1909–1922* (Austin, Texas, 1971), pp. 153–208, 289 ff; M. G. Fry, 'The Imperial War Cabinet, The United States and the Freedom of the Seas', *The Royal United Services Institution Journal*, cx. no. 640 (November 1965), pp. 353–62。

39　Marder, *Dreadnought to Scapa Flow*, v, p. 225; and Braisted, *The United States Navy in the Pacific, 1909–1922*, pp. 409–40.

40　ibid., pp. 437,440.

41　Beloff, *Imperial Sunset*, i, p. 360.

42　Liddell Hart, *The British Way in Warfare*, p. 41.

43 ibid.

44 Mahan, *Retrospect and Prospect*, p. 169.

第十章

1   R. Higham, *Armed Forces in Peacetime. Britain, 1918–1940, a case study* (London, 1962), p. 135; Roskill, *Naval Policy between the Wars*, i, p. 71.

2   Hobsbawm, *Industry and Empire*, p. 207.

3   下文内容依据的是 Hobsbawm, *Industry and Empire*, pp. 207–24; S. Pollard, *The Development of the British Economy 1914–1967*, pp. 42–241; W. Arthur Lewis, *Economic Survey 1919–1939*; V. Anthony, *Britain's Overseas Trade* (London, 1967), pp. 17–38; R. S. Sayers, *A History of Economic Change in England 1880–1939*, pp. 47 ff; B. W. E. Alford, *Depression and Recovery? British Growth 1918–1939* (London, 1972); D. H. Aldcroft, *The Inter-War Economy: Britain, 1919–1939* (London, 1970); A. J. Youngson, *Britain's Economic Growth 1920–1966* (London, 1963), pp. 9–140; A. E. Kahn, *Great Britain in the World Economy* (New York, 1946), passim; Barnett, *Collapse of British Power*, pp. 476–94。

4   Lewis, *Economic Survey 1919–1939*, pp. 78–9.

5   Pollard, *The Development of the British Economy*, p. 201.

6   Mahan, *The Influence of Sea Power upon History*, pp. 59–82.

7   Mackinder, *Democratic Ideals and Reality*, p. 23.

8   Pollard, *The Development of the British Economy*, p. 203.（不断增加的保险费很难抵消这一巨大的增长。）

9   Higham, *Armed Forces in Peacetime*, pp. 326–7.

10 Barnett, *Collapse of British Power*, pp. 237 ff; M. Swartz, *The Union of Democratic Control in British Politics during the First World War*, (Oxford, 1971); A. J. P. Taylor, *The Trouble Makers* (London, 1954), cap. VI; P. M. Kennedy, 'The Decline of Nationalistic History in the West', *Journal of Contemporary History*, 8, no. 1, pp. 91–2.

11 Cited in Howard, *The Continental Commitment*, pp. 78–9.

12 Higham, *Armed Forces in Peacetime*, pp. 326–7.

13 众多研究中，可见 Roskill, *Naval Policy between the Wars*, i, pp. 204–33, 269–355; W. R. Louis, *British Strategy in the Far East 1919–1939* (Oxford, 1971), pp. 1–108; Braisted, *The U.S. Navy in the Pacific*, pp. 465–688; Beloff, *Imperial Sunset*, i. pp. 318 ff; Dignan, 'New Perspectives on British Far Eastern Policy', pp. 271–4; B. Schofield, *British Sea Power* (London, 1967), pp. 72–101; Barnett, *Collapse of British Power*, pp. 263–74; Nish,

Alliance in Decline, pp. 305 ff; M. Tate, *The United States and Armaments* (New York, 1948), pp. 121–40; I. Klein, 'Whitehall, Washington, and the Anglo-Japanese Alliance, 1919–1921', *Pacific Historical Review*, 41 (1972), pp. 460–83; J. K. McDonald, 'Lloyd George and the Search for a Postwar Naval Policy, 1919', in A. J. P. Taylor (ed.), *Lloyd George: Twelve Essays* (London, 1971), passim.

14 Cited in J. Dülffer, *Weimar, Hitler und die Marine* (Düsseldorf, 1973), p. 211.
15 Beloff, *Imperial Sunset*, i, p. 342.
16 Howard, *The Continental Commitment*, p. 79.
17 Higham, *Armed Forces in Peacetime*, pp. 123–4; Roskill, *Naval Policy between the Wars*, i, pp. 230–3.
18 Cited in Louis, *British Strategy in the Far East 1919–1939*, pp. 52–3.
19 Tate, *The United States and Armaments*, p. 121; Braisted, *The U.S. Navy in the Pacific*, pp. 670–73; D. W. Knox, *The Eclipse of American Naval Power* (New York, 1922).
20 概述见 W. N. Medlicott, *British Foreign Policy since Versailles 1919–1963* (London, revised edn, 1968), pp. 53–81。
21 Schofield, *British Sea Power*, pp. 102–8; Roskill, *Naval Policy between the Wars*, i, pp. 331 ff.
22 Higham, *Armed Forces in Peacetime*, p. 130.（强调处由我所加。）
23 E. Bradford, *The Mighty Hood* (London, 1959), pp. 64–88. 如果说这个说法看上去带有嘲讽意味，那应该指出，在布拉德福德的专著中，关于战间期"胡德号"的大部分内容描述的都是这次环球航行。
24 Mackinder, *Democratic Ideals and Reality*, p. 170.
25 张伯伦无疑是套用了俾斯麦的名言，即巴尔干半岛不值得一个波美拉尼亚掷弹兵献出生命。俾斯麦的预言在1914年被证明是可怕的错误，而张伯伦的预言将在1939年被证明大错特错。历史偶尔会重演。
26 A. J. P. Taylor, *The Origins of the Second World War* (Harmondsworth, Middlesex, 1969 edn), pp. 45–8.
27 这部分内容依据的是Marder, *Dreadnought to Scapa Flow*, iv, pp. 3–24, and v, pp. 223–4; Howard, *The Continental Commitment*, pp. 80–85; Higham, *Armed Forces in Peacetime*, pp. 147–63; Roskill, *Naval Policy between the Wars*, i, pp. 234–68。概述见 R. Higham, *Air Power. A Concise History* (London, 1972)。
28 Cited in Howard, *The Continental Commitment*, p. 81.
29 Cited in P. Padfield, *The Battleship Era* (London, 1972), pp. 252–8.
30 R. Higham, *The Military Intellectuals in Britain 1918–1939* (New Brunswick, New Jersey,

1966), pp. 165–6.

31　Quoted in Louis, *British Strategy in the Far East*, p. 102.另见 Schofield, *British Sea Power*, pp. 105–6。

32　Howard, *The Continental Commitment*, pp. 80–85, 94, 108.

33　关于中国东北危机期间的英国政策，见 C. Thorne, *The Limits of Foreign Policy* (London, 1972), passim, but especially pp. 66–71, 266–8; Barnett, *Collapse of British Power*, pp. 298–305; Louis, *British Strategy in the Far East*, pp. 171–205; F. S. Northedge, *The Troubled Giant: Britain among the Great Powers 1916–1939* (London, 1966), pp. 348–67。

34　Barnett, *Collapse of British Power*, pp. 296–7.

35　关于下文的内容，见 Barnett, ibid., pp. 342 ff; Howard, *The Continental Commitment*, pp. 96 ff; M. M. Postan, *British War Production* (London, 1952), pp. 9–52; Higham, *Armed Forces in Peacetime*, pp. 191–242。

36　Higham, *Armed Forces in Peacetime*, p. 218.

37　Cited in Howard, *The Continental Commitment*, p. 98.

38　Higham, *Armed Forces in Peacetime*, pp. 326–7. 1937 年和 1938 年的数据包含了 1937 年《国防贷款法案》(Defence Loan Act)拨发的款项。

39　ibid., pp. 191–201; Barnett, *Collapse of British Power*, pp. 476–7; Postan, *British War Production*, pp. 2–4, 23–7.

40　见 Roskill, *Naval Policy between the Wars*, i, pp. 234–68, 356–99, 467–97, 517–43; Higham, *Armed Forces in Peacetime*, pp. 226–72; Schofield, *British Sea Power*, pp. 145–62。

41　见 Barnett, *Collapse of British Power*, and in M. Gilbert and R. Gott, *The Appeasers* (London, 1963) 中的有力批评。

42　Higham, *Armed Forces in Peacetime*, pp. 220–21; Dülffer, op. cit., 279–354; Schofield, *British Sea Power*, pp. 128–9.

43　A. J. Marder, 'The Royal Navy and the Ethiopian Crisis of 1935–36', *American Historical Review*, lxxv, no. 5 (June 1970), p. 1355.

44　ibid., passim: Barnett, *Collapse of British Power*, pp. 350–82.

45　H. Pelling, *Britain and the Second World War* (London, 1970), pp. 22–3; Howard, *The Continental Commitment*, pp. 118–20.

46　S. Woodburn Kirby, *The War Against Japan*, 5 vols. (London, 1957–69), i, p. 17.

47　ibid., pp. 19–20（强调处由我所加）; S. W. Roskill, *The War at Sea*, 3 vols. (London, 1954–61), i, pp. 41–2; J. R. M. Butler, *Grand Strategy*, ii (London, 1957), p. 13。

48　Postan, *British War Production*, pp. 12, 23–7, 58–9.

49 ibid., p. 24.

50 数据来自 Roskill, *The War at Sea*, i, pp. 50–61, Apps. D-H; Kirby, *The War Against Japan*, i, App. 5。

51 A. Toynbee and V. M. Toynbee (eds.), *Survey of International Affairs 1939–1946: The Eve of War, 1939* (London, 1958), p. 608.

52 B. Collier, *The Defence of the United Kingdom* (London, 1957), p. 78.

53 Northedge, *The Troubled Giant: Britain among the Great Powers 1916–1939*, p. 625.

54 Quoted in K. Feiling, *The Life of Neville Chamberlain* (London, 1957), p. 314.

55 Howard, *The Continental Commitment*, pp. 112–33; Barnett, *Collapse of British Power*, pp. 438–575; Butler, *Grand Strategy*, ii, pp. 9–17.

56 ibid., pp. 10–11.

57 A. S. Milward, *The German Economy at War* (London, 1965), pp. 26–7.

58 Howard, *The Continental Commitment*, pp. 134–7; Barnett, *Collapse of British Power*, pp. 12–14, 564.

第十一章

1 关于皇家海军在二战中的表现的这些段落，总结自 S. W. Roskill, *The War at Sea*, 3 vols.; Roskill, *The Navy At War 1939–1945* (London, 1960); J. Creswell, *Sea Warfare 1939–1945. A Short History* (London, 1950)。

2 G. Bennett, *Naval Battles of the First World War*, p. 311.

3 有一本书对丘吉尔任海军大臣的时期进行了精彩的描述：A. J. Marder, *Winston is Back: Churchill at the Admiralty 1939–1940* (The English Historical Review, Supplement 5, London, 1972)。另见 P. Gretton, *Winston Churchill, and the Royal Navy* (New York, 1969), pp. 252–306; and Roskill, *The War at Sea*, passim。

4 Carl-Axel Gemzell, *Raeder, Hitler und Skandinavien. Der Kampf für einen maritimen Operationsplan* (Lund, 1965) 以引人入胜的方式讲述了这种战略的发展。英国人可以撤退到格陵兰岛—冰岛—苏格兰一线上，他们也确实这样做了，但是巡逻起来要困难得多。

5 W. S. Churchill, *The Second World War*, 12 vols. (paperback edn, London, 1964), vi, p. 210.

6 在总共 785 艘沉没的 U 艇中，还有 50 艘是水面舰艇与飞机联手击沉的，见 Roskill, *The Navy at War*, p. 448。

7 Marder, *Winston is Back*, p. 55.

8　T. K. Derry, *The Campaign in Norway* (London, 1952), pp. 234–5.
9　Roskill, *The Navy at War*, p. 162.
10　Postan, *British War Production*, p. 289.
11　Cited in Marder, *Winston is Back*, p. 19.
12　Feiling, *Life of Neville Chamberlain*, p. 426; Hancock and Gowing, *British War Economy*, p. 72.
13　关于德国战时经济的这部分内容依据的是 Milward, *The German Economy at War*; W. N. Medlicott, *The Economic Blockade*, 2 vols. (London, 1952–9); R. Wagenführ, *Die deutsche Industrie im Kriege 1939–1945* (Berlin, 2nd edn, 1963); Berenice A. Carroll, *Design for Total War. Arms and Economics in the Third Reich* (The Hague, 1968); Burton H. Klein, *Germany's Economic Preparations for War* (Cambridge, Mass., 1959)。
14　Medlicott, *The Economic Blockade*, i, p. 43.
15　见 Marder, *Winston is Back*, pp. 31–3。
16　Carroll, *Design for Total War. Arms and Economics in the Third Reich*, p. 104.
17　Klein, *Germany's Economic Preparations for War*, pp. 96–103, 206–25; Postan, *British War Production*, apps. 2 and 4. 值得指出的是，英国的数据中包括了更多的重型轰炸机，但这并没有改变德国在战争的第三年到第五年生产力大幅增长的总体情况。
18　Klein, *Germany's Economic Preparations for War*, p. 211.
19　H. U. Faulkner, *American Economic History* (New York, 1960 edn), p. 701; A Russell Buchanan, *The United States and World War II*, 2 vols. (New York, 1964), i. p. 140.
20　Milward, *The German Economy at War*, p. 115. 他在论著里详尽分析了战略轰炸的效果。另见 Klein, *Germany's Economic Preparations for War*, pp. 225 ff; Medlicott, *The Economic Blockade*, ii, pp. 394–5; C. K. Webster and N. Frankland, *The Strategic Air Offensive Against Germany 1939–1945*, 4 vols. (London, 1961); B. H. Liddell Hart, *History of the Second World War* (London, 1970), pp. 589–612。
21　Medlicott, *The Economic Blockade*, pp. 631, 640.
22　Liddell Hart, *History of the Second World War*, p. 547.
23　J. Terraine, 'History and the "Indirect Approach"', *Journal of the Royal United Services Institute for Defence Studies*, cxvi, no. 662 (June 1971), pp. 44–9.
24　M. Howard, *Grand Strategy*, iv (London, 1972), p. 3. Postan, *British War Production*, pp. 211–17 描述了原材料短缺的问题。
25　ibid., p. 244.
26　Wagenführ, *Die deutsche Industrie im Kriege 1939–1945*, p. 87. 也可以用另一个数据来表示：1935—1937 年，德国的军备开支相当于英美苏总开支的 150%，到 1942 年，

这一数字下降到 25% (Wagenführ, p. 86)。

27 Klein, *Germany's Economic Preparations for War*, pp. 96–103.
28 Cited in H. G. Nicholas, *Britain and the United States* (London, 1963), P. 32.
29 Hancock and Gowing, *British War Economy*, p. 374. 前文的数据来自 Klein, pp. 96–103; Postan, *British War Production*, pp. 231–47; A. J. P. Taylor, *English History 1914–1945* (Oxford, 1965), pp. 565–6。
30 Hancock and Gowing, loc. cit.
31 Postan, *British War Production*, pp. 245–6.
32 Cited in Barnett, *Collapse of British Power*, p. 564.
33 Ibid., pp. 13–14.
34 Hancock and Gowing, *British War Economy*, p. 522.
35 Taylor, *English History 1914–1945*, pp. 513–14; Hancock and Gowing, *British War Economy*, pp. 106–20, 224–47, 359–404; Pelling, *Britain and the Second World War*, pp. 116–19; H. Duncan Hall, *North American Supply* (London, 1955); Pollard, *The Development of the British Economy*, pp. 330–39; Milward, *The Economic Effects of the World Wars on Britain*, pp. 47–52; and especially R. S. Sayers, *Financial Policy 1939–1945* (London, 1956), pp. 363–486.
36 Barnett, *Collapse of British Power*, p. 592.
37 G. Kolko, *The Politics of War: Allied Diplomacy and the World Crisis of 1943–1945* (London, 1969), pp. 242–313 and passim. 科尔科对美国政策的"新左派"解释是一种非常有争议的解释，很难相信华盛顿在所有方面都只有这一个目的和策略；但他对战争期间英美关系的分析是以大量新鲜资料为依据的，很难完全忽视这些资料，而且这种分析往往能得到争议较少的论述的佐证，如 G. Smith, *American Diplomacy during the Second World War 1941–1945* (New York, 1965)。
38 见 Pelling, *Britain and the Second World War*, p. 273。
39 上文参考自 ibid., pp. 275–8; Kolko, *The Politics of War*, p. 490; R. N. Gardner, *Sterling-Dollar Diplomacy* (Oxford, 1956)。
40 在这方面最有价值的文献是官方史书 M. Gowing, *Britain and Atomic Energy 1939–1945* (London, 1964)。
41 P. Kennedy, *Pacific Onslaught* (New York and London, 1972), p. 53. 另见 Pelling, *Britain and the Second World War*, pp. 275 ff; Mansergh, *The Commonwealth Experience*, pp. 269–94。
42 Howard, *The Continental Commitment*, pp. 142–3.
43 Kolko, *The Politics of War*, passim; F. P. King, *The New Internationalism. Allied Policy and the European Peace 1939–1945* (Newton Abbot, 1973); and H. Feis, *Churchill–*

Roosevelt–Stalin. The War they Waged and the Peace they Sought (Princeton, 1957) 论述了盟军关于欧洲未来的政策。

44 Hancock and Gowing, *British War Economy*, p. 555.
45 Cited in M. Matloff, *Strategic Planning for Coalition Warfare 1943–1944* (Washington, D.C., 1959), pp. 523–4.
46 Barnett, *Collapse of British Power*, pp. 570–75, 586–90 简要却诱人地暗示了这一点；然而，这些只是暗示，并没有进一步阐述以展示其背后的完整论证过程。

第十二章

1 涉入现代外交和国防政策领域，对于一个试图得出一些概括性结论的历史学家来说是种冒险之举，因为国际事务仍处于剧变之中；但一些优秀的研究成果对本章的撰写大有助益：C. J. Bartlett, *The Long Retreat. A Short History of British Defence Policy, 1945–1970* (London, 1972); P. Darby, *British Defence Policy East of Suez 1947–1968* (London, 1973); A. J. Pierre, *Nuclear Politics. The British Experience with an Independent Strategic Force 1939–1970* (London, 1972)。另见这篇颇有见地的文章：L. W. Martin, 'British Defence Policy: The Long Recessional', *Adelphi Papers*, no. 61 (November 1969)。

2 关于 1945 年后的英国政策，有用的综论见 F. S. Northedge, *British Foreign Policy. The Process of Readjustment 1945–1961* (London, 1962)。

3 Bartlett, *The Long Retreat*, pp. 1–77.

4 Pelling, *Britain and the Second World War*, p. 285.

5 R. E. Robinson and J. Gallagher, with A. Denny, *Africa and the Victorians. The Official Mind of Imperialism* (London, 1961), p. 11.

6 Cited in Darby, *British Defence Policy East of Suez*, p. 1.

7 ibid., p. 15.

8 Mansergh, *The Commonwealth Experience*, pp. 294 ff 论述了 1945 年之后英联邦的历史。

9 Northedge, *British Foreign Policy ... 1945–1961*, pp. 132 ff. 关于英美关系，见 M. Beloff, 'The Special Relationship: An Anglo-American Myth', in M. Gilbert (ed.), *A Century of Conflict, 1850–1950* (London, 1966)。

10 Pelling, *Britain and the Second World War*, p. 292.

11 关于三军整合为国防部的过程，见 Bartlett, *The Long Retreat*, pp. 39–41, 190–92; W. P. Snyder, *The Politics of British Defense Policy, 1945–1962* (Columbus, Ohio, 1964)。R. A. Clarkson, 'The Naval Heresy', *Royal United Services Institution Journal*, cx, no. 640

(November 1965), p. 319 对此提出了严厉批评。

12 Schurman, *The Education of a Navy*, pp. 156, 170, 181–82.
13 相关讨论见 J. L. Moulton, *Defence in a Changing World* (London, 1964)。
14 Pierre, *Nuclear Politics*, p. 344.
15 A. Gwynne Jones (Lord Chalfont), 'Training and Doctrine in the British Army since 1945' in M. Howard (ed.), *The Theory and Practice of War* (London, 1965), pp. 320–21.
16 例如 Cd. 4891, *Statement on the Defence Estimates* (1972)。关于西方海洋问题的更全面讨论，见 L. W. Martin, *The Sea in Modern Strategy* (London, 1967)。
17 Snyder, *The Politics of British Defence Policy*, p. 24; T. Ropp, *War in the Modern World* (London, 1962) edn, p. 401.
18 尤见皮埃尔的研究。
19 ibid., pp. 322–3.
20 *The Military Balance 1973–1974* (International Institute for Strategic Studies, London, 1973), pp. 69–73.
21 Bartlett, *The Long Retreat*, p. 179.
22 见 *Jane's Fighting Ships 1972–1973* (London, 1972) 的前言。
23 Pierre, *Nuclear Politics*, pp. 294–6, 324–5, 328–9.
24 相关数据见 *The Military Balance 1973–1974*, pp. 87–95。
25 这方面的概述见 R. W. Herrick, *Soviet Naval Strategy* (Annapolis, 1968); W. F. Bringles, 'The Challenge Posed by the Soviet Navy', *Journal of the Royal United Services Institute for Defence Studies*, 118, no. 2 (June 1973), pp. 11–16; L. L. Whetton, 'The Mediterranean Threat', *Survival*, xii, no. 8 (August 1970), pp. 252–8。
26 *Jane's Fighting Ships 1972–1973*, p. 76.
27 这些比较的数据来自 Roskill, *The War at Sea*, 1 and iii, part 2; and *Jane's Fighting Ships 1973–1974* (London, 1973)。
28 P. Cohen, 'The Erosion of Surface Naval Power', *Survival*, xiii, no. 4 (April 1971), pp. 127–33.
29 现在有人做了不错的总结，见 G. Jukes, 'The Indian Ocean in Soviet Naval Policy', *Adelphi Papers*, no. 87 (May 1972)。另见 *Jane's Fighting Ships 1972–1973* 的前言。
30 尤见 P. 达比的权威著作。
31 *Jane's Fighting Ships 1972–1973*, pp. 76–7.
32 ibid.
33 Schofield, *British Sea Power*, p. 237. 另见 Clarkson, 'The Naval Heresy', passim。
34 Thorne, *The Limits of Foreign Policy*, p. 395, footnote 4.

35 见本书第 385 页至第 393 页。关于 1945 年后的英国经济，见 Murphy, *A History of the British Economy 1086–1970*, pp. 777 ff; Pollard, *The Development of the British Economy*, pp. 356 ff; Hobsbawm, *Industry and Empire*, pp. 249–72。

36 Hancock and Gowing, *British War Economy*, p. 546.

37 Kolko, *The Politics of War*, p. 313.

38 *The British Economy. Key Statistics 1900–1966* (London, n.d.,? 1967), table N; and the various tables in D. H. Aldcroft and P. Fearns (eds), *Economic Growth in Twentieth-century Britain* (London, 1969); and S. Hays, *National Income and Expenditure in Britain and the OECD Countries* (London, 1971).

39 *The Times*, 5 December, 1973.

40 C. M. Cipolla (ed.), *The Economic Decline of Empires* (London, 1970), pp. 1, 9–13.

41 Mitchell and Deane, *Abstract of British Historical Statistics*, p. 398.

42 *National Income and Expenditure 1973* (Central Statistical Office, London, 1973), table 49. 另见 Snyder, *The Politics of British Defence Policy*, pp. 191–6。

43 Mahan, *The Influence of Sea Power upon History*, p. 67.

44 数据来自 *Jane's Fighting Ships 1972–1973*。另见 Darby, *British Defence Policy East of Suez*, pp. 249–50。

45 *The Military Balance 1973–1974*, p. 76.

46 Bartlett, *The Long Retreat* 的索引中关于"经济（英国）"的部分指示了这一点。另见 C. Mayhew, *Britain's Role Tomorrow* (London, 1967), chap. 4, 'Peace-keeping and the Pound'。

47 *Jane's Fighting Ships 1973–1974*, p. 76.

48 *The Military Balance 1973–1974*, p. 79.

49 ibid., p. 74; and *Jane's Fighting Ships 1972–1973*, p. 81.

50 H. Kahn, *The Emerging Japanese Superstate* (London, 1971), pp. 101–2. 另见他在另一本书中的预测：H. Kahn and A. J. Wiener, *The Year 2000* (London and New York, 1967), especially pp. 29–31。

51 对英国外交和防务政策的未来进行仔细探讨的有 Pierre, *Nuclear Politics*, pp. 325–42; Martin, 'British Defence Policy'; N. Frankland, 'Britain's Changing Strategic Position', *International Affairs*, xxxiii, (October 1957); and M. Beloff, *The Future of British Foreign Policy* (London, 1969)。

后记

1 Cited in Mahan, *The Influence of Sea Power upon History*, p. 327.
2 ibid., pp. 29–82.
3 Cited in Richmond, *Statesmen and Sea Power*, p. 109.